列城志01

九面之城
纽约的冲突与野心

THE RESTLESS CITY A SHORT HISTORY OF NEW YORK FROM COLONIAL TIMES TO THE PRESENT

乔安妮·雷塔诺(Joanne Reitano) 著
金旼旼 许多 刘蕾 译

中国人民大学出版社
·北京·

译者序

2015年春末的一天，一位在布鲁克林生活了20多年的德国好友约我一起漫步纽约：从中央公园到唐人街，从布鲁克林大桥到布莱顿海滩。一整天时间里，我们边走边聊，一个德国人和一个中国人，用英语聊着纽约的现在和过去，在布鲁克林意大利裔开的比萨店吃午餐，在科尼岛俄裔开的咖啡馆喝咖啡，日暮时分在华尔街一家啤酒馆，说着德语的服务生给我们端上啤酒和香肠……没有什么比这更"纽约"了。

所有人都知道纽约，她出现在电影、流行音乐、报纸、小说中……但并不是所有人都了解纽约。城市的公共形象并不如实反映城市的本真面貌，纽约有着太多不虞之誉和求全之毁。

当米尔顿·格拉泽（Milton Glaser）在1975年设计出风靡全球的"我爱纽约"标志时，纽约实际上是一座犯罪率畸高、骚乱不断、罢工频发、财政濒临破产的失败城市。当 2011 年"占领华尔街"运动控诉这座美国最富有城市嫌贫爱富、偏私不公时,纽约人、哈佛教授爱德华·格莱泽(Edward Glaeser)出版了《城市的胜利》(*Triumph of the City*),盛赞纽约这样的大城市让人们变得更富有、更健康和更快乐。

如果你艳羡一座城市,那是因为你不够了解她;如果你憎恶一座城市,也是因为你不够了解她。环视全球,大城市无一例外都被"梦想和梦魇同时塑造着"。

纽约是一座机遇之城、坚韧之城、野心之城、逐梦之城、激情之城……但同时,纽约也是一座腐臭之城、犯罪之城、恐怖之城、分裂之城、争议之城……在这里,善恶的界限模糊不清,现实和虚幻的分野暧昧不明。这种模糊和暧昧,和大多数中国人对纽约,乃至对美国的认知完全不同。无论是传统媒体,还是新媒体,中国舆论场上传播的纽约以及美国形象往往趋于"两极化":好的很好、坏的很坏。人们似乎很难理解,一座城市可以优点和缺点共存,对一座城市你可以爱恨交织。

这种对外部世界的"极化"认知是最值得担忧的。对纽约过于乐观的想象,令人们在面对自己城市的发展问题时一味抱怨和指责,忽视了一座伟大城市在成长过程中必须付出的痛苦代价。而对纽约过于悲观的想象,则令人们对大城市的发展前景心灰意冷,从而认为抑制城市发展而非创新城市管理才是应对之道。

从这个意义上说,这本关于纽约历史的书,对今天的中国读者来说,来得正当其时。了解纽约,其实是为了更好地理解我们自己的城市;而在真正了解纽约之前,须先打破对其的种种迷思。

译者序

本书讲述了纽约全方位历史中的特定侧面。冲突与野心像一条隐线，在400年中不断塑造这座城市。正如作者自己所说：本书不求全面，但求展示各种暴力和非暴力冲突如何塑造了这个充满活力、创新、弹性，并具有全国影响力的城市。换言之，本书其实是一部纽约冲突史：殖民者对土著民，奴隶主对奴隶，白人对黑人，资本家对工人，男人对女人，老移民对新移民，大人对小孩，保守派对自由派，宗教传统对流行文化……

在纽约的文化概念里，冲突并非贬义词。本书作者援引一位社会学家的话说：应将冲突视为一种警示，它是促进改变的催化剂。事实上，大部分冲突都旨在参与、改善，而非推翻。然而，冲突并不必然带来变革，毕竟冲突的本质是破坏性的，要将这种破坏性引导向一个建设性的结果，有赖于纽约的"实用主义宽容"传统，以及不断进化的民主制度。在这里，"生存，也要允许他人生存"被奉为圭臬，妥协必不可少。

从解放黑奴到保护劳工，从救助穷人到赋予妇女投票权，冲突对双方来说是互动妥协的过程：对于不满者来说，必须逐步学会如何合理有效地表达和追求自己的利益诉求；而对于不满对象来说，必须学会倾听不满声音，改变可能激化冲突的具体做法和制度设计。因此，冲突成为城市治理必要的减压阀，也成为城市治理变革的催化剂。

在本书所呈现的真实历史面前，对纽约的虚幻、廉价的想象被打得粉碎。不过，人们对纽约的感情却未必因此削弱。换言之，对一座城市的感情并不是通过虚幻、廉价的想象来维系的。

如果以治安、整洁、有序来衡量，纽约不如北京；如果以发达、精致、友善来衡量，纽约远不如东京。我们依然记得，第一次抵达纽约时那种极度失望的感觉。而这种失望恰是"祛魅"的必要环节，正是开启对外部世界理性认知的起点。

一座伟大的城市不能仅以治安是否良好、街道是否整洁来衡量，不能仅用高楼大厦、机场地铁等基础设施是否完备来衡量。一座城市之所以伟大，在于其珍视而非抛弃其历史传统，在于其能够令所有城市居民拥有实现梦想的机会。从早期的荷兰人、英国人，到德国人、华人、爱尔兰人，再到波多黎各人、海地人，不同的人都在纽约找到了自己的情感归宿。

从这一角度来看，纽约的冲突和无序实则是城市去中心化的结果。任何人，哪怕是视公众意见为"狗屁"的岁伯特·摩西（Robert Moses）、独断专行的市长鲁道夫·朱利安尼（Rudolph Giuliani），都无法单独代表纽约，都无法单独决定城市发展的轨迹。

在一个近40％居民出生在海外、通行着110种语言的城市，谁才能代表她？她又属于谁？对纽约来说，她属于存在于这座城市地理范围内的所有居民，他们都是城市社会契约的签约者。城市不仅是"地理范围"，也是"情感归宿"。所有城市居民，都值得对自己参与塑造的城市历史和未来感到骄傲。

当然，这样的观念并非理所当然。2016年11月9日凌晨，当鼓吹"本土主义"的特朗普在"世界之城"纽约庆祝赢下总统大选时，纽约的社会契约迎来了新挑战。

由于工作的缘故，白天，我持续关注着纽约的现状——那些在本书出版后仍然不断展开的历史；夜晚，我翻译纽约的历史。

我每天来回穿越于纽约的现实和历史之间,不停切换本地居民和外国观察者的视角,令我深刻体会到阅读这座城市历史的价值所在。

在写下这篇译者序之际,我们正在整理行囊,准备再赴美国。我们将再花上数年时间去观察纽约,以及整个美国城市的发展。因为,观察纽约,有利于我们反躬自省;思考城市,实则是思考当下和未来人类必须面对的所有问题。

金旼旼

序言

"颠覆,颠覆,颠覆!这就是纽约的箴言。"纽约前市长非利普·霍恩(Philip Hone)在 1845 年如是说。无论彼时,还是此刻,这句话都精准地捕捉到了纽约最基本的特征。没有人会否认这句话,尤其是那些和霍恩一样悲叹纽约总在无情地变幻的人。当然,这句话也激起了另一些人的共鸣,他们赞叹这座城市变化的特质,甚至认为变化来得越快越好。的确,变化本身常被视为纽约复杂历史的最重要特征。正如霍恩所说,纽约代表了摧毁的精神,也代表了重建的精神,纽约就像是一位慢性躁动症患者。

对于这一点,霍恩应该比谁都更清楚,他自己的命运轨迹就是纽约这座城市瞬息万变的写照。他出身平凡,却通过拍卖业迅速发家致富。1821 年,年仅 40 岁的他便已家财万贯,并从商界功成身退。1826 年,霍恩出任纽约市长,任期结束后又投身于大大小小的市民委员会和慈善工作，这为他赢得了"纽约最杰出市民"的称誉。然而，1837年的金融危机令他的财富化为乌有。霍恩迫不得已重返职场，而1845年的大火再次令他倾家荡产。衰退、犯罪、疾病、罢工、火灾和骚乱令霍恩领悟到，变化拥有祸福相依的特质。纽约社会的日益分化令他深感忧虑，他形容这种两极分化是"穷奢极欲与贫穷无望"。霍恩明白，变化虽然可以带来进步，但也同样酝酿冲突。

城市研究学者刘易斯·芒福德①（Lewis Mumford）认为，冲突是"富有创造力且大胆的"城市所拥有的特性，这种大胆是城市躁动不安的根本缘由。与慢节奏、以家庭为基础、稳定的乡村生活不同，城市是一个不安定的社群，它欢迎陌生人，崇尚个体，因变化而充满活力；它大胆而喧嚣，令人兴奋又富有创造力，趾高气扬且咄咄逼人。然而，芒福德也认识到，在没有人情味的城市中，作为缓冲区的社区具有重要意义。

芒福德洞悉了城市的分裂性特征。一方面，城市"放大生活的各个方面……（并且）成为一切皆有可能的象征"。另一方面，城市"用压力把（人们）禁锢其中"。城市鼓励自由创新的同时，也奉行秩序和纪律；既依赖合作，也培育竞争。正是由于这些内在矛盾冲突的存在，城市才处于一种永恒的张力与互动之中。

无论好坏，冲突都是纽约这个躁动不安的城市最重要的特征，冲突同时也令纽约的社群意识变得复杂。在集市，在法庭，在球场，在剧院，在这个城市各个角落，上演着成百上千场微型"战

---

① 刘易斯·芒福德：美国著名历史学家、哲学家和文艺批评家。

争"。毋庸置疑,竞争对于城市发展至关重要,"城市本身为争斗、挑衅、支配、征服以及奴役提供了种种可能"。雄心抱负催生了一种普遍的好勇斗狠的文化,而建立在此基础上的社群关系也就必然是短暂而多变的。城市所具备的能量既可以是积极的,也可以是消极的;既极具建设性,也拥有破坏力。

这就是"哥谭镇"(Gotham,纽约的别称之一)。几个世纪以来,纽约的经济、政治和社会准则不断被修正,无数富有争议的人物诞生于此,文化定式被无情地挑战;同时,纽约也经受住了贸易抵制、罢工和骚乱的负面冲击。在纽约,冲突既有暴力的,也有非暴力的;既有主动挑起的,也有被动回应的。这些冲突涵盖了这座城市的所有多样性元素——贫穷对富裕、黑人对白人、男性对女性、移民对本地人、工人对雇主、自由派对保守派。

对一个政治、经济和社会结构都变幻不止的城市来说,个体以及各种利益团体之间必然充满着永无休止的钩心斗角。从这个意义上来说,冲突反映了纽约多面、变化不止的社群活力。它也反映了托克维尔(Alexis de Tocqueville)所说的美国"在繁荣中躁动不安"的倾向。

"哥谭镇"的动荡总是那么刺激,但是对于一个沉浸在和平发展神话中的乐观的国家来说,这种冲突格外令人不安。作为著名都市,纽约是机遇与平等的典范,但其紧张局势也暴露了美国的一些错误。因此,历史学家弥尔顿·克莱恩(Milton Klein)总结道:美国人总是"畏惧纽约",因为纽约暴露了"他们当下或未来必须面对的所有问题"。

社会学者刘易斯·科泽(Lewis Coser)认为,应将冲突视为一种警示，它是促进改变的催化剂。事实上，大部分冲突都旨在参与、改善，而非推翻现有体制。改革派和示威者想要的，绝非摧枯拉朽的革命，而只是希望更加民主、更加平等和更多财富。当然，当权者憎恶对现状的批判，他们害怕无序。

大部分发生在纽约的冲突都具有暴力色彩。殖民时期，纽约对奴隶叛乱给予了最严酷的镇压。这里曾发生过许多骚乱：1765年的《印花税法案》骚乱，1834年的反废奴主义骚乱，1849年的阿斯特广场骚乱，19世纪50年代的民族骚乱，1863年的征兵骚乱，1900年的种族骚乱，1935年、1943年和1964年的哈莱姆种族骚乱，20世纪60年代的哥伦比亚大学、纽约城市大学学生骚乱和斯通沃尔同性恋暴动，20世纪70年代的保守派工人骚乱和大停电骚乱。小规模骚乱更是数不胜数。

此外，纽约也经历了相当数量的非暴力冲突，这些冲突多为诸如亚历山大·麦克杜格尔[①]（Alexander McDougall）、雅各布·莱斯勒（Jacob Leisler）、约翰·彼得·曾格[②]（John Peter Zenger）、范妮·莱特（Fanny Wright）、费尔南多·伍德（Fernando Wood）、亨利·乔治（Henry George）、"血腥爱玛"·戈德曼（Red Emma Goldman）、W. E. B. 杜波依斯（W. E. B. Du Bois）、小亚当·克莱顿·鲍威尔[③]（Adam Clayton Powell Jr.）、阿尔·

[①] 亚历山大·麦克杜格尔："自由之子"协会的领导人之一，在独立战争中成为美军军官，美国独立后成为纽约银行的第一任行长，纽约州参议员。

[②] 约翰·彼得·曾格：德国移民，纽约著名的印刷商、出版商、报纸主编。他曾被指控发表反政府的文章，但最终被判无罪，此案奠定了美国出版自由的基石。

[③] 小亚当·克莱顿·鲍威尔：美国国会众议员，他也是第一个代表纽约的黑人国会议员。

夏普顿（Al Sharpton）、菲奥雷洛·拉瓜迪亚①（Fiorello La-Guardia）、约翰·林赛（John V. Linsay）、爱德华·科克（Edward Koch）、鲁道夫·W. 朱利安尼、迈克尔·布隆伯格（Michael Bloomberg）、比尔·德布拉西奥（Bill de Blasio）等一批极具煽动性的人物所推动。对这些人物，本书都会提及，因为他们打破常规的举动所引发的争议反映了这座城市的核心困境。

同样可以反映这种核心困境的事件，还有1765年的《印花税法案》骚乱、1911年的三角衬衫厂大火、1975年的财政危机等。所有这些都充满了戏剧性，都暴露出最根本的问题，也令纽约吸引了全美国的关注，因此其影响也远超出了纽约自身的范围。因此，广泛的暴力和非暴力冲突的历史表明，正如社会学家克莱尔·德雷克（Clair Drake）所说，"哥谭镇"挑动着"美国生活的神经"。

本书以美国印第安人的历史为始，涵盖从1609年到2015年的时间阶段，突出每个时代的主要发展动向。图片为讲述增加了视觉维度，建议读者带着批判性的眼光看待这些图片。本书无意力求全面，只为探讨纽约市的特殊性格，探访这个具有独特活力，兼具多样性、创造力、韧性和全国影响力的大都市。

本书每一章以时间线和序言开篇，文字内容着重关注能够凸显城市变革的人物、事件和运动。每一章都包含具有争议性的话题：政府和警察的角色、经济发展的影响、平等的内涵、改革的范围以及社群的意义等。这些话题直至今日仍无定论，

---

① 菲奥雷洛·拉瓜迪亚：1934—1945年任纽约市长。

那些历史上的不和谐音符依然回响在当今的纽约上空。从一开始,纽约就扮演着美国资本主义制度和民主发展优等生和落后生的双重角色。纽约的复杂性令其不仅成为乐观与机遇的化身,也成为英国历史学家阿萨·布里格斯勋爵(Lord Asa Briggs)所说的"不满之都"。

在殖民时期和美国独立战争时期,纽约形成了独一无二的兼具开放性和多元性的社会,但是这个社会同时也剥削印第安人和来自非洲的奴隶。这一矛盾给纽约带来了困难,它引发了争论,但也推动了改革。彼得·施托伊弗桑特①(Peter Stuyvesant)、荷兰西印度公司、《法拉盛陈情书》(the Flushing Remonstrance)、雅各布·莱斯勒和约翰·彼得·曾格都与这一矛盾息息相关。亚历山大·麦克杜格尔、"自由之子"协会、亚历山大·汉密尔顿②(Alexander Hamilton)和约翰·杰伊(John Jay)都曾强调纽约在美国独立战争之前、期间和之后扮演的重要角色。

德维特·克林顿(DeWitt Clinton)巩固了"哥谭镇"的发展,这座城市在他的引领下迈入 19 世纪初期。杰克逊式民主激起了新一波的骚动,体现在工人运动、本土主义、废奴主义、反废奴主义、1834 年骚乱、1836 年罢工、1837 年大萧条这些事件中。这个时期暴露出了阶级、种族、性别和民族冲突的严重裂痕,以至于包括霍恩在内的许多人都开始怀疑,民主制度是否能够继续生存下去。

---

① 彼得·施托伊弗桑特:1647 年出任新阿姆斯特丹总督,直至 1664 年这里被英国人接管。他被认为是纽约早期城市发展的最重要缔造者之一。

② 亚历山大·汉密尔顿:美国建国国父、经济学家、政治哲学家、联邦党人,也是美国第一任财政部部长。

19世纪中叶，纽约迎来了革新，也吸引了德国和爱尔兰移民的到来，他们在小德国和五点区留下印记。文化冲突导致的1849年骚乱延续到整个19世纪50年代。支持废奴为纽约带来了一定的好处，但是被与南方贸易关系的恶化和1863年的征兵骚乱所抵消，这次骚乱是美国历史上最严重的一次骚乱。

19世纪末，纽约人被视为镀金时代的典型形象——贪婪的流氓大亨和腐败的政府官员。但是，在一个崇尚社会达尔文主义的时代，通过"发现贫穷"和激进劳工运动，纽约戳痛了全美国的社会良知。正如布里格斯观察到的，工业城市的问题"常常压垮身处其中的人们"，但反过来这些问题也激励着人们努力找到平衡"经济利己主义和社会公民意识"的更好方法。

20世纪初，当约翰·皮尔庞特·摩根（J. P. Morgan）如日中天时，进步主义挑战着传统。垃圾箱画派和爱玛·戈德曼挑战着艺术和社会的秩序。全国有色人种协进会（NAACP）抵抗着种族主义。女性则通过食物暴动、劳工罢工和选举权运动来表明自己的立场。

1920—1945年，纽约经历了新的跌宕起伏。哈莱姆复兴的梦想与大萧条的绝望形成的鲜明对比，这种绝望由于1935年和1943年的哈莱姆骚乱而更加复杂。禁令和限制移民的消极精神被菲奥雷洛·拉瓜迪亚所承诺的人性化政府所抵消。然而，小亚当·克莱顿·鲍威尔仍要求做出更多的改革。

在20世纪的下半叶，联合国总部和洛克菲勒中心象征着"哥谭镇"在战后的全球地位。建筑大师罗伯特·摩西重铸了这座城市的外观和城市规划。同样，性别、种族、教育领域的动荡既体现了20世纪60年代的变革，也体现了对变革的反对。林荫大道代表了经济不平衡的现象，而正是这种不平衡导致了 1964 年的哈莱姆骚乱。

1973—2000 年的紧张时期始于亚伯拉罕·比姆领导下的 1975 年的财政危机。债务、犯罪、火灾、涂鸦和老鼠使纽约成为国家城市危机的代名词。爱德华·科克和戴维·丁金斯（David Dinkins）似乎加剧了种族冲突。鲁道夫·朱利安尼强调在这座城市传统的灵活性基础上应更重视秩序性。

21 世纪初，迈克尔·布隆伯格和比尔·德布拉西奥都追求具有争议的变革，内容涉及发展、中产化、教育和治安。"桑迪"飓风带来的破坏强调了可持续发展的必要性。复苏的移民趋势、"9·11"事件的悲剧和经济衰退都影响了纽约的未来和它与美国爱恨交加的关系。就像布里格斯描述的伦敦一样，纽约是由人群、利益和政治构成的不稳定的混合物，"展现了关于过去与未来最令人着迷又最令人恐惧的谜题"。

久而久之，作为美国最受人瞩目、最具争议也是最重要的都市，"哥谭镇"的冲突产生了广泛影响。正如詹姆斯·费尼莫尔·库珀（James Fenimore Cooper）在 1851 年所说："无论从利益、位置，还是从发展追求来看，纽约实际上都是国家的。没有人觉得它属于某个州，它属于美国。"除了扮演重要的经济角色外，纽约也是艺术、移民和交流中心。因此，纽约的冲突会辐射至全国，凸显并影响着美国所面临的核心挑战。纽约永远如此活力四射，纽约永远都不会无关紧要。

冲突并不是纽约唯一的故事，历史学家迈克·华莱士（Mike Wallace）曾经说过，冲突起码不是我们愿意讲述的故事。冲突向我们展示的是挣扎而非成功，也因此为我们揭开了经常被隐藏或否认的矛盾。这就是为什么这些冲突从历史角度看如此重要。每个历史时期，城市动乱都反映了人们对于城市秩序最深层的不安。在美国最重要的城市里，关于权势、财富和地位的斗争永恒上演，一直在提醒着我们：美国不灭的渴望和仍需解决的问题。冲突是对一个城市的灵魂，甚至是对一个国家的灵魂的争夺。冲突向我们展示了"哥谭镇"的骚动如何鼓舞了美国梦。千言万语还归一句：纽约的躁动不安就是它的最大财富。建筑评论家保罗·戈德伯格（Paul Goldberger）曾说过：

> 纽约依旧还是从前的样子：一座风起云涌的城市，一座人口和经济不断变化的城市，一座几乎从不停歇的城市。这座城市残酷、肮脏又危险，怪诞又奇幻，美丽又高大。这座城市拥有许多不同的面孔，但每一张都无法单独定义它。所有的面孔组合在一起，才是真正的纽约。如果不能接受这样的悖论，就等于否定了这座城市存在的真正现实。

目录

第一章　漩涡之城 / 001

第二章　吊诡之都 / 051

第三章　骄傲之都 / 093

第四章　帝国之城 / 137

第五章　野心之城 / 189

第六章　逐梦之城 / 235

第七章　世界之城 / 281

第八章　威胁之城 / 319

第九章　躁动之城 / 369

致谢 / 423

第一章

漩涡之城

1609—1799

大事年表

900—1600 年　　美国原住民独立发展时期

1609 年　　亨利·哈德逊到达美洲

1624 年　　新阿姆斯特丹成为定居地

1644 年　　原始奴隶的半自由状态

1647—1664 年　　彼得·施托伊弗桑特统治新荷兰

1655 年　　桃树之战

1657 年　　《法拉盛陈情书》

1664 年　　英国人占领纽约

1689—1691 年　　莱斯勒反叛

1735 年　　约翰·彼得·曾格的审判

1741 年　　黑人的"惊天阴谋"

1752—1756 年　　国王学院争论

1765 年　　《印花税法案》

1776—1783 年　　美国独立战争

1799 年　　《渐进废奴法案》

第一章 漩涡之城

纽约比世界上任何一座城市都拥有更多的名字，这也是它充满活力的表现。每个名字都提醒着我们这座城市的历史是多变的。长久以来，人们都试图通过给纽约贴上标签来表达自己对这座城市的理解，但他们从未成功过，因为纽约是如此复杂，任何一个名字都无法准确地描述这座城市。纽约的复杂性主要通过冲突来展现。在这样一个活力之都，不同利益群体之间因权势、财富和地位而冲突不断。虽然冲突带来混乱，令社群充满紧张感，但冲突同时也为社群的不满情绪找到了宣泄的出口，并推动了建设性变革。冲突的种子在殖民和独立战争时期就已种下，其建设性和破坏力将开始逐步展现。

关于纽约身份和意义的争论开始于曼哈顿这个名字的由来。传说这个名字来源于一个危险的北美土著部落 Manates。欧洲移民作为外来者，一直不明白这个本土词的真实意义。它被翻译成"岛屿""小岛"或"多山的岛屿"，也有人把它翻译成"获得制作弓箭的木材之地"或"醉酒之地"。前三个译法大同小异，且纯粹为描述性的，但后两个译法在意思上却有天壤之别。在诞生之初，这个新生的城市就被视为贸易、机遇和利润之源，或许同时也是堕落和剥削之地。

还有一种译法更具有煽动性。一些文献指出，这个土著部落的所在地被称为"漩涡之地"，大概是指今天阿斯托里亚岛、皇后岛、沃兹岛三岛中间的狭长河道一带，这条河道位于东河、哈莱姆河和长岛海湾交汇处，水流湍急，"漩涡"二字由此得名。1614年，荷兰人阿德里安·布洛克[①]（Adriaen Block）乘坐"骚动号"帆船通过这条河道。他将这条危险的河道命名为"地狱之门"（Hell Gate），这与纽约后来的名字"门户市"（the Gateway City，意指通过纽约就进入了美国）看似含义相反，但两个名字都捕捉到了纽约的精髓：这里是一切新的开始，等着你的可能是机遇，也可能是地狱。而"漩涡"二字对于一个港口城市来说再精妙不过了，在这里，人类社会被变幻不止的潮涌无尽地冲刷着，动荡的漩涡时常吞没城市。

殖民和独立战争时期的纽约格外动荡。纽约的独特模式也正是在这一时期建立的，它不仅是一座追求财富的、快节奏的、灵活多变的城市，也是骚乱的发源地。关于政治、经济和社会自由

[①] 阿德里安·布洛克：荷兰商人和航海家。1611—1614年，他乘船探访了今天新泽西和马萨诸塞之间的河谷地区。今天，美国这一地区不少地名均以他的名字命名。

第一章 漩涡之城

的争论为民主奠定了基石。然而，殖民时期的纽约也鼓励蓄奴，并残酷镇压了奴隶叛乱。纽约在美国独立战争前的冲突里扮演了极为重要的角色，因此它不仅成了战时的英军指挥部，也成了战后美国的首个首都。无论化身为何，在这里你都能找到这个新生国度所面临的所有困境。

和东部沿海其他殖民地不同的是，通过纽约不断变换的名字，我们就可以看到欧洲帝国野心对它产生的影响。荷兰人于1624年登陆，并将此地命名为"新阿姆斯特丹"。1664年，英国人从荷兰人手中夺走了这片土地，英国国王将其赐予了约克公爵，此地遂以约克公爵的封号命名。1673年，荷兰人重新将它夺回，并将其命名为"新奥兰治"，以表达对奥兰治·拿骚家族的尊敬。但一年后，它再次被英国人夺回，尽管亲荷兰派在1689—1691年发动政变，但英国人最终取得了胜利。从最开始，纽约就是复杂的，被各方激烈争夺着。根据历史学家弥尔顿·克莱恩所述，纽约变动不息的社会和国际背景使其成为未来美国发展的缩影。

新阿姆斯特丹最初并非作为一个宗教避难所建立的，它是荷兰西印度公司的贸易据点。纽约港位于海岸中部，拥有可以将内陆资源运往海岸的河道出海口，这种得天独厚的地理条件为纽约的经济发展提供了无限潜力。从最初与印第安人进行毛皮贸易开始，我们就已经可以隐约看到纽约日后作为一个商业中心的雏形。但一开始，经济发展并不顺畅，以至于1629年荷兰西印度公司为了请求富人（即所谓的大庄园主）贡献50个移民而不得不向后者许诺大片土地。到了1640年，只要贡献5个移民就可获得大片土地所有权，但殖民地依然荒芜。

由于不断吸引新移民，新阿姆斯特丹成为一个多语言社会，在这里通行超过 18 种语言。一个耶稣会传教士曾形容这里充斥着"南腔北调"。与这种混乱相对应的是灵活性和充满竞争性的个人主义，这与波士顿具有高度凝聚力的宗教社群，以及查尔斯顿有组织的社会等级制度大相径庭。历史学家亨利·凯斯勒（Henry Kessler）和尤金·拉奇利斯（Eugene Rachlis）写道，新阿姆斯特丹成了"所有躁动不安者的家"，它吸引着"不同政见者、离经叛道者、造反派、冒险家、海盗，还有虚无论者"。新阿姆斯特丹的社会契约建立在和平共生原则之上，也就是美国开国元勋詹姆斯·麦迪逊（James Madison）所说的彼此制衡的"多元利益"之上。新阿姆斯特丹的社群多元化，注定了它更具有冲突倾向。

冲突对于定居点来说司空见惯。印第安人和欧洲殖民者之间的敌意始于 1609 年。当时，亨利·哈德逊①（Henry Hudson）首次驶入今天纽约港的南部，在那里他的一个水手被印第安人杀死。彼得·米纽伊特②（Peter Minuit）1626 年花了 24 美元从印第安人手里"购买"曼哈顿也埋下了冲突的种子，这里当时仅有 270 名欧洲移民。从那时起，新阿姆斯特丹的欧洲移民在贸易和战争之间与印第安人维持了一种令人不安的平衡。酒类作为荷兰人文化和贸易中的主角，在冲突中发挥了缓和剂和催化剂的双重功用。更令事态恶化的是，1641—1645 年，荷兰总督威廉·凯夫特③（William

---

① 亨利·哈德逊：英国航海家，他是第一个沿着纽约哈德逊河向上游探险的西方人。哈德逊河也因此以他的名字命名。
② 彼得·米纽伊特：1626—1633 年任新阿姆斯特丹总督。
③ 威廉·凯夫特：荷兰商人，1638—1647 年任新阿姆斯特丹总督。

第一章　漩涡之城

Keift）对印第安人发动了频繁又血腥的战争，以至于1643年后来被称为"血光之年"，而这块殖民地也几乎因此被放弃。

1647年，荷兰西印度公司派遣彼得·施托伊弗桑特接替了凯夫特，但是小规模的冲突依然持续不断。由于惧怕印第安人和英国人的进攻，施托伊弗桑特命令奴隶建造了一堵木制围墙，这就是今天华尔街名字的由来①。1655年，一个荷兰人射杀了一个在他围栏果园里偷摘桃子的印第安女人。为了复仇，大约2 000名印第安人袭击了这座城市，引发了长达三天的暴力冲突。冲突还席卷到霍博肯、泽西城和斯塔滕岛。这场被称为"桃树之战"的冲突导致了100名移民死亡，150人被抓，28个农场被毁，500头牛丢失。印第安人的伤亡没有确切数字，但据估算大约有60人死亡。

"桃树之战"是欧洲移民的殖民要求和本土印第安人自保要求的冲突，也因此成为殖民主义复杂性的缩影。无论从象征意义还是从实际意义来说，这其中最重要的就是围栏所扮演的角色。围栏将私有财产与公共资源分割，将欧洲文化与印第安人文化隔离。"桃树之战"一方面结束了印第安人对曼哈顿的攻击，另一方面也开启了哈德逊河两岸亘古不息的关于土地、权势和利益的长久争夺。

混乱造成了矛盾传统的漩涡。个人主义、自由主义和宽容被剥削、骚乱和镇压所抵消。财富嘲笑贫穷，奴隶制掩盖机会。欧洲移民的殖民地横跨南北，他们在新世界与面临的所有困境苦苦斗争。纽约具有美国历史上典型的复杂性，它是独一无二的。在

---

① 英文中"围墙"是wall，华尔街的英文为Wall Street，最初即"围墙街"的意思。

一个以重农主义和同质性社会为主要基调的国度，这座具有多元文化的城市脱颖而出，成为历史学家托马斯·本德尔（Thomas Bender）所说的"差异的中心"。正是这一特点使纽约如此充满活力、令人着迷、举足轻重。纽约城市生活的漩涡一边搅乱也一边净化着美国这一汪池水。

河口的印第安人

对名字的混淆塑造了美洲印第安人和欧洲人之间最初的接触。如果说印第安人不懂荷兰语或英语的话，那么欧洲人也不懂阿尔冈昆部落使用的诸多形形色色的方言。欧洲人把这部分印第安人叫作蒙西族人或德拉瓦族人，这其实是前者对生活在今天纽约、新泽西、宾夕法尼亚和康涅狄格的不同群体的统称。这些人说的语言有些类似，却不应被混为一谈。操阿尔冈昆语的马希坎族人主要在哈德逊河流域生活，他们被称为"双向流动的河里的那些人"，这种称呼是为了表示对特洛伊下游的河口的敬畏，那里是海洋和河流交汇的地方，在不断变化的潮汐中，海水和淡水混合在一起。易洛魁族人则统治着更往北和往西的地方。

尽管纽约本地人今天经常使用"德拉瓦族人"这个词表示印第安人，但是这种说法在殖民时代却没有被广泛使用——只适用于纽约南部通常被称为德拉瓦族人的部落。然而，这个标签是一项欧洲的发明，起源于英国人德拉马尔勋爵（Lord de la Marr），后来人们用他的名字命名了一条河。一些纽约的历史学家喜欢用"蒙西族人"这个词来谈论纽约一带操阿尔冈昆语的印第安人。

　　人们的刻板印象表达出了这种困惑。一些人觉得,印第安人天真无邪、慷慨大方,而且很容易上当受骗去喝酒,用珍贵的动物皮毛交换小饰品,或者"出售"他们的土地。另一些人觉得,印第安人不开化、残忍、可怕。因此,荷兰人称他们为"野人"。"高尚的野蛮人"概括了这两种截然不同的观点。讽刺的是,最初那些装备不足、难以生存的欧洲人只有依靠印第安人的救济才勉强生存了下来。尽管印第安人肯定曾经发动过战争,杀死过对手,俘获过俘虏,但欧洲人本身其实也很残忍。事实上,双方都曾有过剥下敌人头皮的行径。

　　蒙西族人的居住地超出了纽约市的范围,但在欧洲人到达之前,他们在包括现代纽约市的地方生活了至少500年。他们在后林地时期(900—1600年)的生活方式结合了狩猎、捕鱼、采集和种植。男子进行狩猎和捕鱼,包括捕捞鲸鱼。美国印第安人相信所有的生灵都是伟大的神灵所赐予的礼物,所以他们从来不索取超过自己所需的东西,而且在杀死动物之前总是请求宽恕。然后,他们物尽其用,把猎物的所有部分用作食物、衣服、武器、帐篷或者装饰物。他们富有创意,把各种自然资源转化成独木舟、篮子、网、绳索、工具、管道、摇篮、莫卡辛软皮鞋、雪鞋、垫子、珠饰和羽毛制品。因此,他们的语言中不存在表示垃圾的词汇。

　　印第安人与大自然和谐相处,并从大自然中获取资源,他们也缺乏词汇来表示时间。正如太阳的升降定义了天的概念,季节更迭也决定了年的概念,每一个季节都有感恩的节日,以此庆祝大自然的慷慨赐予。这些信念源于创世神话:一只海龟从海洋中现身，背上沾满泥浆。当泥浆变干，一棵树从泥里生发，树枝变成了男人和女人。因此，他们的后代永远感激"龟岛"（即北美洲）这片赋予他们生命的土地。他们相信有生命的生物和无生命的物体都有精神属性。

妇女们聚在一起种植。除了抚养孩子和烹饪，制作衣服、陶器、工艺品，她们还栽培"作物三姐妹"：玉米、豆子和南瓜被混在一起种植，这样豆子可以让玉米长得很高，而南瓜叶可以防止杂草生长，并保持土壤的滋润。这是因为，玉米的根扎得浅，豆子的根深浅适中，而南瓜的根扎得最深，三种作物相辅相成，为人们提供碳水化合物、蛋白质和糖。土豆是另一种食物的来源，而烟草和烟草散发出来的烟气被认为可以让人更接近神灵。

蒙西族人需要获得大量的土地，才能维持这种生活方式。因此，每当猎物不足或农地荒芜的时候，他们都会迁徙，而当他们需要更多的土地或者受到其他部族的威胁时，他们则会发动战争。他们的土地概念更具有"流动性"。他们并不通过用栅栏把小块土地围起来作为私有财产的方式严格划分领土，而是由部族占有广大的地区，让属于部族的家庭可以在领地内迁移。土地是大自然的馈赠，应该被珍惜和分享，而不是出售。

亲属群体是以龟、熊、狼、鹿和海狸等动物命名的。阿尔冈昆社会是母系社会，其成员的家族和部族身份都源于自己的母亲。然而，为了避免乱伦和建立宗族之间的联系，婚姻只能发生在部族之间。与欧洲人不同的是，印第安人有灵活的婚姻形式。子女同意后，相亲由母亲来安排，并通过交换礼物的形式确定下来。新郎加入妻子的家庭，但是在双方意见分歧的情况下，他可能会

第一章　漩涡之城

被驱逐。然后，他可以再找一位妻子。男性也可以在几个群体找几位妻子，只要他能养活所有的妻子就可以。在这个强调相互性和平等的体系中，他的前妻也可以再婚。

每一个家庭住在一个独立的帐篷里，或与其他家庭一起住在长屋里。在长屋里，每个家庭都有独立的空间，但是共用火堆。长屋是永久性定居点的标志，人们会在狩猎季离开这里。勇敢的年轻人会成为部族战争中的领袖。而睿智的老年人会被选为酋长，领导部族会议，因为他们冷静、公正、能言善辩。正如一位历史学家所指出的，"他们有权威，但是不独裁"。年长的女性颇受尊重，她们可以对部族会议产生影响。在会议上，部族成员通过协商来共同决策。

蒙西族人强调平衡、合作与和谐，这是由慷慨互惠构成的平等的价值体系的一部分。历史学家丹尼尔·里克特（Daniel Richter）说，在部族内，只要有食物，就不能允许任何人挨饿。热情好客和赠送礼物的做法巩固了个人、家族、经济和政治的联盟。和欧洲文化形成鲜明对比的是，他们获得商品的目的不是占有它们，而是把它们赠予他人。

在与欧洲人接触之后，这种自给自足、和谐的生活方式受到了威胁。欧洲水手带来了流感、水痘和麻疹，而当地人对这些疾病都没有免疫力，很多人因此丧命。无论是印第安人还是欧洲人都不了解这类疾病的起因或者治疗方法，这些疾病在17世纪30年代造成了一些印第安部落高达50%~90%的死亡率。更糟糕的是，等待幸存者的将是生活中更艰难的挑战。

酒精尤其具有破坏性。在亨利·哈德逊到来之前，蒙西族人从未品尝过酒的滋味。由于他们一点酒量都没有，所以他们很轻易就会喝醉。起初，他们把酒精带来的飘飘欲仙的感觉理解为与神灵交流。然而，很快，他们就变得沉溺于酒精，并且依靠荷兰人为他们提供酒。啤酒在荷兰人的日常饮食中不可缺少，在荷兰人遍布整个社区的许多小酒馆都可以买到。酒馆是社交和做生意的地方。音乐、纸牌、骰子和吸烟使得酒馆生机勃勃，显得热情好客。

为了降低成本，商人经常制作假酒并违反禁令将酒卖给印第安人。酒还被用来诱惑印第安人放弃自己的土地。荷兰法律要求转让土地的时候必须有合法契约，所以荷兰人会威逼利诱印第安人签字。然而，印第安人认为他们只是允许这些欧洲人使用他们的土地，并认为自己仍然保留土地所有权。因此，他们认为只是把地出租，而且经常把同一块地"租"给几个人。即使在签署协议后，他们仍继续在荷兰人所认为的私人财产范围内狩猎或种植作物，因此发生了暴力冲突。印第安人的领地则在不断缩小。

贸易进一步削弱了蒙西族人的独立性。英国清教徒移民是为了避免宗教迫害而移民到这里的，荷兰人却不一样，荷兰人是探险家和商人，急于扩大自己的商业帝国。他们马上就发现了可以出售的丰富的资源，如木材、毛皮和矿产。作为回报，蒙西族人得到布料、工具、金属锅具和小饰品。印第安人经常对这些欧洲的物品重新利用，改造现有的服装、珠宝和工具。随着时间的推移，金属锅具取代了陶器；荷兰面包和椒盐卷饼取代了索然无味的玉米饼。

为了满足欧洲对贸易货物的永不满足的需求，而且也出于对

第一章 漩涡之城

欧洲商品的渴望,印第安人开始过度猎杀动物以获取毛皮,尽管这违背他们的传统价值观。尽管荷兰西印度公司、新阿姆斯特丹和纽约的官方盾徽上都有海狸的图形,但是海狸几乎已经灭绝。此外,当海狸在哈德逊河下游的山谷里越来越少的时候,商人们开始向上游地区寻求商品供应,并与莫霍克族人结盟。荷兰人拒绝向蒙西族人出售枪支,而莫霍克族人已经拥有枪支。由于无法与莫霍克族人在贸易和战争中竞争,许多蒙西族人逐渐接受了莫霍克族人的领导地位,他们要么改变经济地位,要么向西迁移。

贝壳串珠的故事很能说明问题。贝壳串珠又名贝壳币,是一种用牡蛎壳做成的珠子。斯塔滕岛和长岛东部海岸出产贝壳,因此得名贝壳岛。这些珠子被认为是大自然的神圣礼物,珠子被串在一起,或者编织成腰带。贝壳串珠可以被当作结婚的礼物、友谊的象征、交换的信物、悼念的物品、地位的象征。在欧洲人来到美洲之前,它并没有货币的功能。缺乏金银的荷兰人注意到当地人珍视贝壳串珠,所以他们开始把贝壳串珠用作货币,长岛的辛纳科克印第安人对此的回应就是制作更多的贝壳串珠。

得到了欧洲的锥子和钻头以后,贝壳串珠的产量显著增加。男人也加入了这项从前专属于女性的工作。其他诸如打猎或者织布的工作因此被放弃,结果就是印第安人变得越来越依赖荷兰人供给的货物。认识到新的工具威胁到了本身的传统以后,一些年长的印第安妇女拒绝使用这些工具。然而,工具使这项工作变得非常容易,欧洲妇女可以轻而易举地取代印第安妇女成为生产者。在一个选择性适应的复杂过程中,蒙西族人的生活发生了不可逆转的变化,以至于历史学家保罗·奥托(Paul Otto)称这一变化称为"贝壳串珠革命"。

当然，蒙西族人同样在抵制变革。虽然最初对欧洲人奇怪的外表和他们乘坐的大船心生敬畏，但是蒙西族人很快也对他们产生了警惕。在大大小小的冲突和战争中，印第安人捍卫自己古老的土地权利，表达出他们对欧洲人入侵的不满。尽管印第安人最终失去了土地，部族大大缩小或者只能迁往别处，但是他们保留了许多的传统，包括好客、分享、互惠、共同决策、尊重自然。尽管他们今天仍饱受贫困和其他问题的困扰，但美国印第安人捍卫了自己的文化，尝试利用法律收回祖先的土地。军事上的失败和文化上的适应从不意味着完全投降。

印第安人对变化有着自己的理解。18世纪的一位摩拉维亚传教士记录了一位年长的印第安人对他讲述的故事。虽然故事主要关注的是与荷兰人的最初接触，但它实际上反映了美洲印第安人和欧洲人之间的关系。

> 随着白人对印第安人越来越熟悉，他们最终提出想和印第安人住在一起，只要求得到菜园那么大的一块空地就够了，这块地用牛皮就能覆盖或包围，而这块牛皮就摆在印第安人的面前。这一要求听起来合情合理，印第安人欣然同意。但是这个时候，白人拿起一把刀，从皮的一端开始，把它切割成一根长绳，宽不过孩子的手指，这样，当整张牛皮被切好以后，牛皮变成了一小堆皮绳。然后，他们把绳子的一端拉了出来，慢慢地走，小心谨慎，避免把皮绳弄断。皮绳围成一个圆形，两端封闭，包围出一大块土地。印第安人惊讶于

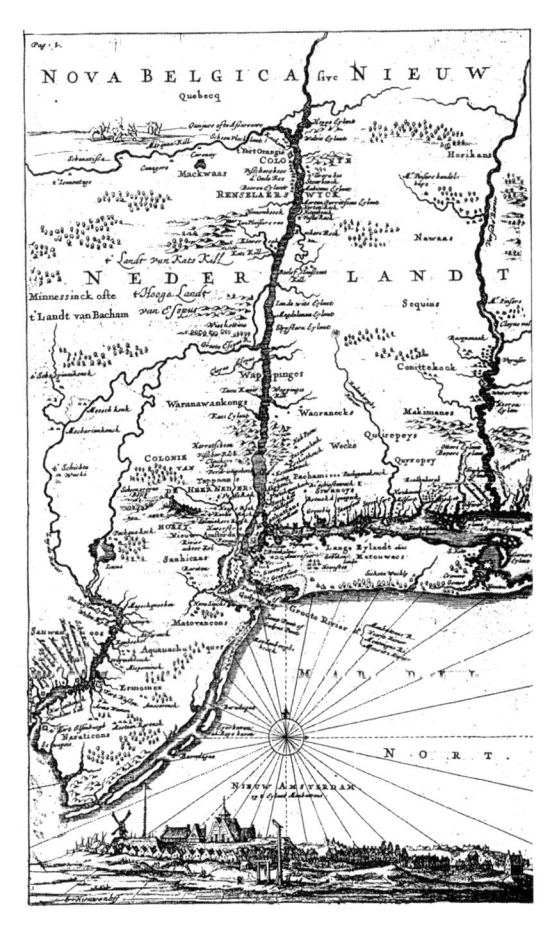

Source：The Jansson-Visscher Map in E. B. O'Callahan, *History of New Netherland* Ⅱ (New York：Bartlett and Welford/D. Appleton, 1848), following page 312.

这是一张著名地图的下半部分，完整的地图北起哈德逊河，东抵今天的马萨诸塞州，向南和向西则囊括了今天新泽西州和特拉华州的很大一部分。从完整的地图中，可以一窥荷兰殖民者对建立"新荷兰"的野心。

白人高明的机智，但是也懒得和他们在一块小小的土地上斤斤计较，毕竟他们自己还有足够多的土地。白人和印第安人和平地在一起生活了很长一段时间，不过前者总是时不时地要求得到更多的土地，而他们总是轻而易举地就获得土地，他们得寸进尺，直到印第安人开始明白欧洲人想要他们所有的土地。

这个故事可能加深了人们对印第安人的天真无邪的印象。但是，它同时也暴露出欧洲人的物质主义和诡计多端。显然，文化冲突太大了，无法调和。因此，蒙西族人成了第一群被卷入变革漩涡的纽约人，直到被各种事件的漩涡所吞没。

务实的宽容

当1647年彼得·施托伊弗桑特就任曼哈顿总督的时候，他已经失去了一条腿，但是他在荷兰的加勒比殖民地积累了丰富的治理经验。施托伊弗桑特不苟言笑、待人公正，他给新阿姆斯特丹带来了诚实与高效，虽然这种高效有时不免专制。他被认为是所有荷兰殖民者中最严厉、最狭隘的一个人。

因此，在一个因多元、灵活、自由而繁荣的多种族殖民地，施托伊弗桑特也自然遭遇了强烈反对。新阿姆斯特丹面临的问题是，如何在个人利益与公众利益、自由与秩序之间维持微妙的平衡。

第一章 漩涡之城

施托伊弗桑特推出了很多广受支持、为大众谋福利的措施，如订立消防法，以及建立学校、邮局、监狱和救济院。他还组建了一支由九人组成的夜间安全巡逻队。但他推出的一些旨在加强社会控制的措施却不得人心，比如要求居民必须去教堂做礼拜，周日的工作和娱乐活动都要受到限制，斗殴、同居、鸡奸者均将被施以严酷体罚，他还要求所有酒馆和旅店在晚上实行宵禁。随着不满情绪的上升，很多人开始公开违反宵禁规定。

施托伊弗桑特还加强了海岸管理，建立码头，延长街道，扩大市场规模。这些措施都促进了经济发展。但同时，他还试图对经济进行更多管制，如设立工资、酿酒、烤面包、屠宰标准。他还禁止猪和羊在街道上游荡，无视这些牲畜对家庭维持生计的重要性。

不过，过于严苛的管制导致反抗的声音越来越大，甚至传到了荷兰本土。荷兰西印度公司因此告诫施托伊弗桑特，减少限制性措施以免伤及新阿姆斯特丹移民的从商积极性。西印度公司明白，"追求利益"是促使这些移民远渡重洋来到新世界打拼的最重要动力。对这个熙熙攘攘皆为利来的移民社群来说，个体主动性、自由经营和商业机会是基本信条，而过于严苛的管制则粉碎了这一社群基础。

在种族和宗教范畴，类似的问题也开始出现。身为荷兰归正会的加尔文宗信徒，施托伊弗桑特反对宗教多样性，并曾经在1653年试图阻挠路德派教徒在此定居，尽管他并未得逞。1654年，24名巴西犹太人登陆纽约，施托伊弗桑特试图将这批"骗子种族"驱逐出境。但荷兰西印度公司拒绝了他的要求，指出公司股东里就有犹太人,况且殖民地还面临劳工匮乏的情况。就这样,经济实用主义战胜了宗教偏见。

荷兰西印度公司指示施托伊弗桑特赋予这些犹太人如同在荷兰一样的私下祈祷权。虽然被迫要比其他定居者缴纳更高的税款,但这批犹太人逐渐获得了私有财产权,成了商人和小贩,建立了犹太教堂,拥有了犹太墓地。荷兰人对于"宗教自由"的尊重漂洋过海传到了新大陆,并在此开启了一个重要先河。它为日后成为殖民地重要特征的自由主义奠定了基础,令这片土地充盈着开放、个体自由和对异见者宽容的精神。

但是,施托伊弗桑特却不认同这些价值观。他取缔了贵格教派,把贵格教徒们的船赶往"地狱之门"。但部分贵格教徒依然成功地留了下来。随着贵格教徒人数的增多,施托伊弗桑特私下签署逮捕令,这批人被审讯、罚款并折磨。虽然如此,贵格教徒依然坚持在位于长岛的法拉盛的约翰·鲍恩①(John Bowne)的家中秘密聚会。这个聚会场所现在已经成为历史景点。但鲍恩后来遭逮捕并被遣送回欧洲,他直接向荷兰西印度公司提出上诉。公司因此再次警告施托伊弗桑特"不得干涉民众的宗教信仰",以免打击移民积极性。

在这期间,31名法拉盛的非贵格教徒为新世界的自由主义制度做出了突出贡献。1657年,他们发起示威运动,抗议施托伊弗桑特的宗教迫害,并公开发表了《法拉盛陈情书》。在这份谏书中,他们提出要保护贵格教徒的信仰自由,提出:"自己不希望被

---

① 约翰·鲍恩:英国移民,被公认为殖民地早期争取信仰自由的先驱。

审判,因此不要审判别人;自己不希望被诅咒,因此不要诅咒别人。每个人的命运都由他自己决定。"在他们看来,

> 爱、和平与自由的法则应该普及到犹太人、土耳其人和埃及人,因为他们也被视为亚当的后裔……我们的愿望是不去伤害亚当的任何一位后裔,不论他的样貌、名字或头衔如何,不论他是长老会、浸礼会还是贵格会的信徒。如若要众人宽待于我,我愿先宽待于众人。

冲突推动了自由理念和制度的诞生,这就是弥尔顿·克莱恩所说的"实用宽容"。

施托伊弗桑特的专制风格也严重背离了殖民地的自治原则,而自治恰是通往民主的第一步。一位律师安德里亚恩·范德·敦克(Adriaen van der Donck)发起了针对施托伊弗桑特的示威运动,并直接向荷兰政府控诉施托伊弗桑特的高压统治。1653年,荷兰政府批准了新阿姆斯特丹的首个城市宪章,建立了一个七人咨询委员会以代表社群利益。虽然委员会成员由施托伊弗桑特指派,但他从此之后再也无法独断专行。全民代表原则开始生根发芽。遗憾的是,范德·敦克两年后在"桃树之战"中阵亡,无缘亲眼见证这项原则开花结果。

1664年,英国人进入新阿姆斯特丹,接管了殖民地,当时这里的人口已经达到1 500人。居民们出于对施托伊弗桑特管制的不满,并担心城市遭到战火破坏,因此对英国人的到来几乎没有抵抗。为了让权力移交顺利进行,英国人明智地承诺,将延续荷兰统治时期的自治原则,并加入了英国本土市政管理传统,允许

选举部分行政官员,并自主制定大部分地方法律。但是,英王依然拥有对殖民地的最高统治权,这种权力通过皇家总督来实现。总督拥有指派重要地方官员,包括市长的权力。居民们要求自己选举市长的要求被驳回。虽然1731年宪章称这里为"属于自己的自由之都",但这个城市直到100年后才最终获得自己选举市长的权利。

但荷、英两大帝国的权力转移还带来了另外一些问题。生活在这座城市的人口大多数是荷兰移民,新来的英国人只是少数。荷兰人痛恨英国人的贵族生活方式、利润丰厚的商业网络以及他们的英国国教。其他一些心怀不满的族群也站到了荷兰人一边。与此同时,英国人也心怀不满,在这样一个种族和宗教多元化的城市中,他们觉得自己始终被排挤。正如一个英国移民所说:"我们最大的不幸就是这里汇聚了太多民族,而英国人只是这里面最少的一部分。"民族敌对情绪不仅在纽约市内日益增长,还蔓延到了城市周边任何荷兰人占多数的地方。

在英国人任命了一位天主教徒为总督,并决定将七个殖民地合并为统一管理的新英格兰自治领后,针对英国人的愤怒达到了顶点。人们奋起反抗,示威活动在波士顿、长岛、皇后、韦斯特切斯特以及纽约爆发。雅各布·莱斯勒——一个反天主教、反英国的富裕德国商人抓住了这个机会,于1689年接管了纽约,并前后统治了13个月。这次政变凸显出当时各种敌对力量之间的斗争,英国总督本杰明·弗莱彻[①](Benjamin Fletcher)将之称为纽

---

① 本杰明·弗莱彻:1692—1697年间任纽约总督。

第一章 漩涡之城

约政治中的"激烈和敌意"。

莱斯勒反叛是多年来西欧裔移民与英裔移民不断加深的敌意自然发展的结果,而英国人推行的新税种和新法规进一步加剧了敌意。为了彻底粉碎英国人的权威,莱斯勒废除了英国人1683年实行的令英国商人受益的"袋装面粉垄断法案"。此外,他还从监狱中释放了欠债者,为殖民地争取更加民主的城市宪章,甚至任命了一位卑贱的工匠担任他的副手。他短暂的管理是对殖民地内正在崛起的英国贵族势力的抵抗。

不过,富裕阶层感受到了威胁,尤其是在莱斯勒的支持者上街游行、洗劫富人财产后。作为反击,反对者称支持莱斯勒的人都是些无法无天的醉酒暴民。此语对遍布城中的荷兰酒馆来说简直就是无法接受的。到1691年,英国人恢复了对纽约的统治,逮捕了莱斯勒,并交给了英国陪审团,然后毫不拖沓地把他推上了绞首架。据说,当地工匠拒绝制作用来让莱斯勒登上绞首架的梯子,因为他们明白莱斯勒的统治虽然短暂却意义深远,他的努力对纽约政治民主化功不可没。

这种努力在1735年被再一次加强了。那一年,出版印刷商约翰·彼得·曾格在著名的维护出版自由的案件中最终胜诉。两年前,曾格出版发行了《纽约周报》(*New York Weekly*)。在此之前,殖民地只有英国皇家官方出版商威廉·布拉德福德(William Bradford)于1725年开始发行的《纽约公报》(*New York Gazette*)。曾格出版《纽约周报》,旨在为居民提供除了英国官方新闻宣传之外的另一种选择。他的报纸批评总督,为反英情绪发出了声音,他遂以煽动诽谤罪被拘捕。在法官剥夺了曾格的律师资格后，80岁的费城名流安德鲁·汉密尔顿①（Andrew Hamilton）挺身而出为曾格辩护。他针对出版自由的雄辩建立了民主制度最重要的原则之一：官员不能豁免于公众批评。

在汉密尔顿看来，这个案子"不是一个微不足道的个案，不仅事关一个穷苦出版印刷商，也不仅仅关乎纽约。它乃自由之事业，乃大众通过口诛笔伐，揭露和反抗专制权力之自由"。曾格案极大地刺激了报纸和宣传册的出版，从而预示了纽约作为传媒中心的未来。更重要的是，它昭告天下，人民（由陪审团所代表）不会自动臣服于当权者（由法官和检察机构代表）。

随后，关于建立国王学院的争议则进一步促进了自由主义原则的发展。1752—1756年，就当地首所大学是否应当被英国教会控制，纽约人展开了一场大辩论。毕竟，此前已经建立的哈佛和耶鲁都是公理教派的，新泽西学院（即后来的普林斯顿大学）是长老会的。只有本杰明·富兰克林（Benjamin Franklin）创立的费城学院（即后来的宾夕法尼亚大学）是世俗化的。对英国国教徒来说，纽约新成立的大学应和他们此前建立的弗吉尼亚的威廉-玛丽学院一起，帮助他们强化对于这个声名狼藉的多元殖民地的统治，并进而借助纽约的中心位置，进一步强化他们对于整个北美新殖民地的控制。

当地两大名门望族之间的争斗令这一议题变得严重而复杂。一方是德兰西家族（商人、英国国教徒、托利党人），英国王室的忠诚拥护者；另一方是利文斯通家族（地主、长老会教派、辉格

---

① 安德鲁·汉密尔顿：苏格兰移民，殖民地时期著名律师。

党人），英国王室的批评者。值得注意的是，英国政党斗争居然也漂洋过海来到了殖民地。但在这里，新环境和新发展重新定义了两党内涵。而关于国王学院的争议体现了传统与革新之间的紧张关系。

詹姆斯·德兰西（James de Lancey）时任代理总督，他同时也是曾格案的法官，他把国王学院的立校宪章授予了英国国教徒。这个决定引起了三名知名长老会律师的强烈反对，其中两位正是在曾格案中被取消了律师资格。此三人通常被称为"三人执政"，其中最著名的就是威廉·利文斯通①（William Livingston），这位耶鲁毕业生通过宣传册、随笔和一份名为《独立反思者》（*Independent Reflector*）的周报，发起了一场针对新世界高等教育蓝图的激进而热烈的公众大讨论。

与当时的通行做法大相径庭的是，利文斯通想让纽约的大学既容纳所有新教徒，又不被任何教派支配。虽然学校仍然要求学生参加一些新教礼拜，并且依然不对天主教徒和犹太人开放，但利文斯通计划通过推行世俗化课程来达到政教分离的目的。他抨击呆板的传统教师，强调应当根据知识水平，而非宗教信仰来选拔教师。教师的工作应是促进思想争鸣，而非做死学问的复读机。他设想中的大学坐落在城市中心，学生由此可以在现实生活中学习，为日后多种多样的职业选择做准备，并更易成为公民领袖。此外，他还坚持，学校应该由殖民地议会管理，并对殖民地议会而非英国王室负责。

"三人执政"运动只取得了部分成功，因为英国国教徒后来和保守派的荷兰归正教会结盟，最终创立了一所英国国教控制的大

---

① 威廉·利文斯通：美国宪法的签署者之一，独立后出任新泽西州州长。

学（最初校址位于今天的纽约三一教堂）。但是，学校的管理者并非全由英国国教教徒担任。同时，学校也接纳了所有新教教派学生。不过，利文斯通最终还是拒绝加入学校董事会。美国独立战争后，1784年，国王学院被改为世俗的哥伦比亚学院（即今天的哥伦比亚大学），该学院由一个全新的公共机构监管，称为纽约州立大学董事会。这所大学的建立，标志着美国首次将大学教育作为一种公民责任来发展。

再一次，纽约的冲突对整个新世界的自由主义发展产生了广泛影响。一个公众支持的、世俗的、对多样化人群开放的、纯为公民利益塑造、被公民言论丰富的大学，无疑是一个只能诞生于城市的产物。在城市里，如利文斯通所说，由于"人们拥有如此多样化的观念和职业"，因此争议无可避免。对利文斯通来说，鼓励而非压制争论将推动所有人的"完美自由"。因此，冲突是富有建设性的，是积极的。对施托伊弗桑特专制统治的反抗、莱斯勒反叛、曾格案、国王学院争议，所有这些事件都令自由主义日趋合法化。这些非暴力冲突塑造了纽约的特殊个性，这一特性已经成为多元化、宽容、世俗主义和民主自治的标志和典范。正如拉塞尔·肖托（Russell Shorto）所说，这是一种新的精神，一种完全不同于新英格兰和弗吉尼亚的精神，这是纽约独一无二的精神。

纽约的奴隶制度

具有讽刺意味的是，当纽约的自由主义精神不断发展时，奴

第一章　漩涡之城

隶制度却与之并存。事实上，克莱恩说："纽约作为种族多元化中心，在对白人实行宽容政策的同时，种族歧视却越来越严重。殖民时期的纽约反映出全美国的病症。"纽约的奴隶制度催生出无数种族和现实困境，导致了两起暴力冲突——1712年奴隶叛乱，以及1741年对奴隶蓄谋叛乱的血腥镇压。这些事件暴露出纽约的种种缺陷：一个向往自由的殖民地却追求非自由政策，一个利润至上的群体却被因经济迫害而产生的问题所困扰。奴隶制度揭示了美国民主和资本主义的局限。

1626年，荷兰殖民者从一艘葡萄牙航船上掳获了16名男性奴隶，这是到达纽约的首批奴隶。和其他居民一样，他们成为荷兰西印度公司的雇员，该公司控制着荷兰与非洲，以及与新大陆之间的所有商业往来。虽然荷兰人对奴隶地位并无明确规定，但毫无疑问，奴隶们生活在枷锁之下。作为奴隶贸易的活跃代理商，荷兰西印度公司也希望增加运往北美的奴隶数量。当时，殖民地农业劳动力匮乏，从欧洲增加移民又花费高昂，荷兰西印度公司因此将奴隶视为廉价可靠的劳动力。慢慢地，荷兰移民对奴隶劳动力的依赖程度越来越高。

奴隶在新阿姆斯特丹极其普遍，并且其制度化也达到了一定程度，不但有专门的监管者负责管理，而且奴隶们还分区居住。同时，荷兰殖民时期的奴隶制度也非常复杂。1644年，最初到达纽约的那批奴隶中有几人被赋予了自由。但这种自由也有一定的限制：他们必须每年向原奴隶主上交农产品，否则将被重新收为奴隶。此外，他们的子女直到成人前，必须为西印度公司服务。施托伊弗桑特在新阿姆斯特丹激进推行奴隶制的扩张，他自己就拥有 40 个奴隶，但他后来释放了 4 人。当荷兰的统治在 1664 年结束时，他又给予了 8 个成年男性奴隶以彻底自由，还赠给他们自己庄园附近的土地——这片土地位于今天从第四大道至东河之间的第 5 街到第 20 街。

但是，矛盾无处不在。没有几个移民有足够的经济实力永久蓄奴，因此他们采取短租方式在农忙季节雇用奴隶，对奴隶来说这是一种"半自由"状态。跟南方的奴隶不同，新阿姆斯特丹的奴隶可以出庭作证，可以拥有土地、参军、合法结婚。但是，奴隶不可受洗，因为殖民者害怕奴隶受洗意味着在宗教层面赋予他们与自己同等的地位，从而动摇奴隶制。在荷兰殖民者统治的最后 20 年，越来越多的载满奴隶的船只抵达纽约港，于是贪婪打败了信念。到 1660 年，新阿姆斯特丹已成为北美拥有奴隶最多，也是最重要的贩奴港口。

由于与皇家非洲公司①（Royal African Company）关系紧密，在英国殖民统治时期，纽约贩奴和蓄奴现象日益猖獗。奴隶在纽约和西印度群岛间日益繁盛的贸易往来中扮演了极其重要的角色。纽约出口面粉、肉类和木材，从西印度群岛进口食糖、糖浆、棉花和香料。这些商品被在殖民地和英国贩卖。随着越来越多的奴隶被从西印度群岛贩卖过来，殖民者采取了愈加严酷的控制措施。位于华尔街街角的一个奴隶租售市场日益昌盛，这些奴隶或者被买卖，或者按日被出租，在劳动力市场成为白人的最主要竞争对

---

① 皇家非洲公司：英国贩奴贸易公司，由英国斯图亚特王朝的詹姆斯·约克公爵掌控，纽约（新约克）即是以他的称号命名的。

第一章 漩涡之城

手。虽然被明令禁止，但奴隶仍散居在城市各个角落。而奴隶主通常只在家豢养一两个奴隶，他们充当厨子、仆人，也是农民和手工业者。与相互隔离的大庄园不同，城市为奴隶提供了互相联系的丰富机会，他们可以跟其他自由黑人会面，甚至逃跑也变得更为容易。结果就是，如何控制奴隶成了一个令殖民者头痛的问题。所有的奴隶主都明白一个道理："奴隶真是一项最麻烦的财产。"

面对着日常生活中的压迫，黑人喜欢假期，尤其是 Pinkster 节。这个名字源自一个德语词 Pfingsten，意为"五旬节"，这是一个基督教节日，时间在复活节的七周之后。它与非洲狂欢节的传统结合在一起。在节日中，生活在底层的人们可以暂时忘却自己的处境。这个节日为被压迫者的愤怒提供了一个安全阀，也体现出被压迫者对所遭受压迫的抗议。

Pinkster 节不仅仅是为了取乐，也对不公正和不平等问题发声。成千上万的人，包括印第安人和贫穷的白人，都会参加庆祝活动。据一首当代诗歌的记载，"每种肤色都在那里狂欢/从黑檀色到雪白的百合都有/啊！他们见到了多少幸福/在这个短暂的自由之日！"一位历史学家写道，Pinkster 节"代表了大众民主和非裔美国人解放的幽灵"。

1706 年，布鲁克林的黑人骚乱刺激了纽约总督，他命令逮捕所有嫌犯，"如有任何人拒捕，杀无赦"。1708 年，一个印第安奴隶和他的非洲妻子在"地狱之门"谋杀了主人一家。这两名主犯被就地处决，一个被处以绞刑，一个被处以火刑，另外两名同犯也被处决。根据当时的报道，这四人蓄意"通过残暴行径恐吓社会"。

1710—1712 年，又有 185 名新奴隶被贩卖至纽约，种族紧张情绪由此进一步加剧。1712年4月初，大约40名奴隶（后又有一些人加入），包括非洲人、印第安人，还有至少一个自由黑人，发动了一场全面叛乱。他们焚烧建筑物，杀死了8个试图灭火的白人，并打伤了十数人。白人随后发动反击，奴隶们向北面逃亡。一些人成功逃脱，但至少有70名奴隶因这次叛乱被捕，其中6人当即自杀，一些人被放逐，18人被处决。这场叛乱令各个族群的白人空前团结，其带来的后续影响直到一年后才慢慢平息。

  白人的报复和惩罚来得迅猛又残忍，"一个叛乱奴隶被用慢火整整烧了八九个小时，一个人被车轮碾碎，一个吊在链子上被勒死"。叛乱者被割下的头颅向公众连续展示了几周，这种杀一儆百的做法是为了恫吓任何企图报仇的人。按照历史学家理查德·霍夫施塔特（Richard Hofstadter）所说，该事件是殖民地政府动用"故意的残忍"来强化种族间不平等关系的最佳例证。令人震惊的是，这种事情居然发生在一个以自由传统著称的北部城市。其他殖民地也因之大为震动，马萨诸塞州和宾夕法尼亚州随后开始采取措施限制奴隶进口。

  受这起血腥事件的刺激，纽约通过了跟南方一样严酷的奴隶管制法案。禁止超过三人的奴隶聚会，禁止奴隶夜间走路不用油灯，禁止袭击"任何自由的男人或女人"，不经奴隶主允许禁止使用枪支或从商。每个城镇必须雇用一名"公共鞭夫"，任何违反法律的行为都将受到他的严厉惩罚。奴隶主想解放奴隶的成本将高得难以承受，而那些已经获得自由的奴隶们也面临越来越多的管制。1730年，奴隶管制法案被再次强化，因为当局相信"正是由于赋予了黑人和其他奴隶太多自由才导致众多伤害事件的发生"。

第一章　漩涡之城

然而，这种严苛的管制措施适得其反。饱受管制之苦的奴隶们每天都用微小隐秘的方式进行反抗：互访、频聚酒馆、黑市交易、小偷小摸、拉帮结伙、秘密集会。他们还与穷苦白人结成同盟。要知道，在这个城市，近半数财富掌握在10%的少数人手中，那些穷苦白人同样在痛苦中挣扎过活。1736年，纽约建立了一座救济院，但远远满足不了庞大的需求，而1740—1741年格外寒冷的冬天也令情况愈加恶化。冲突一触即发。

更糟糕的是，其他地方奴隶起义的消息加剧了不稳定。1739年南卡罗来纳州爆发大规模奴隶起义，1740年奴隶密谋火烧查尔斯顿，临近的新泽西也流传着奴隶蓄谋造反的消息，这些都令神经本已超级敏感的纽约更加坐立不安。偶发事件也进一步激化了矛盾。纽约殖民当局拦截了一艘西班牙商船，船上本是自由身的非洲船员被当作奴隶卖掉。结果，黑人和西班牙船员们威胁要发动起义，引发了殖民者对于种族冲突和西班牙报复入侵的担忧。整个城市笼罩在惶恐不安的情绪之中。有人听到一个奴隶这样说："上帝诅咒所有的白人。如果我有权有势，就要把他们全部烧死。"纽约即将向世界展示，一个建立在奴隶制上的社会很可能被它自身所推行的恐怖政策所吞没。

1741年春天，一个月之内连续发生多起火灾和灾后抢劫，这令纽约人开始担心本地奴隶很可能发动"惊天阴谋"来摧毁这座城市。数百人逃亡到钱伯斯街以北的农场，官方逮捕了150名奴隶和25名白人。随后，冲突由街道转向了法庭。法官打定主意要证明这个"惊天阴谋"的确存在。由于缺乏确凿的证据，他买通了一个名叫玛丽·伯顿（Mary Burton）的奴隶少女，让她出庭做伪证，他承诺事成之后让她获得自由外加一笔酬金。

于是，玛丽成了法庭上的明星证人。跟其他被迫做伪证的人一样，玛丽的证词前言不搭后语，却牵连出了一大票人。她指认主犯一共有五人，一个为黑人提供服务的声名狼藉的白人酒馆老板和他的妻子，两个黑人奴隶，还有一个与奴隶生下孩子的爱尔兰妓女。这五个人被立即处决——三个白人获绞刑，两个黑人在火柱上被慢火烧死。

随之而来的是一个血腥的夏天：几乎每天都有人被判处死刑，每周都上演公开处决。处决者被悬尸高处，直到腐烂的恶臭迫使人们不得不搬走尸体。当时的记者将之称为"美国历史上最大的私刑"。纽约几乎所有成年男性奴隶都是嫌犯，并大半被捕。"西班牙黑鬼"被认为是格外危险的一群人。因为其他殖民地有报道称，西班牙私掠船抢劫英国船只，西班牙间谍也正在渗透到英国定居点。这些报道进一步加剧了人们对于"西班牙和天主教阴谋"的恐慌。其他殖民地则在报道纽约事件，担心在纽约高涨的反叛情绪可能会蔓延到其他地方。

玛丽继续做伪证，在指控了几十个自由黑人和奴隶之后，她又指控一名拉丁文教师是共谋者，他被控秘密地为黑人受洗，谋划天主教政变，并且是整个阴谋的主脑。《纽约周报》对这种信口开河出离愤怒："白人居然会秘密参与并策划这种阴谋？！"虽然竭尽全力为自己辩护，但这名拉丁文教师最终还是被处以绞刑。不过，他也成为整个事件中最后一个遭处决的人。因为，玛丽开始胡乱指控社区中有名望的新教徒，而公众也渐渐对这起事件失去兴趣，于是审讯戛然而止。而玛丽在得到了承诺的报酬之后也消失得无影无踪。

一个奴隶少女和一个大法官之间奇特的伙伴关系在他们身后留下了一笔血债：34个人被处决，71个人遭放逐。阴谋最终也没有被证实，但纽约却因此成为美国历史上针对奴隶反叛镇压最为严酷的城市。纽约陷入了与自身的"战争"：白人对黑人，富人对穷人，新教徒对天主教徒，英国人对荷兰人、西班牙人和爱尔兰人。多样性的确是纽约最为突出的优点，但因此带来的不平等和不宽容也成为纽约的软肋。历史学家托马斯·J.戴维（Thomas J. Davis）说："这起事件暴露出殖民时期美国生活中少见的黑暗面。"

美国独立战争

18世纪60年代，另一股骚动之潮涌向纽约。示威、骚乱、火灾和战争将城市卷入混乱，也令城市居民处于不断的动荡之中。虽然比不上波士顿在美国独立战争时期的核心地位，但纽约对周边姊妹殖民地依然拥有很大影响力。纽约是"自由之子"[①]组织的诞生地，是第一届跨殖民地议会的召开地，是第一个抵制英国商品的城市，是与英军发生有伤亡冲突的首个战场，也是美国独立后的第一个首都。纽约在整个美国独立战争进程中扮演的角色无可否认。历史学家迈克尔·卡门（Michael Kammen）因此说：

---

① "自由之子"是在美国独立战争前由殖民地反抗人士组成的一个政治组织，他们组织的最著名事件是1773年的波士顿倾茶运动。

"纽约是美国独立战争的支点。"内部分裂但地理位置极其重要的纽约,既可促进殖民地的团结,也能瓦解这种团结。

纽约港口位于殖民地东海岸的中部,发达的邮政服务和财富令这座城市卷入了英帝国政治,也令纽约拥有了"帝国州"的称谓。由于英国在争夺领土和殖民地的七年战争①中开支巨大,纽约因此受益不少。但随着战事结束,英国开支减少以及贸易限制的增多,纽约渐渐陷入衰退。因此,这个喧嚣的城市到处涌动着仇恨英国的暗流。而种族多样性又进一步削弱了当地人对英国的忠诚,同时,派系纷争也导致本土政治参与度的提高。因此,纽约在独立战争时期经历了持续不断的冲突。

英国的贸易限制措施激起了殖民地的抵抗。1764年推出的《食糖法案》规定对所有的食糖和糖浆征收进口关税,而这两种商品是殖民地与西印度群岛之间的主要贸易品。为此,殖民地向英王和英国议会提交了措辞严厉的上诉。女性则开始织布,以抵制从英国进口的纺织品。对殖民地来说,1765年的《军队住宿法案》则更加过分,它要求殖民地居民为英国士兵提供住宿和食品。由于纽约是当时英军总部所在地,因此很多士兵长期驻扎在这里。居民和士兵之间的紧张情绪日益加剧,小规模的破坏和暴力冲突几乎每天都在发生。

1765年,《印花税法案》更引发了灾难,纽约的情况尤其严重。法案要求对很多工作和生活必需品征税,包括报关单、法律

---

① 七年战争指发生在1756—1763年的一场战争,是由欧洲主要国家组成的两大交战集团在欧洲、北美洲、印度等广大地域和海域进行的争夺殖民地和领土的战争。

文件、经商和结婚证书，以及诸如报纸、骰子和纸牌这样的日常商品。这不仅直接损害了贫困阶层的利益，也伤害了富裕阶层。商品上贴着的印花票成为该商品已经被课税的象征，也因此更容易成为示威活动的直接标靶。更重要的是，印花税款收入正是被用来供养那些令殖民地居民憎恶的英国军队。

虽然印花税税额不大，但是征税行为本身就足以令人不满。对于一个崇尚个人主义和竞争的城市来说，任何形式的管制都是招人诅咒的。因此，《印花税法案》令殖民地所有阶层和派别同仇敌忾，他们的耐心被一再挑战。同时，这也强化了这样一种观念：正如曾格形容的，经济和政治自由是互相交织、不可分割的。

纽约商人成了反对英国政策的急先锋，殖民地的反英情绪日益高涨。商人们开始与其他殖民地同行联系，并号召举行针对新税法的大会。其结果就是《印花税法案》大会的召开，这是来自不同殖民地的代表第一次汇聚一堂，共同探讨所遭遇的不公待遇。大会于1765年10月7日在纽约市政厅召开。经过三周的会商，九个殖民地的代表通过了决议，强调殖民地居民享有和英国居民一样的权利，尤其是不经自己同意不能被征税的权利。

《印花税法案》大会并没有主张采取反叛行动，但它明确释放出一种更加激进、更协调的反英信号。通过召开这样一个未被英国法律允许的大会，殖民地居民宣告了他们不经英王批准就可以集会的权利。英国将军托马斯·盖奇①（Thomas Gage）也感受到了这种信号，他"担心殖民地居民高涨的民主精神"。作为一种民

---

① 托马斯·盖奇：英国将军，也是美国独立战争爆发后的英军统帅。

主自决的大胆主张,《印花税法案》大会是殖民地朝着独立迈出的重要一步。

然而,《印花税法案》大会的决议墨迹未干,英国的印花票就抵达了纽约港。大批人群聚集在英军驻地前抗议,以至于这些印花票不得不在夜间偷偷卸下船只,并被运送到由英军把守的要塞暂存。全城各处都张贴着告示,警告人们不要使用印花票,否则人身和财产安全将不受保障。200名纽约商人举行集会,签订了殖民地首个抵制进口的协议。奥尔巴尼、费城和波士顿随后也通过了类似的禁运决议。殖民地居民巧妙地利用了经济手段来达到政治目的,并借此来提醒宗主国:贸易必须互利互惠,令双方都得到好处。

在《印花税法案》导致的骚乱中,纽约人走上街头,这是自莱斯勒反叛之后影响最广泛的一次群众示威活动。群众示威活动持续了五天,商店关门,港口瘫痪,《印花税法案》成为事关生死的议题。全城降半旗,人们着丧服,房屋披黑布,民众抬着一具名为"自由"的棺材在城中游行。"葬礼"队伍穿行在黑暗的街道,600多支蜡烛闪动着诡异的烛光。人群在英军驻扎的要塞前焚烧了总督人像和豪华马车。作为"对自由的祭奠",他们还洗劫了要塞指挥官的奢华庄园。这个指挥官曾叫嚣"要把印花票硬塞进殖民地民众的喉咙"。教堂钟声齐鸣,整座城市的居民众志成城。

愤怒的人群在街头日夜游荡。大家纷纷传言,全面战争可能即将打响。最后,印花票在数千人的注视下被运抵市政厅,但官员们承诺不会使用它们。印花税骚乱至此终结,纽约在这场骚乱中的动荡程度和波士顿不相上下。殖民地居民的反抗动摇了英国

Source: Thomas Jefferson Wertenbaker, *Father Knickerbocker Rebels: New York City during the Revolution*. (New York: Charles Scribner's Sons, 1948).

这幅画呈现了殖民地民众焚烧印花税票的景象。从英国的角度来看，1765年的《印花税法案》所增加的收入将被用于为保卫殖民地的驻军发饷，因此，这不失为一种合理的方法。然而，在殖民地民众眼中，只有殖民地的立法机构才有权对他们征税，而没有殖民地代表的英国议会无权征税，"无代表，不纳税"成为他们的口号。

的统治,并令地方自治愈趋合法化,这使得殖民地在独立的道路上前进了一步。骚乱既非自发也绝非偶然。它得到了广泛支持,计划周密,目标明确,直指伪善和帝国统治的象征。商人和律师群体对暴力行为也表示理解,但他们试图防止暴力蔓延升级。暴民群体主要由海员组成,他们过着危险动荡的生活,且更易受征召和失业打击。他们白天被征召在英国商船上工作,对英国暴政有着切肤之痛;而晚上,兼职做码头搬运工的英国士兵还抢了他们的饭碗,敌对情绪因此愈加强烈。经济利益令示威活动升级,同时也弥合了殖民地各阶层居民的分歧,共同的政治诉求则令这种纽带更加牢固。

英国商人在示威和贸易禁运中损失惨重,他们开始向英国议会施压。1766年,英国议会撤销了《印花税法案》,虽然依然声称"在所有情况下享有对殖民地征税的权力"。纽约和其他殖民地的示威取得了成功。为了庆祝这一胜利,人们在今天的市政厅花园前,正对着英军驻地的地方,竖起了一根船桅模样的"自由之柱"(Liberty Pole)。和波士顿的"自由之树"(Liberty Tree)①一样,这根"自由之柱"成为军队与市民冲突的导火索。它削弱了集体运动通常带来的消极死亡隐喻,赋予了其积极向上意义。作为纽约革命的特殊标志,直到19世纪30年代的城市政治活动中,"自由之柱"依然发挥着作用。

1766—1767年,这根柱子无数次被英军砍断,又无数次被顽

---

① "自由之树"指波士顿市中心公园的一棵大榆树。在美国独立战争前,波士顿反抗人士经常在这棵树下集会,以抗议英国统治。

强的殖民地居民重新竖立起来,这就像一场拉锯战,而新的《军队住宿法案》、新赋税和新贸易限制令则令冲突愈加激烈。当英军第一次砍断"自由之柱"时,3 000名群众在市政厅举行了声势浩大的抗议集会。这次集会的组织者是名叫伊萨克·西尔斯①(Isaac Sears)的商人,他曾是一名私掠船船长,也是"自由之子"组织的领导。由于英军在驱散集会时动用了刺刀,很多示威者遭受重伤,这又引发骚乱。愤怒的人群横扫整个城市,专门伺机报复英军士兵。在接下来的一年半里,这种敌对情绪导致"自由之柱"两起两落。

竖立"自由之柱"是"自由之子"组织提出的想法,这是个由机械师、手工技师、海员、小店主或像西尔斯一样的商人组成的松散组织。他们发动了印花税骚乱,在纽约日益高涨的反英活动中扮演着重要角色。此外,这个组织促成了大批类似组织的诞生,这些组织大多位于海岸线城市,也因此加强了各殖民地之间的联系。虽然纽约的"自由之子"时常与富裕阶层合作,但他们也有自己的诉求、管理和方法,其中很多都挑战了上层阶级的权势。例如,对于那些被怀疑不遵守对英国贸易禁运的商人,组织将对这些人实施严密监控并施加压力。"自由之子"在夜间的示威活动还摧毁了一座优雅的剧院。这座剧院与被焚毁的总督马车一样,被视为富裕阶层对挣扎在贫困之中的人们的令人憎恶的炫富产物。

1770年,"自由之子"在金山之战中因为第四根"自由之柱"的存立与英军发生了冲突。这场争斗发生在约翰街和威廉姆斯街

---

① 伊萨克·西尔斯:商人,在美国独立战争中扮演了重要角色。

交界处的一块高地。数天冲突之后，英军终于得以砍倒"自由之柱"，并将柱子残骸堆放在"自由之子"经常光顾的百老汇蒙大拿酒馆前。就在波士顿大屠杀①的六天前，一名纽约船员成了这场长期斗争的第一个牺牲者。因此，从技术上说，这一挑衅行为引发了美国独立战争中的第一场流血冲突。三周后，"自由之子"在西尔斯于市政厅附近购买的一块土地上再次竖起了一根新的"自由之柱"。在盛大的庆祝仪式上，组织成员将柱子用铁环加固，并在上面刻上"自由"二字。这第五根"自由之柱"在独立战争前夕成为殖民地反抗游行、示威、集会的焦点。这根柱子一直到1776年战争爆发英军占领纽约后才被再次砍倒。

金山之战三周后，亚历山大·麦克杜格尔为纽约提供了另一个冲突导火索，也再次加强了殖民地间的团结。麦克杜格尔是一个出身于劳动阶级的商人，"自由之子"的领导人之一，也是利文斯通家族的同盟者。他因一本写于1769年的宣传册而被捕。在这本宣传册中，他抨击德兰西家族控制的殖民地议会批准为支持《军队住宿法案》而新增赋税。麦克杜格尔说："这项法案不仅不经同意地从我们口袋里夺走钱财，还助长了德兰西家族和皇室之间的腐败联盟。"麦克杜格尔争辩说，殖民地议会的做法本质上是使英国议会强征的赋税合法化，无视了殖民地人民的不满。

这本宣传册在当时引起了轰动。它激发了群众对"自由之子"的支持，也为麦克杜格尔本人赢得了大批拥趸。这其中就包括一

---

① 波士顿大屠杀：1770年3月5日，英军和抗议人群在波士顿的国王街发生冲突，开枪打死了五名平民。

名国王学院的优等生——亚历山大·汉密尔顿。他是个私生子，在13岁就成了孤儿，在1774年19岁时从加勒比群岛移民纽约。到这以后，他很快就加入了反抗者的队伍。利文斯通家族是麦克杜格尔的支持者，这部分是出于自身政治利益的考虑，部分也由于利文斯通家族争取一所更加民主的大学的运动与麦克杜格尔为殖民地争取民主的理念志同道合。不过，麦克杜格尔远比汉密尔顿和利文斯通家族来得更加激进。如莱斯勒一样，麦克杜格尔给一个日渐满溢的憎恶所有精英的仇恨水库打开了一个缺口，而这种憎恶的对象也包括作为精英群体代表的利文斯通家族。

由于有了曾格案的先例，麦克杜格尔也被控煽动诽谤罪，而此案的法官正是1741年与玛丽合谋的那位法官。麦克杜格尔自己坚持入狱，令他的案情越发戏剧化。他将自己比作英国著名的激进分子约翰·威尔克斯（John Wilkes），此人因批评英国政府被以煽动诽谤罪逮捕，但他的所作所为成功引发骚乱、罢工，并导致了英国议会危机。正如麦克杜格尔的传记作家所说，麦克杜格尔被捕不仅使他成为纽约人的领袖，更令他成为跨殖民地的英雄。

虽然麦克杜格尔案最终不了了之，但它点燃了革命热情，引发了街头示威活动，是1770年纽约新闻界的绝对主角。这一事件的影响如此之大，以至于麦克杜格尔的宣传册之于纽约的重要性堪比托马斯·潘恩（Thomas Paine）的《常识》（*Common Sense*）之于美国。此外，它还在纽约以外的地方引起了共鸣，成了跨殖民地的"集结号"。从南卡罗来纳州到宾夕法尼亚州，再到马萨诸塞州，各地报纸都在报道这一事件。麦克杜格尔的被捕来得正是时候，正如一个殖民地居民所说，它提醒着殖民地人民"我们的自由和权利正在被毒蛇和贪婪之辈侵蚀，而这些人正是用我们自己的血肉喂养出来的"。

1773年，《茶叶税法案》在纽约引发了长达八周的示威活动。女人们开始抵制茶叶，像波士顿一样，茶党在港口诞生。麦克杜格尔猛烈抨击东印度公司对茶叶的垄断，称这种垄断是政治腐败和经济灾难。此外，他还帮助机械师和手工业者组成自己的政治团体，以制衡现存的由商人占主导地位的权力架构。城市中产和劳动阶层通过定期集会和推选自己的候选人，坚定维护了自身参政的权利。

1775年，一个名为"百人委员会"的组织接管了城市。这个委员会既包括中庸派也包括激进派。在一群暴民的簇拥下，伊萨克·西尔斯接管了港口、控制了街道。很多托利党人逃离城市，此前同情骚乱者的辉格派商人也对西尔斯的武装暴民感到害怕。就像一个商人抱怨的那样，"自由之子"已经成为"混乱之子"。所有派别的富裕阶层都明白，骚乱是反专制主义的潜台词。他们害怕对英国议会的反抗行动会产生一些事与愿违的结果，骚乱的结果很可能是贵族社会的垮台。

虽然汉密尔顿支持反抗，但他对"狂暴无常"的暴民的憎恶令他反对任何形式的暴民运动。1775年，他引开了一伙暴民，从而帮助国王学院的托利党校长毫发无伤地逃脱，虽然他自己经常抨击这位校长。同一年，他抗议一伙西尔斯领导的暴民袭击托利党出版商詹姆士·利文顿（James Rivington）。虽然汉密尔顿不喜欢利文顿，但他更讨厌无政府主义，他认为善变的公众情绪应当由精英阶层的理智来纠正。这种观点令他看起来疏远暴民而与贵

第一章　漩涡之城

族走得更近，虽然他激进地支持革命，他却被贴上了反民主的标签。

纽约在1776年7月9日通过了《独立宣言》，在所有殖民地中是最晚的一个。纽约虽然追求经济自由和政治自治，但又在贸易上严重依赖宗主国，并充当其在殖民地的总部。纽约总是这样模棱两可、犹豫不决。

纽约的起义者迅速加入了由麦克杜格尔领导的纽约第一军团，而汉密尔顿也从国王学院中断学业，亲自统领一支炮兵部队。暴民们摘下了市政厅悬挂的皇家盾形纹章，摧毁了鲍灵格林的国王塑像。但是，"欢乐"并未持续多久。秋天到来时，纽约就被英军占领，虽然纽约人在巴特里、乔治堡和"地狱之门"进行了殊死抵抗。英军在他们位于斯塔滕岛的据点登陆，把乔治·华盛顿将军和他的队伍从布鲁克林赶到曼哈顿，又从那里一路打回了新泽西。纽约被占领后，一场可疑的大火吞没了500幢建筑，整个城市的四分之一化为废墟。冲天火光不仅象征着抵抗战斗的激烈，也象征着炙热高涨的反英情绪。纽约陷落的消息令其他殖民地深感恐惧，他们担心独立起义能否撑过这一关。

在整个美国独立战争期间，纽约一直被英军占领，不仅是英国陆军司令部所在地，也是逃离其他殖民地的亲英派的避难所。义军撤出纽约，第五根"自由之柱"终被砍倒。纽约与英国的贸易开始恢复，殖民地法庭恢复了秩序。但大多数居民无法从中获利。两场大火令城市住房严重短缺，战时封锁又导致食物短缺，加上接连几场恐怖的瘟疫蔓延，很多人只能挣扎过活。英军接管了起义者的房屋，在城中废墟上支起了供穷人使用的帐篷，树木被砍光用来生火。整个境况极其凄惨。

纽约城一直处于军事管制之中，直到1783年历史的潮流再一次逆转，英军撤离，起义者重回城中。城中还爆发了几场小规模的针对亲英派的骚乱。已成为将军的麦克杜格尔在军队簇拥下迎接华盛顿的到来。华盛顿在布罗德街的萨缪尔·弗朗西斯（Samuel Fraunces）开的小酒馆里欢庆胜利。弗朗西斯这位西印度移民（据称是黑白混血儿）后来成为总统的管家。

作为起义的重要中心和英军司令部所在地，纽约被裹挟在利益冲突的激流中。虽然《印花税法案》、"自由之柱"和茶党令城市社群更加团结，但德兰西和利文斯通的家族争端、"自由之子"和麦克杜格尔事件也导致这个城市分裂。同时，《印花税法案》大会、各种骚乱和支持超越法律的激进主义的自治委员会，削弱了英帝国的统治，并培育出关于民主的新理解。无怪乎马萨诸塞州的约翰·亚当斯（John Adams）——建国国父和美国第二任总统——在1776年说道，纽约是"开启整个大陆的一把钥匙"。

独立后的冲突

独立战争之后，纽约的冲突性并未减弱，它挣扎在发挥全国影响力和培育地方社群的困境中。永恒的危机感已经消失。虽然在战争中蒙受了比其他任何城市都更严重的损失，但纽约还是顽强重建了。纽约人修复了房屋、拓展了街道，贸易也开始复苏，人口达到了2.4万。纽约成为纽约州首府，并且在建国的前15个

第一章　漩涡之城

月成为美国的首都。纽约市政厅成为联邦大厅,乔治·华盛顿于1789年在此宣誓就任美国首任总统。

美国首任外交部长(即后来的国务卿)由约翰·杰伊出任。这位殖民地领袖毕业于国王学院,是威廉·利文斯通的女婿和利文斯通法律事务所的合伙人,他还是汉密尔顿的密友。他后来成为纽约州首任首席大法官和美国联邦最高法院首席大法官。他还担任过两任纽约州州长。由于坚信正义应超越仇恨,杰伊和汉密尔顿是仅有的愿意在美国独立后替亲英派争取私有财产权的人。他们二人都支持美国签署首个与英国的贸易协定,这个协定是杰伊在1795年与英方谈判的成果。但这个协定也引发了巨大争议,以至于纽约爆发了反对该协议的骚乱。骚乱者认为,这个协定不公平地赋予了英方贸易特权,还包含一些强行征召的条款。当汉密尔顿试图平息示威时,他被乱石攻击。随后,汉密尔顿通过政治媒体发起了一场长达六个月的游说活动,并最终说服国会批准了该项协定。

作为大革命期间华盛顿的左膀右臂,汉密尔顿在战后开启了其作为公职人员的卓越事业历程。人们将他秉持的国家主义归因于幼时失怙、移民背景和军人生涯。毫无疑问,纽约充满野心的特质也对他产生了重要影响。虽然汉密尔顿坚信,美国新宪法本该更倾向贵族政治(甚至君主政治),但他却是纽约三个代表中唯一在宪法上签字的(另外两名代表因反对联邦政府制而中途退出会议)。心怀对这个新生国家生死存亡的担忧,他与杰伊联手为新宪法在纽约的通过而奔波,并写下了著名的《联邦党人文集》(*Federalist Papers*)。

州长乔治·克林顿（George Clinton）是纽约州反对中央政府的领导者。历史学家们一致认为，若非汉密尔顿充满才气地、坚定（虽然有时不乏傲慢）地拥护联邦政府，纽约州很可能早已一分为二，以纽约市为中心的南部很可能独立出去；甚至整个纽约州都可能拒绝加入联邦政府，从而摧毁整个联邦。结果，纽约州议会以30票赞成、27票反对的微弱优势通过了美国宪法。在所有殖民地中，纽约州的正反两方是最为势均力敌的。为了表彰汉密尔顿在推动宪法通过中的功绩，人们建造了一艘以他的名字命名的模型船，并行进在1788年庆祝游行的最前端。虽然对民主持保留态度、对暴民统治也深感恐惧，但汉密尔顿有效地维护了宪法对一个新生国家的重要性。

汉密尔顿于1789年被任命为美国第一任财政部长，他主持建立了两大金融机构：美国第一银行和纽约银行，他邀请麦克杜格尔出任行长。设立两家银行的目的在于，通过将富人利益和国家利益结合来稳定国家经济。此外，汉密尔顿还主张推行保护性关税以鼓励生产，征收国内赋税以提高财政收入，并由联邦政府负担州政府债务。汉密尔顿的这些激进经济措施引发的争论推动了美国最初政治党派的发展，也为日后数十年的政治危机埋下了隐患。为了维护他的政治理念，汉密尔顿于1801年创办了《纽约晚邮报》(*New York Evening Post*)。这份报纸直至今日仍是纽约城最古老的报纸，也是汉密尔顿多面、持久的政治遗产的最佳见证。

批评者将汉密尔顿的经济政策抨击为精英主义和残酷的物质主义，这些经济政策反映出他与一个以贸易和金融为生的城市的纽带，更不必说他与富裕阶层的姻亲关系。事实上，婚姻是令汉密尔顿从出身贫寒到跻身富豪的跳板。他娶了纽约一个富裕地主的女儿，从而获得了一大块田庄。这块名为汉密尔顿庄园的田庄位于今天圣尼古拉大道至东河间的 5 条大街。汉密尔顿的声望在 1792 年遭受打击，起因是他的朋友威廉·杜尔（William Duer）因参与一起重大银行舞弊案而被捕。这起案件令纽约的经济秩序陷入混乱，数百位投资者血本无归。汉密尔顿利用他的声望发行了市政债券以拯救纽约银行系统，而他对朋友的铁面无私也为他重新赢回声誉。杜尔后来被关进了监狱，而汉密尔顿买断国家债券来挽救银行系统。这次危机反映出汉密尔顿对维护国家经济稳定的决心，而纽约在全国经济中至关重要的地位也由此可见一斑。

纽约在一天天发展前进，但依然被老问题所困扰，民众在独立战争中培养起来的"骚乱权"意识让情况更加恶化。一个明显的例子就是 1788 年反对医生的骚乱。这场骚乱的起因是市民抗议哥伦比亚学院医学系学生为学习解剖而盗墓挖尸。愤怒的人群展开了为期两天的针对医生和学生的抗议活动，汉密尔顿和杰伊为了控制事态在骚乱中受伤。最后，民兵介入才平息了骚乱。在这场骚乱中，每 20 个纽约人中就有一人参与其中，骚乱还导致三人死亡，因此被视为当时最激烈的冲突之一。骚乱迫使政府出台了禁止盗墓的法规，展示出民众通过制造骚乱来达到自己目的的能力。

阶级冲突（其中还夹杂着种族冲突的暗流）是 1796 年凯特尔塔斯骚乱的最主要色彩。两名东河边的爱尔兰渡夫因拒绝为一个急于过河的知名新教徒议员提前开船而被捕坐监。整个审判过程没有陪审员，也没有辩护律师，两人被以对议员态度粗暴的罪名处以长达数月的苦役，其中一人还被处以 25 次杖刑。两周以后，渡夫逃跑了，但是自愿为两人申诉的威廉·凯特尔塔斯（William Keteltas）则锒铛入狱，罪名是诽谤。这个案子暴露出的是那些自独立战争以来深层次的城市内部紧张局势。

种族和性别平等议题则进一步揭示出彼时公共共识的局限性。独立战争后，纽约州根据美国联邦宪法成立了代议制政府。虽然州议会赋予了男性白人自由选举权，却没有取缔奴隶制，也没有赋予自由黑人和女性选举权。事实上，女性地位自殖民早期以来甚至是下降的。在殖民地初创时期，由于劳动力短缺，女性可以成为工匠、店主和商人。相反，独立战争后的法律却限制了女性的选择。对此，永远无法忘记自己母亲为了生存挣扎一生的汉密尔顿成为早期争取女性权益的倡导者。

1793年爆发的妓院骚乱诠释了当时女性面临的困境。一位名叫拉娜·索耶（Lanah Sawyer）的女性报案称在妓院被一个名叫哈利·贝德楼（Harry Bedlow）的绅士强暴。索耶的父亲是一位颇受欢迎的船长，她自己则是一名缝纫女工，并非妓女。而贝德楼是一个众所周知的花花公子，是那家妓院的常客。法庭上，贝德楼的律师攻击索耶，把她形容为一个软弱、放荡的下层女孩。律师辩称，索耶一开始就应该明白贝德楼的意思。就控辩双方的证言证据考虑了15分钟后，法官草草裁定贝德楼无罪。这一判决在这个三一教堂附近、被当地人戏称为"圣洁之地"的红灯区引发了长达三天的骚乱。成百上千名工人砸毁了包括事发妓院在内的几家妓院，还袭击了贝德楼的律师的家。虽然没有人在骚乱中受伤，但示威者明确地向权势者释放出了敌意的讯号。

同一时期，种族问题虽然没有引发暴力冲突，但依然极具争议。数十年来，纽约反对奴隶制的声浪一直高涨。1737 年，曾格敦促纽约进口更多契约仆人以代替奴隶。1767 年，法拉盛的贵格会教徒宣布奴隶制有违基督教精神，誓言要为此抗争。1774 年，汉密尔顿匿名发表了一本广为传阅的宣传册，批评奴隶制是"宗教和道德的致命伤"，是理性和工业的死对头，是"痛苦和贫穷"的根源。独立战争中的自由精神激励了一些人解放奴隶，另外一些人则因为战乱而无法继续蓄奴。

对奴隶制改变最大的促进因素还是来自战争，英国提出如果在皇家部队服役就可以还奴隶以自由，这迫使纽约州提出相应的条件（汉密尔顿支持在大陆军中推行相似政策）。其结果是，南北各地逃跑的奴隶被纽约所吸引，来此参军。虽然一些奴隶的处境得到改善，但是绝大部分人依然处于压迫中。来自长岛的奴隶诗人朱庇特·哈蒙（Jupiter Hammon）呼吁道："那些追求自由理念的白人们设身处地地为穷苦奴隶想一想吧，展现一点你们的怜悯。"

一些白人的确如此做了。虽然岳父就是奴隶主，但汉密尔顿坚持反对这种"特权制度"。同杰伊（他也拥有五个奴隶）和麦克杜格尔一起，汉密尔顿于 1785 年帮助建立了一个纽约解放奴隶社团。这个社团在 1787 年资助了首个非洲自由学校，呼吁结束贩奴，它为逃跑的奴隶提供保护并帮助他们免于被捕。1788 年，纽约州通过了一项更加自由的新奴隶法案，逐渐开始保护奴隶结婚、拥有私有财产、在重大案件中由陪审团审判的权力。作为对种族隔离和民族自决的回应，黑人卫理锡安会于 1796 年成立，一个前奴隶彼得·威廉姆斯（Peter Williams）成为其领袖。

1795 年，杰伊当选纽约州州长，开启了一场持续广泛的关于奴隶解放的论辩。最终结果是，纽约达成了一项逐步解放奴隶的妥协方案。方案规定，所有在1799年7月4日以后出生的奴隶的孩子将被视为自由的，但他们必须继续为父母的主人服务到规定年龄，女性是24岁，男性是28岁。现行奴隶制下的奴隶不能获得自由，只有儿童、老人、患病者可以移送至本地穷人救济院。结果，一些奴隶主开始主动弃奴，还有一些为了避免日后遭受更大经济损失而卖掉奴隶。有些奴隶成功为自己赎身，还有一些与奴隶主达成了以自由为前提的用工协议。虽然距离平等还很遥远，种族间的暴力冲突也依然没完没了，但纽约的奴隶制度已开始日趋衰落。

殖民地和独立战争时期的冲突令社会共识紧张化，并引发了关于如何维持社会秩序的问题。纽约发展迅猛，矛盾频发，有限的警力已跟不上城市的需求。无论是荷兰殖民时期的夜间巡逻队，还是独立战争时期的市民巡逻队，用于保护城市的人力永远不够。在有些时期，他们可以得到报酬；而有些时期，治安巡逻服务则是定居者的义务，不过富人总是可以花钱雇人替他们承担这项义务。独立战争期间，纽约市民自发组成了巡逻队以应付城市警备不足的问题。但是，由于很多人一直对重建旧世界的带有镇压色彩的军队组织怀有抵触情绪，直到19世纪，纽约的警力都一直非常薄弱。

从最开始，殖民地的多样性就孕育了敌意，1741年纽约对那场所谓"惊天阴谋"的反应就是这种敌意的最佳例证。这一幕预示了日后镇压和不宽容传统的发展，给纽约和美国历史都投下了阴影。同时，这个在1776年被嘲笑为"全球民族大杂烩"的城市也培育出了宽容的传统。

第一章 漩涡之城

这两种潮流之间的张力令纽约充满活力又动荡不安，同时也孕育了第三种传统——冲突的传统。纽约越是珍视自由，就越能在面对国内外敌人侵害时发起反抗。奴隶制、莱斯勒反叛、印花税危机、麦克杜格尔事件，以及大革命后的骚乱，都把纽约置于冲突的中心。

从很多方面来看，汉密尔顿都是一个彻头彻尾的纽约人——典型的移民、野心勃勃、躁动不安。人们将他描述为"混乱、狂暴、无情、激进"，而这些特质也恰恰是纽约所拥有的。充满了矛盾和冲突的汉密尔顿代表了纽约对于这个成长中的国度最关键的贡献。他既崇尚自由主义，也支持保守主义；既有贵族气，又有民主风；既物质主义，又人道主义；既理想主义，又实用主义；既本地化，又具有全国性。其结果就是传记作家罗恩·切尔诺夫（Ron Chernow）所说的，汉密尔顿成了那个时代"被压抑冲突的爆发点"。身为矛盾之子，汉密尔顿深知利己主义既能够分裂也能够团结、既能够腐化也能够激励一个国家。还有哪里比在纽约更能学到这些呢？

由于自身的复杂性，纽约一次又一次地被自身政治、经济和社会冲突的漩涡所裹挟，而这些漩涡反过来又令这个城市免于停滞。纵观整个殖民和独立战争时期，纽约一直在与发展带来的挑战角力。它的活力与韧性来自这样一个事实，恰如总督托马斯·唐根（Thomas Dongan）在 1687 年观察到的，纽约骨子里具有"动荡的性情"。纽约各种各样的危机广受瞩目，因为它们反映了这个发展中的社会面临的最根本困境——它最鼓舞人心的信念却置身于最令人不安的矛盾中。纽约作为多元主义、自由主义和资本主义的典范，同时也是滋生奴役、种族冲突和压迫的温床。这种矛盾组合令纽约"不仅是新世界的先驱，更是新世界的典范"。

第二章

吊诡之都

1800—1840

大事年表

1803—1815 年	德维特·克林顿任纽约市长
1811 年	网格街道规划
19 世纪 20 年代	圈地和猪狗禁令引发骚乱
1828—1831 年	范妮·莱特的改革风暴
19 世纪三四十年代	来自德国和爱尔兰的移民涌入纽约
19 世纪 30 年代	廉价报纸兴起
1834 年	"骚乱之年"
1836 年	"罢工之年"
1837—1843 年	经济萧条

第二章　吊诡之都

我们应该感谢讽喻大师华盛顿·欧文①（Washington Irving）在 1807 年赋予了纽约最悠久、最亲切的绰号：哥谭镇。这是一个充满历史隐喻的绰号，原本是一个古老的英国城镇名，为了阻止国王夺取他们的家园，镇上的居民决定集体装疯卖傻。所以，英国人有句俗话说，"经过哥谭镇的傻瓜要多过住在那里的傻瓜。"哥谭镇这个名字之所以流传至今，大概是因为它捕捉到了历史学家威廉·R. 泰勒（William R. Taylor）所说的"这个城市的讽刺性格"。它描绘了这么一个地方："既独特又极具代表性"；既是这个国家的一部分，同时又与众不同。哥谭镇如此"奇异、疯狂又

---

① 华盛顿·欧文：19 世纪早期美国著名文学家、传记作家和历史学家。《纽约外史》（*A History of New York*）是其第一部著名作品，而他最为人所知的是两部短篇小说《睡谷传说》（*The Legend of Sleep Hollow*）和《瑞普·凡·温克尔》（*Rip Van Winkle*）。

典型",因此它为了解美国提供了独特视角,也为了解建国初期和杰克逊总统时代提供了无数讽喻素材。

欧文在后独立战争时期进行创作,他通过创作国家文学来推动形成国家认同感。对于纽约,欧文坚持使用原始的印第安名称"Manna-hatta",作为这个城市独立于欧洲的符号。更重要的是,欧文的《纽约外史》不仅以幽默著称,更追溯了这个新生国度在英国人到来前的特性。在嘲弄圆胖自满的荷兰人的同时,欧文也批判了精瘦冒进的英国人和他们的扬基①后代。欧文巧妙地运用了殖民时期的素材来反映后殖民时期的困境。在一过程中,他指出,纽约和美国要比它们看起来的复杂得多。

欧文本人也同样比看起来要复杂得多。虽然秉持国家主义,欧义却对他那个时代的共和主义持怀疑态度;虽然并不适合搞政治,他却寻求并接受了政治任命;虽然专注于本土写作并成为美国通过写作致富的第一人,他的大部分人生却在国外度过,往返穿梭于伦敦、马德里和纽约;甚至身在纽约时,他也要分出大把时间待在位于森尼赛德乡间的家。因此,欧文的重要性也存在于他自身的"讽刺人格"中。正如他在《睡谷传说》中虚构的校长伊卡博德·克雷恩,欧文自己既逍遥自在又自相矛盾,被他自己创造的历史所困扰。正如19世纪初的哥谭镇一样,欧文被过去、现在和未来撕裂着,被虚构、理想和现实拉扯着。

因变革而引发的冲突还隐含在欧文留给哥谭镇的另一个名号中:迪德里希·尼克博克(Diedrich Knickerbocker)——这是欧

---

① "扬基"一词通常指美国东北部新英格兰地区的英格兰移民后代。

第二章 吊诡之都

文出版《纽约外史》时的笔名，也是他虚构的一位荷兰历史学家，而这个姓氏迅速成为新阿姆斯特丹，乃至后来纽约的代名词。在1849年再版的《纽约外史》中，欧文骄傲地宣称：尼克博克已成为家喻户晓的名字；在纽约，从商铺到面包店，甚至1842年成立的第一支棒球队都以尼克博克命名。

同时，尼克博克也成为抵制改变的绰号，尤其是那些声望显赫的古老的荷兰裔家族，他们憎恨作为盎格鲁-撒克逊后裔的扬基人，他们认为扬基人从哥谭镇的发展中大肆渔利。为了回应纽约新英格兰移民建立的社交俱乐部，欧文建立了自己的俱乐部，会员包括如施托伊弗桑特、罗斯福等古老家族的成员。但是，欧文自己也承认这只是一场虚弱的抵抗，这些扬基人"在市场里砍价砍得比他们低，在股市中投机投得比他们好，财富比他们多，这些暴发户的豪宅比他们高，以至于荷兰人（指荷兰移民后裔）最高的宅邸都吹不到足够的风，不能让自家的风向标转动起来"。

在19世纪的最初40年里，纽约充满着动荡不安。变化来得如此剧烈迅猛，让人无法控制，也难以理解。一位观察家指出，"永恒忙碌不休"就是这座城市的特性。正如欧文在《纽约外史》中写道的：在人们意识到城市规划的概念前，游荡的牛羊就已塑造了城市街道。同样地，纽约城市管理者也无法跟上城市发展的脚步，1811年市政当局首次出台了一整套城市路网规划，但纽约的发展如此令人应接不暇，以至于任何试图塑造它的努力都被证明是徒劳无功的。当然，城市警备系统是另一个笑话。历史的不同在于，荷兰殖民者似乎对未来并不关心，而后独立战争时期的纽约市民则关心太多，他们的过度关心反而令城市陷入不断的冲突之中。

德维特·克林顿市长关心纽约市。他是一个高大、威严（通常也很傲慢）的人，得了一个马格努斯·阿波罗（Magnus Apollo①）的绰号，这不但因为他过于自负，而且因为他提升的多项事业。1803—1815年，克林顿任纽约市的市长。然后，他在1817—1822年和1824—1828年两次担任纽约州的州长。克林顿管理着美国独立之初的纽约，他的身上体现出了纽约的焦虑和成就。

他为迎接挑战做好了充分的准备。与利文斯顿的联姻使他的家庭关系更加复杂化，把他与英国、爱尔兰和荷兰的精英们联系在一起。他的父亲是詹姆斯·克林顿（James Clinton），是一位响当当的独立战争将军。他的叔叔是乔治·克林顿，任职纽约州州长20年，是托马斯·杰斐逊和詹姆斯·麦迪逊任职时期的美国副总统。德维特作为叔叔的私人秘书、州议员、州参议员和短暂的美国参议员，获得了政治方面的浸润和经验。加入共济会进一步使他与国家的权势人物结盟。换句话说，德维特·克林顿的出身和成长一路显赫。

克林顿认为政府应该推动发展，于是他支持一项规划，将城市从第14街到第155街的街道和大道排成网格街道。网格街道于1811年被采用，使房地产投机者以及寻求购买小地块的普通人都从中受益。然而，网格街道同时也把眼前的一切都摧毁，包括树木、池塘、小山、溪流和草地。网格街道提供不了多少开放空间，

---

① Magnus 是拉丁语，意思是伟大的。Apollo 是古希腊神话中的光明、预言、音乐和医药之神，消灾解难之神，同时也是人类文明、迁徙者和航海者的保护神，还是宙斯和勒托之子。

第二章 吊诡之都

很简单，但毫无创意。尽管如此，网格街道还是勾勒出一个潜力无限、不断发展、高效的城市。1825年前，同样的概念也适用于伊利运河①的建设。最初，运河因被认为是克林顿的愚蠢之举而被人嗤之以鼻，但是运河确立了纽约市作为西部货物运输中心的经济优势。运河是真正的帝国纽带，也是克林顿的主要成就。

克林顿在其他方面也塑造了纽约。为了提升纽约的文化地位，他帮助建立并领导了纽约历史学学会、美国艺术学院和文学哲学学会。作为一名积极的改革者，他致力于废除奴隶制和死刑，改善监狱条件，建立医院，并主张不再将精神病患者关入监狱。他还促进了穷人的医疗保健和工作计划。

最重要的是，克林顿致力于教育事业。他主张扩大对女孩、黑人、孤儿、穷人、聋哑人的公共基础教育，这种主张的先进性远远超越了他所处的年代。从1805年直到他去世，克林顿一直担任自由学校社团（后来称为公立学校社团）的主席。他认为，教育是民主最好的保障。克林顿对公共服务如此重视，以至于他经常自掏腰包支持公共事业，这导致他经常陷入经济困难的境地，使他的家庭在他去世以后一贫如洗。然而，对于纽约市来说，他留下的财富是稳固的。作为市长，他帮助纽约过渡到经济繁荣、政治稳定、文化发展和社会意识形成的新时代。

克林顿任期内的纽约正在迅速变化。经济的转变如此惊人，

---

① 这条运河全长584公里，整条运河总共有83个水闸，最高可以行驶排水量75吨的平底驳船。伊利运河是第一条沟通美国东海岸与西部内陆的运河。伊利运河不只加快运输的速度，也将沿岸地区与内陆地区的运输成本减少了95%。快捷的运河交通使得纽约州西部更便于到达，因此也造成中西部的人口快速增长。

以至于到1815年，纽约超过费城成为全国第一大都市。到19世纪20年代，纽约提供定期到欧洲的邮包服务，垄断了东海岸的汽船贸易航线，在此过程中，科尼利厄斯·范德比尔特①（Cornelius Vanderbilt）发了财。有效的拍卖系统同样让菲利普·霍恩发了家，他是1825年伊利运河开通时的市长。当纽约成为中西部和欧洲之间的纽带，新英格兰的商人蜂拥来到纽约发家致富。到了19世纪30年代，纽约控制着全国的进出口贸易，港口里挤满了代表着150多个不同的港口的1 000多艘船只。英国作家查尔斯·狄更斯（Charles Dickens）曾把这里的船只比喻成"躁动的昆虫"。

对外贸易的发展带来了巨大的内部变化。1820—1835年的15年间，纽约人口从12.4万增长到27万。旅馆、戏院、报纸和商店的数量成倍增长。商业发展也助力造船、制糖、印刷和制衣等行业的兴旺，出现了为中产阶级服务的储蓄银行和为富裕阶层服务的投资银行。1817年成立了纽约证券交易所，增强了纽约城的核心金融功能。似乎除了在费城的美国第一银行外，已经没有什么能够限制哥谭镇的金融扩张。虽然美国第一银行的客户资源大多来自纽约，但凭借自身的政策优势，美国第一银行盘剥着纽约的利益，这也为后来两者的冲突埋下了伏笔。

商业利润的狂飙突进令城市快速扩张。富人们开始移出城区，向北搬往上百老汇（即百老汇大街北部）。1822年爆发的黄热病

---

① 在19世纪末、20世纪初的镀金时代，起家于航运和铁路业的范德比尔特家族是一个起源于荷兰的有名望的美国大家族。2007年《福布斯》网站公布了"美国史上15大富豪"排行榜，该家族创始人科尼利厄斯·范德比尔特位列第三，仅次于约翰·洛克菲勒（John D. Rockefeller）和安德鲁·卡内基（Andrew Carnegie）。

第二章 吊诡之都

更迫使富人们转向百老汇大街和哈德逊河之间的格林威治村,这里于1825年并入纽约市。城市扩张令土地投机利润丰厚。1830年,约翰·雅各布·阿斯特①(John Jacob Astor)凭借一块在"地狱之门"的13英亩地产成为美国首富。这块土地后来因此被命名为阿斯托里亚。

但是,在城市底层挣扎的穷人们却面临灾难,因为他们赖以生存的土地已经不被认为是公共财产了。19世纪20年代,由于土地买卖、圈地盛行,流离失所的穷人们愤怒地摧毁围栏。1828年,成百上千名的示威者发动骚乱,抗议施托伊弗桑特家族圈地。这些针对土地的骚乱可以视为"桃树之战"的后续,也就是欧文所预见到的——"一个决心不断开疆拓土的城市"所必然面临的不满倾向。

在19世纪初的纽约猪狗禁令骚乱中,城市进步发展过程中的价值观冲突同样表现得十分明显。为了解决城市疾病、卫生、街道、饮水和取火等问题,市政府开始加大其监管职能,要求从事某些职业的人需要申请执照,大力提高城市整洁度,还为商品运输和售卖设定规范。1811年,市政府要求所有养狗者缴纳名牌和狗链税。1821年,市政府又出台规定,禁止猪在街道上游荡。

当时,环卫部门还没有成立,虽然游荡的猪有助于清理街头的垃圾,但城市管理者依然认为,猪是肮脏而有危害的动物。但对于纽约的穷人来说,猪是家庭食物和收入的来源。市政府捕杀猪的行为在19世纪20年代至50年代引发了多次骚乱。人们不断

---

① 约翰·雅各布·阿斯特:德国移民,美国阿斯特家族的创始人,也是美国第一位超级富豪、美国第一个企业托拉斯的缔造者。

痛打捕杀者，并释放被捕获的猪。参加骚乱者多为受禁令影响最严重的人群，比如屠夫；还有穷人，比如手工匠、女性、黑人、爱尔兰移民。欧文把他们称为"'像猪一样的'大多数人"。

问题远非发布猪狗禁令所能解决的。圈地和猪狗禁令引发的骚乱揭示，不断扩张的城市令不同社群之间的居民彼此敌对。无产者试图继续坚持公共街道和公共土地为大众使用的传统；有产阶级却拒绝接受共有产权这一古老概念，他们坚持拥护私有产权。同时，随着富人们向北迁往上城区，穷人和富人之间也不再像以往那样比邻而居。一位历史学家解释说，经济上的两极分化导致了地理上的两极分化，而地理上的两极分化令穷富两极间的接触降到最低，也因而放大了双方之间的不信任感。随着在整个社会中富人利益的权重日益超过穷人，纽约的社会契约走向破裂边缘。

发展中的经济创造了机遇和混乱。变化多端的争论和政治的民主化把不满带到了公众领域。经济、政治和社会变革在相互促进的过程中，制造出焦虑的公众意识。因此，没有任何一个时期见证过如此多的暴力事件。哥谭镇再也不是欧文在历史中称赞的那个昏昏欲睡、沾沾自喜的小镇。

紧张局势从 1800 年到 19 世纪 20 年代愈演愈烈，并且在 1834 年达到巅峰，而这一年被称为"骚乱之年"，其后的 1836 年被称为"罢工之年"。这个时期最后以 1837 年爆发的经济萧条告终。尽管纽约不是这个时代唯一经历冲突的城市，但是纽约的骚乱是数量最多的。从某种意义上讲，冲突与杰克逊总统持有的普通人应该参与公共事务的观点息息相关。历史学家小亚瑟·M. 施莱辛格（Arthur M. Schlesinger Jr.）解释道："杰克逊总统式的观点假

第二章 吊诡之都

定，社会中存在一种永久的紧张、一种可疑的平衡，并不断滋生冲突和斗争。"

报纸在暴力事件中发挥了重要作用，不仅仅是通过报道事件，而且也通过支持某一方的观点来影响舆论。一位编辑甚至亲身参与了1834年的骚乱，还有几位编辑被指控煽动骚乱。新闻战不仅牵扯到面向富裕阶层的主流报纸，也标志着面向工人阶层的廉价报纸的兴起。早在广播和电视问世之前，城市的出版社就已经成为信息和意见的主要来源，毕竟城市太大、太复杂，口口相传远远不够。由于新技术促进了印刷业发展，报纸的数量成倍增长，变得更便宜，更多的人读到了报纸，并影响了哥谭镇作为国家传媒中心的发展。

移民进一步从欧洲涌来。19世纪二三十年代，大量德国和爱尔兰新教徒为了逃离母国的政治迫害和经济困境来到新大陆寻找机遇。人口快速增长导致美国第一个贫民窟——"五点区"的诞生，这里充斥着贫穷、拥挤、肮脏、疾病和犯罪。这个贫民窟坐落在市政厅后面，位于五条街道交会处一个被填平的旧池塘上。五点区在19世纪20年代见证了至少24起动荡和骚乱。

也有组织利用了城市的这些变化，成立于18世纪80年代的坦慕尼协会就是个中翘楚。该协会后来发展成为民主党内一个颇有权势的政治俱乐部。为了赢得移民们手中的选票，坦慕尼协会成员迎接移民船只，帮助移民找住房和工作，帮助他们填写入籍文件。作为回报，移民们在选举中支持坦慕尼成员。

相反，辉格党认同本土主义，反对移民，特别是爱尔兰天主教徒。在几场赤裸裸的反爱尔兰天主教徒骚乱，以及规定"不接受爱尔兰人工作申请"的雇佣指令里,从英格兰带过来的历史偏见展露无遗。19世纪30年代,移民数量大幅增加时,这种敌意愈发明显。反天主教组织如雨后春笋般出现,反天主教文学被广泛传播,还有传言称教皇图谋夺取纽约。

宗教改革者则通过向贫民窟派遣传教士的方式来发挥影响力。1829年,颇受欢迎的传教士查尔斯·格兰迪森·芬尼①(Charles Grandison Finney)通过吸收坦慕尼成员,令纽约成了福音派新教的中心。芬尼开始帮助清除酒馆和妓院,宗教组织散发大量宣传册,意图将穷人从罪恶中拯救出来。福音派教徒认为,这些罪恶通常发生在贫民窟里,特别发生在处于底层的爱尔兰天主徒中。

爱尔兰天主教感觉深受其辱。他们冲击反天主教组织的集会,通过街头斗殴来维护自己的尊严。1828年,纽约爆发了平安夜骚乱,4 000名暴民在鲍厄里举行了示威游行,呼喊声震耳欲聋。人们拆毁巴特里公园的铁栏,这样"主权人民"就可以自由进出。纽约陷入一片混乱,暴民们控制了局势,面对警察也毫不退让,以至于警察两度被迫撤退。这种紧张感持续升级,最后终于爆发了1835年的五点区大暴动。事情的起因是严守安息日的教徒试图阻止一场发生在周日的酒馆斗殴。结果却是数千名新教徒和天主教徒走上街头,连续斗殴了长达三天的时间,有两人丧命。宗教和种族冲突令五点区成为城市战场,也为它赢得了"血腥第六区"的诨名。

---

① 查尔斯·格兰迪森·芬尼:19世纪初美国宗教"二次觉醒运动"领袖,被称为"现代宗教复兴之父",同时也是美国争取妇女和黑人权益的社会活动家。

第二章 吊诡之都

Source: Francis Guy, "Winter Scene in Brooklyn," 1817—1820, as copied by Louisa Ann Coleman, 1853, Museum of the City of New York, anonymous gift, 53.2

这幅画真实地再现了1817年正值冬季的布鲁克林的景象。画家不仅在画的下方仔细注明了房屋和人们的名字，在作画时甚至还要求路过的邻居站着别动，以便把他们画好。画家从自家的窗口取景，也为我们留下了了解19世纪初纽约的窗口。

新变化不断向纽约施压。很明显，旧秩序已成为历史，传统的城市管理措施已完全不能胜任：夜间巡逻队只会取悦地区长官，而地区长官只会取悦市政长官。巡逻队规模也远远不够，并且受制于长官们的突发奇想，更要命的是，巡逻队成了那些找不到工作的游手好闲者的理想去处，在这里能力与专业性无关紧要。当然，造成这种情况情有可原，因为在荷兰殖民时期没有配备警察的需要，人们那时每天只是开心地抽抽烟袋，打打小盹儿，贴贴肥膘。就像欧文所说："谁听说过尼德兰胖墩儿会领导骚乱或聚众斗殴？"对他来说，过去是一个简单、宁静、和睦的黄金时代。他担心这些"恐怕再也不会降临在可爱的 Manna-hatta 了"。

范妮·莱特与平等运动

没有人比范妮·莱特更能代表过去与现在的巨大反差，她勇于挑战陈规陋俗。她的名字既是集结号，也是耻辱符。当工人们自豪地投票给她时，大多数名流却抨击她代表着一种危险、迷惑、放荡的意识形态。纽约前市长菲利普·霍恩预言说："如果人们傻到相信她，公民社会的根基将被冲击，最基本的道德准则将被颠覆。"但令霍恩没有想到的是，莱特的影响力远播四方，她坚称杰克逊总统时代的民主应当超越种族、阶级和性别差异，应包括任何人。

莱特是一位来自苏格兰的激进女权主义者。她幼年失去双亲，被伦敦的富裕亲戚抚养成人，但她一直追寻着父亲对于托马斯·潘恩革命理念的信仰。作为一名年轻的女性，她曾游历并写书记录美国的情况。尽管人们谣传她行为不端，她仍然伴随拉法耶特[①]

[①] 拉法耶特，法国贵族，志愿参加美国独立战争，在约克镇战役中决定性地击败英军。1789年出任法国国民军总司令，起草《人权宣言》和制定三色国旗，成为立宪派的首脑。1830年再次出任国民军司令，参与建立七月王朝。由于参加了美国独立战争和经历了法国大革命，被称为两个半球的英雄。

(Lafayette)将军游历了法国和美洲。莱特是第一位在美国大型男性集会上发表演讲的女性,完全颠覆了欧文笔下圆润欢愉的新大陆家庭女性的形象。无论从外表还是从内涵来看,她都是个彻头彻尾的异教徒。她抛弃当时女性穿的紧身外套,总是身着一身宽松的希腊式长袍。她的智慧、雄辩、真诚、领袖魅力和那如旋律般悦耳的嗓音,都令人印象深刻。

与改革者罗伯特·戴尔·欧文(Robert Dale Owen)一道,莱特宣扬合作互助,以此替代资本主义典型的竞争和剥削。因此,她支持工人组织,反对任何形式的压迫。这些理念引导她逐渐成为一个渐进废奴主义者,并在田纳西州和海地为获得自由的奴隶建立了两处公社农场。但这些努力都以失败而告终,被一些跨种族两性关系的传言所累,她的精神财富和声望因此严重受损。

不过,她和欧文合作创办的《自由问询报》(*Free Enquirer*)则大获成功。这份广受欢迎的报纸总部设在纽约,旨在讨论"正确理性"。这份廉价报纸还助推了"便士报"的崛起,这类报纸旨在为普罗大众提供信息,以区别于价格昂贵、为精英服务的高端报纸。1829年至1831年,《自由问询报》报道批评大银行的崛起和小企业的没落,神职人员的穷奢极欲和穷苦大众的悲惨境遇,以及雇主的残酷和工人的无力。莱特对任何人都不留情面,她既批判特权阶级,又抨击福音教派。她谴责"专业贵族制"的出现,因为那些拥有专业技能的律师、牧师和政客将个人利益建立在他人的痛苦之上。莱特宣称,这是"一场阶级斗争,大地儿女要将那些穿着马靴、配着马刺、骑在他们身上的家伙甩下来"。

1829年,莱特的声望达到了顶峰。那时,纽约的工人们开始筹建自己的政治组织，他们成了莱特最主要的听众。当时，经济衰退，劳工工作朝不保夕，工人们于是开始借鉴独立战争时期技师、海员和工人们的参政历史传统。历史学家霍华德·罗克（Howard Rock）说道，纽约的工人政治在后独立战争时期开始成熟，工人们取得了投票权并开始参与公职竞选。他们拒绝臣服于商人阶层的天然优越性，致力于实现这个国家的民主承诺。并且，经济困境增强了他们的参政动力。围绕这些主题，1829年的激进工人运动催生了美国首个工人政党，通常被称为范妮·莱特党。反对者则嘲讽它是被"穷鬼、贱民和乌合之众"支持的组织。

范妮·莱特党在1829年的州选举中获得大胜。该党几名激进候选人获得了超过6 000名选民支持。莱特虽未参加竞选，竟也收获了20张补名选票。虽然最后赢得的议会席位并不多，但这个新组建的激进组织搅动了传统政局，证明了他们在地方选举中有能力左右时局。1829年的选举结果显示，在杰克逊总统时代，财富多少和投票倾向已产生了强大的联系，这预示了纽约政治中阶级自觉意识已经达到了一个新的高度。

范妮·莱特党的影响力从1831年开始从政坛消退，但是该党成员依然活跃在政治舞台上。1835年，坦慕尼协会成员在工人们举行选举提名大会时灭掉了煤气灯，企图破坏风起云涌的工人运动。工人们用罗克福克牌火柴[①]点亮蜡烛，继续召开大会，推举出自己的候选人，工人的独立地位由此大大加强。"罗克福克主义"迅

[①] 当时纽约使用的一种火柴。后来，罗克福克成为民主党内一个激进工人派别的代名词，该派别从1835年一直存续到19世纪40年代中期。

第二章 吊诡之都

速成为与"范妮·莱特主义"并驾齐驱的两大潮流。虽然工人运动的星星之火并非莱特一人点燃,但她无疑令这团火焰燃烧得更旺了。

莱特的教育改革计划也尤其具有争议性。她曾激动地说:"平等!如果不在教育中体现,还能在哪里体现?!"她说,只要"富家子弟可进入富人捐建的大学,而贫寒子弟却几乎无学可上"的现实不改变,那么美国梦就永远不可能实现。相应地,她提议建立一套全国性的、由公共税收支持的寄宿学校体系。在这里,所有的孩子,无论男女,无论经济背景,都能享受到同样的衣食住学待遇。在这里,家庭的影响应被限制,因为能力而非出身背景应成为决定孩子未来的唯一因素。这种自小的平等主义将是国家民主之基。虽然莱特的提议招致了广泛批评,且未能实现,但她成功地令公立教育成为南北战争前的劳工运动和其他改革运动的核心议题。

莱特在纽约的大本营是科学馆,之所以叫这个名字,就是为了有别于宗教组织。该馆忠于莱特的自然神论①和自由思考,是理性的圣堂,旨在用知识武装普罗大众。莱特购买了位于鲍厄里附近布鲁姆街的一处废弃教堂,将这里改造成科学馆。科学馆设有一个书店、一个图书馆、一个医疗所和一个可以容纳1 200人的讲堂。它是一个无宗派的儿童学校,也提供成人课程,并举办了很多广受欢迎的讲座。科学馆令文学民主化,令宗教世俗化,并开创了美国社区服务所的先河,科学馆也因此成为当时美国工人运动激进分子的圣地。

---

① 自然神论指出现于17世纪和18世纪的英法哲学观点,反对蒙昧主义和神秘主义,反对迷信或各种宗教奇迹,主张用"理性宗教"或"自然宗教"代替"天启宗教"。

很多仰慕者称莱特为"女托马斯·潘恩",不仅在纽约市,在奥尔巴尼、巴尔的摩、水牛城、辛辛那提、路易斯维尔、费城和圣路易斯,她的讲座总是被围得水泄不通。但另外一些人则认为她极端危险,并企图阻止她。在一次讲座上,有人点燃了一桶汽油,会场浓烟滚滚,人们惊慌失措,并引发了踩踏事故。还有一次,有人灭掉了煤气灯,听讲者被迫点起蜡烛。讲堂外面,反对者们时常骚扰莱特的支持者,并引发了几场冲突。有漫画嘲讽莱特"彻头彻尾的胡说八道,就像只活该被嘘走的鹅"。但媒体越是嘲讽她,她的讲座就越火爆,听讲者中还包括不少有地位的妇女和有声望的绅士。甚至《纽约商业广告商》(*New York Commercial Advertiser*)的保守派编辑在听了莱特五场讲座后也不得不承认,虽然莱特的观点"令人作呕",但她绝对是一个"无与伦比的公众演说家"。对于诗人沃尔特·惠特曼[①](Walt Whitman)来说,莱特"是一个才华横溢的女人,美丽而高贵,除非她忙于行好事,否则她永远也不会满足"。

莱特是前无古人的女权主义者。早在1848年塞内加妇女权力大会召开20年前,莱特已经开始为女性权利、两性平等奔走呼号。莱特批判婚姻这一僵化的社会体制,抨击社会对女性的经济压榨,谴责法律剥夺了女性婚后的私有财产权。由于她对异族通婚和自由恋爱持宽容态度,她被抨击为"不忠的红色妓女"和"放荡的淫逸鼓吹者"。《纽约晚邮报》戏谑地称她为"大胆的女强人",对"脸颊红扑扑的丰满男孩"的兴趣多过社会改革。

---

① 沃尔特·惠特曼:美国著名诗人、作家。

第二章　吊诡之都

莱特对女性工人产生了尤其特殊的影响。根据当时的报道，女性群体是莱特公众演讲的重要听众，这在19世纪初期是很少见的。不过，莱特自己也承认，美国女性的处境要好过欧洲，在欧洲女性角色被限制的情况更加严重。那个时代的人们认为，虔诚、被动、居家、娴静的女性才是值得赞美的，而这就意味着她们接受教育、步入职场、自我拓展的机会被极大地限制。事实上，女性，尤其那些中上阶层女性，可以从事的领域被局限在慈善、宗教、社会改良、消费和社交生活中。

劳动阶层女性的境遇则更加糟糕。虽然当时的文化强调女性对男性的依附属性，但现实却经常迫使女性不得不自食其力，尤其是在城市中。当她们从美国或国外乡村移居到纽约，她们失去了传统生产能力，被迫转而寻找其他生存方式。但是，当时男性垄断了家庭以外的所有劳动力市场，并且男性自身也在为养家糊口而拼命挣扎。为此，女性找到了很多适应新环境的方法：在家里，她们或招待寄宿者，或兼作洗衣工，或让孩子出去捡拾垃圾；在家门外，妇女或女孩儿们售卖一些她们自己批发或制作的小商品。幸运一些的人可以在当地市场盘下一间小店做做小本生意，而最不幸的只能靠救济院或出卖自己的身体维生。

妓女这门女性最古老的行业在纽约市一直长盛不衰。随着城市的繁荣，将房产出租给老鸨开妓院的地主都赚得盆满钵满，这其中就包括一个利文斯通家族成员。妓女、老鸨大量滋生，但她们的卖弄和独立刺激到了男性的自尊心和优越感。结果，19世纪20年代出现了一波针对妓院的骚乱。醉酒的男人冲进妓院，砸毁家具，殴打并扬言要强暴妓女。这些骚乱极具侵略性，反映出妓女行业的扩张、商业化以及它的发展方式削弱了当时盛行的关于女性从属性的假定。这些妓院骚乱证明了莱特的论点，即两性之间的竞争和敌意是"因不平等而产生的无可避免的结果"。

制衣是为数不多的几个只雇用女性的行业。但即便是在这个行业，一些女工也处境艰难。这个行业中最好的工作都由男性裁缝占据，但他们只负责为男性顾客制作衣服，而其他衣服诸如儿童服装、衬衫和外套等都由女性缝制。很多女性在家里接计件工作，这为雇主节省了大笔运营成本，并令他们可以少付工资或随意解雇工人。很多在工厂里工作的女性则处境更惨，虽然比在家接计件工作的工资高，但工厂里的劳动强度大、时间长，并且薪水对于维持生计来说依然不够。

纽约女裁缝在1825年发动了第一场女性罢工，那是这个城市也是整个美国历史的转折点。虽然这次罢工持续时间并不长，但1831年她们发动了第二次历时超过一个月的大罢工。女工们充分意识到这类行动的意义，正如一位罢工者所说，她们认识到要让女性在公共场合如此大胆地行动"需要的不仅是一点点勇气"。虽然这些罢工是非暴力的，但女工们的行为本身，就像范妮·莱特一样，是对社会传统女性角色定位的颠覆。

莱特是她那个时代所有敏感议题的燃点。正如她的传记作家所称，莱特传递的讯息和她"在纽约激发出的一种歇斯底里的声音"，令她成为"美国最具争议的女性"。莱特对于社会的分析大胆无畏。她利用各种方式攻击美国政治、经济和社会中最薄弱的制度。与当时盛行的共和主义相呼应，莱特坚信平等、民主和人性的可塑性，但她同时又将这些理念的定义拓展到了远远超出那个时代人们想象的范围。范妮·莱特主义无法被简单地忽视,因为其要求已跨越意识形态、阶级和性别的种种藩篱。

作为一位女性,莱特为公共讨论增添了一个充满动感的新维度,也相应地挑拨了敏感的文化神经。她的特点——能言善辩、漂亮、教养、自信、热情、理想、挑衅、独立——令她成为反对当下一切现实的化身,也成为对未来无限可能的许诺。用她自己的话说,她向女性同胞们证明了一个女人能够成为"一棵充满活力的大树",而非"一根依附于男性的纤藤"。在这个层面上,莱特称得上美国"第一位激进女权主义领袖"。

讽刺的是,虽然欧文保守而莱特激进,但他们却拥有一些共性。两人大部分人生都在纽约以外的地方度过,但两人都认同纽约的价值观。欧文在欧洲游历的时候,因描写纽约而被视为美国文学的使者;莱特在美国各地巡回演讲的时候,则代表了纽约的不满精神。

虽然在智识上远逊于欧文,但莱特也写出了她自己的讽喻作品。她运用圣经体写作风格来推进她的世俗诉求,她攻讦贪婪的"商人和财迷",这些人连同"预言大师"(即牧师)和"颠倒黑白者"(即媒体)一起统治着纽约,把错误的偶像捧上圣坛供人们膜拜。"此时一位女性在城市中发出了自己的声音",帮助被踩在脚下的劳动者认识到富人们是如何"侵吞了民众的劳动成果",而劳动者才是"这块土地真正的力量"。

这些理念激怒了权贵阶层,他们决心抹黑莱特在人们眼中的形象。但是,人们非但没有被愚弄,反而站起来决心"从他们之中选出自己的领袖"。于是,莱特激发了"这个伟大城市民众的第一次觉醒"。她为所有人提供了希望,即所有人都可以获得"平等的知识、平等的保护、平等的生存、平等的权利和平等的享受"。她揭露了那个时代的伪善,令杰克逊总统时代的民主追求更为激进,也因此巩固了美国梦。

"骚乱之年"

1834年之所以被称为"骚乱之年",原因在于那一年连续发生了多起骚乱,震动了纽约和整个美国的神经。4月爆发的选举骚乱,是纽约频繁发生的选举骚乱中最严重的一次,也是对杰克逊总统时代民主的一次考验。而7月的反废奴运动,则是南北战争之前种族和社会经济冲突的一个写照。10月的石匠骚乱则反映出美国在日趋转型成为一个缺乏人情味的资本主义社会的过程中的阵痛。纽约的骚乱是这个国家问题的一部分。这一时期,二十多起大规模冲突横扫了朴茨茅斯、新罕布什尔、查尔斯顿、马萨诸塞、纽瓦克、费城、巴尔的摩和新奥尔良等地,参与人数在当时创美国历史之最。暴力吞没了平民时代的理性。

虽然一切都危如累卵,但这是一个令人兴奋的时代,美国式民主得以拓展。美国第七任总统安德鲁·杰克逊通过支持平权运动(针对白人男性)为那个时代定下了基调。杰克逊支持平等、反对特权,支持机遇、反对垄断,并支持多数人的利益。民众对杰克逊的支持正是来自他炽热的道德信念,即少数服从多数的规则。不过,对法国观察家托克维尔(Alexis de Tocqueville)来

第二章 吊诡之都

说,这种狂热信念同时也可能产生"多数人的暴政"。

1834年的骚乱为这两种观点都提供了证明。一方面,普罗大众开始积极投身于政治运动,决意在关键性的政治、社会和经济议题上表达自己的观点。另一方面,骚乱也显示出大众运动可能导致多数人对少数人的压制,而这有违民主精神。这些冲突强烈反映了变革的意义,就像欧文所说,变革"令社会保持着永恒的骚动"。

4月的选举骚乱就恰好反映了那个时代的政治、经济和社会变革。1821年,纽约州将选举权扩大至所有白人男性(黑人男性则需要拥有一定的财产才能获得选举权),这激发了民众参与公共事务的热情。19世纪二三十年代的纽约,每当4月和11月选举前的三天,总会有不少集会游行,选举点经常发生斗殴,并常常演变成骚乱。1833年,纽约州终于授权纽约市举行市长普选,而在此之前,这一职位都由州长任命。终于到来的地方自治令纽约人对1834年的市长选举倍感兴奋。

同时,这次纽约地方选举还卷入了关于美国第一银行的全国性争端。1832年,杰克逊总统否决了为美国第一银行重新颁发银行执照的提案。关于美国第一银行的争论令纽约这个商业之都陷入分裂,也奠定了1834年选举的基调。一些纽约商人支持辉格党、美国第一银行和它所代表的经济稳定派。另一方则支持杰克逊主义,将美国第一银行视为对地方经济进行联邦干预的工具,认为它的存在威胁到了地方银行生存,这些人相信取消这个总部设在费城的联邦银行可以确保纽约在全国金融领域的主导地位。

很多工人被迫加入他们雇主支持的辉格党阵营,因为雇主们威胁若他们不支持美国第一银行,他们的饭碗将不保。但是,凭借着罗克福克精神，更多的工人与以杰克逊为代表的民主党人，以及民主党的地方代表坦慕尼协会站在了一起，他们反对被视为贵族政治和垄断符号的美国第一银行。一首竞选活动歌曲这样唱道："技师、车夫、劳工/团结起来/向有钱佬和贵族们展示/你们在竞选中的力量。"范妮·莱特也认为，美国第一银行代表着终极精英统治，它站在劳苦大众利益的对立面。

纽约的分歧吸引了全国的目光，因为颇有声望的政治家都认为，这个国家的经济未来取决于"在纽约发生的剧烈斗争"。投票活动于1834年4月初开始，并持续了三天。投票第一天，辉格党支持者在城中拖着一艘名为"宪法"的模型船举行游行。与此同时，杰克逊总统的支持者也准备了一艘名为"否决"的模型船。到了第二天和第三天，街头表演和演讲开始变得火药味十足，支持者们保护己方的模型船，并洗劫对方的会议厅。杰克逊派报纸《纽约信使及问询报》（*New York Courier and Enquirer*）的编辑詹姆斯·沃森·韦布①（James Watson Webb）喊出"恐怖袭城"的口号，并虚假报道说有一人丧命。

第二天，辉格党的商人们关闭了店铺，派雇员到五点区以阻止爱尔兰人投票反对美国第一银行。韦布亲自率领200人进入打斗的中心地区。包括前市长霍恩在内的精英派将爱尔兰天主教徒视为原始野蛮的暴民，因此也为一切镇压他们的措施叫好。第三天，成千上万的人（可能多达20 000人）爆发了长达两小时的大

---

① 詹姆斯·沃森·韦布：美国外交家和报纸出版商，也是纽约辉格党和共和党政治家。

混战。无论穷人还是富人，大家全都赤膊上阵。最后，一人丧命，市长受伤。军方到达的时候，暴力终于结束。最后，当投票结束时，双方都宣称取得了胜利。

整个事件印证了华盛顿·欧文对民主政治程序的蔑视。欧文认为选举是一种人民的"残暴内战"，是"主权暴民的不和谐狂欢"。在欧文看来，所有来自"吹捧者、叫骂者、胡说者和污蔑者"的噪声都证明选举无非是一场"巨大的政治傀儡秀"。不过，《纽约晚邮报》主编威廉·卡伦·布莱恩特（William Cullen Bryant）不同意这种观点。他认为，虽然骚乱本身令人遗憾，但是"普选原则经历了暴烈的试炼，并高贵地经受住了考验"。民主过程或许充满混乱，但结果有效。

当然，即便是布莱恩特也不得不承认，民主的过程令人不安，他对骚乱将给纽约的未来带来怎样的影响深表疑虑。布莱恩特尤其担心贫富之间、本地居民和爱尔兰移民之间的对立倾向。私利似乎开始侵蚀社会契约，而这恰是纽约和平的基础。他认为这一点尤其将带来麻烦，因为在拥挤的城市中，人们"烦躁激动"并且"不满会像野火般失控"。1834年的选举骚乱显示，这个快速发展、极具进攻性的城市其实是多么动荡而脆弱。

7月骚乱

更多的冲突即将发生。选举骚乱三个月后，纽约经历了内战前最严重的暴力活动。针对黑人地位以及废奴运动的争议在五点区周围爆发。白人暴民敲碎窗户，拆毁教堂大门，打家劫舍，砸烂商铺，肆意攻击黑人和支持黑人的白人。奇怪的是，城市管理者们一直旁观，直到眼看暴民即将失控、居民财产普遍受到威胁后才有所行动。很多名流居然支持市长按兵不动，他们不仅不谴责袭击者，反而将冲突归咎于废奴运动支持者。一位观察者说，纽约淹没在"疯狂的海洋中"。

暴力活动开始于 1834 年 7 月 4 日，反废奴运动者冲击了一场纪念纽约州废除奴隶制七周年的集会，不少黑人和白人参加了集会，地点位于查塔姆街小教堂。这个教堂坐落在查塔姆广场南面的一个街区，紧邻五点区。小教堂此前曾是一个剧院，富裕的福音派废奴运动支持者亚瑟·塔潘（Arthur Tappan）和刘易斯·塔潘（Lewis Tappan）买下了剧院，把它改造成小教堂，供宗教复兴运动传教士查尔斯·格兰迪森·芬尼使用。这个小教堂从此成为废奴运动支持者经常聚会的场所。

7 月 5 日，一名屠夫因鲍厄里剧院的英国舞台经理经常咒骂扬基人而和他大打出手。虽然这是一起私人口角纠纷，但由于此时英国支持美国废奴运动，令这一私人纠纷复杂化。7 月 7 日，一个白人唱诗班和一个黑人唱诗班预订了查塔姆街小教堂的不同房间，结果他们大打出手。第二天，一个废奴运动支持者的店铺被纵火，另一场废奴运动集会被冲散。

7 月 9 日，暴民冲击了在查塔姆街小教堂举行的第三场废奴运动集会，并洗劫了刘易斯·塔潘的家。冲突在鲍厄里剧院造成了巨大混乱，以至于人们不得不叫来著名演员埃德温·福里斯特（Edwin Forrest）平息混乱。7 月 10 日和 11 日再次爆发大规模破

第二章 吊诡之都

坏活动。暴民攻击房屋、店铺和废奴运动支持者的白人教堂，亚瑟·塔潘的店铺也被殃及。暴民砸毁黑人教堂、黑人学校、黑人店铺和五点区的黑人房屋，还砸毁了5家马尔伯里街的黑人妓院。虽然无数人请求市长出面平息混乱，但州民兵直到7月12日才出动。虽然混乱中没有人死亡，但有60座房屋、6座教堂和数座其他建筑被毁。

这次骚乱令人迷惑。可以肯定的是，当时的纽约正处于4月选举骚乱、经济衰退、工人罢工、种族冲突带来的紧张状态中。但跟大部分骚乱不同的是，这次冲突并无直接导火索。并且，冲突中的受害者不仅包括黑人，也包括敢于挑战既定不合理种族关系的白人。很多人都感到奇怪，为何这次骚乱如此激烈、如此漫长？仅仅是因为时值格外炎热的7月？还是说这座城市的政府太软弱无能？或者说是因为废奴运动已然威胁到了众多经济、政治和社会利益？还是说种族主义已经如此系统化以至于连暴力都是正当的？难道暴力在纽约已如此普遍以至于任何人都不再对骚乱感到困扰？抑或这仅仅证明了华盛顿·欧文所警告的民主"无非就是暴民统治"？

无疑，这起本地的、短暂的冲突反映出美国面临的更大的、更长期的困境。它发生在这个国家正痛苦地滑向内战的关键节点上，废奴运动正渐渐积聚力量和影响力。在纽约以外，波士顿的威廉·劳埃德·加里森①（William Lloyd Garrison）已在1831年出版了极具争议的废奴主义报纸《解放者》（Liberator）。同一年，

---

① 威廉·劳埃德·加里森：美国著名的废奴主义领袖、记者和社会改革家。

弗吉尼亚州爆发了纳特·特纳①（Nat Turner）起义，这导致南部各州疯狂地限制黑人接受教育，并限制废奴运动的宣传。1833年，英属西印度群岛废除奴隶制震动了美国。而在美国国内，奉行保护主义的北方和支持自由贸易的南方之间的大论战也令这个国家开始分裂。美国正处于火山口上。

塔潘兄弟于1833年创建了纽约反奴隶制社团，并在一年后建立了美国反奴隶制社团，这令纽约在美国废奴运动中扮演了关键性角色。虽然废奴运动经常被与塔潘兄弟一样处于富裕阶层的福音改革派联系在一起，但废奴请愿书证明，属于中产阶级的手工业者和店主也大力支持废奴运动。这种广泛的群众基础令纽约的自由主义传统更加坚实，同时也有力地反驳了詹姆斯·沃森·韦布的观点。他认为，纽约的废奴运动支持者仅是一小批狂热分子。结果，废奴运动在城市政治中培植起了一支独立的政治力量，而这一政治力量可能是纽约的先辈们没有兴趣保护的。

废奴运动支持者在其他领域也发动了攻势。他们传播支持立刻废奴的文学作品，不过这激怒了原本倾向逐步解放奴隶的那部分人。废奴主义者组织允许黑人参加的集会，而这又威胁到了那些把种族隔离视为天经地义的部分白人。此外，很多纽约名流与南部各州有着紧密商业往来，他们倾向于避谈废奴话题。因此，纽约的废奴运动支持者不断被指责煽动分裂，并被日益妖魔化为危险的社会灾难、政治失序和金融赤字的制造者。在整个19世纪

---

① 纳特·特纳：美国黑人奴隶，他于1831年8月21日在弗吉尼亚州发动黑人起义，最终导致60名白人和至少100名黑人死亡，成为美国内战前南部地区伤亡最为惨重的一次奴隶起义。

20年代,白人肆意破坏黑人教堂和生意场所,袭击非洲格罗夫剧场,骚扰非洲自由学校的学生。

黑人废奴运动支持者在纽约同样活跃,这进一步激怒了眼红于成功黑人的白人。1827年,全美第一份黑人报纸《自由日报》(*Freedom's Journal*)在纽约市出版发行。虽然种族隔离依然广泛存在,但一小批黑人中产阶级和几个稳定的黑人社区已经出现,包括布鲁克林的威克斯维尔。戴维·拉格尔斯(David Ruggles)是纽约的废奴运动的领袖和活动家,此外,他还是首家黑人书店的所有者,直到书店被暴徒破坏。最为人所熟知的是他与纽约的警戒会和"地下铁道"组织的合作,这两个机构都致力于保护逃亡的奴隶,使他们免于被南方的奴隶猎手抓到。

正因为这些原因,废奴运动在纽约格外富于争议。一些名流绅士在7月骚乱中扮演了活跃角色,或者作为组织者,或者亲自上阵。塔潘家族遭到了广泛抨击,因此在骚乱中亚瑟·塔潘位于汉诺威广场的店铺、刘易斯·塔潘位于罗斯街的家遭袭击也就不足为奇了。最终,在亚瑟和他的武装雇员的拼死保卫下,店铺免于被彻底摧毁,但刘易斯的家却被翻了个底朝天,家具物品在街道上被付之一炬。而夜间巡逻员居然对这一切都视而不见。刘易斯整个夏天都坚持将房屋保持被摧毁的状态,让所有人共同见证"一场沉默的反奴隶制布道"。

骚乱也充满讽刺。现存的种族紧张感令白人特别容易听信谣言,也更容易相信一些错误的报纸报道,相信骚乱是黑人制造的,事实上骚乱的主谋是白人。虽然存在着种族隔离制度,但在贫苦社区,黑人和白人比邻而居,这令事态更加恶化。结果,当暴民准备袭击五点区的黑人房屋之前，他们必须让白人家庭在自家窗前点上蜡烛以示区分。另一点奇怪之处是，虽然居住在五点区的爱尔兰苦工经常被指责是挑起骚乱的肇事者，但 1834 年骚乱的主体人群却并不是他们。大部分暴民都是本土出生的技工和住在附近街区的生意人。这些人视自由黑人为威胁他们本已脆弱的经济地位的祸首。为了发泄他们对于黑人自给自足的仇恨，他们把目标定为黑人教堂、家庭、学校和小的生意场所。

这些被扭曲的事实又被一场令人震惊的、激烈的、充满种族冲突意味的争论所凸显，这场争论令 1834 年 7 月的骚乱显得与众不同。詹姆斯·沃森·韦布被指责为挑起争议的主要人物。他主编的报纸《纽约信使及问询报》不停发表煽动性社论，将废奴运动与异族通婚混为一谈。他认为，种族融合意味着"令人作呕"的"杂种化"，他支持针对任何敢于支持种族融合从而"践踏公众感情"的人施以暴力。

当萨缪尔·H. 考克斯①（Samuel H. Cox）牧师反对设置"黑鬼座位"（在教堂里将黑人和白人的座位隔离），公开支持种族融合，并宣称耶稣本人很可能也是黑皮肤时，韦布被激怒了。他说，没有什么能比提出"人类的拯救者是一个黑鬼"更令人震惊的了。结果，考克斯位于莱特街和瓦里克街的教堂在 7 月骚乱中被拆毁，同时被摧毁的还有位于斯普林街的另一位废奴运动支持者长老会教堂。

《纽约商业广告商》主编、纽约殖民协会秘书威廉·利特·斯通（William Leete Stone）是韦布的盟友。斯通支持将黑人遣送回

---

① 萨缪尔·H. 考克斯：美国基督教长老会牧师，著名的废奴主义者。

非洲。1834年7月7日,在骚乱中,他发表了一篇攻击异族通婚的讽刺文章。他用满篇拼写错误的笔法给编辑写了一封信,声称是一位"黑人好学者",想登报征婚,寻找一位对"平等权利"感兴趣的白人女性。他要求对方"为了下一代健康,应年轻、美丽"。此外,她还应"干净、没有异味,因为我不能忍受身边有任何异味"。更重要的是,她还要"有很多钱,有地位,还要是废奴协会成员"。这封言谈粗鄙的模仿信强化了当时盛行的偏见,令异族通婚在1834年夏天成为私人和公众讨论的主要话题。

本质上,异族通婚已成为摧毁整个浸淫在种族隔离制度中的纽约社会、经济和政治架构的代名词,这种架构日益受到来自废奴运动和种族融合的威胁。7月骚乱显示出异族通婚无论在南方还是北方都同样是一个导致冲突的心理触发点。一直以来,人们对异族通婚和奴隶制度就倍感焦虑,这也解释了为何1834年的骚乱虽然并非当时最致命的种族冲突,却触及了如此广泛的社会群体,也如此容易受情绪支配。(这也可以部分地解释为什么最高法院直到1967年才取消了禁止异族通婚的法律。)至少,1834年的骚乱证明了托克维尔的论断:"虽然奴隶制度开始衰落,但孕育产生这种制度的偏见依旧岿然不动。"

纽约的反废奴骚乱在新泽西州、康涅狄格州和新罕布什尔州也得到了呼应。费城整个8月都在暴力中度过。波士顿、底特律、尤蒂卡和纽瓦克都指责纽约的废奴运动支持者是挑起事端的罪魁祸首。

不少南方媒体报道说,骚乱显示出北方对于废奴运动的大范围抵制。但在首都华盛顿,这被视为奴隶与自由劳力、南方与北方之间不可避免战争的序曲。纽约的1834年反废奴运动骚乱加剧了这个国家的种族问题。同时，异族通婚的议题显示出种族问题是如此复杂。骚乱让自诞生之初就困扰这个城市的不安情绪浮出水面，这种情绪部分抵消了纽约宽容的传统。

"财富的傲慢"与"贫穷的不满"

在1834年的所有骚乱中，石匠骚乱或许是最不具有戏剧冲突性的，但它却代表了那个时代一些最令人不安的变化。杰克逊主义中平等和机遇的主张与追求大规模生产的工业经济格格不入。小作坊被大工厂所替代，熟练手工匠被领取日薪或季薪的技工所替代。讽刺的是，在一个崇尚公民权利的时代，劳工地位却日益丧失。欧文观察到，"财富的傲慢"与"贫穷的不满"紧密相连。

石匠虽然也算是有点技术的手艺人，但在就业市场上却面临着工资不断下降的境况。几十年来，面包师、木匠和印刷工这些熟练工匠一直担心在当地经济中失去自己的地位。1801年，面包师罢工反对城市推行的定价措施。1803年发生了一场跨行业的反对设立公共培训机构的示威活动，因为该机构计划为穷人提供职业技能培训，帮助他们日后可以通过从事鞋匠、帽匠等技术工作谋生。在这两起事件中，工匠们都试图维护他们在市场上的地位。

与此类似，石匠们在19世纪二三十年代也在为生存苦苦挣扎，并举行了要求加薪的和平罢工。但是，到了1829年，他们变得愈加绝望，开始攻击拒绝参加罢工者。持续了三天的骚乱以20人被捕告终。此后，劳改犯也参与石匠工作，这进一步降低了平均工资水平。

第二章 吊诡之都

1830年，200名石匠举行了为期一天的示威、集会和游行活动。

1833年，纽约大学雇用囚犯为大学在华盛顿广场建造新教学楼。石匠们要求州议会立法禁止使用囚犯作为劳力，称这些人"从他们嘴边抢走饭碗"，但议会对他们的请求置若罔闻。次年10月，150名愤怒的石匠用石头攻击了雇用囚犯的承包商办公室。国民卫队赶来平息了骚乱。为防止事态进一步发展，卫兵们在华盛顿广场连续驻扎了4天。

石匠骚乱将19世纪20年代的激进劳工运动和1836年的劳工危机连接在一起。这是关于劳工尊严的范围更大、更长久斗争中的一幕。1828年爆发的纺织工人罢工格外具有意义。首先，罢工者们给"诺克斯老板"写了一封信，警告这位纽约市最大的纺织商：要么提高工人工资，要么等着关门。当诺克斯拒绝了工人们的要求后，50名骚乱者带着明显的威胁意味造访了他家。工人们还破坏诺克斯的店铺，并骚扰那些继续为他工作的员工。通过使用暴力手段，罢工者们表达出了早已在雇主和雇员之间产生的疏离和敌意。那时，距离出现合法工会还有一个世纪之遥。

1833年，工人们又组建了一个全行业工人组织，吸引来自各行各业的大量熟练和非熟练的白人男性成员。1834年，激进的工人在4月选举骚乱中加入了坦慕尼派。1835年，通过罗克福克、反垄断和平权等一系列运动，他们又宣布脱离坦慕尼协会。工人们明白到，要争取自己的合法权利，就需要更大胆、更团结的行动。结果，1829—1834年的五年间，纽约市爆发了19起工人罢工。1836年又爆发了18起。一位历史学家总结道："如果说1834年是纽约的骚乱之年，那么1836年就是罢工之年"。

1836年的第一场罢工发生在2月,由裁缝发起,起因是雇主拒绝遵守前一年双方达成的薪资协议,并有传言称其他行业的雇主可能也将效仿,这迫使制衣工、木匠和帽匠决定同时举行罢工。很快,码头工人也加入进来,并在码头举行游行,每有一艘货船到岸,就会有新的罢工者加入游行队伍。第二天,警察和200名码头工人之间爆发了混战。同时,另一群约500名建筑工人也离开了工地,开始在市中心示威游行。第三天,市长召来军队平息混乱,这也是纽约历史上第一次用正规军来驱散罢工者。

愤怒的工人们在第四天举行了大规模集会,以强调他们罢工的权利。这次集会之所以重要,不仅因为参与者既包括熟练工人也包括非熟练工人,更因为这很可能成为纽约市历史上第一次全行业总罢工。虽然全行业总罢工最终未能实现,但无数小规模的罢工在城市各处爆发。其中一些罢工活动充满暴力。3月,大陪审团以合谋限制贸易的罪名起诉罢工裁缝。几千名工人在百老汇组织了一场更大规模的游行以示抗议。每个组织都带着自己的标志和抨击银行家、垄断寡头、政客和雇主的标语。保守派媒体惶恐不安,称这个城市正处在"另一场革命的前夜"。

紧张感在4月进一步升级,雇主们组成了自己的行业协会对工会进行反击。女裁缝也加入为期三个月的裁缝大罢工中。5月中旬,一位公开反对劳工运动的法官开始了针对罢工裁缝的审判。6月初,陪审团裁定罪名成立,工会组织非法。工人们认为,这项裁决不仅意味着他们"在社区失去了所有权利",也意味着"北方自由之人的地位被降低到了南方奴隶的水平"。工人们打造了一具"自由之棺"来表达他们的愤怒。6月中旬,大约30 000人(约为当时

第二章　吊诡之都

纽约人口的五分之一）聚集在市政厅前，这是纽约历史上规模最大的集会之一。与独立战争前的骚乱一样，人们象征性地"吊死"了法官人像。整个1836年被罢工笼罩，更多冲突已经不可避免。

但是，纽约的工人运动在1837年遭遇到了一场毁灭性打击。那一年，美国经历了工业革命以来第一场严重的经济衰退。华盛顿·欧文认为，这场经济危机显示出美国全民崇拜"金钱万能"的危险性。这次危机的原因有三方面：首先是1836年中西部麦田遭受麦蝇灾而大面积歉收。自1825年伊利运河开通后，纽约就成为全美面粉和面粉制品的重要生产与销售中心，纽约经济也开始严重依赖面粉工业。这次天灾令成千上万人失去工作，粮食减产还推高了物价，令劳动阶层遭受双重打击。其次，纽约市还未完全从1835年的大火中恢复过来。这场大火令市中心毁于一旦，造成了住房短缺，推高了租金价格。再次，一场席卷全国的经济恐慌引发了严重经济衰退，而人们将经济恐慌的原因归罪于杰克逊总统对美国第一银行的否决。很多当地银行家和生意人遭遇了灭顶之灾，这其中就包括亚瑟·塔潘。

经济衰退的结果是：纽约市约三分之一的劳动力处于失业状态，供应短缺和通货膨胀影响到所有生活必需品，冬天的来临更令情况雪上加霜。2月，有人呼吁举行一场大型示威活动，呼吁联合"所有人，抵制垄断寡头和剥削阶级"，他们认为这些人是"面包、肉类、房租和燃油"价格高企的罪魁祸首。在那年冬天最冷的一天，5 000人聚集在市政厅参加罗克福克派组织的游行。演讲者抨击地主、商人和权贵，称当穷人瘐毙街头的时候他们仍在暴敛财富。人们呼吁全体公民的利益应在少数人的私利之上。按照这个逻辑，物价和房租应当被降低到穷人即便在困难时期也可以承受的水平。这个理念与市场经济的逐利本性产生了根本性的冲突。

在一个演讲者的煽动下，数百人沿着百老汇大街冲向华盛顿街，攻击了一家囤积居奇的面粉店。工人们这种将私有财产作为攻击目标的新做法令富人们深感恐惧。市长和警察试图控制局面，但是人群拼死反抗，以至于市长被迫撤离现场。人们打开仓库分发面粉，人群利用盒子、篮子甚至围裙等能找到的一切容器抢夺面粉。在混乱中，洒到街道上的面粉足有一英尺深。一些骚乱者还攻击了另外四个面粉仓库。直到民兵到来，抢掠行为才被阻止。

1837年的经济危机未能在短时间消退，反而逐步加剧，其影响一直延续到19世纪40年代。以区为单位的救济委员会挤满了饥饿的申请者，人数众多，以至于委员会用光了救济金。教堂的赈灾活动也受制于资金不足；同时，当时在教会内部还有一种观点，认为穷人的苦况全是自作自受的结果，这也部分限制了教堂的赈灾意愿。城市官员们也持类似观点，他们还担心如果大规模发放救济可能导致更多穷人从周围城市涌入纽约。因此，虽然纽约贫困人口增长了近三倍，但市政赈灾拨款却几乎没有增加。市政官员不仅驳回了增加公共建设工程以改善失业的提议，还把除老巴豆渡槽以外所有正在进行中的市政公共建筑工程全部叫停。

但是，负责调查面粉骚乱的前市长菲利普·霍恩明白，当前的情况对穷人和富人都很可怕。面对令他深爱的城市陷入瘫痪的经济危机，霍恩哀叹道："可怜的纽约！"讽刺的是，给纽约带来长久繁荣的商业主义也让它经历了短暂的毁灭之痛。"骚乱之年""罢工之年"和1837年的经济危机都证明纽约对于变革的敏感：

变革不仅带来利润，也带来痛苦。

19世纪的最初40年对于纽约来说是如此动荡。五点区的崛起、骚乱罢工盛行、范妮·莱特争议、异族通婚引发的争论，都是对既定经济、政治和社会民主概念发起挑战的结果。历史学家保罗·温鲍姆说，这些斗争令纽约成了一只"拥有25万不和谐人口"的沸腾大锅。

同时，冲突显示出草根阶层的激进主义表达着公众的不满，并促进人们参与对公众事件的讨论。针对是否赋予天主教徒、女性、黑人和工人平等权利的城市骚乱，既是对杰克逊式民主的积极表达，也是消极表达。通过充分贯彻这一民主理念，纽约发现了自身的不足，并为未来留下了空间。

华盛顿·欧文早已预见到了与城市发展伴生的各种困境。他将纽约的历史比作人的一生：孩提时代的单纯和自足是短暂的，"就像人类一样，城市早晚也会随着成长而失去童真，并注定会遍尝成长所需经历的混乱、焦虑和痛苦"。虽然所有的父母都希望他们的孩子长大后能获得"影响力和重要性"，但欧文同时警告，这两者隐含着"危险"与"灾难"。在这一点上，他无疑是正确的。随着纽约的成长，它面对的问题随之增多，它经历的冲突随之加剧。并且，这些挑战似乎还异常严重、异常巨大，但按欧文的话说，这正是因为纽约一直是代表美国所有"梦想与投机"的终极城市。

托滕维尔

牡蛎刺激了19世纪早期的经济和社会变革。讲阿尔岗昆语的印第安人长期捕捞牡蛎，而牡蛎在斯塔滕岛和新泽西之间、牙买加湾和长岛湾之间温暖的海水中繁衍生息。考古发现的巨大的成堆的牡蛎壳被称为贝冢，证明了印第安人数千年前就食用牡蛎的事实。斯塔滕岛上的印第安人最早曾遭到荷兰人的攻击；在17世纪70年代殖民地定居点扩大后，他们又遭到英国人的驱逐。但是在此之前，欧洲人就已经掌握了印第安人捕捞牡蛎的技术和工具。

当地的牡蛎个头特别大，而且味道极其鲜美。这里的牡蛎取之不尽，非常便宜，穷人只靠牡蛎和面包就可以活命。街上的推车、牡蛎酒窖和牡蛎酒馆里都出售牡蛎。只需要花上几分钱，社会底层的食客就可以大快朵颐。牡蛎酒馆服务于更为复杂的人群，不同阶层的人要么并坐吃牡蛎，要么在酒馆的不同区域吃牡蛎。人们大口喝着啤酒，畅快地咽下口中的牡蛎。啤酒是纽约的特色，这多亏了荷兰人的传统。甚至有传说称珍珠街是用废弃的牡蛎壳铺成的。

尽管牡蛎资源很丰富，但是由于人们争相捕食，使得新泽西州和斯塔滕岛早在18世纪早期就开始限制捕捞。到1816年，过度捕捞已经将牡蛎的产卵场破坏得差不多了，以牡蛎为生的人开始从切萨皮克湾引进牡蛎籽进行养殖。到1820年，产卵场已经破坏殆尽。因此，在1825年，以牡蛎为生的纽约人开始把切萨皮克湾的牡蛎籽引进到纽约的水域。新的牡蛎没有以前的牡蛎那么大、那么好吃，但是它们也足够美味，为纽约赢得了100年的"世界牡蛎之都"的美名。

在斯塔滕岛的南端，牡蛎的繁荣永远地改变了托滕维尔。这个小村庄以英国织布工约翰·托滕（John Totten）的名字命名。

第二章 吊诡之都

1762年，他从比洛普家族购买了100英亩的土地。比洛普家族是第一批在斯塔滕岛定居的欧洲人，该家族的豪宅（现在被叫作会议大厦）是为了避免美国独立战争而进行谈判的地方。斯塔滕岛在独立战争中支持英国，之后，托滕维尔仍然是一个古雅的渔村。但是，1825年牡蛎养殖业的兴起，使托滕维尔成了"牡蛎之乡"。

到1830年，托滕维尔以及更大范围的斯塔滕岛的大部分地区，都专门以养殖牡蛎为生。超过1 000名斯塔滕岛的居民从事捕捞牡蛎和相关的产业，比如造船和修船、锻造、篮子制造、贸易等。托滕维尔最繁荣的时期是19世纪末，当时的旅游业和大西洋制陶公司使经济多样化，后者为伍尔沃思大楼制作了建筑装饰。然而，向近海倾倒工业废物污染了牡蛎养殖场，因此牡蛎养殖在1920年被禁止。托滕维尔努力维持小镇的身份，但一座郊区的桥渐渐地将它与新泽西和纽约拉得越来越近。

牡蛎业同样也是这座城市复杂的种族历史的写照之一。一方面，因为收获的牡蛎太多了，超过了在殖民地消费或在其他地方出售的数量，一项新业务发展起来。牡蛎被腌制、包装并运往西印度群岛。通过进口牡蛎和其他食品，西印度群岛的种植主就可以利用他们的土地和奴隶来生产利润更高的甘蔗。因此，腌制牡蛎强化了奴隶制，使纽约市与奴隶经济更加紧密相连。

另一方面，牡蛎业为曾经为奴的人和自由人提供了一条独特的独立之路。尽管纽约的城市经济有种族划分，但是黑人可以自己采捕牡蛎，可以在街头用推车贩卖牡蛎，或者在牡蛎酒窖和牡蛎酒馆中工作。因此，托滕维尔附近出现了一个黑人社区。1828年，在纽约州废除奴隶制一年后，一位自由的黑人船长在一个叫作沙格朗的地方买了一块地。1830年，托滕家族把一部分土地卖给了一个来自弗吉尼亚的黑人牡蛎商。其他人不久跟进。

虽然沙土不适合耕种粮食，但是很适合种植草莓，这为新居民提供了收入。此外，他们还制造捕捞牡蛎用的篮子和工具。这个小社区吸引了熟练的黑人牡蛎工人，他们来自马里兰州和弗吉尼亚州，在那里他们被禁止拥有土地或牡蛎养殖场。虽然他们最初为白人家庭和牡蛎商工作，但后来他们积累了足够的资金自立门户。

沙格朗像一块磁铁，吸引着整个地区的自由黑人，他们渴望拥有自己的土地、房屋、教堂和店铺。因为没有公立学校（连种族隔离的学校也没有），所以他们建立了自己小型的私立学校。作为积极的废奴主义者，他们用自己的房子为逃跑的奴隶提供庇护所，用自己的船只为他们提供交通工具。该社区也是1834年和1863年种族骚乱中逃离的黑人的避难所。

沙格朗的黑人与他们的白人同行和平共处。尽管一些居民在20世纪初牡蛎业衰落的时候离开，更多的居民在1963年一场灾难性的火灾之后离开，但原始定居者的后代至今依然住在那里，一些古老的建筑成为入册的历史遗迹。因此，沙格朗是美国最古老的自由黑人社区。

牡蛎也为托马斯·唐宁（Thomas Downing）带来了财富和声望。唐宁出生于弗吉尼亚州一个自由黑人的家庭，他于1819年把切萨皮克湾牡蛎捕捞的知识带到了纽约。像沙格朗的自由黑人一样，他一开始划船去新泽西州，捕捞牡蛎，再划船回到曼哈顿，然后在街上出售牡蛎。他做得很成功，并于1825年开了自己的曼哈顿牡蛎酒馆，10年后将其扩建。唐宁以其绝妙的配方远近闻名。不仅如此，他的酒馆风格也独树一帜。

窗帘、吊灯和地毯使唐宁的店比普通的牡蛎酒馆更高档。因此，唐宁吸引了更多的高端客户，包括来自华尔街、海关和周边商店的政治家和商人。唐宁的牡蛎酒馆变得如此受人推崇，以至于一些人开始带他们的妻子前往，这在当时那个时代是一件不同寻常的事，毕竟大多数经常光顾牡蛎酒馆的女性都是妓女。唐宁甚至向英国和法国的皇室供应牡蛎。1842年，在为英国作家查尔斯·狄更斯举办的奢华舞会提供餐饮之后，前市长菲利普·霍恩宣称唐宁是"一位牡蛎伟人"。

唐宁在一生中雇用了许多黑人，并为黑人的事业慷慨解囊。他积极地从事"地下铁道"的站长工作，除此以外，他反对有轨电车上的种族隔离，并为黑人争取选举权。他的孩子们在纽约手工艺协会开办的非洲自由学校上学，他说服学校雇用黑人教师。中央大街上的圣菲利普教堂是纽约唯一的黑人圣公会教众场所，唐宁一加入教众，就促使一位身为种族主义者的白人牧师被免了职。在1834年的反废奴骚乱中，圣菲利普教堂受到攻击。此后，唐宁还帮助组织了一个黑人的反奴隶制的社团。

唐宁是如此受人尊敬，以至于当他在1866年去世的时候，纽约商会当天关闭一天，《纽约时报》(*New York Times*)称赞他是"一个有着帝王风范的、威严的人物，具有男子气概"。今天，生态学家为了防止风暴潮，正在纽约沿岸重新培育牡蛎养殖场。而中央航站楼著名的牡蛎酒吧则会让人一瞥那个时代的影子——那时牡蛎为整个斯塔滕岛，尤其是为黑人提供了经济机遇。

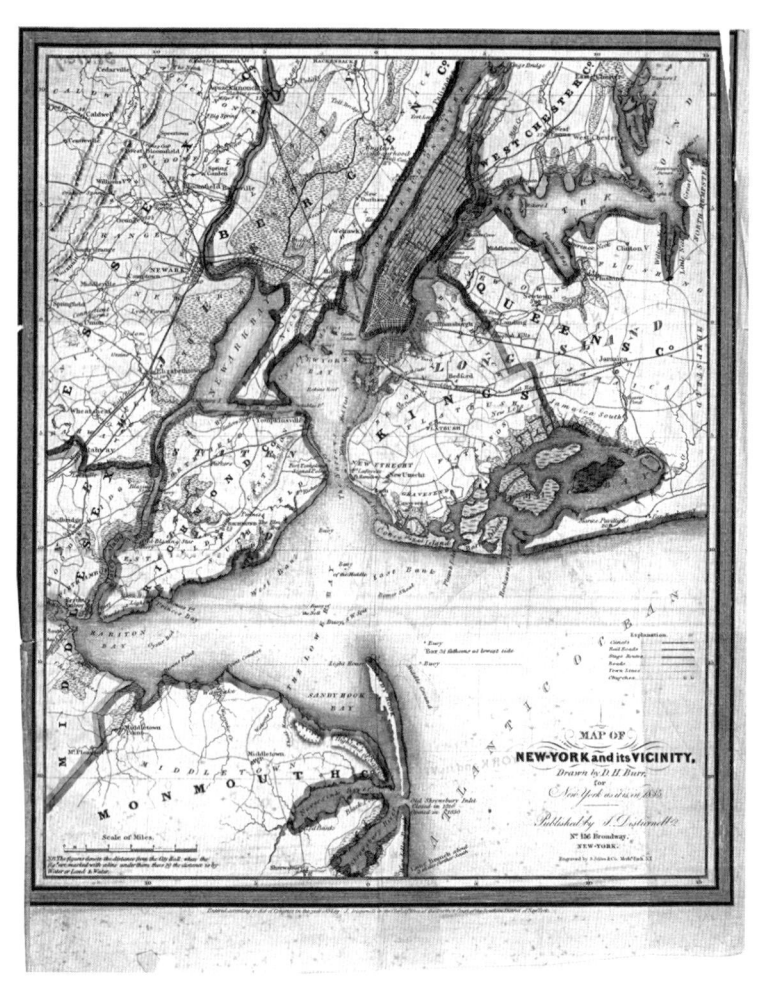

Source: Map of New York and its Vicinity, by D. H. Burr, 1834, Courtesy of the Museum of the City of New York, 35.113.7.

从这幅绘于1834年的地图中可以看出,曼哈顿已经成为未来大都会地区的中心,从而显示曼哈顿越来越高的重要性。地图中已经显示了网格街道的存在,托滕维尔的牡蛎养殖场也被绘于其中。

第三章

骄傲之都

1840—1865

大事年表

19世纪30年代至80年代	五点区
19世纪四五十年代	来自德国和爱尔兰的移民涌入纽约
1849年	阿斯特广场骚乱
1850—1855年、1860—1862年	费尔南多·伍德任市长
1853年	反天主教骚乱
1857年	经济危机和三场骚乱
1857—1873年	修建中央公园
1863年	征兵骚乱

第三章　骄傲之都

美国第一位城市诗人沃尔特·惠特曼曾如此盛赞纽约:"令人愉悦的潮汐周而复始,带着漩涡与浪花盘旋往复!"永不停歇的港口、拥挤繁忙的街道、熙熙攘攘的人群,纽约是一个"骄傲又充满激情的城市——勇敢、疯狂又奢华放纵"。对他来说,这是一个独特的地方,拒绝效仿任何典范,不能容忍任何束缚。就像河流一般,"匆匆奔流、跳跃闪烁"正是它的力量源泉。

和华盛顿·欧文一样,惠特曼珍视曼哈顿这个"原始的名字"。但是,他也明白,纽约有喜新厌旧的毛病。对他来说,这里永远是一个"起始之地",而非"终结之地"。19世纪中期,纽约的规模已经飞快地超过了美国内外的其他城市,人口从1825年的16.6万人增长到1845年的37.1万人,进而达到1855年的63万人。在那个时候,超过半数纽约人出生在国外,而在1830年这一比例仅为 9%。人口流入规模如此巨大，以至于在 1855 年，纽约不得不在城堡花园设立了全美首个移民安置点。人口成分的巨变令这座城市逐步形成了一种多元文化氛围，也给纽约日益繁荣的经济提供了大量劳动力。用惠特曼的话讲，纽约正在成为一个"世界都市"。

惠特曼就是纽约最好学的学生。他 1819 年出生于荷兰与英国裔的贵格教家庭，在布鲁克林度过了童年。从 13 岁开始，他接连拥有过印刷工、教师、报纸编辑、记者、小说家等多种职业身份，并在 1846—1848 年担任《布鲁克林之鹰》（*Brooklyn Daily Eagle*）的编辑。惠特曼推崇人性多元、个人主义和人本主义。在他的诗篇中，惠特曼对这些都给予了热情赞颂。1855 年《草叶集》（*Leaves of Grass*）出版后，这些主题也成为他日后创作过程中主要歌颂的对象。虽然对都市生活带来的人际疏离感有颇多批评，但惠特曼依然赞颂纽约是文明的高峰，因为他把这里视作民主的化身。他曾带着无比的自豪赞誉纽约"是新大陆的伟大城市，是新大陆的心脏、大脑、焦点、主发条、顶点、极致，无出其右者"。

随着城市以飞一般的速度扩张，纽约越来越为自己感到自豪。马拉的街车令城市得以从休斯敦街向北扩展到第 42 街。1842 年建成的克罗顿水库首次为市民提供了优质水源。1853 年，水晶宫举办了美国首届世博会。再往北，始建于 1857 年的中央公园成了"城市之肺"。根据弗雷德里克·劳·奥姆斯特德（Frederick Law Olmsted）和卡尔弗特·沃克斯（Calvert Vaux）① 的设想，中央

---

① 弗雷德里克·劳·奥姆斯特德、卡尔弗特·沃克斯：美国著名的城市设计师，两人为纽约中央公园的设计师。

第三章 骄傲之都

公园将成为一个风景如画的天堂，在这里无论贫富，人们可以自由往来。正如市长费尔南多·伍德（Fernando Wood）所说，这里应当被视为曼哈顿"不受制于拜金主义"的"一方净土"。

但在其他所有方面，哥谭镇似乎已被拜金主义全面征服了。到了1850年，纽约成了美国最大的市场，以及投资、保险、信贷和零售中心。同时，纽约还是美国东海岸最重要的铁路枢纽。此外，制造业雇佣人数占全部劳动力人口的比例从1840年的8.5%上升到1850年的16.4%。到了1860年，纽约还控制了全美四分之三的海运吨位。商店和银行等服务业，与以纺织、铁路和汽船为代表的工业互为补充，共同创造出一种充满活力的多元化经济。结果，百万富翁大量涌现，金融家奥古斯特·贝尔蒙特（August Belmont）和巨贾A. T. 斯图尔特（A. T. Stewart）横空出世。大量富人从百老汇搬往第五大道，而他们的豪宅也变得愈加富丽堂皇，并进一步放大了纽约的豪华形象。这个城市的经济统治地位已无可争议。

百老汇就像是纽约的橱窗。对惠特曼来说，这是"纽约生活中的一个奇怪缩影"，而百老汇之所以具有"代表性"，是因为它兼具"一条大道、一个商业中心和一条步行大道的功能"。百老汇接着一条古老的印第安小径，是曼哈顿的中心。在荷兰人的统治下，这里最初是从鲍林格林至华尔街的一段宽阔的土路，路的两侧有不起眼的住宅、果园和小酒馆。在英国人的统治下，百老汇变得高档起来，建起了皇家经纪人、商人和律师的住所，再加上三一教堂和圣保罗教堂。但是，整个地区在1776年被大火摧毁，必须要重建。到1811年，市政厅和网格街道的建成标志着这座快速发展的城市正稳步向市郊扩张。

1836年，位于市政厅对面的阿斯特酒店是纽约最豪华的酒店，但到了1852年，它就被位于百老汇和春天街交会处的、拥有600间客房的圣尼古拉斯酒店所取代。后者更大、更现代，有煤气灯、热水和中央供暖。19世纪50年代，18家酒店为百老汇锦上添花。和酒店比肩而立的，是剧院和像蒂芙尼这样的高档商店。高雅的泰勒餐厅以大理石、镜子、镀金、壁画和喷泉闻名。1846年，格雷斯主教教堂证明了百老汇作为精英阶层领地的地位。它是城市地理、经济和社会的"中心轴"。

当百老汇接近城区的路段被银行和企业主导以后，富人开始往市郊迁移。例如，1836年，菲利普·霍恩卖掉了他位于阿斯特附近的大厦，换了一所沿着百老汇往城外再远一英里的更大的豪宅。A. T. 斯图尔特位于钱伯斯街上的奢华的"大理石宫殿"令人叹为观止，是显赫地位的突出体现。它建于1846年，位于百老汇里富人不怎么光顾的那一侧，被认为是"斯图尔特干的蠢事"。彼时，斯图尔特是美国最大的进口商，也是世界最大的干货零售商。

这家商店的大理石门面上有许多大窗户，为室内增加了采光效果，起到同样作用的还有一个夸张的圆形大厅上方的一个巨大的圆形天窗。大理石的柱子则增添了格调。"大理石宫殿"确实是一个奇迹，但斯图尔特在1862年用更为奢华的"钢铁宫殿"取代了"大理石宫殿"，它跨越了百老汇的第9街到第10街。新的商店极尽现代之风，在建筑中使用工业铸铁，并对琳琅满目的现成的商品进行系统的摆放。它开创了百货公司的先河。商品价

第三章　骄傲之都

格固定，目的是消除购物的神秘感，使其更加民主化。570 名男性和女性销售人员（员工共有 2 200 名）提供着亲切而无可挑剔的服务。百货公司是一个专心于生产和消费的时代的贴切的象征。

斯图尔特这种有创意的商店使购物对于女性来说更好接受，而且成了一种方便的活动。这些商店让城市中心有了更多的女性。斯图尔特提供女性洗手间和接待室，并设有一家餐馆。商店对所有的女人一视同仁，不管她们来自哪一个阶层。百老汇在展示和制造时尚的同时，也成为一个看热闹、出风头的时尚地点。其他企业家也效仿斯图尔特，兴建了南北战争后的百货公司。一位记者说，总而言之，"百老汇是加强版的纽约。在这个国家，没有其他大道可以具有如此彻底的代表性，代表美国的财富、事业、波动和进步"。但是，包括斯图尔特在内的富人们此时都已经搬到第五大道了。

华盛顿·欧文很沮丧。1809 年出版的《尼克博克的历史》（*Knickerbocker's History*）一书中的信息透露出，欧文颇感遗憾，因为他所熟知的"安静的小城市"已变成"这样一座充满生机、繁华、喧闹、炫耀和辉煌的又大又拥挤的大都市"。对他来说，这一变化使原来的哥谭镇成了"一个几乎全年无休的卖场"。因此，他说："我害怕它的喧闹和混乱。我偶尔到访这座城市，却更喜欢静谧的乡村住所，证明生活中的纷繁忙碌已经结束。而我可以安顿下来，成为一个清醒、安静、百无一用的老年绅士。"事实上，他的尼克博克社会正被一场年轻的美国运动夺走光芒。这场运动的参与者包括沃尔特·惠特曼、赫尔曼·梅尔维尔（Herman

Melville)、威廉·卡伦·布莱恩特、纳撒尼尔·霍桑（Nathaniel Hawthorne）和贺拉斯·格里利（Horace Greeley）。

这些人是文学繁荣的一部分，这种文学繁荣为纽约在南北战争前的时代注入活力，使之成为国家的文化中心。以电报和印刷机为例的新技术促进了书籍、杂志和报纸的发展，这里的出版商已有100多家。新的广告领域增加了竞争，刺激了色情书刊等新的出版类型。尽管报纸之间的竞争很激烈，但在美墨战争期间，6位编辑联合起来，集中从华盛顿获取和分发信息。他们的这种合作为纽约垄断了国家新闻。当时，最有影响力的报纸是民粹主义的《先驱报》（Herald）、改革派的《论坛报》（Tribune）、保守派的《纽约每日时报》（Times）。

同时，P. T. 巴纳姆（P. T. Barnum）的美国博物馆对外宣传着一种关于纽约的不同的讯息。博物馆于1843年在百老汇开放，就在市政厅的对面。博物馆的入场券非常便宜，足以让所有人都能看到富有异国情调的（也许是伪造的）物品、天生的怪物、奇怪的动物、矮人、巨人、木偶、黑脸的吟游诗人，还有印第安人。多样性适合这个复杂多变的快节奏的城市。巴纳姆精通广告之道，他用报纸广告、海报、横幅、传单、音乐和灯光效果吸引顾客。博物馆遭到了精英阶层的指责，他们认为巴纳姆是个不诚实、贪婪的骗子。

尽管报纸本应传播真消息，但是巴纳姆却专门制造假消息。他精于用欺骗的手段引诱公众，而公众实际上很享受这种骗局。同时，他也向批评之声反击，具体的做法有禁止携带酒品、上演公益剧目和赞助被誉为"瑞典夜莺"的詹妮·林德（Jenny Lind）

的音乐会。巴纳姆被毫无非议地称为"欺骗王子"。他的发家利用了新的大众传播媒介，促进了一种新的大众文化形成，并同时娱乐了大众。它反映出这个城市总是被错觉和现实所撕裂。

纽约的文化活力对其快速的经济增长有补充作用，但是越来越多的移民、城区之间的紧张局势和战争令其文化活力日益复杂化，其结果就是与阶级、种族、民族、教育、劳动力和自治相关的新一轮冲突。纽约人不知道一个民主国家是否能够在维护自由和机会的同时控制混乱。尽管如此，这场混乱还是富于建设性的，因为它意味着城市直面这种复杂的变化，而非忽视不理。在19世纪中叶，惠特曼承认，纽约的"民主狂流"也有着"凶残"一面。

来自德国和爱尔兰的移民

惠特曼曾赞美纽约道："这里汇聚了世界上所有种族，他们都为这里做出了贡献。"虽然他似乎假定这是一个大体上积极、统一的过程，但是不同群体的移民经历大为不同。在重新定义自己身份的过程中，移民影响着纽约。19世纪四五十年代，纽约的移民来自德国的一些州、爱尔兰和英格兰。他们在接受检查和隔离期间，落脚于斯塔滕岛、沃德岛（1855—1890年，还有克林顿城堡）。到了1860年，移民构成纽约人口的47%，使纽约成为当时世界上继伦敦、巴黎和北京之后的第四大城市。正如一位历史学家所指出的，"在世界上所有的大都市中，只有纽约的声望可以主要归因于移民，这是独一无二的"。

移民的背景决定了他们的机遇，但是他们很快就明白在美国最常说的一句话就是"快一点"。一些德国移民去了西部，以务农为生。那些留在市内的人往往是手艺人、商店店主、熟练的工人。在1848年欧洲革命失败后，中产阶级的知识分子也加入进来。很多人到来的时候，本身就具备了融入城市经济的技能。随着移民数量的增加，德国移民在下东区被叫作"小德国"的城区占据了主导地位。那些小杂货店主、裁缝和鞋匠很快做起了更大的生意，比如服装店、酒水商店和雪茄工厂。他们的产品很快成名，有施坦威钢琴，还有各类啤酒。

德国带给纽约的另外一个印记就是熟食店，这是一种新型的店铺，提供诸如香肠、鲱鱼、土豆沙拉和腌黄瓜之类的德国食品。德国酸菜养活了种植白菜的德国裔农民，还有长岛一家由亨利·海因茨（Henry J. Heinz）经营的工厂。此外，家庭作坊式的德国面包店提供黑麦粗面包，还有用酵母制作的咖啡蛋糕。通过在街上手推车里出售的法兰克福熏肠和德国饭店里提供的汉堡牛排，纽约的食品文化得到了重新定义。

截至1880年，纽约的日耳曼人口仅次于柏林和维也纳。尽管移民仍然有很强的地域纽带，但是他们也围绕职业机构和互助社团形成了新身份。他们在公园、俱乐部、剧院和音乐会开展社交活动。他们参加节日庆祝和歌唱活动。重要的是，有四分之一的第二代德国移民从事白领工作。随着他们经济上不断发展，阶级身份逐渐代替了地域身份，他们完成了转变。

对比来看，爱尔兰移民不得不克服几个劣势。因为大多数爱尔兰移民出发来美国的时候就比德国移民更加穷困，他们在横渡

第三章 骄傲之都

大西洋的旅途中吃了更多的苦头,往往需要五到七周的时间才能到达。因为著名的马铃薯饥荒①,爱尔兰移民本身已经营养不良,穷困潦倒到只能乘坐统舱。统舱是船上最拥挤的地方,他们只能与陌生人一起睡上下铺,毫无隐私,更容易感染诸如斑疹伤寒、天花和霍乱等疾病。此外,船舱里臭气熏天,有晕船的呕吐物、因为没有洗澡的汗味以及完全不够用的污秽横流的茅房。食物配给少得可怜,食物里面满是蛆虫,主要成分是淀粉。可见"棺材船舱"这个说法非常准确。

即使爱尔兰人熬过了远航旅行这一关,他们也面临着其他的障碍。德国移民分属不同的宗教派别,而这段时期内多数爱尔兰移民则基本都是天主教徒,他们在很长的历史时期内都受到英国新教群体的压迫,而统治纽约的正是后者这些人。随着 848 000 名爱尔兰人在 1847—1851 年到达纽约,旧世界的紧张局势在新世界再次浮现。

历史学家指出,爱尔兰人是"美国的第一批极其具有辨识度的城市贫困少数群体"。虽然有一些爱尔兰移民是熟练的裁缝,但是多数都是贫困潦倒的农民,极其不适应城市生活。因此,他们成了廉价劳动力的来源,不仅取代黑人充当用人、侍者、理发师和码头工人等,还从事不需要任何技能的建筑工作。通过四处叫卖诸如布料、纽扣和食品(其中也包括牡蛎)等生活必需品,一些爱尔兰移民得以积攒了足够的钱开设小杂货店,而杂货店很快

---

① 1845 年开始,一种名为"晚疫病"的马铃薯疫病席卷爱尔兰,导致大部分土豆腐烂。由于当时土豆是爱尔兰人的主要食物来源,7 年间,爱尔兰人口减少了四分之一,大量人口逃向海外。

拥有了种族经济的定位，正如酒馆一样。两者都是社区的社交场所，而男性为主的酒馆也提供找工作和接触政治权势人士的机会。

爱尔兰女性主要做家政工人，这种繁重的工作无休无止，总是有用工的需求，工作时间长，几乎没有休息日，还要忍受色眯眯的雇主。作为回报，她们得到食物和一个房间，以及一定的工资，可以帮助她们养活美国或者远在爱尔兰的家人。爱尔兰的家政工作人员学会了做英国菜，其他的爱尔兰移民则渐渐养成了体力劳动者的饮食习惯。他们开设了纽约的第一家 24 小时营业的小吃店，以便宜的价格供应简单的食物：燕麦片、肉丁土豆、牡蛎馅饼、咸牛肉、猪肉和豆子。像德国食物一样，在街上的推车也售卖爱尔兰食物，这使得一小部分纽约人也能品尝到它们的味道。没过多久，开始出现更多的廉价小吃店，而小吃店促成更昂贵的餐厅出现。食物使德国和爱尔兰移民在美国生存并发展，在此过程中，他们的食物也丰富了美国的饮食文化。

但是，移民的故事并不总是积极向上的。爱尔兰移民贫困潦倒，被迫在五点区开启他们在美国的生活，往往忍受着最恶劣的环境。他们被困在了社会最底层。19 世纪 50 年代，纽约一半被捕的嫌犯是爱尔兰天主教徒，70% 的受救济人群来自爱尔兰。为了应对这种情况，纽约市涌现了一些私人慈善组织，如 1843 年成立的"改善穷人状况协会"和 1853 年成立的"儿童援助协会"。但问题是，"改善穷人状况协会"习惯于指责爱尔兰穷人的苦难都源于自作自受，而"儿童援助协会"则将穷困的爱尔兰天主教儿童送往远离纽约的新教家庭。这些做法都令爱尔兰天主教徒难以接受。他们也难以接受本土街头黑帮的欺压，爱

第三章 骄傲之都

尔兰人组织自己的帮派进行反击。黑帮开始盛行，又加之酗酒文化盛行，共同塑造了19世纪中叶纽约强大、无法无天、暴躁的城市形象。

随着爱尔兰天主教徒人数的增多，他们与主流社会的冲突开始具有了新的意义，尤其是当他们开始挑战公共教育体制时。当时，纽约的学校虽说名义上是由不分教派的公共学校协会管理，但其实主要是由贵格会教徒在管理，因此，教学内容充斥着大量新教教义，按照新教标准选择圣经版本，并灌输反天主教理念。有人为此呼吁从公共学校教材中剔除反天主教的内容，并至少聘请一名天主教老师，但这种呼声被管理者驳回。为此，天主教会被迫自己建立了8所学校，但由于大部分爱尔兰天主教徒都很穷困，这些学校一直面临资金不足的问题。

1840年，纽约州长威廉·H. 西华德（William H. Seward）支持为宗教学校提供公共援助，主教约翰·休斯（John Hughes）则发起了筹款运动。休斯出身于贫苦的爱尔兰移民家庭，从一介花匠一路打拼到高级神职人员。他有一种坚定的反抗精神，这在城市政治中非常有用。休斯在报纸上宣传自己的筹款运动，组织支持者给市政当局施加压力，并发起请愿，要求纽约州议会为天主教学校提供资助。休斯明智地将种族、宗教和民主议题结合起来，他批评公共学校协会是一个由贵族统治的、反天主教大本营。

1841年夏，新教教徒和天主教徒之间爆发了几场小规模的冲突。除了天主教徒和犹太人，休斯在纽约城里孤立无援。惠特曼代表了当时典型的反爱尔兰情绪：虽然他在诗作中鼓吹宽容，但在现实政治生活中他却抨击"粗鄙、满脸胡楂、肮脏的爱尔兰暴民"。1841年秋,休斯呼吁天主教徒只投票给支持为宗教学校提供公共援助的竞选者。政客和媒体因此被激怒了。但最终结果是,10名休斯支持的民主党候选人取得了胜利,这令坦慕尼协会开始意识到天主教徒在选举中的力量。

这一点在1842年的春季选举中则更加明显。天主教徒再次显示出类似影响,并最终迫使纽约州开始严肃考虑改革纽约市的教育体系。投票当天,五点区爆发了骚乱,但是圣帕特里克大教堂由于护卫森严而逃过了骚乱的冲击。休斯的家被洗劫,惠特曼则表示支持骚乱。但从结果来看,天主教徒们也留下了他们的印记。州议会虽然还是拒绝为天主教学校提供资助,但也不得不以一个由选举产生的教育委员会来替代公共学校协会。

短期来看,本土主义者组织起来控制了教育委员会,成立了短命的奉行本土主义的政党,并选举出版商詹姆斯·哈勃(James Harper)在1844—1845年担任纽约市市长。长期来看,天主教学校冲突,以及因此诞生的超越教派的教育委员会,为所有纽约人促成了一种更加普世的教育体系。1847年,纽约市更进一步建立了世俗性的自由学院(即日后的纽约城市学院),这个学院的宗旨就在于教育"所有人的孩子"。

文化紧张感在19世纪50年代继续发酵。新教教徒决意令爱尔兰天主教徒转变信仰,在向穷人们发放面包的同时,也发放圣经;在给他们提供救济的同时,也发出宗教警告。

爱尔兰天主教徒并不喜欢这种宗教笼络。结果就是1853年的三场骚乱。第一场发生在7月4日,那天本土出生的美国人和爱

第三章　骄傲之都

尔兰移民分别举办了一场国庆游行，结果双方大打出手。冲突爆发后，警察逮捕的居然全部都是爱尔兰天主教徒，因为他们身着绿装而易于辨认。随后的几个月，整个纽约城都弥漫着一种紧张情绪。那年秋天，天主教会设立了一所学校，旨在接收所有在皮斯学校就读的天主教学生。10月9日爆发了第二场冲突，暴民们试图阻止天主教儿童前往皮斯学校。最终，皮斯学校的老师被打，书本被扯烂。

1853年的骚乱激化了新教传教士在天主教街区进行传教的争议。这些传教士的公开反天主教言论激发了冲突。保护新教传教士的本土黑帮与天主教黑帮在整个1853年秋天的每个周日持续火并。结果却是，更多的新教传教士来到位于五点区的天主教街区进行传教。12月11日，第三场全面的骚乱爆发，5 000人参与其中。几天后，本土主义者在市政公园举行了一场大型集会，一名新教传教士决心发动"一场针对天主教徒和所有外来者的永恒之战"。

纽约当时的这种反天主教、反移民的本土主义情绪非常复杂。它利用了由显著的人口成分变化带来的真实焦虑感，辅之以种族和宗教差异带来的分歧。人口和文化因素进一步复杂化，起因是工作竞争，背景则是频发的经济衰退导致的经济不稳定。在这个过程中，本土主义通过将天主教移民妖魔化，以及歌颂本土出生的美国人，取得了强大的心理优势。这个城市的宽容传统再一次被削弱了。

爱尔兰移民则利用各种策略来回击这种偏见。他们不仅在街头斗殴并争夺学校，而且努力成为商人、教师、警察和政治家。

Source: Manual of the Common Council of the City of New York (Known as *Valentine's Manual*), 1859, based on a painting by George Catlin, artist, 1827. Brooklyn Museum.

这幅绘于 1827 年的画展现了五点区的样貌。这处著名的贫民窟地势低洼、臭气熏天，反映了纽约最负面的形象：贫困、拥挤、污秽、疾病、卖淫和帮派。1842 年游历北美的英国作家狄更斯面对这番情景评论道："所有令人厌恶、垂涎和腐朽的东西都能在这里找到。"

他们通过天主教堂获得了权力和声望。到 1858 年，他们的努力得到了回报——在第五大道和第 50 街交会处兴建了一所天主教的大教堂。事实上，在整个 19 世纪 50 年代，爱尔兰天主教徒的圣帕特里克节①大游行已经成为一场颇具规模的全天活动，这充分显示出他们的组织能力和民族骄傲。通过坚持组织自己的、区别于其

---

① 圣帕特里克节的时间为每年的 3 月 17 日，亦为爱尔兰国庆日，是为了纪念爱尔兰守护神圣帕特里克。

他诸如国庆日的游行活动，爱尔兰天主教徒在赞颂自己社群的同时，也在扩展着何为纽约人、何为美国人的定义。在19世纪中叶，纽约证明了：它比惠特曼和他的同胞们所期待的更加"自豪与充满激情"。

阿斯特广场的一出"好戏"

1849年的阿斯特广场骚乱反映出19世纪中叶哥谭镇的紧张感。这场悲剧导致22人当场死亡，另有9人伤重不治，150人重伤，100多人被捕。起因则仅仅是两个演员之间微不足道的私人口角，整起事件可以说是闹剧和悲剧的混合体。虽然事件的直接导火索如此荒谬，但其实事件是关于权势、地位、种族等复杂的社会问题的戏剧化表现。正像一位历史学家所说，阿斯特广场骚乱是爆发在纽约不同阶层之间的"最直接、最激烈的冲突"。阿斯特广场剧院为纽约这个美国文化最为丰富的都市提供了一个表达社会不安的舞台，其中又似乎有种怪异的贴切感。

演员

威廉·麦克雷迪（William Macready）是当时著名的英国演员，他的竞争对手埃德温·福里斯特（Edwin Forrest）则是一名颇受欢迎的美国演员。麦克雷迪的舞台风格精细、优雅，颇具上层贵族风范。福里斯特则以其极具表现力、注重现实的风格赢得了下层观众的喜爱。两人之间积怨已久，这种敌意加剧了当时业已存在的社会紧张情绪。1817年、1825年、1831年、1832年和1834年，纽约爆发了数次反对英国演员的冲突。人们指责英国演员的台风充斥着皇家做派、贵族气息，并对本土美国演员构成了威胁。此外，英国演员有时还被视为废奴主义的代表而遭到憎恨，这种情况在英属西印度群岛于1833年废除奴隶制之后表现得越发明显。

惠特曼批评了福里斯特"大声咆哮的表演风格"，并声称麦克雷迪"触动了观众的灵魂、情感、内心的血液和神经"。出于同样的原因，惠特曼赞美"英国经理人、英国演员和英国戏剧"的盛行。同时，他也呼吁能够排出更好反映出"美国性格"的本土戏剧。虽然惠特曼认为"纽约是唯一可以尝试这种变革的地点"，但是他并不建议用暴力的形式实现变革。

地点

1849年5月，麦克雷迪和福里斯特同时接受了在不同剧目中扮演哈姆雷特的邀请，这为日后的冲突埋下了伏笔。麦克雷迪计划在坐落于第8街和拉斐特广场的阿斯特广场剧院表演。这个剧院位于上城区，内部装修极尽奢华，对观众着装要求严格，是财富的象征。剧院以美国首位百万富翁、地产大王约翰·雅各布·阿斯特的姓氏命名，是有钱人的骄傲，是首次对富豪阶层经济实力的集中展示。相反地，福里斯特计划在位于下城珀尔街和沃思街的百老汇剧院登台，这个剧院非常普通。这种强烈

第三章　骄傲之都

的反差凸显了两种文化、阶层和国籍之间的差别，并成为日后冲突的基色。

第一幕

5月7日，当阿斯特广场剧院开门营业，人潮涌入，但是除了坐在包厢中的富人们外，还来了一大批不速之客。当天的大部分观众是被称为"鲍厄里男孩"的工人，经常混迹于鲍厄里剧院。惠特曼形容他们是"警觉、衣着花哨、满腔热血的中产阶级青年，美国土生土长的技工中最优秀的中坚分子"。如同鲍厄里是百老汇的对立面一样，"鲍厄里男孩"也是精英人士的对立面。他们穿着花哨的服饰，酗酒喧哗，拉帮结派，加入互相竞争的消防公司，热衷于职业拳击。他们喜欢去看戏，在剧院夸夸其谈。而且他们强烈地痛恨由麦克雷迪刻画出来的精英人物。

19世纪中期的剧院票价便宜，谁都可以来看戏，二层包厢为富人专享，剧场大厅则是大众站着观看的地方。大厅的观众爱发声互动，不会保持安静。在赌徒、有政治背景的黑帮头目以赛亚·莱恩德斯（Isaiah Rynders）的煽动下，剧院很快被嘘声和跺脚声淹没。演出开始后，人群开始向舞台投掷臭鸡蛋和马铃薯，麦克雷迪被迫离开舞台。阿斯特广场骚乱的第一幕就这样收场。

纽约的上层阶级被激怒了。因此，几位有声望的纽约市民〔包括《纽约时报》主编亨利·雷蒙德（Henry J. Raymond）、作家华盛顿·欧文和赫尔曼·梅尔维尔〕随即签署了一封请愿信，支持麦克雷迪重返舞台，并承诺将确保他的安全。作为回应，福里斯特的支持者们则在街上张贴告示，质问"究竟是由美国人还是英国人来统治这个城市？"，告示还呼吁人们去"英国贵族歌剧院"表明他们的立场。5月10日，在麦克雷迪计划重回舞台的当晚，大批人群再次聚集到这个富丽堂皇的剧院前。部分手持演出票的福里斯特支持者进入了剧院。不过，警察早已在那里布控，挫败了针对麦克雷迪的袭击。当这些煽动者被逐出剧院的时候，剧院门外的人群被激怒了。

第二幕

就在这时，350名州民兵赶到现场，但迎接他们的是漫天飞来的碎石和铺路石。马匹受到惊吓，骑兵们不得不撤退，步兵则伤亡惨重。正当民兵队伍考虑撤退的时候，治安长官迫于情势危及，下令鸣枪警告。首轮齐射射向空中，但引得有人高喊："开火啊！为了一个该死的英国演员，看你们敢不敢对着自由的美国公民开枪！"结果，士兵真的开火了，人群伤亡惨重。随着士兵们四轮齐射，阿斯特广场骚乱的第二幕告终。鲜血横流的街道上倒着22具尸体，其中包括无辜的围观者。温菲尔德·斯科特将军[①]（Winfield Scott）在位于附近的家中听到了枪声，他悲叹道："他们正在射杀美国公民！"

[①] 温菲尔德·斯科特：美国著名将军，被认为是该时代最杰出的军事统帅。

第三章 骄傲之都

第三幕

5月11日,富人和穷人都自发地聚集到事发现场哀悼这场悲剧。成千上万的人目睹了横陈在地上的尸体。当晚,骚乱第三幕以一场大型示威活动的形式在市政厅公园上演。人们对开枪行为表示谴责之后,称这种残暴行为是"这个城市的上层阶级针对劳工阶级"的"谋杀"。激进的劳工权益维护者称,向人群开枪是连在沙皇俄国都不会发生的"暴行"。他的话音刚落,愤怒的人群就涌向阿斯特广场,但是2 000名士兵、900名警察和1 000名紧急召集的队员早已守在广场两侧,包围了示威人群。

落幕

阿斯特广场骚乱随即引发了全国性大讨论。伤亡人数之高已足够令人不安,而骚乱也招致了人们对美国社会状况和民主未来的质疑。在19世纪中叶,纽约似乎正同时承受着城市学者拉尔夫·科南特(Ralph Conant)所说的"控制不足与控制过度"带来的痛苦。当时有一派观点强烈地认为,亟须通过压制骚乱、维护法律和保护私有财产来拯救民主制。从这个角度来看,纽约的问题在于政府控制不足。一位牧师认为,举全州之力来镇压"废奴运动骚乱以来最令人发指的骚乱"是正当合法的。不过,也有一些人认为,在一个民主社会,人民应享有抗议的权利而无须担心生命安全,民事和军事领域应当被明确划分,生命权也应凌驾于财产权之上。从这个观点来看，阿斯特广场骚乱又可以说是政府管制过度的例证。

骚乱的第四幕围绕对被捕人群的审判展开。地区法官认为，自由不是无政府主义，民主也不意味着无须管制，暴民通过破坏法律秩序"打击了美国精神"。很多纽约和其他地方的保守派人士、宗教和媒体界人士都同意这种观点。罗切斯特和波士顿的报纸甚至建议，只要一出现混乱迹象就可以向人群开枪。《纽约信使及问询报》的主编詹姆斯·沃森·韦布对此表示赞同，认为唯有如此才能让欧洲人不必担心他们在纽约的投资是否安全。总体来说，商业界在骚乱平息后如释重负。但霍恩也承认，"这个教训的代价太高了"。

1849年的阿斯特广场骚乱引发了公众对于国民社会和社会契约的质疑。几家费城的报纸质问道：为何纽约不通过事先关闭剧院、逮捕骚乱头目或防止民众聚集的方式来防止骚乱发生，而非要等到事后动用军队？几家奥尔巴尼的报纸质问，骚乱并非造反，为什么政府要动用民兵镇压？为什么军队被允许向民众开枪？

虽然纽约的警察系统已于1845年重新整编，首次任命了警察总长，并新招募了800名警察，但总体上来说，当时的市政当局依然没有足够资金供养警力，而警察队伍中也多是走后门进来的未经训练的新手，根本没有能力处理阿斯特广场骚乱这样的事件。但是，使用军队平息骚乱很容易让人们联想起欧洲的暴君统治，威胁到了美国式的自由原则。而冲突中蕴含的民族潜流也令人们回想起独立战争时期爱国者与亲英派之间的斗争。因此，一位历史学家就此总结道："动用军队对付民众，这令一场本地骚乱演变成一起具有全国意义的事件。"

这起骚乱也凸显出美国社会的新现实。很多观察者都论及骚乱中的阶级因素。他们认为，麦克雷迪和福里斯特之间的宿怨象征着资本家和工薪阶层、富人和穷人之间的敌对情绪。这起骚乱给全美国敲响了警钟。当时的《费城记录报》（*Philadelphia Public Ledger*）上写道，骚乱使人们意识到"虽然每个爱国人士都不愿意承认，但的确，在纽约，在我们整个国家，如今存在着一个上等阶级和一个下等阶级"。

相似事件

《纽约论坛报》（*New York Tribune*）几年后对阿斯特广场骚乱进行了深刻反思，主编霍勒斯·格里利（Horace Greeley）认为，这场骚乱的教训就是让人们意识到社会改革的迫切性。虽然他更倾向于让无业人员"到西部去"，但同时他也明白，劳动阶层需要在这个城市中占有一席之地。事实上，劳动阶层为了达成这个确切的目标而付出的努力在1850年达到了高潮。

自从1837—1843年的经济衰退结束后，劳工们开始结成工人组织。1843年，爱尔兰建筑工人组成了一个帮助非熟练工人的互助团体，这是纽约第一个此类团体。1844年，四个不同行业的工人举行了罢工，2 000名裁缝进行了游行；1845年，昙花一现的女性工业协会带领700名妇女"为我们的权利而战"；1846年，爱尔兰码头工人在布鲁克林举行罢工；1847年，"纽约保护联盟"推动工人自己开设合作商店。

所有这些劳工运动都成为阿斯特广场骚乱的社会背景，引发了类似的阶级议题，也成为充满戏剧性的1850年的序曲，游行和大型集会是这一年的重头戏。包括木匠、鞋匠、裁缝、糖果师、采石工、画匠、搬运工和印刷工在内的很多工人都被组织起来。

1850年6月，纽约工业大会成立，这个组织旨在将纽约所有劳工组织协调统一在一起。很快，90家团体表示支持这个组织的政治主张，包括提高工资、提供公共浴室和公共阅览室等。7月初，900名德国裔、爱尔兰裔和本土裁缝为提高工资举行罢工。300名游行者中有40人被捕，数人受伤，2人死亡。这也是美国历史上首次发生城市警察打死抗议者的事件。

于是，罢工者被彻底激怒，他们的立场也更加坚定，雇主迫不得已做出让步（虽然有一些事后反悔）。即便如此，1850年的劳工危机仍极具意义。通过将不同行业、不同种族的白人男性劳工团结起来，工会组织展示出了强大的组织潜力，并为未来的劳工运动打下了基石。作为1849年阿斯特广场骚乱中明显存在的阶级对立的延伸，1850年的劳工斗争将纽约置于美国阶级冲突的中心。

费尔南多·伍德与自由之城

费尔南多·伍德是利用了19世纪中期纽约复杂特性的一个著名政客。他迷人又雄辩、机智又腐败，周旋于豪商巨贾、小政客、改革者、本土派、移民、工人和黑帮之间。他出身卑微，因此渴望财富和地位，而地产投机和其他金融冒险给他带来了觊觎已久

第三章　骄傲之都

的财富。但同时，无数针对他行贿、造假和欺诈的指控也时刻提醒着人们：他的成功也有不光彩的一面。在他位于百老汇第77街和第78街的豪宅，伍德结交权贵，赢得尊重。他作为政治领袖、市长和议员的长期政治生涯多姿多彩。

在他担任纽约市长的三个任期内，伍德对纽约的管理既有积极的一面，也有消极的一面。积极的一面体现在，他从州政府争取到了更多的城市自治权。同时，他广泛接触各个阶层的民众，努力帮助穷人摆脱他们的困境；他还开放了市政府的工作岗位，尤其是警察部门，令普通爱尔兰天主教移民也有机会从事警察工作。伍德还推行了统一的建筑、码头、卫生、健康、运输和教育规范，提升了城市服务功能。作为中央公园的热心拥护者，伍德致力于推动城市发展，他将纽约视为"都市帝国、西半球大都会、壮丽之城和世界商业之都"。

而消极的一面在于，伍德极其腐败，权力欲极强。他维护中央公园的行为很可能只是为了提高自己拥有的房产价格。他接受移民入籍且为他们提供工作岗位，仅仅是因为期望移民可以为他投票。为了确保自己能成功当选，他授权黑帮在选举日可以随意行动。伍德还经常被指责行贿和搞两面派，所以每次失败过后他都可以再次成功上位，这也令他成为纽约历史上首位真正的强权市长。他渴求权势，不仅因为他非常享受权势本身，还因为他相信只有集权领导才能有效缓解这个城市的众多利益冲突。正如他的传记作者所说，伍德"毁誉参半，成为那个时代最具争议的政客"。

伍德的领导在1857年遭遇了严峻挑战。那一年的6月、7月和11月均爆发了骚乱。三场骚乱是当时纽约社会、政治和经济紧张情绪自然发展的结果。骚乱不仅包含了城市的内部斗争，也包括了纽约市与纽约州，以及与美国联邦政府之间的角力。当时，地方自治问题相当急迫，而被政治和经济利益复杂化的种族关系紧张则是雪上加霜。骚乱蔓延到城市生活的各个层面。此外，骚乱还反映出纽约在国家体系中的困境：纽约市只是纽约州的一部分，而不是拥有自治权的城市。纽约发展得越快，它与纽约州的冲突就越激烈。

伍德在竞选市长的过程中，与共和党在关于地方自治、戒酒令和腐败等议题上爆发冲突。1857年，长期蔑视纽约州南部民主党的纽约州北部共和党控制了州议会，他们通过了数条旨在羞辱纽约及其市长的法令。对伍德来说，这些法令与殖民时期的《印花税法案》如出一辙，并证明了他呼吁创造一个"自由城市"以逃脱州暴君统治的合理性。

纽约州首府奥尔巴尼通过的法令严重削弱了纽约市。其中一条法令规定将建立一个由州政府指派的委员会，以对中央公园、港口和新市政厅的建设进行监管。而修订后的城市宪章则限制了纽约市议会的权力，并将市长从监管委员会中除名，同时剥夺了市长对市财政和财产的控制权。纽约市民也不能就宪章修订内容进行投票。

此外，州议会还出台了新《消费税法案》，大幅提高了售酒执照费，这令很多小商铺无力承担。法案还禁止在周日和选举日饮酒。针对酒类的新法案是对德国和爱尔兰移民饮酒传统的直接攻击，也是19世纪禁酒运动的一部分。禁酒运动将所有社会问题与酗酒，尤其是城市中的酗酒行为联系在一起。缅因州于1851年通

第三章 骄傲之都

过了首个全面禁止售酒的法案,随后新英格兰和中西部的13个州纷纷效仿。纽约州于1855年通过了一部类似法案,但由于这部法案在1856年被裁定违宪,州议会被迫转而寻求其他策略禁酒。

1857年的《消费税法案》其实是针对伍德的,因为他指示警察不要执行1855年的《禁酒法案》。反对《禁酒法案》的伍德也因此赢得了移民选民的青睐,因为这些选民将禁酒视为本土主义的一种表现。对伍德来说,更重要的是,众多沙龙和酒肆是政治活动中心,甚至可以视为投票点。而沙龙通常又是黑帮的天堂,而黑帮又大多和政治有瓜葛,就这样,酒精、帮派和政客之间发展出一种千丝万缕(通常充满暴力)的关系。改革者因此鄙视伍德,认为他公开利用这种关系来赢得支持并控制选票。1857年的《消费税法案》是一部彻头彻尾的反伍德法案,意图同时打击腐败和酒精消费。

纽约州议会在1857年通过了另一项同样具有争议、针对伍德的法案——《城市警察法案》。该法案设立了一个由奥尔巴尼控制的警察部门,将纽约市、韦斯特切斯特郡、里士满郡和金斯郡所有的警察队伍统一整合。该法案企图将警察部门从市政府中独立出来,因此剥夺了伍德最重要的任免权之一,同时也削弱了整个纽约市政府的权力。这项策略不仅是州议员的想法,也是"城市改革团"的想法。这个社团由德高望重的市民成立于1853年,旨在打击政治腐败,尤其是打击被称为"四十贼人"的市议员。

伍德就《城市警察法案》提起了上诉,称其剥夺了纽约市的传统自治权,因此应被裁定为违宪。他拒绝解散纽约的警察队伍,并让警察选择要么留任市警察,要么加入州警察。结果,警察们分成了两派：移民警察选择继续留在纽约市，本土警察则选择加入州警队伍。整个6月初，这两股势力之间的权力斗争每天都在上演，争夺着对警局的控制权，当一方逮捕了一名嫌犯时，另一方立马将其释放。

伍德还拒绝放弃市长任命权，这进一步挑战了州议会通过的城市宪章修订案。当他坚持任命一位新的街道专员时，州警察指挥官决定以违反法律的罪名逮捕他。结果，纽约市警察将州警察赶出了市政厅，随后州警叫来增援人员试图再次实施抓捕，双方在市政厅台阶上爆发了冲突。无数伍德的支持者加入了混战，肉搏战进行得异常激烈。

在一队路过民兵的协助下，州警察最终取得了控制权并逮捕了伍德。这一次，伍德被以煽动骚乱罪起诉。对一部分人来说，伍德是城市权力的勇敢捍卫者；而对另外一部分人来说，伍德是无耻的暴徒煽动者。虽然他很快被假释，但随着7月2日《城市警察法案》被裁定符合宪法，伍德在法庭上的斗争以失败告终。伍德在7月3日不情愿地解散了市警察部门。

24小时之后就是国庆节，这通常是欢宴痛饮的时刻。而这一天恰恰也是新《禁酒法案》开始生效的第一天。数月的冲突令民众情绪快要达到沸点，而刚丢了饭碗的市警察也满怀愤怒。州警察部门扩招了数百人，还另外临时聘请了几百人维持节日秩序，但就是不雇用刚丢了工作的爱尔兰裔市警。

所有因素交织在一起，冲突终于爆发了。一个名为"死兔党"的爱尔兰黑帮与受本地黑帮"鲍厄里男孩"保护的州警察发生了冲突。双方在贝厄德街沿途爆发了长达3小时的混战，"死兔党"

第三章 骄傲之都

在马尔伯里街设立了路障,"鲍厄里男孩"在伊丽莎白街设立了路障。旁观者的加入令混战人数超过 1 000 人。砖头和子弹纷飞,死伤惨重。甚至连黑帮大佬以赛亚·莱恩德斯都没能阻止暴力发生。与在阿斯特广场时不同的是,这一次他请求警察招来民兵平息骚乱。骚乱最终被平息,但冲突造成了至少 12 人死亡,100 人受伤,其中 37 人伤势严重。

第二天 7 月 5 日是星期日。在五点区爆发了另一场冲突,冲突的激烈程度甚至让人产生"内战"爆发的错觉。三四千人聚集街头,中央街和沃思街爆发了长达 1 小时的混战,造成 50 人受伤。当晚,佩带刺刀的民兵在城中巡逻,清扫街道、查封店铺(尤其是那些售卖酒精饮料的店铺)。不过,暂时的和平非常脆弱。

接下来的一周又爆发了几场小规模冲突,在周末则爆发了真正的骚乱。这一次不是发生在五点区,而是发生在位于东村的德裔移民聚居地。与爱尔兰人一样,德裔移民酷爱啤酒,认为禁酒令是对他们的侮辱。因此,当州警察在 7 月 12 日晚闯入这个街区时,一场全面冲突爆发了。枪声响起,一名无辜的德裔旁观者被杀。

周一,愤怒的德裔移民涌入第 2 街和第 4 街之间的 A 大道,发泄他们对警察的愤怒。人群向警察长官投掷砖头,并袭击了几名州警。政府为此出动了几百名警察,并命令民兵待命。周二,民众们的愤怒继续以一种较平和的方式进行:在当天上午举行的听证会上,民众谴责警察;当天下午,在百老汇举行了万人游行;晚上也举行了示威集会,3 000 人参加了集会,声讨警察暴行,但这次人们决意采取合法而非暴力的行动来示威。讽刺的是,听证会和集会都选择在当地颇受欢迎的啤酒馆举行。

如果说这场由《禁酒法案》引发的冲突主要是纽约州南部对北部的反抗，那么它同时也是争夺纽约控制权的内部斗争的一部分。值得注意的是，在冲突中被逮捕的多为爱尔兰天主教徒，爱尔兰黑帮"死兔党"（这甚至可能是个被捏造出来的帮派）被认为是挑起争端的祸首。虽然很多人指责骚乱者是社会不安定分子，但也有历史学家认为，大部分骚乱者其实是手工业者和劳工，他们生活的社区拥有紧密的家庭关系，并不是无序和堕落的代表。

总而言之，这场冲突反映出纽约当时愈演愈烈的两极分化，以及城市生活的政治化。在这个过程中，新情况和新社群不断挑战旧秩序，纽约正在经历变革的阵痛。

《纽约时报》认为，1857年发生的这些事件很可能是穷苦大众针对"自私的教会和贪婪的富人"所发动的抗议。该报质疑道：是否穷人应当"从纽约州得到更多，而不是一点点威士忌和一发发步枪子弹"？著名的律师和日记作家乔治·坦普尔顿·斯特朗①（George Templeton Strong）不知道到底应该指责谁来对这种无序状态负责，但他察觉到这个城市正处于"一种非常烦躁不安的状态中"。的确如此，整个城市在改变的剧痛中挣扎翻滚。

那年秋季，新的问题出现了：经济衰退引发了1857年的经济危机②。往日毫无节制发放贷款的银行试图收回贷款时，引发了多

---

① 乔治·坦普尔顿·斯特朗：美国著名律师和日记作家，他的2 250页日记作品成为记录19世纪历史的最生动的素材之一。

② 1857年经济危机是资本主义历史上第一次具有世界性特点的普遍生产过剩危机。

第二章 骄傲之都

米诺骨牌效应，银行一家接一家地倒闭。而银行倒闭又摧毁了严重依赖银行贷款的造船、建筑、制造、零售和印刷企业。近1 000名商人宣布破产，每个星期都有近150家企业倒闭，纽约和布鲁克林的失业人数超过10万。灾难近在眼前。

为应对1857年金融危机，市长伍德建议市政府通过中央公园建设、街道和码头整修，以及修建警察局和消防站等基建工程为失业者提供工作机会。这是纽约市历史上最雄心勃勃的旨在帮助失业者的提案，而伍德也以前无古人的激进言辞为这个提案背书，他说："在纽约，那些创造了一切的人们一无所得，而有人却不劳而获。工人们毫无报酬地劳作，而围绕在他们身边的却是一群群富足奢华的不劳而获者。"伍德接着质问道，在这种情况下，"为这些人提供一些机会与救济难道不是我们的责任吗？"

但大部分纽约名流对这个提案说"不"。他们争辩道，慈善活动应当是私人性质的，并且救济不应过多，以避免人们对此产生依赖。他们反对市政府在应对经济危机时扮演积极角色。很多人被伍德的演说震惊了，他们指责他是在取悦穷人。可以肯定的是，伍德在政治方面非常狡猾，被他的政敌们称为"狐狸"，他对于那些可以为他带来政治利益的事情永远都是那么敏锐。不过，在这个提案上，他倒是一以贯之，他坚持推出应对危机的措施。1857年经济危机的情况格外惨烈。当人们的绝望演变成示威活动时，伍德的激进提议才最终得到了商人和政客的支持——这些人不情愿地承认："劳苦大众们必须被照顾了。"

11月初，在汤普金斯广场、市政厅和华尔街爆发了一系列集会活动。第一天吸引了4 000人参加，第二天人数达到了5 000。

11月5日，15 000人在汤普金斯广场公园集合，一路游行至市政厅。这是美国几个城市同时举行的最大一场游行集会。游行者们呼吁，要工作不要救济，因为工作是"生存权"不可分割的一部分。饥饿的人群袭击了面包房和食品仓库，政府不得不同意多雇用一些人来帮助建设中央公园。城市管理者们明白，在当下情况下，多提供一些工作机会是应对暴力的最佳方法。但是，白人劳工的工作机会是以牺牲黑人劳工的利益为代价的——黑人劳工被从中央公园建设工地上赶了出去。

围绕伍德的争议被1857年的动荡放大，也令伍德失去了连任市长的机会。但是，伍德在1859年再次赢得了市长选举。由于和坦慕尼协会翻脸，他创建了自己的民主党党内组织：莫扎特协会，该组织成员经常在位于百老汇和邦德街的莫扎特旅馆聚会，因而得名。有效地利用草根组织、明智的竞选手段，以及贿选，为伍德赢得了选举。在民众对城市宪章修订案的不满，以及对经济危机的不安中，伍德巧妙地将种族荣誉、政治不满和经济利益结合了起来。他利用了民众中针对州政府和联邦政府的广泛不满情绪，这种情绪认为州政府和联邦政府丝毫不在意纽约的福祉。

而在1859年竞选方案中，伍德加入了最终也是最有力的"调料"——针对奴隶制的争议。虽然纽约的废奴运动支持者非常活跃，但纽约整体上并不热衷于废奴运动。事实上，相当一部分纽约人支持奴隶制。很多劳工也担心，废除奴隶制度会令大批获得自由的奴隶涌入北方城市，从而令劳动力市场竞争加剧。很多商人、船主、工业家和银行家与南方棉花和烟草商有着紧密的商业

第三章 骄傲之都

往来，因此他们担心支持废奴运动会损害他们的商业利益。

虽然纽约州在 1827 年废除了奴隶制，但是纽约直到 19 世纪 50 年代依然是非法贩奴贸易的中心。当时已经成为纽约市司法官的以赛亚·莱恩德斯以其在贸易规定方面执法不严而臭名昭著。因而，纽约的资金资助巴西、葡萄牙和古巴船只从非洲非法贩运奴隶至加勒比群岛。贩奴的利润极其可观，并使纽约握有南方蓄奴州超过 1.25 亿美元的债权。无怪乎《纽约晚邮报》在 1860 年说："纽约既属于北方，也属于南方。"

1857 年经济危机之后，纽约越来越依赖与南方的商业网络。伍德因此决意阻止生意被查尔斯顿和南卡罗来纳州抢走，他和他的生意伙伴公开宣称同情南方。1859 年 12 月，两万名商人联名上书，要求在音乐学院召开集会。（该学院是于 1854 年建在第 14 街欧文广场、取代旧阿斯特剧院的一座奢华剧院。）参加集会的著名人物包括阿斯特家族的成员巨贾 A. T. 斯图尔特。一位历史学家指出，这个集会明显具有支持奴隶制的倾向，不仅为南北奴隶贸易背书，还认为奴隶制是自然、必需的制度，是"公正、明智的善行"。

伍德充分了解这些情绪的政治意义。1861 年，纽约市面临又一场经济衰退，美国也正处于内战前夕，伍德再次提出他曾提过的"自由城市"计划，并强调纽约与南方拥有共同的事业。他说，现在已经是时候切断纽约"与一个贪赃枉法的腐败主子（指共和党）的纽带了"。伍德宣称，作为一个独立的政治实体，纽约将有能力管理自身并与其他所有国家和地区（包括蓄奴州）一起追求繁荣。地方和国家层面的现实冲突加剧了业已存在的公众对经济、文化和政治的不满,而这种不满令纽约市脱离纽约州的意愿与南方州脱离联邦政府的意愿同样强烈。

虽然很多纽约人断然拒绝了伍德的"自由城市"提议,但支持者也不在少数。因此,关于纽约是否应当"独立"的争论频频见诸报端。在商会、私人俱乐部甚至传教士当中,这个话题都在升温。这令南方雀跃,却令华盛顿惊慌。后者担心纽约的"离心"倾向将严重削弱联邦统一事业。最终,这个想法随着美国内战的爆发而渐渐失去了支持:纽约的商人们意识到,他们自身的长远商业利益还是与国家经济利益紧密相连的。但是,由"自由城市"概念引发的纽约内部意见分歧依然存在。在民主党内部,为了回应坦慕尼主战派,伍德(在以赛亚·莱恩德斯的帮助下)成为纽约亲南方、亲奴隶制的主和派民主党领袖。

直到今天,伍德依然是一个谜。他的腐败行径、恬不知耻的自我推销、对权势的渴求,以及对奴隶制的支持,都令他成为一个令人讨厌的政客。但另一方面,他对于地方自治的维护、发展城市的努力、对爱尔兰天主教徒的支持,以及对穷苦大众的同情,也令他被视为一个激进、倾听下情的现代领导者。虽然致力于纽约的经济发展,他却反对任由自由市场主导的倾向。相反,伍德"试图缓解纽约的商业主义给普通民众带来的痛苦"。作为一个过渡性人物,伍德展现出了城市寡头统治的负面效应,但同时也让人们看到了积极政府干预的巨大潜力。在此过程中,他那些富于争议的做法也的确带来了建设性成果。

第三章 骄傲之都

征兵骚乱

在这场美国历史上最严重的骚乱中,当暴徒在1863年7月控制了纽约的街道时,都市冲突展示出最具破坏性的一面。惠特曼认为这是"魔鬼的杰作"。保守的估计是有105人在冲突中丧生。但也有记录显示,超过500人被杀,"18名黑人被用私刑处死,5人被扔到河中溺毙,70人失踪"。虽然这个数字有夸大之嫌,但它准确地描绘出当时正处于内战煎熬之中的美国,以及被阶级、种族、民族政治和经济冲突所撕裂的城市的痛苦。一位历史学家评论道:"对那个时代的人来说,这场发生在世纪之中的公民暴动比以往任何一次都更凸显出:城市民主就是一场战争。"

三条导火索

面对惨烈的南北战争和日益枯竭的兵源,联邦议会授权出台了美国首部《征兵法案》,而这正是冲突的第一条导火索。费尔南多·伍德领导的反征兵集会被指责是挑起冲突的主要推手。暴民们袭击了位于第三大道和第47街交界处的宪兵司令部,当时征兵抽签正在那里举行。参加骚乱的德国和爱尔兰移民人数远远多于警卫,他们摧毁了征兵设施,并付之一炬。消防员也加入骚乱者的队伍中,因为《征兵法案》并未将他们排除在兵役之外。由于火势凶猛,征兵活动被迫暂停。12 000人挤满了上东区,商铺被迫关门。

Source: 1863 Riots. Picture Collection. The Branch Libraries, The New York Public Library, Astor, Lenox and Tilden Foundations.

这组充满戏剧效果的漫画曾经刊登在《哈勃周刊》上,南北战争期间发生在纽约的几起冲突事件被描绘得淋漓尽致。

第三章 骄傲之都

征兵还与其他话题交织在一起，其中一个就是阶级冲突。对大部分工人来说，《征兵法案》尤其不公，因为法案规定，不愿服兵役者可以花 300 美元找一个替代者。而 300 美元对于一个工人来说不啻为天文数字。于是，南北战争被迅速贴上了"富人对穷人的战争"的标签。

富人们被从街道驱逐，很多人乘船或火车逃离城市。骚乱导致抢劫横行，位于第五大道和列克星敦大道上的几座建筑物，以及百老汇的精品商店和珠宝店，也被纵火烧毁。第二天，位于凯瑟琳街的布鲁克斯兄弟服装店爆发了冲突，最终这个高档服装店被洗劫一空。作为 19 世纪 50 年代文化冲突的延续，两家新教慈善机构以及位于第五大道和第 88 街的五点传教团和马格达莱尼避难所被摧毁。

冲突的第二条导火索带有明显的政治色彩。《征兵法案》是国会共和党提出的，正如州共和党一样，这种做法似乎侵犯了纽约的城市自治。结果，暴民开始袭击一切与共和党有关的地方，包括位于第五大道和第 49 街交界处的哥伦比亚学院，以及位于第五大道 79 号的市长乔治·奥普戴克（George Opdyke）家宅。骚乱者还袭击了奥普戴克家族蒸汽机工厂。结果，冲突引发了肉搏战，还引发了一场大火并烧死了 13 人。

亲共和党的报社，包括《纽约时报》和《纽约论坛报》报社，在骚乱头两天也遭到袭击。还有一些人企图捉拿反奴隶制、支持联邦政府、支持《征兵法案》的《纽约论坛报》主编。州警察作为共和党地方势力的代表在骚乱中成了暴民攻击的靶子，骚乱者只要看见州警察就不由分说一顿暴打。

骚乱的第三条导火索围绕种族纷争展开。从第一天开始，黑人就成为暴民的主要袭击对象。骚乱者把黑人从街车上拖下来殴打，对工作中和路上行走的黑人也都是照打不误。骚乱者游荡在大街上，警告雇主不要雇用黑人。当晚，暴民还袭击了有色人种孤儿院，虽然孩子们安全撤离，但建筑被摧毁并付之一炬。在码头，骚乱者只要看到黑人，不由分说就是暴打。至少一名黑人被以私刑处死。

周二爆发了针对黑人社区的更大规模的骚乱，骚乱者高喊着"反对废奴"的口号。在码头和格林威治村，黑人开设或由黑人提供服务的出租房、寄宿屋、妓院、舞厅和商铺遭到袭击，店主们被赶出社区。一名黑人水手在上西区码头被一群暴民杀死。一个混血儿被几个德国人救下，否则也很可能被处以私刑。《纽约论坛报》称暴行是"彻头彻尾的恐怖行径"。

黑人的教堂和房屋被纵火，数百人被迫到警局避难，或渡河逃至布鲁克林、长岛和新泽西州。暴民们袭击任何与废奴运动或异族通婚有关的人，尤其是那些与黑人男性有关的白人女性。很快，暴民们开始针对犹太裔、德国裔和华裔发动袭击。偏见已经模糊了一切界限。

背景

导致这些暴行发生的，既有长期因素又有短期因素。民族和经济因素或许在19世纪四五十年代的各类冲突中占据主导地位，但到了60年代，种族冲突已成为最主要的因素。事实上，民族、经济和种族矛盾互为表里。对很多北方人来说，1863年的《解放宣言》改变了南北战争的性质，令其更多地成为一场反对奴隶制

第三章　骄傲之都

而不是维护联邦统一的战争。北方的种族偏见被一些反战派利用，他们警告，如果废除奴隶制度，大批被解放的黑人将北上冲击白人劳动力市场。《纽约先驱报》（*New York Herald*）和《纽约每日新闻》（*New York Daily News*）是散布这种恐慌言论的主要推手。当时，《纽约先驱报》的主编是詹姆斯·戈登·本尼特（James Gordon Bennett）；而《纽约每日新闻》则由费尔南多·伍德的兄弟打理。

19世纪50年代，部分雇主曾雇用黑人来破坏白人罢工行为，这令一些白人劳工产生了不安全感。1862年，纽约、布鲁克林、水牛城、芝加哥和辛辛那提出现了白人劳工针对黑人的骚乱和袭击。1863年4月，爱尔兰码头工人在纽约连续三天发动了针对黑人的袭击。在骚乱爆发一周前，纽约市警督刚刚要求马萨诸塞州著名的黑人第54团[①]不要取道曼哈顿，"以免发生冲突"。因此，征兵骚乱的种族色彩从来都不是空穴来风。

虽然面临着一切不利因素，黑人依然坚持追求自身的平等，这进一步激怒了白人。在曼哈顿的格林威治村和布鲁克林的韦克斯威尔有一些稳定的黑人社区。黑人们还出资建设了一些教堂，并呼吁在公立学校内享受平等对待。1855年，在比罗莎·帕克斯[②]（Rosa Parks）整整早了一个世纪的时候，一位名叫伊丽莎白·詹宁斯[③]（Elizabeth Jennings）的黑人女教师通过诉讼成功赢

[①] 马萨诸塞州第54黑人步兵团是美国内战中建立的第一支正规黑人部队。

[②] 罗莎·帕克斯：美国著名的黑人运动领袖，被美国国会称为"自由运动之母"。

[③] 伊丽莎白·詹宁斯：1854年7月16日，詹宁斯为了赶时间，乘坐了一辆马拉的街车，却被司机赶了下去。为此，她将司机和街车公司告上了法庭，而她的律师即日后成为第21任美国总统的切斯特·阿瑟（Chester Arthur）。1955年，布鲁克林巡回法院的判决支持了詹宁斯的诉求。

得了与白人一同乘坐街车的权利。但南北战争爆发后，纽约州拒绝组建黑人军团，黑人只能被迫到其他州服役。而战争结束后，纽约街车却又重新推行起种族隔离制度。

纽约的种族矛盾还被一个由黑人和白人废奴运动支持者组成的激进团体加剧。长岛、布鲁克林和曼哈顿都位于当时的"地下逃亡线"① 上。自1850年出台《逃亡奴隶法》② 后，纽约的"警戒委员会"③ 就经常救助那些有可能被重新遣送回南方的黑人。改编自哈丽雅特·比彻·斯托④（Harriet Beecher Stowe）的作品《汤姆叔叔的小屋》（*Uncle Tom's Cabin*）的剧目在1852—1854年上演时造成了万人空巷的盛况。当演出地点被移至一个种族隔离剧院后，还爆发了一场骚乱。斯托的兄弟——亨利·沃德·比彻（Henry Ward Beecher）牧师为废除奴隶制度奔走呼吁，他在布鲁克林街头模拟贩卖黑奴女孩的情景，从而吸引了整个城市的关注。所有这些因素都令征兵骚乱的种族意味更加突出。

骚乱者除了在骚乱第一天比较团结外，其他时间都各自为战。因为骚乱者拥有各自不同的利益诉求，将大家结合在一起的只是对《征兵法案》的共同反对。因此，骚乱第一天过后，骚乱者就

---

① "地下逃亡线"指19世纪美国黑人奴隶的一条隐秘而安全的逃亡线路。当时，南方的黑奴纷纷逃往北部的废奴州和加拿大，于是一些支持废奴运动的人士就沿途接济。到1850年为止，据说有10万名黑奴通过这条线路安全逃到了北方。

② 该法案规定，逃亡的奴隶被发现后应当被遣送回原来的主人处。该法案被认为是缓和南北冲突的一个妥协方案。

③ 美国19世纪一种普遍的公民自发组织。即当人们认为政府失职或法律失效时，自发组织的一种维护秩序的组织。

④ 哈丽雅特·比彻·斯托：美国著名废奴主义者和作家。她于1852年出版了著名的《汤姆叔叔的小屋》。

第三章 骄傲之都

开始分化。

骚乱者人数多、活动范围广，为控制骚乱增添了难度。骚乱波及从巴特里到韦斯特切斯特的广大区域。警察从位于马尔伯里和布里克街的总部出发，结果组织队伍就花费了颇久时间，这给示威者腾出了一天时间。在这一天中，骚乱者在城市各处肆意破坏。由于骚乱者切断了电报线、损毁了铁轨，通信和交通全部瘫痪。结果，警察永远只能跟在骚乱者屁股后面疲于奔命，从一个骚乱点步行赶到另一个骚乱点。

警察队长乔治·沃林（George Walling）指挥镇压一场周二发生在第五大道和第45街交界处的骚乱。与警察对峙的是2 000名"咆哮叫喊的男女"。沃林下令开枪"射杀任何手持棍棒的男人"。第二天，他的部队打了一场"路障战"。在义务消防员的帮助下，警察们从一处路障移动到另一处路障，边移动边驱散骚乱者，如有必要，还得开枪威慑。警察当时的行动原则就是"绝不带走任何人，骚乱者在哪里倒下就把他留在哪里"。

虽然使用了这种战略，但警察依然需要外援。但所有的地方军队都在葛底斯堡①参战，直到周三晚上才抽身回来平息骚乱。在军队回防后，情况开始逆转，军队在周四晚上终于控制了局面。骚乱于是结束，但它的后果是城市被摧毁。一位日记作家悲伤地写道："这就是称它自己为文明中心的一座美好城市。"

在整个骚乱中，纽约缺乏领导控制力的问题暴露无遗。亲共和党报纸抨击民主党州长霍雷肖·西摩（Horatio Seymour）公开

---

① 葛底斯堡战役是美国南北战争期间最血腥的战役之一，也被视为战争的转折点。

宣称征兵非法从而撺掇暴力活动。共和党还批评西摩在纽约冲突正酣时在新泽西无所事事，还居然称骚乱者为"我的朋友们"。但是，共和党市长乔治·奥普戴克做得也好不到哪里去，在骚乱爆发前两天，他袖手旁观，其后在骚乱依然蔓延时却宣布骚乱已结束。

后果

征兵骚乱带来了一系列直接后果。共和党人说服了林肯总统将纽约州的征兵名额削减了一半，这极大地限制了《征兵法案》的效果。亨利·雷蒙德和其他名流组建了一个私人慈善机构，帮助警察和消防员家庭。以坦慕尼协会威廉·M. 特威德（William M. Tweed）为首的民主党人设立了一个紧急基金会，为消防员、警察和作为家里唯一收入来源的穷人男性支付每人 300 美元的免除兵役金。虽然花费了大笔金钱帮助白人，这个基金会却没有为在骚乱中受害的黑人提供任何帮助。事实上，黑人成群逃离纽约市，那些留下来的人则发现自己很难找到工作，在整个夏天还要持续被黑帮骚扰。

但同时，也有一些白人试图为黑人提供帮助。联盟俱乐部于 1863 年 2 月成立，作为一个极具声望的组织，其成员包括支持共和党的主战派保守商人、律师和生意人。

俱乐部旗下的有色人种苦难救济商人委员会，为 2 500 名申请者提供了衣物和食品。他们还组织了一个由 1 000 名黑人组成的步兵团，该团于 1864 年在联合广场授勋。俱乐部成员的妻子们也高调地参与各种活动，这令憎恨黑人参军、黑人救济，以及黑人

第三章 骄傲之都

接触白人女性的人大为愤怒。表面上，一切风平浪静，但很多旧有的矛盾却暗流汹涌。

征兵骚乱是美国历史上最暴力的骚乱。骚乱本身已然极其恐怖，而当骚乱蔓延到波士顿、特洛伊、杰梅卡、泽西城和斯塔滕岛后，就愈发凶险。布鲁克林、哈莱姆、约克维尔和韦斯特切斯特也爆发了冲突。媒体每天都惴惴不安地安抚民众，称奥尔巴尼、水牛城、哈特福德、纽瓦克、费城、斯普林菲尔德和朴茨茅斯还没有发生骚乱。

林肯总统和战争部长埃德温·斯坦顿（Edwin Stanton）担心，骚乱可能会强化纽约从联邦独立的决心。而这种分裂正是南方梦寐以求的。事实上，华盛顿关于"镇压了叛乱的人又会挑起叛乱"的谣言甚嚣尘上。更糟的是，《奥尔巴尼晚报》（*Albany Evening Journal*）写道：海外敌人可能将暴力视为"证明自由制度失败的新佐证"。

《纽约商业广告商》从征兵骚乱及其暗含的种族问题中得出了另一个结论。该报认为，北方劳动市场上针对黑人的偏见令黑人处于一种永恒的经济压迫下，这与南方推行的奴隶制其实并无二致。更进一步说，焚烧有色人种孤儿院这种"恶魔般的罪行"是奴隶制的残忍回响。无论南北，似乎都决意"不能允许可恶的'黑鬼'作为一个自由人在街上漫步"。纽约征兵骚乱则揭示出这个国家信念的断层。

不过，在铺天盖地的批评声中，《纽约时报》坚称，这场骚乱不能代表整个城市，只是展示出这个城市中"最邪恶的因子"。对其他人来说，这恰恰是问题所在。《费城北美人报》（*Philadel-*

phia North American）认为，纽约本身就是邪恶的化身，它由人性中"邪恶肮脏"的部分组成。的确，征兵骚乱不能单纯归咎于当时的国家政策，而"纽约似乎已经不再是一个美国城市，无论在哪个方面都无法代表尊崇秩序、勤勉和有礼的美国人民"。骚乱造成的破坏是如此巨大，以至于纽约理应被视为联邦中的异类。

不过，纽约所有的痛苦对这个国家来说又是重要的，因此具有更深层的意义。19世纪中叶的冲突不仅揭示了哈德逊河边的矛盾和困境，还震荡延展至其他地方。本土居民和移民之间、新教徒和天主教徒之间、乡村和城市之间、共和党和民主党之间、白人和黑人之间、富人和穷人之间、工人和雇主之间、警察和市民之间的分裂凸显出国家发展的潮流，也预示了这个国家未来将要面对的挑战。

对沃尔特·惠特曼来说，冲突是"一场可怕的愤怒"。1865年，惠特曼在内战中失去了一个兄弟，他自己则前往前线帮助照顾伤兵，他悲叹道："战争，红色的战争，是回荡在你家街道的我的歌声，哦城市！"但是，几年后，惠特曼以自豪替代了他的"怀疑与忧郁"。令他感到自豪的是"这片土地既能滋生冲突，也能平息它"。正如纽约一样，美国也极具韧性。事实上，惠特曼将城市活力视为这个国家最完美的典范。他深知被动与自满可能滋生停滞，也明白"狂暴、愤怒和争论"会带来革新。正如他所说："万岁，进攻——恒久不断的进攻！万岁，不受欢迎的事业——无畏憧憬的精神——却是永不放弃的努力。"正是在他充满冲突的城市，孕育着民主的真正希望。

第四章

帝国之城

1865—1899

大事年表

1865—1871 年	特威德时代
1871 年	奥兰治冲突
19 世纪 70 年代至 90 年代	积极的改革者约瑟芬·肖·洛厄尔
1874 年和 1877 年	汤普金斯广场骚乱
1883 年	布鲁克林大桥竣工
1886 年	自由女神像揭幕
1887—1888 年	艾布拉姆·休伊特任纽约市长
1890 年	雅各布·里斯出版《另一半人怎样生活：纽约租屋研究》
1892 年	埃利斯岛开放
1898 年	五大区合并为大纽约
1899 年	报童罢工

第四章　帝国之城

伙计，我希望你可以在这个世界出人头地。要知道，在这个自由的国度，年轻时的贫困不会掣肘一个男人的飞黄腾达。留着你的钱吧，伙计，用它来买买书，然后下定决心成为一个大人物，说不定将来你可以得到一份体面的工作哩。

——小霍雷肖·阿尔杰（Horatio Alger）：《衣衫褴褛的迪克》（Ragged Dick）

这是小霍雷肖·阿尔杰给一个街头顽童的忠告，他将白手起家、创业致富的神话奉为美国的信条。很多人对阿尔杰的小说不屑一顾，认为其简单而愚蠢，但也有很多人认为《衣衫褴褛的迪克》是19世纪最有影响力的美国小说。令人奇怪的是，阿尔杰对美国前工业化时期成功模式的简单理想化描写,居然在无情而复杂的19世纪后期工业化年代广受欢迎。然而,阿尔杰的意义正在于他展现出来的这种反差。《衣衫褴褛的迪克》安慰了读者,告诉他们:在一个日益冷漠无情、道德沦丧的世界,个人努力依然重要,古老美好的价值观也依然并非无关紧要。阿尔杰用他的小说减轻了历史学家塞缪尔·海斯(Samuel P. Hays)所称的"变革的震动"带来的冲击。

阿尔杰的小说背景大多设置在纽约,这真是再合适不过了,在这个19世纪末美国的现代化中心,聚集了无数强盗大亨、城市巨贾、劳工领袖和社会改革家。这里既是奢靡与盘剥的地狱,也是颠覆传统、充满机遇的天堂。《衣衫褴褛的迪克》是美国第一部既描绘了纽约充满吸引力和机遇,又展示了其痛苦和罪恶的小说。在这里,节俭、勤劳、诚实、幸运的穷人也有飞黄腾达的机会。这个城市的精英拥有社会良知,贫富之间的鸿沟可以跨越,而社会冲突也能够通过协商化解。

就像约瑟夫·普利策[①](Joseph Pulitzer)和威廉·兰道夫·赫斯特[②](William Randolph Hearst)创办的物美价廉、吸引眼球的大众报纸一样,阿尔杰情节动人但文学价值欠佳的小说,揭开了这个日益复杂、疏离的大都会蒙着的神秘面纱。他引导着读者

---

① 约瑟夫·普利策:匈牙利裔美国人,美国著名的报刊编辑、出版者,《纽约世界报》(*The World*)的创办人,美国大众报刊的标志性人物,也是哥伦比亚大学新闻学院的创始人。1917年,人们根据他的遗愿设立了著名的普利策奖。

② 威廉·兰道夫·赫斯特:美国著名的报纸发行人,他的《纽约新闻报》(*New York Journal*)和普利策的《纽约世界报》展开了激烈竞争。

第四章 帝国之城

穿过城市的街道和陷阱,证明竞争并非粗暴残酷,个人依然可以体面地活着。他笔下的人物迪克强化了那个时代的乐观主义精神,以及自由资本主义优越性的信念。因此,迪克为美国性格提供了一种新的典范——他是一个都市英雄,出身卑微却照样飞黄腾达,正如他说的那样:"我并不是徒劳无功地游荡在街头巷尾。"

作家斯蒂芬·克莱恩(Stephen Crane)却对街头顽童和都市环境有着截然不同的观点。在1893年出版的《街头女郎玛吉》(*Maggie: A Girl of the Streets*)中,女主人公玛吉的遭遇极其不幸,但她同时又无力抗拒都市无尽的诱惑。玛吉哥哥尖锐地质问:"你所付出的一切到底有什么用?"这捕捉到了社会达尔文主义悲观、宿命论的一面。而克莱恩对此给出的答案就是:如果她的父母能稍微清醒一点,如果社会能给她多一点帮助,玛吉本可以健康成长。但这个曾短暂"盛开在污泥中"的甜美女孩却被无情地抛入了绝望和死亡的深渊。她曾看过一出戏剧,在剧中"拥有美德的穷人最终战胜了邪恶的富人",但在截然相反的现实面前,这出戏剧显得如此荒谬。通过展示社会达尔文主义的狂暴面带来的悲剧,克莱恩拷问着社会的发展诉求。

19世纪晚期,纽约似乎同时拥有着工业化最好与最坏的两极。作为美国最大、最壮丽的都会,纽约为自己赢得了"帝国之城"的美誉。这里是金融、贸易和工业中心,是富人的朝圣地,是吸引移民的磁石,是世界的市场,也是政治腐败的泥沼。《纽约商业广告商》称,"帝国之城"事实上是"世界城市",是这个国家的"大熔炉,在这里所有不和谐的元素都被冶炼锻铸"。而纽约需要应对的挑战,就是如何令所有这些不和谐的元素和谐共生。

一位历史学家提醒我们,这个时期是美国历史上的"分水岭"。

与以往任何时候相比,纽约都更加明显地成为权势、繁荣、庇护、掠夺和抗争的中心。臭名昭著的特威德党、1871 年骚乱、无可比拟的财富、"发现贫困"运动、劳工冲突,以及火药味十足的 1886 年市长竞选,都震动了整个国度。随着商人、劳工组织、政客和改革家试图为历史学家罗伯特·维贝(Robert Wiebe)形容的痛苦"扩张中的城市"带来秩序,旧有的冲突发展出新的维度。据受人尊敬的实业家、慈善家、国会众议员和市长艾布拉姆·休伊特①(Abram Hewitt)所说,纽约"作为世界上最伟大城市,其命运乃由国家议题所决定"。而问题的关键在于,它的野心既可能实现,也可能被"城市居民的愚蠢和怠慢"所阻碍。

虽然休伊特对于未来充满信心,但作家亨利·乔治却疑虑重重。作为休伊特在 1886 年市长竞选中的主要竞争对手,乔治是一位拥有国际知名度的改革家。他于 1879 年出版的《进步与贫穷》(*Progress and Poverty*)一书截至 1906 年已经拥有超过 600 万读者。在书中,乔治提出了这个时代最根本的谜题——日益加快的物质进步与"最严重的贫穷、最痛苦的生存挣扎,以及最普遍的被动失业"同时存在。仿佛是对阿尔杰的回应,乔治预言:除非能够得到解决,否则这些困扰纽约的问题将蔓延至全国,令"她的街道充斥着衣衫褴褛、赤脚的儿童"。乔治警告说:"这种进步不是真实的,也不会持久。反抗必将出现。"

19 世纪末的纽约为关于进步的争论提供了一个最佳论坛。正

---

① 艾布拉姆·休伊特:美国实业家、律师和政治家,纽约市长。

第四章 帝国之城

如马克·吐温（Mark Twain）在他 1873 年出版的《镀金时代》（*The Gilded Age*）中所说的，纽约代表了一个时代，在这个时代贪婪是通行的法币，所有闪光的并非都是金子。这个时代的社会契约由社会达尔文主义信条谱写：物质至上、适者生存、进步必然，以及改革无用。但同时，这也是一个让大部分人（不单单指纽约人）重新审视自身价值观的时代。

为此，吐温写下了一部短篇小说：一个勤劳的穷苦男孩遵循着阿尔杰的成功模式，到头来却发现富人并非如阿尔杰描绘的那样善良仁慈，他们无一不是刻薄吝啬的。"这就是我接触到的人生"，吐温如此挖苦道。他对于阿尔杰的戏仿挑战了当时盛行的观念，即富人们拥有一切是天道酬勤，他们是优越一族；而穷人们则是自作自受，是低贱一族。正如克莱恩和乔治一样，吐温也质问了神话与现实之间的关系。

但是，很多现实例子正是催生这种神话的温床。与自身强大的帝国实力相匹配，纽约在这个时期的成就无与伦比。强盗大亨刺激了城市的经济发展，这些人多以非常规、令人讨厌的手段发迹，其中包括创建了标准石油（日后更名为美孚石油）的约翰·洛克菲勒、纽约中央铁路公司的科尼利厄斯·范德比尔特、钢铁托拉斯安德鲁·卡内基、经纪商行的杰伊·古尔德（Jay Gould）和银行大亨 J.P. 摩根。这些人控制了大量财富，而他们位于华尔街的公司令其成为财富和权力的象征。历史学家托马斯·克斯纳（Thomas Kessner）说，激进的商人们永远是"纽约的英雄"。在镀金时代，他们令纽约成为美国经济帝国王冠上的宝石，成为全国乃至全球商业王国的神经中枢。

洛克菲勒正是那个时代强盗大亨的最典型代表：一个来自纽约西部的农场男孩，依靠节俭、精明和努力飞黄腾达，并最终富可敌国。他是那个时代白手起家神话的化身，只是他没有迪克那种乐天讨喜的性格。虽然晚年成了一个慷慨的慈善家，但洛克菲勒严苛自律的性格、残酷无情的商业手腕，以及他那张"好像鲨鱼一样薄成一条缝的嘴巴"无不令人相信，他就是镀金时代的"终极恶棍"。不过，也有很多人将他视为一个才华横溢的先行者、美国经济现代化的推动者。

在控制了全美90％的炼油生意后，1882年洛克菲勒将标准石油公司从克利夫兰迁至纽约，为的就是离国际市场更近一些。美国第一家托拉斯的总部就设在邻近华尔街的百老汇26号。洛克菲勒的传记作者写道："这里很快就成了商业世界中最著名的地方。"从这里开始，洛克菲勒将他的垄断帝国从炼油行业扩展到定价、运输和分配领域。他创造的不仅是美国国内的、更是全球性的商业帝国。他认为，清除竞争对手是"一种自然和绝对正常的"过程，只有通过这个过程才能提高效率，才能选择出最适合生存的企业。他还宣称，对于那些失败的企业，"等待它们的只有死亡"。

洛克菲勒所秉承的你死我活的竞争方式，以及系统化的并购，是社会达尔文主义的典范。这种方式很快在钢铁、铅、糖、盐、烟草和威士忌等领域催生出大量托拉斯企业。一波并购浪潮席卷了美国经济的各个领域，并波及海外。洛克菲勒明白这种发展的重要性。他说，并购"革新了全世界的商业模式"。结果，资本主义模式被永久地改变了，因为"并购时代即将占领并统治世界。个人主义已经永远地被抛弃了"。

第四章 帝国之城

但并购是一把双刃剑。一方面,托拉斯(以标准石油为代表)加剧了人们的担忧情绪,州政府和联邦政府开始重新制订商业规范。记者亨利·德马雷斯特·劳埃德①(Henry Demarest Lloyd)在1894年出版的《财富与国民的对立》(*Wealth against Commonwealth*)一书中指出,财富与国民之间存在着一场战争,政府在经济中的角色正在被重新定义。历史学家约翰·加拉蒂(John Garraty)说,调查委员会收集数据、建立标准、推动立法,这代表了公共利益与私人利益之间关系的"划时代历史转变"。

另一方面,由于最初监管不力,托拉斯企业大量产生。纽约对于这些新兴的以公司为基础的经济体的重要性日益凸显。到1892年,全国几乎三分之一的百万富翁都居住在纽约。到了1900年,纽约拥有全国三分之二的大型企业。不像有些城市盛极而衰,纽约的灵活性令它不断加强其在美国经济中的主导地位。正如克斯纳指出的,芝加哥或许可以统领美国中西部,纽约却是"其他所有地区围绕的中心、美国商业的伟大组织者"。

为了跟上并服务于经济发展,纽约开始对城市自身进行大规模整饬。煤气、电力、电话开始被使用,铁路、大楼和豪宅开始在城市中涌现。仿佛作为对诗人威廉·卡伦·布莱恩特"一个城市可以被规划吗"疑问的回答,富人们用他们自身的形象塑造了纽约。布鲁克林大桥就是一个完美的例证。这座大桥花费了16年时间才建造完成,整个过程中有20名工人因此丧命。当大桥于

---

① 亨利·德马雷斯特·劳埃德:美国著名的政治活动家,"扒粪新闻"(指深入调查政治经济丑闻的新闻报道)的奠基者,尤以揭露标准石油公司垄断黑幕的报道闻名。

1883年开通时，它立刻成为城市符号。作为美国最长的吊桥，它融合了当时最先进的技术，展现了纽约创新、涌动的活力。休伊特说，布鲁克林大桥的壮丽不仅体现了这座城市在这个国家和这个世界中的重要性，也代表了资本与劳动在追求进步过程中拥有的"和谐"潜质。

这个时期的另一个城市符号是自由女神像。1886年一竣工，自由女神像就取代了自由之钟①，成为美国自由的新象征，同时也成了国际象征。诗人爱玛·拉萨鲁斯（Emma Lazarus）是一位葡萄牙犹太制糖工人的女儿，她在题为《新巨人》（*The New Colossus*）的诗中敦促欧洲：

> 把你，
> 那劳瘵贫贱的流民
> 那向往自由呼吸，又被无情抛弃
> 那拥挤于彼岸悲惨哀吟
> 那骤雨暴风中翻覆的惊魂
> 全都给我！
> 我高举灯盏伫立金色之门！

然而，不同于"老一代"的西欧和北欧移民，19世纪末、20世纪初的"新一代"移民大多来自东欧和南欧。在穿越1892年开

---

① 美国费城的一口破钟，在第一次被敲响时居然就破了，但这口钟是美国精神的象征：为第一次宣读《独立宣言》而鸣响，为美国宪法通过而鸣响，为召集市民讨论英国颁布的《糖税法》和《印花税法案》而鸣响，为华盛顿的逝世而鸣响。

第四章　帝国之城

启的埃利斯岛①后，很多意大利裔和犹太裔移民在下东区定居。虽然这些人被毫不留情地贬称为欧洲的"可怜的被抛弃之人"，但他们唤醒了社会良知，成为社会运动分子，刺激了社会改良。正是他们改变了这个城市的社会组织。

而腐败横生的"城市头领主义"是19世纪末纽约城市政治最广为人知的属性。《底特律邮报》（*Detroit Post*）在1871年刊载文章称，在纽约发生的一切从来都不是无关紧要的。"作为这个国家拥有最多财富和影响力的重要都会，纽约承担的责任正在成比例地增长。"不幸的是，特威德党令纽约成为城市不负责任的代表，也给纽约带来了"世界上治理最差城市"的广泛抨击。在镀金时代，纽约是一个政府治理的反面典型。

1898年，五大区合并组建了大纽约，令其成为美国最大的城市，在世界上也仅次于英国伦敦。纽约人口从200万暴涨到340万，将其竞争对手芝加哥远远甩在身后。然而，大区合并也意味着更多的赋税、更多的移民、更多的犯罪和更多的腐败，因此市民们在布鲁克林区和皇后区为原来的纽约举行了一场"葬礼"。相反，曼哈顿区市民却用一场盛大的烟花和游行表演庆祝大纽约的成立，并将这比作伊利运河开通和布鲁克林大桥建成一样的历史标志性事件。作为时代经济发展的标志，《纽约论坛报》骄傲地宣称："这家'新公司'（大纽约）欢迎来自世界的生意，而整个世界注视的焦点也将转向这里"。

---

① 一座人工岛，位于上纽约湾。面积约11公顷。埃利斯岛曾是纽约州的堡垒和火药库、美国主要的移民检查站。埃利斯岛被视为美国移民的象征，岛上建有移民历史博物馆。

纽约成了它自己的帝国。镀金时代看上去的确光辉灿烂，阿尔杰的乐观主义也似乎得到了印证。但依然有一些人不断追问繁荣与统治的负面效应。正如英格兰的达尔文主义科学家托马斯·赫胥黎（Thomas Huxley）在1877年访问美国后指出的："规模本身不等于宏伟，单单疆土也无法成就一个国家。最重要的是，你将如何运用这所有的一切？"

坦慕尼帝国

> 在市中心的街头擦鞋童中，有一个来自五点区的家伙——结实、红发、满脸雀斑的14岁男孩，名叫米基·马奎尔。这个男孩统领着一群忠实的"奴仆"。他带领着他们在街头从事各种流氓勾当。如果这个男孩再老上15岁，再加上一点点教育，他很可能对从政感兴趣，他将在街区集会上扮演主导角色，在选举日恫吓体面选民。
>
> ——小霍雷肖·阿尔杰：《衣衫褴褛的迪克》

小霍雷肖·阿尔杰明白，一种新的政治体制正在纽约崛起，坦慕尼协会就是这种新政体的代表。米基·马奎尔正是以城市头领为原型创作出来的人物，这些人通过为城市居民提供工作和服务，换取选票和回扣，并通过这种方式发达致富。纵观整个美国，城市政客们正在利用工业城市的需求和机会优势。虽然记者林肯·斯蒂芬斯（Lincoln Steffens）认为这种体制是"城市的耻辱"，但城

第四章 帝国之城

市头领主义实则是镀金时代扩张资本主义的反映。坦慕尼协会头目理查德·克罗克（Richard Croker）曾解释道："政治就是生意。"

没有人能比威廉·M. 特威德更能理解这个概念了。6 英尺高、300 磅重的特威德在纽约历史上绝对称得上一个举足轻重的人物。作家奥利弗·艾伦（Oliver Allen）称他为"掠夺成性的政治机器的终极化身"。直到今天，我们也无法确认特威德到底从纽约财政中窃取了 2 000 万美元还是 2 亿美元。但我们可以确定的是，在 1865—1871 年，他是纽约的主人——第一个成功将这个城市各种利益冲突统一纳入一套正常运行的（虽然也是腐败横行的）政治体系以进行管理的人。漫画家托马斯·纳斯特①（Thomas Nast）贴切地将特威德描绘为将纽约市玩弄于股掌中的人。

特威德出身于苏格兰裔的新教工人家庭。他年轻时组织过一个义务消防公司，公司的老虎标志后来成为坦慕尼协会的会标。他于 1848 年步入政坛。虽然一生从未担任过纽约市长，但他拥有数不清的通过选举或任命得来的头衔——市议员、国会众议员、州参议员、学校专员、监事会成员、公共工程部部长、副街道专员，等等。他控制了无数工作、合同、授权经营、执照的渠道，并逐渐掌握了民主党和坦慕尼协会的主导权。这种成就令他的竞争对手费尔南多·伍德相形见绌，也使特威德成为美国历史上第一个真正的城市政治头领。

特威德的成功，标志着政权从传统的由权贵政客主导的正式政党体系，向新兴的对中下阶层开放的草根体系转移。坦慕尼协

---

① 托马斯·纳斯特：德裔美籍漫画家，被称为"美国漫画之父"。

会在通过接触大众推进民主的同时，也在通过徇私舞弊破坏民主，他们通过在选举前指示熟识法官帮助移民入籍（有时甚至快到每分钟3个人）来换取选票。他们还让投票者用不同名字反复投票，并指使黑帮喝阻选民投别人的票。他们的最后撒手锏是拦截所有下城区的选票，等待上城区计票结果出来后，再通过篡改下城区的统计结果来赢得选举。特威德还不可一世地叫嚣："只要计票人是我，你们又能把我怎么样呢？"这一句反问实则体现了那个时代的关键问题。

到1868年，特威德不仅控制了纽约市，还控制了纽约州。他的亲信担任着州长、市长、市审计员和城市专员等重要职务，这批人被统称为"特威德党"。在州参议院工作时，特威德通过行贿推动亲纽约市的法案通过。1870年修订的城市宪章恢复了很多纽约市本来拥有而被州收回的权力，包括组建自己的警察部队。当然，城市自治也意味着特威德可以拥有更多受贿机会。其他受他影响而通过的法案还包括将布朗克斯归入大纽约，完成中央公园的修建，开通布鲁克林大桥，修建大都会艺术博物馆等。此外，特威德还为孤儿院、学校、公共浴室、医院、公共交通、消防设施、码头，以及百老汇扩建筹集了资金。虽然资金来路不正，但即便是特威德的政敌也不得不承认，他的确促进了纽约的发展。

特威德的大政府主义令商人从中受益，他们可以得到城市服务或市政建设的大笔合同。城市发展推高了房价，地产商和投机者也获益匪浅。经纪商吉姆·菲斯克（Jim Fisk）和杰伊·古尔德在与特威德党的交往中尝到了甜头，他们通过向议员行贿成功令奥尔巴尼通过了对自己有利的法案。而唯一不受特威德待见的就

第四章 帝国之城

是黑人和富裕的新教改革者。事实上，特威德利用种族议题来巩固白人工人阶层对他的支持。他利用不义之财来巩固自己权力的做法则激怒了改革者。

在权力巅峰时期，特威德帝国控制着至少12 000份工作机会。他成了纽约最大的地主，聚敛的财富之多以至于不得不专门成立一家银行来打理。用坦慕尼协会一位地区领袖的话讲："只要看到机会，他就会毫不犹豫地抓住它。"但是，这位"帝王"也太过招摇，佩戴着炫目的钻石领带夹，为女儿举办豪华婚礼，在第五大道和第43街拥有奢华公寓，在格林威治、康涅狄格州拥有昂贵的地产和乡村俱乐部。这一切激怒了体面的纽约人。

1869年，纳斯特发表了他的首批漫画，通过漫画形式批评特威德党掠夺公共财富。很快，《纽约时报》加入了抨击特威德的行列，但正如一位历史学家所说："虽然抨击的人很多，将抨击付诸行动的人却很少。"不过，特威德帝国貌似坚不可摧的城墙也开始出现裂缝。坦慕尼协会内部最终发生了分裂。

1871年的奥兰治冲突开始动摇特威德帝国的统治。冲突双方是爱尔兰新教徒对爱尔兰天主教徒，是本土人对移民，是中上层阶级对劳工阶级。冲突唤醒了19世纪四五十年代的骚乱梦魇，也令人们重温了1863年征兵骚乱的恐怖。奥兰治冲突显示，虽然特威德党大量分派工作，为学校提供资金，但这依然无法令他们控制的爱尔兰天主教工人阶层感到满意。特威德的纽约市开始失控。

由于爱尔兰新教徒和天主教徒的历史恩怨，纽约每年7月都会爆发冲突。纽约的爱尔兰新教徒每年都要庆祝信奉新教的威廉三世在1690年博因河战役中打败了信奉天主教的詹姆士二世。①1870年，这些人在位于第八大道和第92街交界处的埃尔姆公园举行了盛大的游行和野餐活动。人群沿着百老汇大街向北行进，唱着反天主教的歌曲。结果，在公园爆发了一场血战。街头暴动持续了两天，造成8人死亡，多人受伤。成千上万名天主教徒参加了葬礼游行。新教徒们指责天主教徒与特威德一样都是"恶棍"，在"特威德的领导下窃取了这座城市和纽约州的控制权"。

一年后，特威德四面受敌，他对7月可能发生的骚乱心有余悸。特威德的傀儡市长A.奥基·霍尔（A. Oakey Hall）一开始禁止了当年的庆祝游行活动，但当新教名流和另一个特威德傀儡——州长约翰·T.霍夫曼（John T. Hoffman）对他施压后，霍尔被迫取消了禁令。为此，1 500名警察负责安保工作，另有超过5 000名步兵和骑兵随时待命。整个城市做好了应对骚乱的准备。当部队在早上6点集合时，小规模冲突就开始了。下午2点半，100名奥兰治党②徒从第29街和第八大道出发游行，两边全是警察和民兵。爱尔兰天主教人群向游行者投掷石块、酒瓶、鞋子和食品。

负责平息骚乱的士兵中多为同情奥兰治党的新教徒，因此对天主教人群进行了反击。士兵们在近距离直接朝人群开枪，一家爱尔兰天主教报纸称其为"第八大道屠杀"。警察随意挥舞棍棒，

---

① 博因河战役是爱尔兰历史上最重要的战役之一。1690年7月1日，在爱尔兰基尔代尔郡的博因河畔，信奉新教的英国国王威廉三世率军击败了他的岳父——信奉天主教、企图复辟的詹姆士二世，奠定了新教徒在爱尔兰的政治主导地位。
② 奥兰治党，也称为橙带党，主要是指支持威廉三世的爱尔兰裔人群。因为威廉三世曾是荷兰执政，也被称为奥兰治亲王，该党因此得名。

第四章 帝国之城

骑兵冲向围观者。第25街留下了6具尸体，第26街16具，第27街6具。最后，总共有62名平民（主要是爱尔兰人）、两名警察和3名士兵在冲突中死亡，至少100人受伤。《纽约时报》形容冲突场面是"血的绘卷，伤的图景，痛的舞台"。一位历史学家说，这场骚乱如此野蛮，它永久地玷污了美国人心目中公共庆典的形象。

当时，对于这起骚乱的评价与骚乱本身一样充满对立情绪。对天主教徒来说，这并非骚乱而是"大屠杀"。而对本土出生的新教徒来说，这是"一群野蛮的外国移民"在展示"他们自治的无能"。全美国的报纸都谴责天主教骚乱者，维护宪法赋予的奥兰治党人游行的权利。《纽约时报》称这起冲突为"坦慕尼骚乱"，利用这起事件加紧了反对特威德的运动，指责民主党"令爱尔兰人受苦，就是为了篡夺这个城市的权力"。

坦慕尼协会的一名会计是特威德的反对者，他将特威德党的账簿抄录下来送到了《纽约时报》。1871年7月22日，这些账簿迅速成为各大报纸的头条，而这距离奥兰治骚乱仅过去了10天。几个月之内，特威德的灾难接踵而至，他做梦都想不到一个建筑项目会成为将他拉下马的最重要的证据。始建于1862年的法院大楼位于市政厅后面，这座建筑的工程费预计不超过25万美元。但到1871年，纽约市财政为修建这座依然没有完工的建筑已经花费了1 300万美元。从1866年开始，针对这一事件的质疑声就不绝于耳，但直到1871年账簿公布，事态才有了突破性进展。

证据显示，特威德党在工程中存在着严重贪污行为。英国观察家詹姆斯·布莱斯爵士（James Bryce）说："对城市财政的掠夺在纽约从来都不是什么新鲜事，却从未像这个事件一样牵连如此广泛。"所有工程都由特威德党指派的承包商经手，而得到合同的条件就是付给特威德党人65%的回扣。这样，承包商不得不"狮子大开口"——将工程报价抬得更高。结果，纽约市政府支付了150万美元买地毯、17.8万美元买了3张桌子和4把椅子、7 500美元买了11支温度计、4.1万美元买了几把扫帚。

纳斯特为此创作了一幅漫画，画中当被质问"到底是谁偷了民众的钱财"时，每个特威德党人都指责其他人才是罪魁祸首。特威德党采取了一贯的手段来应对危机。它先是打算收买《纽约时报》，然后提出将纳斯特遣返回欧洲；当这些都失败后，又威胁要把报社赶出其租用的办公楼。但是，这些都无法平息纽约人的愤怒。

9月4日，库珀广场举行了一场大型集会，城市名流会聚一堂讨论危机，并准备重新建立他们对于城市事务的主导权。他们称：迎接挑战吧，这不仅是每个公民的义务，也是纽约作为美国"帝国之城"，应为其他城市设立标杆的责任所在。在斯普林菲尔德和马萨诸塞州，反特威德集会被认为是"这个世纪最重大的政治事件"。在无数激愤的演讲后，人们成立了一个70人委员会，展开调查，追究特威德的法律责任，并重振城市财政，将纽约从坦慕尼协会的手中拯救出来。面对特威德的不可一世，人们宣称"这就是我们要做的事情"。

反对特威德的众多社会名流中还包括艾布拉姆·休伊特和塞缪尔·J. 蒂尔登（Samuel J. Tilden）。蒂尔登是一位著名的律师，也是纽约州民主党领袖。他曾经对特威德的恶行睁一只眼闭一只眼，但现在他准备转变立场。为了拯救民主党，同时也是为自己参加1874年州长选举和1876年总统选举造势，蒂尔登领导了针对特威德的法律和政治战役。蒂尔登的法律合伙人以及五大区合并为大纽约的设计师安德鲁·哈斯韦尔·格林①（Andrew Haswell Green）被任命为纽约市代理审计长。由于取得了大量会计账目，格林掌握了足以扳倒特威德的证据。

虽然麾下所有亲信都设法逃脱了法律制裁，但特威德本人却面临官司。他曾逃往新泽西州，后来又逃到西班牙。但那里的人们通过比对纳斯特的漫画认出了他，随即特威德被遣送回美国收监。他提出想通过一份完整的自白书来换取早日释放。不过，他的自白书显然写得过于详细了，以至于牵连出了众多名流，其中就包括蒂尔登。1878年，55岁的特威德死在了拉德洛监狱，身后留下了无尽骂名。

在争夺纽约控制权的斗争中，改革派成功推翻了特威德，但是坦慕尼协会也从中吸取了教训，并以此为鉴成功触底反弹。"老实人"约翰·凯利（John Kelly）是在1872—1886年控制坦慕尼协会的6位爱尔兰裔领袖之一。他通过高效的组织实现了协会内部的中央集权，令坦慕尼协会重新赢得了人们的尊敬，甚至赢得了蒂尔登和休伊特的支持。凯利摒弃了赤裸裸的贪污行为，但仍任人唯亲，这种做法被称为"诚实的贪污"。结果，坦慕尼协会对纽约的统治持续到了1933年，并直到1961年一直作为一个有影响力的团体活跃在纽约政坛。从这个意义上说，历史证明了特威德的成功。正如《纽约时报》预测的那样，"特威德主义将远比特威德存活得更长久"。

---

① 安德鲁·哈斯韦尔·格林：纽约著名律师和改革家，大纽约的设计者。

特威德迫使美国人不得不承认他们已经了解了的事实——镀金时代的政治头领们无不腐败、贪婪，令民主堕落。费城、密尔沃基、芝加哥和伦敦的报纸总结道："揭露帝国之城政客恶棍的真面目"是如此必要，否则城市头领主义的"毒液"将污染所有城市。在布莱斯看来，纽约已经建立起了一个"掠夺和恶政""格外臭名昭彰"的典范。特威德帝国如此恶名远扬，以至于它令美国惭愧地意识到建立廉洁政府必须成为这个国家的头等大事。同时，坦慕尼协会也永远地改变了城市政治，因为它确保了民众的呼声必须被听取。总体来说，坦慕尼协会的政治遗产既促进了民主，也削弱了民主。

发现贫穷

> "我不明白，为什么有钱人对待一个只想维持生计的可怜男孩要如此刻薄。如果每个人都像你和你叔叔一样，"迪克说，"那穷人就有机会出人头地了。如果我是有钱人，我会尽力帮穷人们一把的。"
>
> ——小霍雷肖·阿尔杰：《衣衫褴褛的迪克》

客观来说，镀金时代的纽约人也并非都是贪婪、漠视贫民疾苦之辈。事实上，也有很多人就像小说中关怀迪克的人一样，在关心着纽约的"社会问题"。虽然这些人表达善意的动机非常复杂：有些人在帮助穷人时总是摆出一副居高临下的姿态，他们认为穷人天生

第四章　帝国之城

下贱，需要改造和被控制；但也有些人的确是出于真诚的社会良知而关怀穷人。这两种人都担心，苦难会滋生社会不安和混乱。儿童援助协会的创始人查尔斯·洛林·布雷斯①（Charles Loring Brace）在他 1872 年出版的《纽约的危险阶级》（*The Dangerous Classes of New York*）一书中充分意识到了这一点。受贫民窟和罢工运动的震动，一小群富有且有影响力的纽约人"试图拉穷人一把"，他们认为这种社会公益行为也符合他们的自身利益。

坐落在第五大道北面的恢宏公寓、第 39 街和百老汇的大都会歌剧院，以及第 60 街和第五大道交界处的大都会俱乐部，都见证了新财富的来临。这些景观与肮脏的贫民窟形成了强烈反差。在纽约，极端富有与极端贫困令人不安地并存着。这两种极端并存既是那个时代乐观主义的渊薮，也为冲突埋下伏笔，并令人们开始质疑何为贫穷根源的旧有观念。通过重申社会契约的理念，社会改良运动提供了几层"城市过滤网"，用克斯纳的话说，这些过滤网减轻了镀金时代恶行的后果。

记者雅各布·里斯②（Jacob Riis）在关于 19 世纪末城市问题的争论中扮演了一个关键角色。他的影响力波及了纽约以外的地方，削弱了社会达尔文主义，甚至改变了美国关于贫穷的定义。正如里斯所说："良知在当今时代已经不是一个地域问题了。"摄影师安塞尔·亚当斯③（Ansel Adams）在评估里斯作品时认为，

---

① 查尔斯·洛林·布雷斯：美国著名的慈善家和社会改革家，被称为美国儿童关怀运动之父。
② 雅各布·里斯：丹麦裔美国社会改革家，著名的记者和摄影师。
③ 安塞尔·亚当斯：美国泰斗级的摄影大师。

里斯的照片展现出了"张力与隐秘",他创造了一种具有广泛影响力的"人道主义摄影"风格。通过将纽约的自由传统刻印在美国人的良知上,里斯唤醒了很多人一起关注贫穷这个令人不安的社会问题。

里斯在1870年21岁时从丹麦移民至美国,在这里的头7年,他一直从事着报酬极低、毫无地位的低等工作,但就连这种工作也是朝不保夕,随时都会面临失业和无家可归的窘况。他在纽约、水牛城、费城、匹兹堡和芝加哥各地闯荡,但接连失败。直到像迪克一样,一个慷慨的好心人给了里斯一份在报社打工的机会。在这里,里斯找到了人生的方向。他成了《纽约论坛报》负责警务方面报道的记者,这个工作需要他每天探访五点区。那里的痛苦景象深深震撼了他,里斯决定为中产阶级读者描绘出这里的一切。

为了令图像更生动,里斯开始使用磁粉制造闪光,这种闪光可以帮助照相机照亮贫民窟最阴暗的角落。在巡回演讲中,里斯向纽约、布鲁克林、水牛城和其他东部城市的教会组织展示了他的照片。他用照片呼吁人们用基督教精神来唤醒同情心,去帮助穷人。虽然当时摄影技术刚诞生不久,但里斯的照片格外具有震撼力。照片朴实、打动人心的质感唤起了人们对城市贫穷的广泛反思。

1890年,里斯出版了极具开创性的《另一半人怎样生活:纽约租屋研究》(*How the Other Half Lives: Studies among the Tenements of New York*)。这本书在全国范围内引发了一场"发现贫穷"运动。从加利福尼亚州到马萨诸塞州,这本书打开了人们的眼界,冲击了他们的心灵。《芝加哥时报》认为这本书"极具令人震撼的吸引力"。书中的数据、图片以及对于社会现状充满同

第四章 帝国之城

情心的描述，将摄影、社会学和批判现实主义这些新领域结合在一起。里斯的镜头捕捉到了各种影像：在出租屋里卷雪茄的一家人，在血汗工厂挥汗如雨的劳工，在阁楼缝制衣物的饥肠辘辘的妇女，蜷缩在街道栅栏边抱团取暖的孤儿。这本书影响了斯蒂芬·克莱恩的写作，也塑造了西奥多·罗斯福（Theodore Roosevelt）的政治改革理想。诗人詹姆斯·拉塞尔·洛厄尔（James Russell Lowell）也被这本书深深触动，而他的话也常常被里斯引用："你觉得这个庇护富人、压垮穷人的建筑能够长存吗？"

这本书之于反抗贫穷的意义恰如哈丽雅特·比彻·斯托的《汤姆叔叔的小屋》之于奴隶制度。它揭露了不平等，令苦难充满人性，阐明了道德困境，激发了社会负罪感，唤醒了公众良知，促进了社会改良。里斯引领读者穿行在拥挤的街道、肮脏的陋巷、闷热的公寓、恶臭的地窖、罪恶的贼窝。他向读者引见的不仅有流浪汉、妓女、典当商、窃贼、酒鬼、毒瘾者、赌徒，也有正派的男女，这些人在"令人震惊的困境中"为了生存而英勇奋战。

最重要的是，里斯在书中还探讨了贫民窟儿童的境况。他认为儿童是"城市贫困问题的关键所在"。对他来说，遍布纽约的"迪克"和"玛吉"们是城市的耻辱，也给城市发出了警告。他们惨淡的人生被工作、饥饿、暴力、肮脏和疾病所充斥，而他们纯真的心灵会为看到一朵鲜花绽放而欢愉。通过这本书，人们明白了，成千上万个睡在街道、以啤酒充饥、被犯罪和卖淫侵蚀、衣衫褴褛的孩子不再是小说中虚构的人物。缺乏阳光、空气、空间和良好的卫生条件令纽约的穷孩子们注定逃不脱堕落与绝望的深渊。他们是社会的一枚枚定时炸弹。他们被一个富裕的城市制造出来，但这个城市却无视他们对学校、公园、游乐场和住房的需求。里斯主张儿童应拥有"玩耍的权力"，他还借用了特威德的话来质问纽约："你对此打算怎么办？"

对于这个问题，纽约并无确定的答案。社会达尔文主义的盛行理念认为穷人的苦难都是自作自受。而对新移民的蔑视又重新唤起了本土主义的魔影。政府的对策是加强警力，并对罪恶宣战。但1892年，社会改革家查尔斯·帕克赫斯特（Charles Parkhurst）牧师深入贫民窟揭露了犯罪和警察腐败。他总结道，纽约是一个"没有盖子的地狱"，不过他的努力没有带来任何实质性的改变。两年后，莱克索委员会①发布了一份报告，严厉谴责警察收取保护费和粗暴执法的问题。所有这些恶行很快成为全国新闻，并强化了在镀金时代纽约的负面形象。

帕克赫斯特的调查和莱克索报告激发了纽约改良派再一次团结起来推翻坦慕尼协会的信心，这些改良派一度掌握了城市控制权。他们成立了一个新的70人委员会，选举了改良派的威廉·L.斯特朗（William L. Strong）于1894—1896年担任市长。斯特朗推进科学运动，抗击疾病，修建公共浴室，并设立了纽约首个高效的街道清洁和排污系统。专员西奥多·罗斯福在警察部门推行了一些改革，并邀请了记者雅各布·里斯和林肯·斯蒂芬斯作为见证者。这令罗斯福成为当时的新闻人物。休伊特和里斯还领导了在贫民窟修建公园的运动，这为里斯赢得了"小公园运动之父"

---

① 1894—1895年纽约州参议员成立的一个调查委员会，主要负责调查警察腐败情况。

第四章 帝国之城

的美誉。里斯还推动了清扫贫民窟和租屋改革运动。

改良派和坦慕尼协会的斗争还进一步延伸到儿童和公共教育领域。改良派希望取消社区对学校的控制，因为这些学校为坦慕尼协会提供了大量政治资助。他们希望改革后的学校可以培养拥有公民理念的学生，这些学生日后可以成为反对坦慕尼协会的生力军。学校还应为学生提供可以帮助他们在一个新兴工业化时代谋生的课程。本质上，学校应该成为融合的媒介，或者如剧作家伊斯雷尔·赞格威尔（Israel Zangwill）所说的"熔炉"。改良派的潜台词是——用《纽约论坛报》的话说——帮助那些"因先天不足和后天环境恶劣造成的蒙昧的学生"。

将教育视为成功阶梯的新移民和教师们加入了反对坦慕尼协会的行列。19世纪90年代，针对学校改革的话题引发了激烈争论。各方举行了多次听证会，发表了各种研究报告，提出了多个法律草案。最终在1896年，改良派取得了主导权，纽约州按照一个集中体系将纽约市的学校进行了重组。1901年，纽约成为美国首个要求为所有12岁以下儿童提供教育的城市。"学校之战"与政治、文化和阶级议题交织在一起。

关于公共教育的另一个更为棘手的争议围绕着种族隔离展开。种族隔离政策自1864年以来在纽约州施行。虽然里斯自身也持有一些种族偏见，但他也承认"纽约的种族隔离"是罪恶的。在这种现实下，美国黑人深知，如果想要改变，他们必须为自己争取权益。于是，杰梅卡的黑人展开了一场持续5年的斗争，反对当地的一所学校将75名黑人儿童安排在一个单独教室、由一名教师单独教授课程。虽然有黑人律师帮助他们，但这些争取自身权利的黑人只是劳工阶层的普通人,因此他们中有的被投入监狱,有的被老板开除。但1900年,他们终于迎来了胜利。州长西奥多·罗斯福签署法律,废除了纽约州学校的种族隔离制度。

同时,很多中上阶层的纽约人也正在重新审视"城市问题"。里斯认为,困难不在于"无知的穷人",而在于"无知的富人"。约瑟芬·肖·洛厄尔(Josephine Shaw Lowell)就是这方面的一个典型例子。出生于一个颇具声望的废奴主义家庭的洛厄尔,20岁时在南北战争中失去了丈夫。守寡后的她将自己的一生献给了慈善事业,成为纽约州慈善委员会的首位女性专员和纽约慈善组织协会的领袖。她认为自己的首要努力目标是降低穷人对援助的依赖。因此,她在帮助改善监狱、工房、管教所条件的同时,却不支持公共工程项目,并拒绝在冬天为穷人发放免费煤炭,她认为这会鼓励"无所事事和邪恶"。

但到19世纪80年代末,尤其在纽约慈善组织协会被公众骂为"纽约最吝啬的骗子"之后,洛厄尔改变了立场。她被亨利·乔治(她父亲的密友)的人道主义情怀深深触动,同时也被工人们严酷的生活环境所震惊。当她发觉低工资令本性善良、辛勤工作的人们深陷贫穷时,她意识到,贫穷跟个人道德水准无关。洛厄尔认为,社会有义务为工人们提供"公正、人性化的工作条件"。因此,她倡议推行"生存工资"——一份可以让人维持体面生活的工资。

在献身公共慈善事业的40年中,洛厄尔是一个永不言败的斗士。她加入了社会改革俱乐部,支持塞缪尔·冈珀斯[①](Samuel

---

① 塞缪尔·冈珀斯:雪茄厂工人,后成长为美国著名的劳工运动领袖。

第四章　帝国之城

Gompers）的劳工运动。这个俱乐部还帮助里斯完成了很多改革项目，其中就包括对儿童的援助。1893年经济衰退时，洛厄尔为失业者设立了一个工作项目。她还组织女性帮助改革者赢得选举，她自己也成长为女性普选运动的领袖。不断拓展的社会角色令洛厄尔成为美国改革历史上最重要、最具影响力的女性。

1891年，洛厄尔成为纽约消费者联盟的领导，这个组织发动纽约中上层女性〔其中包括年幼的埃莉诺·罗斯福[①]（Eleanor Roosevelt）〕共同抵制剥削女性劳工的商店。该组织利用了百货商店作为女性消费和就业的新舞台。该组织着重关注商店店员，这些女性店员每天工作10～12小时，中间只有半小时的午餐时间。工作中，女性店员被禁止坐下；如果她们使用卫生间，很可能还会受到男性骚扰。她们的工资也是微薄的，加班没有酬劳，而节假日加班则是家常便饭。女性店员们常常担心自己工作中因为劳累或营养不良而晕倒；如果她们犯了任何小错，还会面临高额罚款，或者没来由地被炒鱿鱼而没有任何补偿。

消费者联盟起草了一份最低工作条件标准文件，要求所有商店都采纳。该组织还公布了一份达标商店"白名单"。第一年，只有8家商店达标，但在第二年这个数字上升到24家。该组织成员只在"白名单"商店购物，他们发现这种经济压力很有效。到1896年，该组织成功地令纽约州通过了为工作环境设定最低标准的法案。

该组织还促使美国20个州和7个欧洲国家设立了相似组织。

[①] 埃莉诺·罗斯福：第32任美国总统富兰克林·罗斯福（Franklin Roosevelt）的夫人，女权主义运动领袖。

1899年，全国消费者联盟成立，领导者是芝加哥的弗洛伦丝·凯利（Florence Kelley），她后来成为美国改善女性工作环境和取缔童工运动中最具影响力的先行者。她质问，当成年人都没有工作时，"为什么还要雇用童工"？她推动禁止雇用16岁以下孩子的法律，这样穷苦孩子们可以"像我们的孩子一样上学"。由此可见，当时对穷人的看法正在发生转变。

纽约的发现贫穷运动也推动了其他类似事业的发展。发起于伦敦并发展到芝加哥和纽约的"定居之家运动"① 在纽约的各个贫民窟展开。这项运动的首批赞助人是充满理想主义精神的中上阶层年轻人，以及美国首批受过大学教育的年轻女性，当时即便是这部分女性，她们的工作机会也几乎为零。通过与穷苦的人们共同工作、生活，这批年轻人融入了劳动阶层，得到了他们的理解，并帮助穷人们开发了一些符合他们需求的项目。"定居之家运动"为穷人提供廉价食品、免费幼儿园和医疗所，还提供语言和职业技能培训。正是通过这些努力，才诞生了社会工作这一新的专业领域。

纽约建立了大批旨在帮助穷人摆脱贫穷的私人组织，里斯因此宣称，纽约是"世界上最具慈善精神的城市"。救世军②、基督

---

① 19世纪末至20世纪初期，美国城市贫困形势日益恶化，贫民窟在美国大城市中大量涌现，一批美国本土中产阶级志愿者深入城市贫民窟，开办"定居之家"，开展对穷人的帮教活动，并积极进行社会调查，争取社会进步立法。到1913年，美国32个州一共建立了413个"定居之家"。
② 一个从事慈善事业的新教宗教组织，1865年在伦敦成立，后来扩展到了全球100多个国家。

第四章 帝国之城

教青年会①、道德文化协会以及无数其他组织都伸出援手帮助穷人。儿童反暴力协会拿起法律武器禁止虐待儿童。职业女性保护联合会为受雇主欺骗的女性提供免费法律咨询服务。富人们还资助建立模范租屋、贸易学校和女工俱乐部。1891年，纽约的德裔犹太人建立了教育联合会，帮助东欧犹太人融入这座城市的生活。

同时，儿童援助协会继续为流浪儿寻找收养家庭，协会还资助着5所报童寄宿处（还有一所专门为女孩设立），阿尔杰和里斯赞扬其每年成功救助了成千上万名流浪儿。除了这些由富人资助的慈善组织外，穷人们自己也开始组织起来，成立了各种互助协会。通过将他们为数不多的钱财聚集起来，穷人们也努力依靠自身力量负担葬礼、医疗和其他紧急开支。一位历史学家说，这种慈善精神和公民运动是"贯穿纽约历史的无可比拟的一条真正金线"。

里斯总结道，所有这些私人努力都证明了公众是多么需要重新评估社会问题。镀金时代的城市现实清楚地显示出宣扬竞争性个人主义的局限性，以及毫无节制的贪欲的严重后果。里斯争论道，只有当穷人被逼迫到绝望边缘时，他们才会变得"危险"。而逼迫他们向绝望屈服的正是贪婪的雇主和房东。工业化正在制造"更加无法解决、复杂空前"的问题。但里斯也相信，如果人们明白每个人都是"自身环境的产物"，他们就会意识到改善环境的明智之处了。

一位历史学家说，里斯的照片"将桑本德巷②和那里悲惨的出

---

① 1844年在伦敦建立，后扩展到全球100多个国家，拥有数千万会员。
② 五点区一个臭名昭著的街巷。

租屋变成了一个国家议题"。照片比文字的传播更广,这些照片通过影像向世人展示这个时代的困境,激发了里斯所说的"觉醒"。美国首个托拉斯城市的首批贫民窟照片解除了社会达尔文主义对美国思想的束缚。一种新的社会契约正在出现。

Source:"Knee-Pants at Forty-Five Cents a Dozen—A Ludlow Street Sweater's Shop,"1890,Museum of the City of New York,90.13.1.151.

这张由雅各布·里斯拍摄的照片充满了戏剧化的张力。这是一户当时典型的家庭制衣作坊。"丈夫和妻子一起工作,年轻的女主人正在吃她的晚餐:干巴巴的面包和绿色的泡菜。几年后,她的丈夫可能会成为一名富裕的雇主,也开始榨取雇员的血汗钱。"在镀金时代,帝国之城也为穷人提供着成功的机会。

经济问题：劳工

> 迪克愿意工作。混迹街头令他的感觉变得敏锐，教会了他自力更生。他深知只有自己可以依靠，因此决心发挥自己最大的潜能——这种决心十有八九正是成功的秘诀。
>
> ——小霍雷肖·阿尔杰：《衣衫褴褛的迪克》

镀金时代最主要的遗产就是阿尔杰笔下的"成功秘诀"对于大多数人来说已经不再适用。人们不再依靠自己，人们开始学会相互依靠。农夫、手工匠、工人以及中产阶级职业人士建立了不同组织来抵抗工业化社会的去人性化。这种从个人主义到集体行动的转变代表了历史学家罗伯特·维贝所说的"价值观革命"。这在纽约格外明显。在美国劳工运动最具争议的历史时期，纽约扮演了工人组织运动领导者的角色。塞缪尔·冈珀斯因此宣称"纽约是现代美国劳工运动的摇篮"。

劳工问题激发了镀金时代人们的思考：为何在日益繁盛的资本主义经济中会存在如此之多的冲突？塞缪尔·海斯说，越来越多的经济冲突"深深地震撼了美国人，他们一直认为在这个国度不存在阶级之分"。现代化挑战了关于机会平等、社会流动性、勤奋工作、个人创新、公平竞争和个人道德的固有信念。当时的工人普遍得不到应有报酬并超负荷工作，亚当·斯密（Adam Smith）的劳动价值论此时已经无关紧要了。托拉斯和出租屋同时威胁着美国梦。结果,越来越多的人开始认同约瑟芬·肖·洛厄尔的结论:"劳工问题只不过是自由问题的另一个阶段而已。"

组织起来

纽约的劳工协会在19世纪六七十年代中零零星星地发展起来。1872年一场长达8周的罢工吸引了10万名工人参与,是这个城市最大规模的罢工。但罢工被雇主联合会镇压了下去,反映出阶级分化正在强化。1873年的一场金融恐慌以及随之而来的5年经济衰退进一步削弱了劳工运动。1874年,劳工工资被大幅削减,纽约将近四分之一的工人处于失业状态。那年冬天,穷人们呼吁市政府发放救济,但政府却派出了警察巡逻街道,并下达命令"在30分钟内平息任何骚乱"。

工人们总结道:"如果我们自己不为自己做点什么,没有人会试图帮助我们。"1874年1月13日,一个劳工和社会活动家同盟在汤普金斯广场公园发起了一场大型集会。7 000人冒着严寒聚集在广场。他们不知道的是,警察已经在最后一分钟驳回了集会许可,1 600名警察已经被安插在街头。因此,当警察发动突然袭击时,集会者被打了个措手不及。警察将人群驱散出广场,然后继续追击逃散的人群。

纽约名流称赞警察从"骚乱和恐怖"中拯救了城市。市长欢呼,纽约的"流浪汉们"得到了"一顿痛扁"。警察局长吹嘘,他的手下"令暴民抱头鼠窜"。不过,也有很多市民感到愤怒。工人们联名控诉并举行抗议集会,还向奥尔巴尼提出申诉。托马斯·

第四章 帝国之城

纳斯特画了一幅讽刺漫画,把警察描绘成该被戴上嘴套或溺毙的恶狗。《纽约论坛报》主编呼吁警察执行任务时应更加自制。

3年后,类似的事件再次上演。工人们计划7月在汤普金斯广场举行集会支持1877年的全国铁路大罢工。市政府(不顾休伊特的反对)决定招来国民卫队,并从海军征调了1 000名士兵。虽然在集会的两个小时当中,20 000名与会者除了在广场上和平地聆听演讲(虽然有些演讲内容非常激进)以外什么都没做,但他们还是遭到了警察的突然袭击。

秉承着社会达尔文主义的主流思想,传教士亨利·沃德·比彻批评劳工运动者只是为了得到更高报酬。他坚持人们应当可以"在现有条件下生存"。他质问:"难道每天1美元还不够买面包吗?"他自己的回答是:"喝水又不花一分钱,如果一个人靠吃面包不能生存下来,那他就不配生存在这个世界上。"与对劳工如此缺乏同情心相伴的是对劳工运动的惧怕。富人们为此还花钱在列克星敦大道和第66街交界处建造了一处军械库,以备不时之需。威廉·施坦威[①](William Steinway)则寻求另外一种策略:把他的工厂从曼哈顿搬到皇后区。他后来解释说:"我们在城外找了一个地方,可以躲避无政府主义者的阴谋……他们不断地让我的工人产生不满,还煽动他们罢工。"

同时,工人们也在积极应对。虽然仍处于经济衰退中,1877年雪茄工人还是发动了一场纽约历史上最大的罢工运动。这场罢

---

① 威廉·施坦威:著名钢琴品牌施坦威的创立者亨利·施坦威(Henry Steinway)之子。

工锻炼了塞缪尔·冈珀斯，帮助他成长为美国最重要的劳工运动组织者。事实上，他自从 10 岁开始似乎就在为这一天做着准备，那时他从生活在伦敦贫民窟的荷兰裔犹太父亲那里学会了卷雪茄。三年后的 1863 年，冈珀斯随同家人来到了美国，并很快开始在下东区的雪茄厂打工。他参加了库珀联盟学院的政治经济学讲座，并和同事一起学习了经济学理论。虽然冈珀斯相信，在一个利润至上的经济体系中，雇主和雇员之间的和谐是不存在的，但汤普金斯广场骚乱也令他明白激进路线会使工人内部出现分裂，从而令整体的工人运动不堪一击。

面对工业化的现实，冈珀斯认为，罢工是工人有限的弹药库中最有效的武器。只有协调一致的抗议才是反击财富集中化的最有效方法。只有由工人组织、由工人参与、代表工人利益的组织才能持续不断地关注改善工人境况。这种立场与劳工骑士组织截然不同。劳工骑士组织于 1869 年创立于宾夕法尼亚州，它的目的在于寻求雇主和雇员之间的合作与社会和谐。这个组织斥责罢工是社会冲突的肇事者。

1877 年，冈珀斯领导的雪茄工人联合会遭遇了罢工可能面对的全部困境。一个问题是组织内部出现了分裂：一方是在作坊和工厂工作的熟练本土男性工人，另一方是在出租屋中工作的非熟练移民女工。前者鄙视后者，好在当后者支持了 8 月工厂工人反对减薪的罢工后，前者转变了立场。到 10 月末，冈珀斯不得不想办法养活 15 000 名罢工者和他们的家庭。联合会使用从纽约、美国其他城市和欧洲筹集来的资金，给罢工者分发食物，为他们支付房租，为无家可归的人寻找住处，还开办了一家共同持股的雪

第四章 帝国之城

茄厂。但到了12月，他们的资金告罄。

在雇主那一头，大大小小的雪茄厂主最初也被内部分歧缚住了手脚，但很快他们统一了立场共同对付罢工工人。工厂主们利用黑名单、复工、停工和解雇等各种手段分化罢工者。警察和罢工纠察队、罢工纠察队和复工者之间都爆发了暴力冲突。但随着冬天的到来，罢工活动在1月底被彻底瓦解。失败的教训令冈珀斯意识到，罢工的艰巨性以及罢工前必须稳固工会自身经济基础的重要性。

冈珀斯还从短暂的中央劳工联合会中学到了更多。成立于1882年的中央劳工联合会在最初只有12个成员组织；但到1886年达到鼎盛时，拥有了200个成员组织。但中央劳工联合会却在1888年突然解散。像劳工骑士组织一样，中央劳工联合会吸收各种各样的人加入。但与之不同的是，联合会采取各种不同的斗争战略，包括罢工、抵制和政治运动。联合会在当时是一个非典型的劳工组织，因为它既吸收白人，也吸收黑人，既有本土工人，也有移民工人。中央劳工联合会广泛的吸引力在1882年最为明显。那一年，中央劳工联合会组织了美国首次劳动节游行，两万人从市政厅游行到联合广场。在接下来的几年中，中央劳工联合会成为美国激进劳工运动的主要组织者。

1886年，劳工运动在全美范围内风起云涌，那一年单在纽约市就爆发了1 200起罢工。其中最突出的就是马车夫抗议工作时间过长的罢工，这次罢工从当年冬天一直持续到第二年夏天。马车夫要求缩短他们每天16小时的工作时间。罢工中，车夫们和他们在社区中的支持者冲上街头，向警察投掷食物，用木头和石块堆满路轨，推翻马车。工厂主们，包括在阿斯托里亚和皇后区拥有钢琴厂的威廉·施坦威，叫来了警察，并付给警察额外报酬以换取他们的保护。作为回报，警察们给工厂主招来的流氓撑保护伞，驱散罢工纠察队，破坏所有的劳工集会。

中央劳工联合会组织了一场由 16 000 名车夫、售票员和马厩工人参加的大罢工，1886 年罢工运动也在此时达到高潮。罢工令整个城市交通瘫痪，罢工者们显示了劳工团结的力量。但最终，罢工被武力终结。马车公司的暴力镇压不仅显示出雇主的权势，也揭示出普遍的社会不满和严峻的社会冲突。劳工运动震撼了作家威廉·迪恩·豪厄尔斯（William Dean Howells），令他开始关注城市复杂性并转向批判现实主义。在 1890 年出版的《新财富的危害》(*A Hazard of New Fortunes*) 一书中，豪厄尔斯形容 1886 年罢工是困扰整个城市和国家的"一场巨大的社会震动"的一部分。

中央劳工联合会的第二种主要斗争策略是抵制，尤其是当与罢工配合时，可以给强硬的雇主造成双重打击，同时还能最大限度地保护工人。1886 年，纽约州爆发了 165 起抵制活动，其中 119 起与罢工相连。罢工纠察队主要针对小企业主，因为这些人很难抵御经济压力，也最容易屈服。虽然早在独立战争时期就被广泛使用，不过抵制依然被贬低为"外国"策略，是损害美国制度的"勒索"和"恐怖主义"。

结果，纽约州的各种反对势力联合了起来，罢工纠察队的成员和劳工领袖被以"合谋损害贸易"罪逮捕，法庭宣布抵制为非法行为，一些人被关进了监狱。而 1886 年 5 月 1 日发生在芝加哥秣市广场的一起爆炸案进一步打击了罢工活动。爆炸发生在一起要求每天工作8小时的示威活动中，7名警察被炸死。结果，所有示威者都被视为危险的无政府主义者，针对劳工组织的镇压活动在全国范围内升级。冈珀斯认识到，在政府抵制、警察暴行和法律制约的联合压制下，劳工的示威活动被推向了"崩溃"边缘。

三位市长竞选者

愤怒滋生了激进主义，中央劳工联合会转向采用政治手段作为展示劳工力量的第三种策略。在得到超过200个劳工组织、5万多名工人的支持后，中央劳工联合会提名广受欢迎的改革者亨利·乔治作为代表参加1886年的纽约市长选举。这是一项极其不同寻常的选择。乔治拥有极具感染力的个性和振奋人心的理想主义情怀，但他缺乏政治经验，也没有党派背景，更加没有足够的参选资金。这都令他的参选很可能演变成一场灾难。但是，他的提名将温和派和激进派、中产阶级改良派和社会活动者、爱尔兰民族主义者和东欧移民、黑人和白人团结在了一起。

坦慕尼协会也将乔治视为一个极具竞争力的对手，因此提出如果乔治退出选举，可以确保帮助他当选国会众议员。虽然坦慕尼协会不相信乔治可以获胜，但他们害怕他的参选会"制造更大的破坏"。正是被这种前景激励，乔治义无反顾地加入了这场混战。共和党推选了年轻、毕业于哈佛的州众议员西奥多·罗斯福作为候选人。罗斯福日后成为警察专员、纽约州长，并进而成为美国第26任总统。但在1886年，罗斯福在竞争对手的光芒下黯然失色。

坦慕尼协会和民主党人则联合推选他们能够找到的最受人尊敬、最具自由思想的候选人——5任国会众议员、实业家艾布拉姆·休伊特作为他们的候选人。休伊特被称为人性化雇主，他付给工人们体面的工资，并支持劳工罢工的权利。休伊特是实业家彼得·库珀（Peter Cooper）的生意合伙人和女婿，也是库珀联盟学院的托管人和主要捐助者。此外，他还是哥伦比亚学院校友会董事、著名慈善家和无数改革组织的成员，他参加的组织曾成功将特威德拉下马。1880年，休伊特一度雇用了当时还在苦苦挣扎的新闻记者亨利·乔治担当他的研究员，但那时候这两个人就完全合不来。

竞选活动进行得如火如荼。乔治日夜不停地工作，在劳工会议、社区集会、工厂、教会活动、本地俱乐部和街头巷尾演讲。成千上万名工人捐出他们为数不多的钱财来支持这位独立候选人。乔治的竞选团队向4万多名读者发放自创的报纸。虽然冈珀斯更倾向于认为劳工活动不应掺入政治色彩，但他还是同意负责竞选团队的公共演讲事务，他自己也亲自做了多场演讲，并帮助协调亨利·乔治俱乐部。作为一个机会主义者和实干家，冈珀斯抓住这些机会推动劳工组织发展。在这个过程中，冈珀斯对乔治的帮助间接推动了政治民主进程。

不过，休伊特的竞选策略更加正规，也更加稳重。他认同当时流行的观点，即竞选拉票活动有失庄重，因此只在几场晚宴和政治集会上做了些演讲。当乔治挑战他、要求两人进行口头辩论时，休伊特拒绝了。他们二人的风格差异在各自的提名演讲和媒体声明中一览无遗。乔治提出了两个关键问题："为何在这个城市有那么悲惨的贫穷存在？""我们准备为此做些什么？"他的答案

第四章　帝国之城

是：一方面对土地征税，一方面加强政府治理。他崇尚"社会正义"以及"废除工业奴役"。此外，他也是公开谴责警察暴行的第一位市长候选人。

休伊特则将乔治视为危险人物，认为他与那些"无政府主义者、虚无主义者"一样意图鼓动社会动乱。对休伊特来说，资本和劳工应该成为"同盟而非对手"。像阿尔杰一样，休伊特宣称，没有哪个城市比纽约更能成为"诚实劳作人们"的避难所了。在这里赚钱、储蓄进而发达的机遇数不胜数。休伊特称自己是穷人最好的朋友，将乔治斥责为"不和谐的恶魔"。当时的媒体也从各个方面攻击乔治，一位漫画家将他描绘成愚弄工人并将灵魂出卖给无政府主义魔鬼的骗子。

乔治极具远见，却缺乏变革精神，他坚称自己代表的"不是一个阶级，而是大众"。一些对他比较友好的媒体将他视为扼住贫穷、腐败和垄断这条毒蛇咽喉的英雄。但是，乔治对于不劳而获的批判伤害了纽约房东和地产商的利益。10月末，3万名乔治支持者举行了游行活动，人群冒着大雨从库珀联盟学院行进到汤普金斯广场，游行吸引了成千上万名围观群众。一位历史学家说，它表达了人们对工业资本主义导致平等机会消亡的不满。作为一场"阶级对抗的仪式"，游行凸显了乔治竞选活动更广阔的意义。

结果，休伊特最终赢得了11月的选举。但有人指责坦慕尼协会在计票中存在舞弊行为，还有人说坦慕尼协会的新领袖理查德·克罗克向天主教会施压，要求他们发布反对乔治参选的声明，并暂时取消了乔治的支持者、著名牧师爱德华·麦格林（Edward McGlynn）的牧师资格。还有一些雇主解雇了乔治的支持者；另外一些（包括马车公司）警告工人，如果乔治当选，他们将饭碗不保。尽管面对如此多的威胁，乔治依然在大选中表现得格外突出，收获了6.8万张选票，占总选票数的三分之一。

纽约和整个美国都震惊了。一些政客和主流媒体不得不承认："乔治支持者的数量之多令人惊讶。"休伊特也看到了这点，他承认："6.8万选民明确表达了他们的不满，我们需要纠正做法以消除这些不满。"据《纽约晚邮报》的报道，当时的情况比"特威德时代"还要严重，"特威德及其党羽已经是过去式了"，但乔治的参选揭露出社会不满就像一口深井。有历史学家指出，从这个意义上说，亨利·乔治的竞选活动是"自殖民时代'自由之子'反对城市商人统治以来，对现存秩序的最严重挑战"。

纽约的市长选举带来了广泛影响。爱尔兰和英国格外关注这起事件，那里的土地改革者、爱尔兰国家主义者是亨利·乔治的仰慕者。事实上，这是第一次劳工力量影响了纽约市的竞选活动。用圣路易斯劳工领导们的话说，这成为"从大西洋到太平洋，所有受压迫劳工的战斗号角"。

这次选举过后，全国其他劳工候选人也陆续步入政坛，人数之多前所未有。他们参加市、州甚至国家职务竞选，在新泽西州、弗吉尼亚州、科罗拉多州、佛罗里达州、伊利诺伊州、康涅狄格州、威斯康星州、马萨诸塞州和得克萨斯州赢得选举。这刺激了民主党和共和党，他们也开始忙不迭地推举亲劳工派的候选人。麦格林牧师精确地预见到："未来美国任何政党都不能无视劳工组织的影响力。"于是，坦慕尼协会也迅速调整立场，开始广泛接触劳工大众，支持有利于劳工的法案，并开始控制警察在罢工活动中的行为。

第四章 帝国之城

但劳工运动的胜利相当短暂。法庭、警察、商界、政界和媒体给劳工运动定下的敌意调子有效削弱了劳工运动。此外，劳工联盟自身也开始出现裂缝，不同团体之间在选举过后开始争权夺利。纽约的劳工内耗格外严重，各个派系相互对立。而内部纷争正是冈珀斯最为担心的，于是他在1886年离开竞选活动，决意让劳工组织脱离政治。

他这样做的结果就是诞生了美国历史上最重要的劳工组织。1886年，冈珀斯领导成立了美国劳工联合会①，该组织秉承了格外适合镀金时代的"商业联合主义"。冈珀斯问道："劳工们要的是什么？"他自己的回答简单明了：劳工们要的是"每天都能过得更好"——更适宜的工作时间、更体面的薪水、更多福利和更人性化的工作环境。这种"面包黄油"的实用主义令冈珀斯看起来似乎如阿尔杰一般保守，充满物质主义和乐观精神。但这种实用主义非常奏效。不久，冈珀斯开始使用托马斯·克斯纳所说的"纽约模式"来组织强大的全国性劳工运动。虽然拥有这样那样的不足，但这一运动却很可能是亨利·乔治竞选活动为后世留下的最持久的财富。乔治令劳工运动成为美国的政治议题，冈珀斯则令劳工在美国的经济领域拥有了一席之地。

但在19世纪90年代，劳动运动依然充满艰险。1895年，布鲁克林电车工人为抗议减薪举行罢工，工人们占领了布鲁克林三家最大的电车公司。罢工工人们面临着巨大的不利环境，尤其是

---

① 美国第一个全国性的劳工组织。1955年，美国劳工联合会和美国产业工会联合会宣布合并，此后美国大多数的工会均隶属于这个劳工联合组织。

当时正处于经济衰退期,很多绝望的工人很容易被雇主诱惑复工。当然,正如西奥多·德莱塞①(Theodore Dreiser)在 1900 年出版的《嘉莉妹妹》(*Sister Carrie*)中所说,这些复工者也深受其苦。他们一方面不愿破坏同行们的罢工,也害怕罢工带来的暴力活动;但另一方面,他们更加惧怕饥饿。正如德莱塞笔下一个复工者所说:"你可能饿死街头,哦上帝,到时候都没人会来帮你。"

布鲁克林区区长无视罢工者受到的广泛支持,下令在每一辆电车上都设置警察,并动用布鲁克林民兵防止骚乱。很快,纽约市民兵也赶来增援。7 500 名士兵的出现反而引发了暴力冲突。紧张情绪在连续几天的冲突后愈益加剧,部队最终朝人群射击,两人被打死。在整个 1 月,布鲁克林成了一座大兵营,电车公司老板们也誓言绝不妥协。最终,饥饿、寒冷和军队瓦解了持续了 5 周的罢工活动。一首罢工者之歌表达了这种苦涩:

> 士兵和警察被招来平息罢工
> 在这片自由的土地上他们恫吓电车员
> 招来军队的市长你给我们记住
> 妄想粉碎劳工的资本家永远不是正义的

对此,报童们也深有同感。19 世纪末,童工非常普遍,因为孤儿极多。在街头卖报对于孩子们来说算是比较好的工作之一。而随

---

① 西奥多·德莱塞:美国现代小说的先驱和代表作家,被认为是同海明威、福克纳并列的美国现代小说三巨头之一。

着"黄色新闻"① 在纽约这个美国媒体中心的日益兴起，报业也迎来了飞速发展，但报童们赚着微不足道的薪水。1898 年，纽约两家最大报纸——《纽约新闻报》和《纽约世界报》上调了批发价格，报童们开始意识到，他们的薪水仅占报业利润总额的极少一部分。

1899 年，小霍雷肖·阿尔杰去世，报童们在市政厅公园集会，呼吁组建自己的工会组织并发动罢工。他们的强硬态度与自 19 世纪 30 年代出现大众报纸后形成的街头卖报风格相辅相成。一个 11 岁的报童坚称："我们来到这里是为了争取我们的权利，我们会誓死捍卫这份权利。"虽然并没有真的以死相逼，但他们拦截运报车，反击骚扰他们的流氓恶棍，并成功地影响了报纸销量，短短几天，《纽约世界报》的销量就大幅下滑了 66%。两周后，各大报纸商被迫与报童达成了新协议。

虽然报童组织存在时间不长，但他们依然取得了成功，而成功的关键有以下几个因素：首先，报童们通过在街头卖报形成了一种紧密的社群关系，这令他们在罢工活动中团结合作。其次，他们通过游行、标语、歌曲、宣传单、集会成功获得了成人的同情。商人们付给他们小费，就连"鲍厄里男孩"这样的黑帮组织也拒绝破坏他们的罢工活动。甚至警察也不愿太多干预（这或许也是因为当时布鲁克林电车罢工正在如火如荼地进行着）。再次，报童罢工从长岛开始，迅速波及曼哈顿、布鲁克林、泽西、纽瓦克和扬克斯。门童和鞋童们也发起了类似罢工活动，这些反过来

---

① 此概念产生于 19 世纪的美国，源自当时报业的激烈竞争，一般指具有煽动性的，吸引眼球的新闻报道。

又进一步强化了报童罢工的影响。最后，报纸将罢工活动的消息在全国范围内传播开来。在波士顿、辛辛那提、费城、匹兹堡、列克星敦、普罗维登斯，同情报童的工人们也组织了罢工进行声援。一位历史学家称，劳工示威已经成为"城市环境的组成部分"，即便是在城市最年轻的工人群体中，也不例外。

报童罢工证明了经济变革的复杂性。如成人们一样，报童们在维护他们对资本主义信念的同时，也通过集体行动和公共活动反击私利主义，并修正了个人主义。他们利用了纽约在整个地区甚至整个国家的中心地位来放大他们的影响。他们求助于社会良知。报童们拒绝接受玛吉式的悲剧，他们用迪克的乐观主义去适应现代环境。报童们证明了他们——与迪克一样——"并不是徒劳无功地游荡在街头巷尾。"

里斯一直强调说："儿童问题就是国家问题。"它映射出当前的社会性格，并预示了它的未来。因为儿童日后也将成为定义社会价值、塑造社会组织的成人，所以改善儿童生活是对日后所有人美好生活的明智投资。这种挑战是明确的，而应对挑战是必要的。正如里斯在1900年所说：

> 纽约是世界上所有伟大城市中最年轻的一个。但在下个世纪之初，它将成长为最伟大的一个。而它要面对的任务，它不能逃避、必须解决的问题，就是文明问题、人类发展问题，以及人类如何合理自治的问题。依靠亘古长存的人类特有的同情心和人情味，我们一定能够解决这些问题。当我们学会与穷人同欢乐、共哭泣时，我们就已经征服了这些问题。

第四章　帝国之城

到那时，所有的贫民窟将不能再限制穷人，正如所有的老板都不能再限制工人一样。

对里斯来说，这种觉醒将成为衡量一个"伟大都市"的最真实的标准、一种完美贴合镀金时代帝国之城标签的情感。

下东区

在19世纪末和20世纪初，下东区取代五点区，成为美国典型的移民贫民窟。到1890年，它已成为世界上居住密度最高的地方。由于里斯的努力，五点区于1897年被拆除并修建了一座公园。下东区从公园向东延伸，包括几个社区，每个社区都生活着一个不同的移民群体。唐人街离以前的五点区最近，其次是小意大利。包括古老的小德国在内的更大的一部分区域则主要由东欧和俄罗斯来的移民控制。每个社区都独具特色，它们共同体现了多面的、不断变化的纽约。食物是其中的关键。

杂烩、炒面和炒饭这些传统的中国食物得到了调整，以适应美国人的口味。中国移民在19世纪中叶因为淘金热而来到加利福尼亚州，在修建横贯大陆的铁路的过程中提供了必不可少的劳动力，此后，他们面临着迫害和剥削。讽刺的是，他们帮助建造的铁路让更多的白人工人可以去往西部。这些白人工人把中国移民当作自己的竞争对手，并通过一系列可怕的冲突把中国移民基本上逐出了西部城镇。然而，中国移民从前为自己的工人提供餐饮，后来过渡到为不同人群提供餐饮，这使得中国移民能够在他们落脚的地方开设一些小规模的廉价餐馆。这种生存策略被证明还是可行的。

纽约可以算得上是中国移民逃离西海岸迫害后位于东海岸的避难所。纽约唐人街最开始的规模比较小，但是到了1890年，这里的人口发展到接近2 000人，1900年的人口已超过6 000人。1882年，美国通过《排华法案》，开始实施一项根据国籍和阶级限制移民的新政策，所有的中国劳工都被禁止，任何想入境美国的中国移民都需要伪造身份，只有商人或学者除外。因此，中国移民把他们的身份文件卖给生活在中国的冒牌亲戚，还有人用伪造的文件来"证明"他们是与美国企业有贸易往来的商人。唐人街是一个"单身汉社会"，因为法律把中国女性视为劳工，禁止她们移民。

法律和歧视阻止中国移民从事许多的职业，迫使他们集中在餐饮、洗衣、雪茄制造或贩卖行当。小商店里出售东方茶叶、草药、小饰品和杂货。他们被主流社会忽视，被迫向坦慕尼协会支付钱财以获得警察保护，并形成被少数商人牢牢控制的自治权。名为"堂会"的帮派在1900—1918年的纽约发起了三场血腥的内部争斗。地下经济由赌博和鸦片支撑。由于缺乏女性，卖淫和跨种族的混居现象普遍，这两种现象都受到主流社会广泛的谴责。

这种结合了合法和非法活动的情况使唐人街显得很有意思，只不过这种"有意思"含有负面意义。它开创了一个"贫民窟"的新时代，白人可以借此观察"具有异国情调"的人，购买"具有异国情调"的商品，品尝"具有异国情调"的食物。中餐馆对中餐的改进符合美国人的口味，并特别注意卫生。中餐价格低廉，深受大众欢迎。具有讽刺意味的是，偏见培育了观光经济，帮助

第四章 帝国之城

唐人街克服了一些困难，中餐馆则间接促进了民主。

对于意大利移民来说，食物意味着家庭，既意味着他们因为离开而抛弃的旧家，也意味着他们在这里创造的新家。像中国移民一样，意大利移民最初也是以男性劳工的身份移民而来的。在全国各地的建筑项目中工作的时候，他们也开始烹饪自己的食物。尽管许多人来这里的目的是为了赚足够的钱并返回意大利（许多人也确实回去了），但是有大量的人从此定居在了下东区。不同于中国移民面对的困境，他们赚够了钱，就可以把家人接来美国。然而，他们按照出生地进行了内部的区隔，西西里岛西部的人聚集在伊丽莎白街，西西里岛东部的人在门罗街生活，热那亚人则在巴克斯特街生活。男性社交俱乐部也有类似的"规矩"。

这种对家庭的忠诚影响了意大利移民在美国的生活。一些人作为技术工人搬走。许多非技术工人则在包工头手下做工，包工头为他们充当翻译，给他们找工作，把他们安置在狭小的房子里，并克扣他们微薄的工资。其他人成了理发师、泥瓦匠、鞋匠、侍者和环卫工。尽管移民们被剥削，但是他们努力工作，并节约每一分钱，为的就是多攒些钱回意大利，或把亲人接到美国来。

令人惊讶的是，他们会花额外的钱购买进口的意大利食品。不同于中国移民根据美国人的口味来调整他们的食物，意大利人很少在烹饪上有所妥协。他们坚持使用地道的意大利食材，包括橄榄、橄榄油、奶酪、番茄酱、凤尾鱼、醋和牛至。美国的面食用白面粉而不是粗面粉制成，被烹饪后总是因为太软而受人嫌弃。面包在意大利的饮食中扮演着很重要的角色，美国人也很喜爱面包，但美式面包的味道不敢恭维，因此意大利面包房得以在纽约蓬勃发展。

对旧世界食物的喜爱并没有抵消对旧世界移民的歧视。意大利移民被人看不起，被说成懒惰、无能而且无知的人。此外，人们的刻板印象是：他们都是与黑手党有联系的犯罪分子。他们只被雇用从事最危险、薪水最低的工作，比如挖沟工人或铺路工人。他们在工会中不受欢迎，常被用来顶替罢工人员。他们被嘲笑为拾荒者，被视为"黑皮肤"的下等种族。因此，意大利移民只能转向移民内部以求自保，但因此又落下"小集团"的骂名。

家庭是庇护所，而食物是家庭的堡垒。一家人围坐饭桌前，强化了团结和稳定的积极形象：坚强的父亲、尽职的母亲和听话的孩子。尽管女性履行了家庭主妇的职责，但她们也会通过照顾寄宿者，在服装和糖果厂兼职，或者在家里做衣服、饮品和人造花来贴补家用。传统的意大利女人一贯能干，她们能熟练地身兼数职。对她们来说，在家做饭仍然是民族自豪感的重要来源。在宗教活动方面，意大利天主教徒有效地消除了由爱尔兰天主教徒主导的本地天主教会内部的歧视。

19世纪末至20世纪初，意大利人是仅次于东欧人的纽约的最大的移民群体之一。为了逃避迫害，250万东欧犹太人于1880—1924年来到纽约，其中四分之三的人定居在下东区。他们也带来了自己的饮食传统。然而，整个过程非常复杂，原因在于他们遵守严格的饮食习惯。直到20世纪初，厨师们才能做出他们可以接受的饭菜。

到了下东区，他们的前景便有所改善。犹太人由于历史原因流落到欧洲各地，他们的职业选择会受到限制，而现在类似的迫害考验着他们在纽约的调整和适应能力。像在欧洲一样，他们成了走街串巷的小贩、工厂的工人和小商店店主。因为大多数服装厂的所有

第四章　帝国之城

者都是德裔犹太人，所以犹太人相对容易找到工作，并加入了工会。他们中的很多人识字，这促进了报纸、剧院和学校的发展。此外，他们独特的宗教传统创造了对宗教制品和犹太食品的需求，这带来了民族经济的商机，而这个商机又制造出更多的就业机会。

当然，和其他移民一样，他们也苦苦挣扎：住房拥挤，工资很低，血汗工厂的工作条件很糟糕。和其他移民一样，犹太人组成了他们自己的互助会，以出生地为划分依据。因为受到迫害而来到这里，犹太人以此地为家，无意返回。好处就是工作的人手多了；坏处就是吃饭的嘴也多了。

当犹太人成功进入德国熟食店行业时，旧世界的食品赢得了新世界人们的心，这些食品有鲱鱼、泡菜、犹太馅饼、法兰克福香肠、咸牛肉、黑麦面包和碎芝麻蜂蜜糖。同样征服他们的还有百吉饼、芝士蛋糕和鸡蛋奶油，这种鸡蛋奶油混合了苏打水、牛奶和巧克力酱。随着时间的推移，这些犹太食品流传到美国各地，成为纽约的标志。它们标志着民族认同与同化。

渐渐地，南欧和东欧移民的地位都有所提高。他们从不熟练的工人变成熟练的工人，从小贩成长为商店老板和工厂主，从蓝领上升到白领和职业人士。随着他们的进步，他们离开了下东区，去了布鲁克林、皇后区、斯塔滕岛和长岛。随着 1965 年移民政策的改变，中国移民的数量显著增加，新的唐人街出现在布鲁克林和皇后区。尽管如此，最初的唐人街仍然是他们的政治、经济和文化中心。新的中国移民为城市带来了新的语言和地区美食，使城市的口味更加多样化。从前的小意大利现在主要由中国移民居住，仅存的几家意大利餐馆已成为景点，留住了属于旧时的记忆。

Source: William Clackens, "Far from the Fresh Air Farm," Museum of Art, Fort Lauderdale, Florida, Ira Glackens Bequest.

这幅用铅笔和水彩完成的画作由垃圾箱画派的威廉·格拉肯斯（William Glackens）完成，他是1908年和1913年的两次垃圾箱画派画展的组织者之一。在本作中，他展现了将现实主义与幽默和社会评论融为一体的独特能力，从中不难发现下东区的拥挤与活力。

第四章　帝国之城

随着中产化无情地转变着下东区，这种记忆也正在迅速消失。

大多数犹太餐馆和面包店都关门了。亨利街的定居点现在服务于许多民族，特别是新的拉丁裔人口。餐馆开始提供来自拉丁文化的玉米卷和甜面包。值得注意的是，1887年由东欧犹太人建造的位于艾尔德里奇街的第一所犹太教堂已被改建成一座博物馆，并被指定为国家级历史地标。这是纽约唯一的犹太教堂，自成立以来一直为教众服务，是往昔与今日的纽带。本着这种精神，博物馆每年举办一次美食节，作为庆祝食物的是蛋蜜乳、蛋卷和肉馅卷饼。

第五章

野心之城

1900—1919

大事年表

1900—1919 年	进步主义运动与波希米亚反叛
1900 年	种族骚乱
1901 年	摩根大通的合并及《物业法案》
1902 年	犹太食品暴动与熨斗大厦建成
1904 年	首条地铁和纽约时报大楼建成
1908 年和 1913 年	垃圾箱画派举办画展
1909 年	全国有色人种协进会成立
1911 年	三角衬衫厂大火
1916 年	《分区法案》颁布
1917 年	纽约女性选举运动
1919 年	爱玛·戈德曼被驱逐出境

第五章　野心之城

1910年，阿尔弗雷德·施蒂格利茨[①]（Alfred Stieglitz）用"野心之城"来形容他拍摄的被冒烟的工厂和耸立的建筑映衬着的纽约港。人类发明统治着一切，科技征服了自然。虽然照片传递出这座城市的现代感和经济实力，但纽约也有黑暗一面。天空中灰色的云团下是翻滚的海浪，仿佛是繁荣带来危险的隐喻。"野心之城"的比喻生动捕捉到了纽约对于进步发展的激进、乐观态度。1900—1919年，这种对于发展的追求也不断搅动着纽约，野心弥漫在整个城市，挑战着传统，也激发着冲突。

这个时代的另一张著名照片——另一张关于野心的照片，所拍摄的不是一个地方，而是一个人。这个人跟他的城市一样，甚

[①] 阿尔弗雷德·施蒂格利茨：美国德裔著名摄影家，现代艺术推动者，被称为"美国现代艺术之父"。

至比这座城市更加令人敬畏。在 20 世纪初的纽约，J.P. 摩根唯一不能掌控的就是照相机了。这张由施蒂格利茨的朋友爱德华·斯泰肯①（Edward Steichen）拍摄于 1903 年的著名肖像照，捕捉到了这个被称为"朱庇特"，并与这个古罗马神话中的众神之王一样全能的男人的精髓。照片中，摩根严肃的目光从暗角深处投射出来，他身着硬领衬衫、丝质领巾，佩戴着金怀表，左手紧紧握着椅子扶手，仿佛象征着他对美国经济命脉的牢牢掌控。摩根本人极其讨厌这张肖像，以至于他将初版照片撕了个粉碎。

出身于伦敦著名的银行家家庭，摩根带领家族企业成为世界级金融巨头。坐落在华尔街 23 号，面对着联邦大厅和纽约证券交易所，摩根银行掌握着巨额资金。摩根策划了在电力、通信、农业机械、保险和银行业的多起并购。通过系统性地吞并小铁路公司，摩根逐步将美国主要的铁路公司（包括洛克菲勒控制的公司）整合起来，并于 1901 年建立了北方证券公司。他对经济的整合重组具有划时代意义，以至于出现了一个以他的姓氏为词根的新词"摩根化"（morganization）。每当遭遇批评时，摩根就宣称："我可不欠公众任何东西。"

摩根最壮阔的举动发生在 1901 年，他合并了 17 家钢铁公司（包括安德鲁·卡内基的钢铁公司），组建了一个巨大的钢铁托拉斯，这是世界上首家市值超过 10 亿美元的公司。随后，摩根又建立了北大西洋船运托拉斯。摩根的并购规模是洛克菲勒当年垄断企业的数倍之巨，同时他的做法也预示着一个经济集权新时代的

---

① 爱德华·斯泰肯：美国著名摄影家、画家。

第五章　野心之城

来临。在这个时代，银行家取代了实业家，成为资本主义发展的主导力量。

在摩根重组私人公司的时候，他也致力于拯救公共部门。当然，他这么做永远都是为了追求利润。1895年，他利用自己的英国人脉发行了6 000万美元债券，成功支撑了联邦政府的黄金储备，防止了一场财政危机。1907年金融危机时，他又担保了2 500万美元的联邦债务，并自筹了1 600万美元，用以向主要银行、信托公司和纽约证券交易所注资。这一壮举稳定了华尔街，并将美国从经济灾难的边缘拯救回来。摩根因此成了美国的银行家，或者就像新闻记者林肯·斯蒂芬斯形容的那样，他成了"美利坚合众国的老板"。

而这正是问题所在。摩根是美国最有权势的一条街道上最有权势的老板。事实上，"华尔街不仅仅是一条街，"斯蒂芬斯写道，"它是一个国家机构。华尔街之于美国经济的意义就好比华盛顿之于美国政治。它的影响力无远弗届。"斯蒂芬斯等人担心，华尔街的影响力或将超过联邦政府，因此他们认为是时候纠正这种错位了。镀金时代播下的改革种子现在开始在进步主义运动①中生根发芽，主导了20世纪的前20年。进步主义分子相信可以以调查为依据进行改革立法，并由无党派的专家来实施，这样就可以杜绝城市头领主义和资本主义的顽疾。虽然有的时候流露出高高在上

---

① 指在19世纪末至20世纪初诞生于美国的政治运动。进步主义者们呼吁改善劳动人权和促进社会正义的持续进步，他们也是福利国家和反托拉斯法最早的拥护者之一。进步主义来源于美国社会对工业化带来的问题的种种反思。这些问题包括：腐败的政治、托拉斯垄断、贫富差距不断加大等。

的派头,但他们是有社会良知的乐观主义者。

1901年发生的一起悲剧为进步主义运动提供了一次契机。美国第25任总统威廉·麦金利被一个无政府主义者刺杀身亡后,副总统西奥多·罗斯福接替他成为美国第26任总统。罗斯福极具野心,也是成功入主白宫的唯一一个纽约人。这名哈佛毕业生在担任州众议员、警察专员、纽约州长和海军部助理部长时积累了很多改革想法,而他与雅各布·里斯、林肯·斯蒂芬斯和塞缪尔·冈珀斯的交往,以及他对纽约血汗工厂和贫民窟的了解,令他相信:政府应当矫正经济不平等。历史学家路易斯·L. 古尔德(Lewis L. Gould)写道,在任职州长和总统期间,罗斯福追求过很多的事业,以至于他成功地"拓展了公众生活的议程,并启发了其他的改革者"。

1902年,西奥多·罗斯福总统发起了一场旨在分拆北方证券公司的联邦诉讼。关于案件的新闻令证券市场陷入恐慌。这激怒了摩根,并迫使他大量买入股票以防止市场崩盘。更重要的是,这场诉讼标志着联邦政府角色从传统的对私人企业的一味支持,转向致力于修正社会契约。虽然挑战企业财富蕴藏着巨大风险,但罗斯福认定,没有人能通过垄断"伤害公众利益"。

罗斯福针对华尔街金融巨鳄的攻击令美国民众欢呼,人们将他称为托拉斯终结者,虽然罗斯福的本意只是控制而非摧毁公司发展。当最高法院于1904年裁定北方证券公司为非法垄断企业后,美国人民的情绪被进一步提振。1911年,最高法院又分拆了标准石油托拉斯。第二年,国会众议院开始对摩根和他所代表的"金融托拉斯"进行调查。4个月后,这位75岁的金融家去世。

第五章　野心之城

与卡内基和洛克菲勒相比，令人惊异的是，除了大批艺术收藏品外，摩根留下的现金遗产很少，但他对美国经济产生的影响却是长久的。

为应对1907年金融危机，工业家和银行家们在位于第36街和麦迪逊大道的摩根图书馆进行谈判，经济巨头们在被珍本书、画作、雕塑和挂毯围绕的大厅讨价还价。这座奢华的大理石建筑反映出当时城市美化运动的布杂艺术①风格。在20世纪的最初10年，作为财富、地位和公共骄傲的象征，纽约的形象被大量地标性建筑所改变。它们包括广场饭店、美国海关大楼、宾夕法尼亚车站、纽约公共图书馆、纽约证券交易所、中央车站、市政大楼和布鲁克林博物馆，以及摩根主管并赞助的大都会艺术博物馆。小说家亨利·詹姆斯（Henry James）说，这些恢宏的建筑反映出"最奢华城市的力量"。

同时，施蒂格利茨照片中的那种高层建筑开始主导城市天际线。电梯和钢筋骨架的应用在19世纪70年代令10层高楼成为可能；而到了1900年，技术已经令30层高的高楼成为可能。建成于1902年的熨斗大厦高21层，也是施蒂格利茨最喜欢的拍摄对象之一。建筑的高度仍在不断攀升，1913—1930年，60层高的伍尔沃斯大厦一直是世界最高的建筑。与强调横宽、规模恢宏的布杂风格建筑不同，强调纵向发展的摩天大楼预示着一个现代都市新时代的来临。壁画家托马斯·哈特·本顿（Thomas Hart Ben-

---

①　一种混合型的建筑艺术形式，主要流行于19世纪末和20世纪初，其特点为参考了古代罗马、希腊的建筑风格，强调建筑的宏伟、对称、秩序性，多用于大型纪念建筑。

ton）称赞这座摩天大楼是创新的美国建筑，"超越了产生摩天大楼的原始的商业主义"。

但摩天大厦也有其局限性。1915年，41层高的公正大厦占据了百老汇派恩街整整一个街区的面积，它的阴影覆盖了周围众多建筑。为了防止更多建筑终日不见阳光，市政管理者决定对高楼建设实行管制。纽约于1916年出台了美国首部《分区法案》，成为全国典范。这部法案规定了一座摩天大楼可以占用的街区百分比，同时要求所有摩天大楼建造时不得距离街边太近，以便让街道可以沐浴到阳光。新规则反映出了进步主义者确保私人利益和公众利益保持平衡的意愿。

同样地，1901年，纽约出台了《物业法案》，这部法案确立了在城市发展中应保障穷人利益的原则。法案由约瑟芬·肖·洛厄尔的慈善组织协会赞助，并得到了罗斯福的支持。法案随后也成为全美典范，其他11个州和40个城市均仿照该法案出台了类似规则。法案规定，每户租户之间必须有一定的距离，每套公寓必须配备卫生间，每个房间必须开设窗户。这些由雅各布·里斯推动的改革生逢其时，因为在20世纪初期美国正经历着一波移民高潮。超过70%的新移民定居在"门户市"①，下东区的人口密度甚至超过印度孟买。历史学家理查德·霍夫施塔特说，利用公共政策应对现代问题，强化了进步主义的信念，即"应当通过立法令工业社会人性化"。

1904年，《纽约新闻报》满怀抱负的出版人威廉·兰道夫·

---

① 因为大多数外国移民都是通过纽约进入美国的，所以纽约也被称为"门户市"。

第五章 野心之城

赫斯特决定,应通过政治使社会人性化。身为国会众议员的赫斯特开始以独立候选人身份参选市长。他的竞选纲领是反托拉斯、反坦慕尼协会。他说,如果交通、煤气、水和电力的管理分配都由政府来控制,那么控制这些领域的托拉斯就将自然消亡。而托拉斯的消亡将令坦慕尼协会失去贪污腐败的重要来源,从而削弱它,直到它将把持多年的公共权力归还给人民,民主才将重新得到确立。

虽然被坦慕尼协会和共和党人抨击为激进分子,赫斯特的竞选纲领却得到了民众的广泛支持,令他差一点就赢得了 1905 年的选举。令所有人惊异的是,赫斯特赢得的选票数是共和党候选人的两倍,只比最终成功当选的坦慕尼协会候选人乔治·B. 麦克莱伦(George B. McClellan)少 1.5%。而很多人认为,麦克莱伦之所以当选是因为坦慕尼协会在投票点使用了暴力威胁或金钱收买的方法。赫斯特的支持者包括来自坦慕尼协会心脏地区下东区以及布鲁克林区和皇后区的移民与工薪阶层。历史学家戴维·拿骚(David Nasaw)说,赫斯特的成功迫使坦慕尼协会从此转而支持改革派候选人,并积极推动改革法案,这永久地改变了纽约的政治图景。

随着纽约雄心勃勃地发展起来,城市中心不断向北迁移,《纽约时报》放弃了它位于帕克街的大楼,而选位于第 42 街和百老汇大道交界处的新址。这座 25 层高的新大楼于 1904 年完工,位于城市首条地铁线的上方。作为当时纽约的第二高建筑,纽约时报大楼标志着一个独特城市生活中心的兴起,并创造了一个熙熙攘攘的"世界十字路口"。《纽约时报》在 1904 年赞助了纽约首个新年烟火表演,随之点燃的也是 20 世纪纽约的新机遇。1913 年,中央车站进一步强化了第42街作为现代都市神经枢纽的地位。

与传统城市广场作为政治、宗教和经济中枢不同，时报广场①成为那些挑战主流价值观的活动的欢庆场所。在世纪之交，娱乐产业和商业化妓院开始在第42街繁荣，吸引了大批游客，令这里迅速成为旅游景点。巨大的霓虹灯招牌使用电力做广告，造就了著名的"白色大道"，令纽约成为"不夜城"。流行文化胜过了传统文化，剧院、影院、饭馆、舞厅、酒店令维多利亚时代的温良拘谨成为历史。随着时报广场成为美国娱乐、商业和罪恶的新标志，纽约似乎也变得比以往更加野心勃勃、躁动不安、凶险可怕。

在进步主义年代，纽约在美国现代化进程中扮演了一个特殊角色，它代表了经济实力，也酝酿了改革；它激发了信心，也培育了冲突。纽约的进步变革通常都由艺术家、黑人、女性、穷人和激进派这些非传统群体推动。正如杰克逊总统时代，纽约将当时的改革理念推向了极致。在20世纪初，通过艺术表达、街头抗争和法庭激辩，纽约正成为进步主义的试验场。

波希米亚反叛

20世纪初纽约市的波希米亚反叛在震惊美国之余，也引起美国人浓厚的兴趣。格林威治村吸引了来自全国各地的年轻中产阶

---

① 时报广场因《纽约时报》而得名。但国内此前翻译习惯于称该广场为"时代广场"。

第五章　野心之城

级知识分子，他们聚集在马克道格街的自由俱乐部和第五大道23号的为梅布尔·道奇①（Mabel Dodge）所拥有的沙龙，她是一个富有的赞助人。他们陶醉于伊莎多拉·邓肯②（Isadora Duncan）无拘无束的舞蹈、尤金·奥尼尔③（Eugene O'Neill）的实验戏剧、斯科特·乔普林④（Scott Joplin）的创新音乐，以及西格蒙德·弗洛伊德⑤（Sigmund Freud）的精神分析理论。社会控制让步于年轻文化、避孕、自由言论和创新精神。历史学家克里斯汀·斯坦塞尔（Christine Stansell）说，他们的"雄心抱负"在于"有所作为"，在于与众不同，在于改变世界。

仿佛是对费尔南多·伍德于19世纪中期提出的理念的戏仿，他们宣称，格林威治村应当成为一个独立王国。激进诗人约翰·里德⑥（John Reed）通过他的诗作最贴切地描写了这种理念：

> 生活在华盛顿广场⑦的我们是自由的
> 我们想那些上城人不敢想的

---

① 梅布尔·道奇：美国历史上最著名的沙龙女主人，同时也是一位作家。
② 伊莎多拉·邓肯：美国舞蹈家，是世界上第一位赤脚在舞台上表演的艺术家。因创立了一种基于古希腊艺术的自由舞蹈而首先在欧洲扬名。其后在德、俄、美等国开设舞蹈学校，成为现代舞的创始人。
③ 尤金·奥尼尔：美国剧作家，表现主义文学的代表作家，美国民族戏剧的奠基人。
④ 斯科特·乔普林：美国黑人作曲家、钢琴家。以其拉格泰姆作品闻名，以此音乐风格创作数百首短小乐曲和一些歌剧，被誉为"拉格泰姆之王"。
⑤ 西格蒙德·弗洛伊德：奥地利精神病医师、心理学家、精神分析学派创始人。
⑥ 约翰·里德：美国著名记者、诗人。
⑦ 华盛顿广场位于格林威治村与东村中间。西边的格林威治村自广场建立后，即成为作家、艺术家的栖身之所。

> 喧嚣的争论照亮我们的夜晚
> 我们每个人都确信
> 自己可以拿出灿烂辉煌的新想法
> 谁还在乎那个喜欢求全责备的无聊旧世界
> 无政府的自由祝福你
> 谁人还能如我们一样
> 除了欢乐什么都不要

波希米亚反叛在全美引发了强烈反响。10 年之内，曾经的出格变成了家常便饭，而格林威治村也从一个反叛中心变成了一个时尚圣地。戏剧、诗作、绘画、杂志、报纸、书籍、音乐、舞蹈和抗议将这种新精神广泛传播。就像时报广场一样，波希米亚反叛确认了纽约作为文化泥沼和文化典范的双重角色。

波希米亚反叛对女性的影响格外显著。沉默贤淑、相夫教子的传统女性正在被独立、受过教育、在职场打拼、性感的都市"新女性"所替代。甚至波希米亚作家兰道夫·伯恩（Randolph Bourne）都承认，"大胆的"格林威治村女性"不断让我们震惊"。她们身着简洁的仿男士衬衫，抛弃了束身衣的束缚，短发，化妆，抽烟、在公共场所喝酒，这些在 20 世纪初期都被视为极其粗暴无礼的举动。但到了 20 世纪 20 年代末，她们定义了一种新时尚"Flapper"[①]。可以肯定的是，对女性的社会定位依然存在诸多限制。但 20 世纪头 10 年，格林威治村女性反叛者对当时社会价值

[①] 这一单词特指在 20 世纪 20 年代的美国新女性，她们往往穿衬衫、烫卷发、听爵士乐，炫耀一些为世俗不容的行为。

第五章 野心之城

观的挑战，令20世纪20年代席卷全美国的"礼仪和道德革命"成为可能。

阿尔弗雷德·施蒂格利茨反映了弥漫于波希米亚反叛中重估一切的精神。施蒂格利茨出身于一个富裕的羊毛商家庭，从城市学院毕业后，在德国柏林游历了一段时间。他在学习摄影技术的同时还注重吸收欧洲文化。回到纽约后，他开始将纽约作为一个美学对象来欣赏，并决定将摄影作为一种独立于新闻之外的艺术形式来推进。1902年，施蒂格利茨发起了摄影独立运动。正如运动的名字所表达的那样，这场运动标志着施蒂格利茨对传统艺术的反叛。他的摄影杂志和位于第五大道291号的独立艺术画廊（正对着斯泰肯工作室）致力于传播这样一种理念：每个艺术家都应当拥有"发掘自身视角的权力"。

一部分画家也持相同观点，他们认为绘画应当准确地还原而非美化现实。受到斯蒂芬·克莱恩和沃尔特·惠特曼的激发，他们致力于按原样描绘现实——在世俗中发现美，在都市人群中发现魅力，在城市街道中发现戏剧。他们想要将艺术从正式刻板的、由上层阶级定义的标准束缚中解放出来，罗伯特·亨利（Robert Henri）是这群艺术家的领袖，他也是施蒂格利茨的朋友。他于1899年从费城来到纽约，以教授绘画为生。他敦促学生"不要再画水瓶和香蕉，要描摹纽约的日常生活"。对他来说，"一个赫斯特街道上的手推车要远比一个荷兰风车更适合入画"。评论界认为他的这种描绘日常生活的绘画极其荒谬，他们将其贬为垃圾箱画派。

两场开创性的展览定义了纽约进步主义时代艺术领域的反叛

精神。第一场在1908年2月由名为"八人"的独立艺术家们举办，展览展出的艺术品都是被一些著名学院（如全国设计学院）拒绝的作品（亨利曾为了抗议学院拒绝展出这些画作愤而辞职）。"八人"中的一位艺术家名为约翰·斯隆（John Sloan），他曾在费城跟随亨利学画，后来又追随恩师于1904年来到纽约，而流行于波希米亚艺术家之间的惠特曼诗作进一步加深了两人之间的感情。1908年，斯隆展出了两幅描绘纽约普通街道上的普通人劳作的画。评论界认为这些画作非但无法引起美学共鸣，反而"令人作呕"。"八人"的展览被称为"纽约艺术之战"，吸引了众多参观者，以至于展览不得不延长展期，并在东部和中西部9个城市进行了巡展。它开启了美国艺术的新时期——一个诞生于并隶属于纽约的新时期。

第二场开创性的展览于1913年2月在列克星敦大道和第25街的军械厂举办，这场展览被斯隆形容为"炸药"。为了挑战全国设计学院对进步主义艺术的排斥，这场展览展出了欧洲艺术家毕加索（Picasso）、罗丹（Rodin）、马蒂斯（Matisse）和凡·高（Van Gogh）的名作，同时展出的还有施蒂格利茨、"八人"等美国本土艺术家的作品。继纽约之后，展览还前往芝加哥和波士顿举办，连续3个月，吸引了全国和世界媒体的关注。《纽约晚邮报》称，这场展览的意义在于将公众的思想从传统的"艺术紧身衣"中解放出来。《波士顿环球报》（*Boston Globe*）宣称，"美国艺术从此将大为改观"。垃圾箱画派至此已不再是垃圾。

针对创新自由的斗争在纽约一本名为《大众》（*The Masses*）的激进杂志上找到了表达平台。1911—1917年，《大众》为垃圾

第五章 野心之城

箱画派提供了平台；同时，创新诗体、短篇小说和社会讽刺文学也在这里找到了表达渠道。怀着典型的纽约态度，这本杂志宣称自己是"拥有幽默感，鄙视体面人，直白、傲慢又无礼的杂志"。它的目标就是攻击"所能发现的所有僵化和教条"。正因如此，这本杂志代表了波希米亚反叛的全部精神。马尔科姆·考利（Malcolm Cowley）写道，这是美国首个挑战中产阶级价值观的文化运动，将"波希米亚与资产阶级对立，将贫穷与发达对立"。

《大众》攻评资本主义和宗教，探讨诸如避孕之类的禁忌话题，支持当时充满争议的自由言论运动。它有力的文字和极具冲击力的图片造成的效果甚至超过了罗斯福口中那些"专挖隐私"的八卦杂志。《大众》的很多图片都是出自艺术总监约翰·斯隆之手。一位历史学家解释道："这本杂志的主要武器就是冲击力。"相应地，那些体面的美国人认为其"下流、肮脏、猥琐、有害、道德沦丧、亵渎神明和具有破坏性"。这种攻击揭示出《大众》挑战现存正统观点的影响力。作家欧文·豪尔（Irving Howe）说，它为"美国文化中所有生动荒唐的元素提供了集结舞台"。

《大众》的主编宣称，致力于"反叛与重生"的《大众》与劳工运动格外合拍。1913 年，杂志工作人员在麦迪逊广场花园组织了一场盛大的游行活动。斯隆设计了一条 100 英尺长的条幅，里德创作了一出 1 000 人参演的戏剧。艺术、戏剧和政治的结合将中产阶级和劳动阶级统一起来，这场活动被视为波希米亚反叛的最高潮。

但到了 1916 年，《大众》杂志不得不着手处理自己内部的劳工纠纷。以斯隆为领导的一部分艺术家为了抗议杂志日趋僵化和政治性的社论而发起罢工。杂志内部还存在其他一些分歧。虽然《大众》

坚持为女性争取权益，关心穷人状况，尊重多元移民文化，但它经常将美国黑人脸谱化。此外，杂志激进的立场也常常与一些事实产生冲突：一个冲突在于杂志的赞助商是富人；另一个冲突在于杂志的受众与其说是广大民众，不如说是中产阶级知识分子。

正如进步主义运动本身一样，《大众》成了第一次世界大战的牺牲品。随着美国参战，内部要求言论一致的声浪日益增强，所有的批评观点都被视为可疑的通敌行为。通过文章、漫画、演讲和游行，《大众》激烈地反对战争。当杂志工作人员发起反对征兵的抗议活动时，联邦政府限制了杂志发行，并指控杂志编辑犯了1917年《间谍法》中规定的叛国罪。虽然两场审判中的陪审团意见都出现分歧，但政府依然取消了《大众》的邮寄发行权。

政府乘胜追击，于1918年发起了针对《大众》的另一场审判，指控该杂志阻碍征兵。来自下东区的犹太人、劳工律师莫里斯·希尔奎特（Morris Hillquit）是主要辩方律师。虽然最终并未发现任何确凿的合谋证据，但《大众》在经历了三场官司后不得不停刊。虽然随后以《解放者》和《新大众》（*The New Masses*）的名字重新出版，但它再也没能重新焕发原来的自由生机。毋庸置疑的是，在《大众》杂志最辉煌的时期，它具有如此广泛的影响力，以至于成为被联邦政府针对的首份杂志。《大众》将进步主义运动在文化层面推向了极致，同时也拓展了美国关于言论自由的讨论维度。正如它的一位崇拜者所说的那样，它报道了"所有令人震惊的现实，关键不在于震惊，而在于现实"。

与波希米亚反叛、摄影独立运动和垃圾箱画派一起，《大众》杂志确立了纽约作为美国文化革新源头的地位。纽约在历史上是多元和宽容的避风港，也因此是新思想和行为模式的合理诞生地。在进步主义时代，纽约激励了美国人去重新审视一些最根本的文化和社会定式。斯坦塞尔说，这种结果就是"民主好奇"的发展。这种好奇令纽约充满活力，也丰富了20世纪的美国思想。

康尼岛

康尼岛是进步主义运动变革的另一个推动剂。康尼岛是美国的第一个大型游乐城，是工业化的产物，也是对工业化的回应。工厂工作麻木而沉闷，再加上生活水平有所提高，使得人们开始寻求休闲活动。工人想要逃离工业化带来的沉重工作，工业化则为他们提供了火车、电车和地铁，为他们的逃离提供了便利。此外，火车和电梯技术催生了旋转木马、摩天轮、过山车等机械化的游乐设施和机械类游戏，全国各地的游乐公园都有相似的配置。

康尼岛作为"公寓一族的游乐场"，使大众的休闲生活现代化。不同于大多数为精英服务的度假村，康尼岛吸引了普通工人们。这里离纽约很近，乘坐公共交通工具就可以到达，可以尽情玩上一天或一夜，还有一些免费项目。康尼岛是人们趋之若鹜的地方，人们在那里可以暂时抛下规则，尽情玩乐。因此，一位参观者评论道，这是一个过于民主以至于有些危险的地方，"男男女女，有着不同的年龄、身高、体形、肤色和国籍，完全自由地跑来跑去"。

尽管康尼岛在20世纪20年代达到顶峰，但它是在19世纪90

年代和20世纪初发展起来的,当时主要的娱乐设施已经建成。其中包括1895年的狮子公园、1897年的陡坡公园、1903年的露娜公园和1904年的梦幻世界。一家旅馆的外观被装修成大象的模样。在这里,越出其不意,效果就越好。如果说中央公园见证了平静、田园秩序和精致生活,那么康尼岛则以其刺激而闻名。这里有高耸的魔幻建筑,建筑在灯光下显得耀眼夺目,这里有奢侈的烟花表演、大胆的特技表演和令人眼花缭乱的马戏团演出。然而,康尼岛也被批评为一种低俗的、商业化的大众娱乐场所,虽然可以享受其中,但欢乐稍纵即逝。不过,这正是它的引人入胜之处。正如一位历史学家解释的:"康尼岛的刺激包含一种不断增加的危险感,人们总是知道没有人会真的受伤。因此,康尼岛成了一个成人游乐场,在其他地方不被接受的行为在这里可以得到包容。"

在大多数度假胜地,娱乐要花钱。但康尼岛,价格被故意压得很低,跳舞馆和海滩还是免费的。这里的一家德国啤酒馆推出了热狗。1916年,当一个服务员开始在康尼岛的一个小摊上以每根5美分的价格售卖热狗时,纳森热狗连锁店已席卷了整个城市,很快,整个国家都开始吃这种源于纽约的移民食品。

在由严格的社会控制所界定的维多利亚时代,海滩是颇受争议的地方。最大的问题是女性的泳衣。19世纪晚期女性的常规服装是一件长及脚踝的连衣裙,由紧身的胸衣、繁复的衬裙、高领口和长袖子组成。相比之下,泳衣是一件及膝的有短袖和连裤袜的短裙。用现在的标准来看,女性穿得太多了,但是以19世纪末、20世纪初的标准来看,她们则穿得太暴露了。泳衣让人把隐私暴露在公众面前。此外,当男性和女性(通常是陌生人)开玩

第五章 野心之城

笑、玩游戏和一起游泳时，他们公然违背了那个时代的行为准则。和格林威治村一样，康尼岛也在进行着一场文化变革，这是一场"逃避体面"的变革。

在其他的方面，康尼岛还遵循着社会规范。曼哈顿海滩上有豪宅，还有一个名副其实的可以叫作"海门"的封闭社区，这些都反映了社会分层。黑人被禁止进入酒店、餐馆、娱乐场所和海滩。但是，他们还是会来，住在在那里工作的黑人的家里，或者只是随便走走。犹太人也面临歧视——高级一些的康尼岛酒店也禁止犹太人入住。然而，在纽约的一些知名犹太人抗议之后，一些机构敞开了大门，逐渐接纳了犹太人。事实上，很难在一个由社会自由定义并致力于赚钱的环境中实施文化限制。一位历史学家观察到，从这个意义上说，康尼岛是"一个民主自由和平等的熔炉，一个文化熔炉"。

1880—1940 年，康尼岛是美国最大、最受欢迎的游乐城，虽然到处都有模仿者出现。第二次世界大战后，康尼岛衰落了，原因是其他游乐园的竞争、1939 年世界博览会、琼斯海滩还有新兴的电影业。唐纳德·特朗普（Donald Trump）的父亲弗雷德·特朗普（Fred Trump）于 20 世纪 60 年代建造了中等收入住房，不仅剥夺了游乐城更多的土地，还破坏了工人社区的稳定。白人得到了土地补偿，并被邀请搬进由弗雷德·特朗普兴建的高楼里居住；黑人却被重新安置在破旧的平房里。此外，20 世纪 70 年代，弗雷德·特朗普成功游说纽约州立法防止康尼岛出现赌场，原因在于这里可能与唐纳德在大西洋城的利益形成竞争。

20 世纪 80 年代，俄罗斯移民给这里带来了一些生机，2000

年，纽约市长拆除了以前的越野塔，取而代之的是一座棒球场。重新分区政策进一步促进了住宅和商业的发展，而不是娱乐业。2012年，"桑迪"飓风造成严重破坏，毁坏了水族馆——它是自1957年以来的主要景点。从那时起，康尼岛开始复苏，尽管只是局部性的。木栈道修好了，一些娱乐设施恢复如初，地铁站被翻修一新，一年一度的美人鱼游行继续举行。6座老建筑获得了城市地标的地位，4座老建筑成为国家历史遗迹。纳森热狗连锁店随着夏季的吃热狗比赛继续蓬勃发展。此外，海滩仍然对所有人开放。随着中产化在纽约一路高歌，康尼岛迎来了新的机遇。尽管其辉煌时代已经过去，但康尼岛仍然代表着纽约历史上的不稳定、多样性、兴奋性、便利性和廉价性。它象征着一个乐观的时代，当时的康尼岛是每个人的梦幻乐园。

种族界限

进步主义运动的复杂性在种族关系中体现得最为明显。纽约作为黑人抗议活动中心的崛起，确保了这场运动不会仅仅事关白人。1900年、1905年和1910年的种族冲突凸显出种族矛盾，同时也强化了人们解决矛盾的决心。例如，得到跨种族支持的全国有色人种协进会和全国城市联盟分别在1909年和1911年成立。正如美国黑人学者杜波依斯在1903年解释的那样，这些冲突的目标就是"让一个人同时既是黑人又是美国人成为可能。他不会被诅咒，不会被其他人唾弃，机会之门不会在他面前被粗暴地关闭"。

第五章 野心之城

然而，当时美国正在逐步系统性地对黑人关上这些机会之门。解决"黑人问题"的方法就是重新剥夺这些自由黑人刚刚取得的投票权，严格限制他们的经济机会，重新确立种族隔离制度。当西奥多·罗斯福总统于1901年邀请前奴隶、自学成才的教育家布克·华盛顿（Booker T. Washington）到白宫参加宴会后，人们开始猛烈抨击总统，偏见毒液的强大可见一斑。更恐怖的是，自1885年后，私刑的数量大幅增长。仅1892年一年，就有241起私刑，平均每周发生四起。一位记者艾达·B. 韦尔斯-巴尼特（Ida B. Wells-Barnett）由于将私刑批评为"对法律和公正的嘲笑"而受到死亡威胁。后来，她来到纽约避难，为美国最重要的非裔美国人报纸《纽约时代》（*New York Age*）供稿。

报纸主编托马斯·福琼（T. Thomas Fortune）此前也是奴隶，他是美国当时针对种族矛盾最杰出、最有力的批评者。由于他号召黑人们反抗私刑，抵制隔离，强调他们作为公民的权利，尤其是投票权（包括黑人女性的投票权），所以他被称为危险的"煽动者"。他还组建了全国非裔美国人委员会，来协调黑人们的各种反抗努力。福琼本人曾两次提起诉讼。第一次，他对一个拒绝为他提供服务的酒吧提起诉讼；第二次是对一家拒绝卖给他戏票的剧院提起诉讼。福琼是早期倡议将黑人称为"非裔美国人"，而非"有色人种"或"黑鬼"的人。在他人生的不同阶段，他曾先后支持改革者亨利·乔治，渐进主义者布克·华盛顿和激进的泛非主义者马库斯·贾维（Marcus Garvey）。但无论在哪个阶段，福琼都认为黑人应当制造足够多的"噪声"，以反抗美国种族关系中"不公正的、令人难以忍受的、非人的"现实。

1900年发生的一场骚乱显示出这项挑战是多么严峻。一个炎热的8月夜晚，一名黑人女性在第41街和第八大道交界处等待男友亚瑟·哈里斯（Arthur Harris）。这是一个种族混居的混乱街区。一个便衣警察怀疑她是妓女，而这时赶到的哈里斯在不知道这个人警察身份的情况下，与他爆发了冲突。警察被哈里斯用小刀刺成重伤。消息不胫而走，人们纷纷传言说一个刚刚从南方来到纽约的黑人杀死了一个白人警察。

在警察葬礼后没几天，又发生了一场类似的黑人和白人间的冲突，于是大规模骚乱爆发了。1万多名白人暴民在西区第20街到第30街间，袭击任何看得到的黑人，将他们从街车和家里拖出来暴打。白人高喊着"用私刑处死黑鬼"。警察也加入了进来，不仅追击黑人，将他们交给暴民，还参与殴打黑人，并把他们关进监狱。逃往华盛顿的哈里斯被抓回纽约受审，最终被判无期徒刑。

骚乱中，一些白人试图保护和掩护黑人，还有一些人举行捐款活动帮助受难者。主流报纸抨击警察的暴行，并承认"在这个城市中，有色人种多年来一直被警察粗暴、不公正地对待"。他们害怕，如果城市纵容"暴徒"，警察的处理不当反过来也会伤害白人。与1871年奥兰治骚乱时一样，坦慕尼协会被批评不应在警察队伍中安插那么多有暴力倾向的爱尔兰移民。在《纽约每日论坛报》（*New York Daily Tribune*）的一则漫画中，一个爱尔兰裔警察被画成坦慕尼协会标志上的老虎，傲慢地挥舞着棍棒；另一边，一个浑身是血、被打得半死的黑人倒在街边。骚乱被视为纽约的"耻辱"，尤其这场骚乱令南方格外开心，因为他们看到种族冲突不仅仅发生在南方。

第五章　野心之城

白人和黑人都要求警察为其暴行负责，但当局对这种呼声充耳不闻。所有针对警方的指控都被宣布为证据不足，在一场假模假式的听证会后，案子以不了了之收场。而要求赔偿的起诉也全都被驳回。由于缺乏官方补偿，黑人领袖们在卡内基音乐厅举办了一场集会，吸引了 3 500 人参加。会上成立了公民保护联盟，托马斯·福琼任主席。与会者召开了自己的审判大会，他们传唤证人和受害者，听取他们的证言。随后，这些证词被送到市长处，要求官方对此给出解决方案。但是，政府依然没有任何动静，事件也因此一直得不到解决。骚乱一直持续了一个月，最终造成两人死亡。

1900 年骚乱是自 1863 年征兵骚乱以来最严重的种族冲突，它令纽约的黑人族群感到无比沮丧。正如杜波依斯指出的，骚乱显示出"纽约的黑人与新奥尔良的黑人一样处于持续的暴民威胁中"。这种现实在 1905 年发生在圣胡安山的另一场骚乱中得到进一步确认。圣胡安山是一个位于西 50 街和 60 街之间的传统爱尔兰街区，但黑人族群日益庞大，包括在 1898 年美西战争中参加圣胡安山战役的许多退伍黑人军人。骚乱的起因是一名爱尔兰裔警察由于杀死了一名黑人守夜人而被罕见地定罪。爱尔兰裔居民和警察发动连续两晚的骚乱，他们攻击黑人，造成一名黑人死亡，60 名黑人被捕。作为反击，黑人社群组建了另一个由托马斯·福琼和地产商小菲利普·A. 佩顿（Phillip A. Payton Jr.）领导的公民保护联盟。这个组织的抗议活动最终令纽约在 1911 年任命了首位黑人警官。

危机加快了改革的节奏。虽然黑人已经拥有两个基督教青年会、几处定居房和贸易学校，但如今他们开始努力更好地服务社区，并组建了首个跨种族的同盟。自由主义和慈善精神的悠久传统、庞大的黑人人口、虽弱势却团结的黑人中产阶级,以及进步主义运动,都令纽约成为美国黑人改革运动的中心。

1906年,黑人和白人进步主义运动者组建了全国有色妇女保护联盟,以帮助来自南方的黑人女性在纽约定居并避免她们沦为妓女。同一年还成立了改善纽约黑人产业境况委员会,同样得到了白人和黑人的共同支持。威廉·L.巴尔克利(William L. Bulkley)是一所白人学生占多数的学校的首位黑人校长,在他的领导下,这个组织试图扩大黑人熟练工人的就业机会。1910年,黑人城市境况委员会成立,与前面提到的两个组织一起联合组建成为全国城市联盟。这个组织与布克·华盛顿关系密切,关注重点是为黑人提供社会服务,并帮助他们寻找工作机会。巴尔克利是组织的副主席,他提出该组织的信条是"不要救济,要机会"。

同期出现的另一个黑人组织由布克·华盛顿的竞争对手杜波依斯领导。受杜波依斯1905年发起的尼亚加拉运动启发,并被1908年伊利诺伊州斯普林菲尔德的种族骚乱所激发,1909年,包括黑人和白人在内的进步主义运动者组建了全国有色人种协进会。正如杜波依斯所说,布克·华盛顿采取"沉默地屈从于低等公民地位"的做法,而该组织反对这一做法,追求全面的平等。他们的目标是让1 200万美国黑人:

> 身体上不受奴役;
> 精神上不受忽视;
> 政治上不被剥夺公民权;
> 社会上不受侮辱。

第五章 野心之城

这些目标看似清晰简单，其实不然。杜波依斯主编的名为《危机》(*The Crisis*)的杂志进一步推广了这种理念。随着时间的推移，这个组织成为一个全国性组织，帮助废除法律规定的教育、选举、住房和使用公共设施方面的种族隔离制度。

这个组织的重要性在它建立后的第二年开始显现。一位名为杰克·约翰逊(Jack Johnson)的黑人拳击手当年击败了绰号为"伟大的白色希望"的上届冠军吉姆·杰弗里(Jim Jeffries)。这个消息立即在全国范围内引发了种族骚乱，程度堪比1968年马丁·路德·金(Martin Luther King)遇刺后爆发的骚乱。拳击运动向来被视为种族优劣的试验场。垃圾箱画派的乔治·贝洛斯(George Bellows)曾为拳击场上的约翰逊作画，他精确地捕捉到了白人观众的不甘：当白人观众目睹健硕灵活的约翰逊以压倒性优势击败白人对手时，他们脸上呈现出了痛苦的表情。这幅画先被称作"一个黑鬼和一个白人"，后来被改为"俱乐部的两个成员"。名字的变动深具意义。

但是，当时针对黑人的敌意依然很强大。1910年7月4日，约3万名白人群众聚集在纽约时报大楼门前，焦急地等待来自内华达州的比赛结果。当约翰逊击败杰弗里的消息传来后，愤怒的人群涌上西区街道，攻击黑人，焚烧黑人的房子。暴徒呼吁对黑人采取私刑。黑人男性被从电车上拖下来暴打。一小撮白人暴徒还来到位于杰梅卡湾巴伦岛的一处黑人聚居地，袭击了那里的黑人居民，并纵火焚烧他们的茅棚。虽然警察看似在到处维持秩序，但他们永远都是在暴徒撤离后才到场。不少黑人被打昏在路边，虽然立即被送往医院，但仍有一人因头骨碎裂而死亡。

这起骚乱重新激起了纽约的自由主义传统。跟其他城市的同行们不同，纽约市长威廉·盖纳（William Gaynor）拒绝禁止地方影院播放骚乱画面，他声称自己并不是一个新闻审查官。《纽约时报》刊登了一篇极具进步主义精神的社论，指出约翰逊是在白人设定的规则下合法地获得了冠军，因此他的胜利理应得到尊重；如果针对黑人的就职歧视可以更少一些，黑人完全可能在其他领域同样取得成功。更重要的是，社论号召公众通过在赛场外推动"公平的赛场法则"来处理种族歧视问题。

纽约的黑人拥有悠久的抗议传统、强大的社群和有力的领袖。这些优势在1917年表现得格外明显。全国有色人种协进会那一年在第五大道组织了一场沉默的抗议游行。这是美国历史上第一场重要的黑人抗议。1万名默不作声的男人、女人和儿童身着丧服，抗议私刑并纪念在东圣路易斯骚乱①中死亡的39名黑人。人们举着标语："为什么不令美国成为民主的安全港？"包括杜波依斯在内的游行领导希望以此唤醒纽约、美国和全世界。"没有什么能比新黑人的新精神更能唤醒美国的了。"

1919年，第一次世界大战的退伍军人从纽约返回家园，来自哈莱姆的黑人军人沿着第五大道骄傲地游行。行进在队伍最前面的是广受赞誉的拉格泰姆乐队。但他们并不是每次都能受到热烈欢迎。事实上，在美国军队中，他们被隔离；被白人士兵骚扰；被编入法国军队，在那里他们的英勇善战为他们赢得了荣誉。被

---

① 1917年5—7月发生在美国伊利诺伊州东圣路易斯的种族骚乱，造成数十人死亡。

欧洲人平等对待的经历对这些黑人来说是如此新奇。在为国家浴血奋战后，这些黑人军人决心在自己的家园也争取平等。杜波依斯宣称："我们归来了，我们从奋战中归来，我们归来奋战。"

吃饭、工作与投票

食品危机

在进步主义运动中，为了应对饥饿、改善工作环境和争取投票权，女性引发了引人注目的冲突。与波希米亚反叛中的"新女性"呼应，她们通过采取跨阶级和民族的激进战略，重新定义了女性形象。食物向来是家庭女性管辖的领域，公共抗议并不是传统的女性领域。但饥饿足以成为一种强人动力。正如一位妇女向法官解释的那样："我们并不是有意闹事。我们的孩子已经饿得骨瘦如柴，我们的丈夫已经无力劳作。如果我们只能在家哭泣，那又有什么用呢？"

女性们深知，要反抗控制她们生活的强大势力，需要大胆、激进的集体行动。譬如，她们知道地方肉店是全国牛肉托拉斯生产销售机器上的一个零件，于是她们通过反对地方肉店来反抗全国牛肉托拉斯。变革需要大胆的行动，而女性们在街头和法庭上都展示出了她们的胆量。法官不屑地质问一位被捕妇女："你对托拉斯又知道些什么呢？这不是你应该管的事情。"这位妇女反击道："那么，我们一贫如洗又应该是谁管的事情呢？"一本当时的宣传册指出，关于食物的斗争是"一场女人的战争"。

1902 年，由于按犹太教规屠宰处理的肉类价格持续上涨，正统犹太教妇女们在下东区发起了一场长达 3 周的抗议活动，上城、布朗克斯和布鲁克林随后也爆发了类似示威。5 月 14 日，一个委员会成立了，其成员挨家挨户地向邻居们解释她们的诉求。周四，妇女们上街游行，冲进肉店，把肉扔在街头。这场骚乱很快扩散到整个下东区，吸引了 2 万名示威者。试图保护屠户的警察被投掷动物内脏，被激怒的警察于是暴打女性示威者，并逮捕了 70 人。

周五，妇女们举行了一场集会，并继续她们挨家挨户的游说活动，在每户肉店前安插纠察队员，并集资为打官司做准备。她们还再次冲上街头，砸碎肉店窗户，捣烂肉排。妇女们与警察的暴力冲突导致 100 人被捕。骚乱在安息日当天暂停。周日，所有的肉店关门，饭馆也将肉类从菜谱上撤下；在一场 500 人参加的集会上，妇女们成立了妇女反牛肉托拉斯协会。

这个新组织很有成效。它散发针对男性受众的传单，广泛接触基督教徒，组织委员会协调布鲁克林和布朗克斯的抵制活动，派代表参加劳工联合会，组建肉类合作社，其中一些在抵制活动结束后依然继续运作。犹太教妇女利用犹太教强调社会责任的特点，并得到了紧密团结的社群的支持，她们认为这种无序行为是必要且合法的。她们的使命感极强，一名抗议者宣称："有人认为女人不是人，我们就是要让他们看看我们比那些吸干我们血汗的肥仔富佬们更称得起是人。"

《纽约时报》被女性们的强硬立场震惊，称她们为"一窝无知的""不明白美国人的责任和权利的"外国人。该报认为，针对她们最好的武器就是"不理不睬"。著名的犹太报纸《犹太每日前进报》（Jewish Daily Forward）虽然支持抵制，但害怕这会引发更多暴力活动，因此劝阻妇女们"在自己家里默默地激动就好了"。一些男人组成了自己抗议肉价上涨的组织，还有一些人公开毁谤妇女们的抗议活动。一个月后，肉价开始下跌。女人们暂时赢得了这场战争。

1902年5月的这场肉价骚乱过后不久，7月爆发了美国历史上规模最大的排犹暴力活动。事件源起于一位犹太教拉比的葬礼，当时超过5万犹太人参加了葬礼游行，当人群缓慢行进到格兰街的一个锄头工厂时，遭到了爱尔兰工人的袭击，后者从窗户向人群投掷木块、钉子等，送葬者被迫出手还击，爱尔兰工人接着用高压水枪攻击。一小队警察赶到现场控制局面，但此后赶来增援的警察却开始袭击送葬者，爱尔兰工人也加入了斗殴。许多送葬者身受重伤。

犹太社区将这场暴力活动与发生在俄罗斯的排犹活动相提并论，他们举行抗议集会，并像1900年和1905年种族骚乱时一样，组成了自卫组织。他们还呼吁市政当局赔偿受害者。8月，市长塞斯·洛（Seth Low）组成了特别调查委员会，并举行了公开听证会。证言表明，长期以来一直存在警察针对犹太人的暴行。政府接受了听证报告，纽约市政当局历史上首次承认了针对种族的警察暴行。虽然几名警察受到审讯，但没有一个人被定罪。不过，骚乱也迫使警察专员下台，犹太社群的不满还是引起了足够重视。

在接下来的10年中，各类冲突不断袭扰着纽约。1917年2月，食品短缺和高物价带来了又一波骚乱潮。饥饿在街头蔓延，激进的抗议者玛丽·甘兹（Marie Ganz）写道："从未见过母亲们用如此焦急而担忧的眼神注视着她们苍白的孩子。"一名妇女在布鲁克林的布朗斯维尔购物时，由于没有足够的钱付账，与小贩发生冲突。随后，其他女性也开始攻击其他小贩，食物被扔得满地都是，小贩们被殴打。在威廉斯堡发生的另一起类似冲突持续了40分钟。警察赶到现场试图控制局面，但出于对女性的同情，没有逮捕任何人。一名警察解释道："她们仅仅是太饿了。"

接下来的几天，数百人游行至市政厅，数千人在《犹太每日前进报》位于东百老汇的大楼前举行集会。但市政当局没有回应，妇女们继续干扰市场、没收鸡、骚扰购买被列为抵制商品的顾客。有一天，5 000名主要由妇女和儿童组成的人群在麦迪逊广场公园举行集会，另外一大批人游行到位于第五大道和第34街的华道夫-阿斯多利亚饭店。示威者呼喊着要食物的口号长达两小时，袭击了几个富人并威胁要袭击大楼，直到赶到现场的骑警冲散了人群，数人受伤。

1917年的食品危机从纽约扩散到另外几个州，变成了全国性话题，进而成为国会众议院的讨论议题。来自下东区的迈耶·伦敦（Meyer London）是国会中唯一一个社会党代表，他提出成立一个联邦食品委员会，负责对食品分配和定价进行管制。但政府并未对此采取任何行动，食品危机和抵制活动一直持续到美国加入第一次世界大战。随着战时实施价格管制，骚乱才逐渐平息。从某个角度看，食品危机证明进步主义运动似乎只是一场闹剧，因为这场运动反而让托拉斯控制了经济命脉，并容忍"在我们最富有的城市中出现食品短缺"。美国拥有"前所未有的财富，然而却爆发了食品危机。这多么荒谬"。

1902年和1917年爆发的食品危机代表了进步主义运动的基

第五章　野心之城

本框架，同时展示出这场运动的优势与不足。一方面，改革的影响具有明显局限性。反托拉斯法案固然不错，却没能成功分拆大部分托拉斯，也未能解决普通民众面临的最紧迫问题。另一方面，大众热情推动了公民对进步主义运动的参与，同时也将这种革新精神扩散到中产阶级以外的社会阶层，移民和女性也开始参与到公共变革中来，这些人超越了传统的社会角色，开始突破公共领域与私人领域、男性与女性、本土与移民之间的界限。

无情的大火

普通人如何在进步主义运动中改变美国的最经典例子出现在1909—1911年的纽约纺织业。推动改变的是年轻的犹太裔和意大利裔女性纺织工人。她们每周工作60小时，薪水却只有少得可怜的3美元。虽然女性被普遍认为是无法组织起来的一盘散沙，但这些年轻女工却冒着极大风险，用她们的勇气与团结证明了这种认识的错误。历史学家菲利普·福纳（Philip Foner）说，她们的行动不仅改变了女性在劳工组织中的角色定位，更激励了所有工人奋起反抗。

爆发于1909年的三角衬衫厂罢工和1911年发生在这家工厂的大火，将女工面临的困境推到了美国政治议程的最前沿。社会学家莫里斯·希尔奎特说，这两起事件"唤醒了我们沉睡的社会良知"。贪婪带来的非人道后果从未如此可怕，因此改革的必要性也从未如此紧迫。事件使得纽约州通过了进步劳工法案，并为其他州提供了这个领域改革的模版，也为富兰克林·罗斯福总统的新政奠定了基础。

1909年9月下旬，三角衬衫厂将一些试图组建劳工联合会的工人挡在厂外。刚刚起步的国际妇女纺织工人联合会号召工人发动罢工以进行抗议。很快，罢工扩散到其他工厂。女性贸易团结联盟也为罢工提供了关键支持，这个组织的成员既有富有的女性，也有劳工阶级女性，她们的目的在于共同推动女性劳工组建工会。

11月22日，女性工人们在库珀联盟学院举行了一场集会，标志着美国首场重要女性罢工的开端。虽然男人们（其中包括塞缪尔·冈珀斯）不断通过演讲呼吁女工们采取克制态度，但一名16岁少女罢工者挤到讲台前，用意第绪语（一种犹太语）号召大家行动起来。人群中爆发出支持的欢呼，挤满了大厅的3 000名妇女齐声支持她。

最初，大约有3万名女工参与了第二天的罢工。但一周之内，很多小企业和员工达成和解，罢工者数量迅速减少。但仍然有2万人坚持罢工活动。随着冬天的到来，女工们忍受着饥饿的煎熬。警察开始出动，随便找借口逮捕女工，受雇的流氓恶棍也开始袭扰女工以扰乱罢工。超过700名罢工者被捕，19人被押送到劳教所。为此，女性贸易团结联盟的富有成员站了出来以保护女工。当该组织的领袖被押送到法庭后，警察才意识到抓错了人。他们道歉说，如果早知道她是"一位富有的女士"，绝对不会逮捕她。

女性贸易团结联盟为被捕的女工筹集保释金、提供食物。报纸上充斥着孱弱少女被推倒、踩踏、逮捕，以及她们忍饥受冻坚持罢工的报道。如同1899年的报童罢工一样，这些报道在民众中引发了强烈同情。在费城，服装工人也发动了罢工，阻止纽约生产商将半成品运到费城以继续生产。虽然在男性劳工联合会领导和女

第五章 野心之城

罢工者之间、在意大利裔工人和犹太裔工人之间存在矛盾，但女工们依然坚持罢工不妥协。甚至是平日通常语带轻蔑的《纽约时报》都忍不住刊登了罢工者抗议警察"侵犯、恫吓和虐待"的报道。

虽然大部分雇主愿意跟女工达成妥协，承诺改善工作环境，但他们拒绝承认劳工联合会的合法性。罢工活动于1910年2月结束。在工会合法性这个关键议题上，罢工未能取得进展。但女工们依然取得了部分极具历史意义的胜利，因为罢工展示了女性抗议者和组织者的力量。一首歌贴切地描述了这场罢工的意义：

> 向1909年纺织女工们致敬
> 在罢工中她们旗帜鲜明
> 打破那些有权有势人的统治
> 指明我们的方向 砸碎铁链
> 在1909年阴冷的寒冬
> 当我们在罢工中受冻流血
> 我们向世界展示 女人一样可以战斗
> 我们站起来了 我们以女性的力量获胜

遗憾的是，那些签订协议的雇主们大多食言，一些大工厂的老板甚至根本就拒绝与女工签署妥协协议，而罢工始发地——三角衬衫厂就是其中最过分的一个。如果签署了改善工作环境或减少工作时间的协议，女工们就不会在周六下午继续在工厂干活，700名年轻的女工也就不会遭遇1911年3月25日发生的那场大火。

工厂里到处堆满了易燃的布料、木桌和机油，因此火势迅速扩散。工厂老板和几名员工成功逃到了屋顶。一些女工试图从楼梯逃到街上去，但是大火和浓烟迅速将这些通道堵死。而其他的逃生门均被老板封死。高层建筑的隐患至此显露无遗，因为消防水枪和消防梯根本无法够到第8到第10层的厂房。女工们开始跳楼逃生，有的单独跳，有的手拉手一起跳，她们的头发和衣服都已经被火舌吞没。消防员拉起的拦截网根本无法接住她们，一个个年轻的女工坠落地面。

路面上堆满了尸体，这种恐怖的景象令整个城市和国家震惊。数千人聚集在现场，更多人涌到一处临时搭建的停尸房绝望地认领已被烧焦的尸体。红十字会为伤者和遇难者亲属提供帮助，女性贸易团结联盟开始收集关于工厂工作条件的证词。捐助款源源不断地流向这里。小报记者写了关于女工们悲惨生活的报道。一场沉默纪念游行有12万人参加，30万人前来围观。在火灾发生8天后，劳工联合会发起了一场有2 000人参加的抗议集会，抗议者大多是女性。

女性贸易团结联盟在大都会歌剧院赞助了一场大规模集会，赞助费由J.P.摩根的女儿出资。有钱人出钱预订包厢，穷人们则挤满了乐池和画廊里的免费座位。集会通过了要求执行现有《消防法》并推出更严格《消防法》的决议。罗丝·施耐德曼①（Rose Schneiderman）抨击公众容忍对女工的谋杀，而凶手不仅仅是一场偶发的大火，更是无情的工厂，这种工厂却被"法律的强力之手"所保护。对施耐德曼来说，这场大火留给世人的惨痛教训就是"女工的生命是如此低贱，而财产却如此神圣"。

针对三角衬衫厂两位老板过失杀人的审判证明了她的观点。

---

① 罗丝·施耐德曼：美国著名的劳工领袖、女权主义活动家。

第五章　野心之城

案件围绕工厂逃生出口被封死展开。老板们说，工厂之所以只留一个大门而将所有其他逃生口封死，是为了更好地管理工人，同时也方便在工人下班时检查她们是否有小偷小摸行为。但正是由于这一做法，导致很多女工无法及时逃离。但由于没有证人证明亲眼看见老板将门锁上，因此在火灾发生7个月后，法院草草结案了事。同时，工厂老板们得到了保险金，立马重新开工。审判如此不公震惊了纽约和全美国。此后，控方又花费了整整3年时间才迫使厂方为每名遇难者发放区区75美元的抚恤金。

其他城市也被这起事件惊醒了，芝加哥、密尔沃基、纽瓦克、托莱多和华盛顿纷纷呼吁对所有建筑的防火逃生设施进行检查，同时要求加强现行《消防法》的执行。正如《纽约论坛报》所写：突然间，似乎每个人都开始意识到，这场大火是一例"由忽视造成的过失杀人"。为了防止城市的工厂、酒店、公寓、学校、避难所和医院发生类似惨剧，必须要采取行动了。《费城北美人》说，如果再不采取行动，我们就是一个"粗心、自私和懦弱的社会"。

在奥尔巴尼，纽约州参议员老罗伯特·F. 瓦格纳（Robert F. Wagner Sr.）和州众议员阿尔弗雷德·E. 史密斯（Alfred E. Smith）领导了纽约州工厂调查委员会，委员会成员包括进步主义运动政治家、劳工领袖、社工和改革派。来自幸存者的血泪控诉和委员会成员对全州工厂的实地考察促使史密斯在1911—1914年推动众议院出台了54项新法案，而瓦格纳又推动参议院通过了这些法案。坦慕尼协会支持了这些法案，部分是出于对女工的同情，部分也是希望借此赢得更多的选票。

Source：John Sloan, *The Triangle Fire*, Delaware Art Museum

这幅漫画出自垃圾箱画派艺术家约翰·斯隆之手，强有力地谴责了三角衬衫厂大火中对女工的权利的践踏。

这批新法案针对工厂消防、卫生、通风、照明、工人密度、童工和女工都设定了"划时代的"标准。一个州工业委员会由此设立，旨在执行新标准。同时，纽约州劳工部的权力也得到了加强。虽然法案的执行力度不均，改革同盟也很快瓦解，但纽约通过了全美国最先进的工厂法案，成为其他地方的学习榜样。

目睹了火灾惨况的弗朗西丝·珀金斯①（Frances Perkins）当时是一名社工，她也是州工厂调查委员会的成员，后来在罗斯福新政时期成为美国首位女性内阁成员。在她看来，这批法案是美国历史的"转折点"。法案代表了进步主义运动最激进、最理想化、最人性化的一面。进步主义运动强调政府应当追求社会和经济公正。146条年轻生命唤醒了公众良知。

要投票

在为美国宪法赋予女性投票权的修正案的抗争中，纽约扮演了至关重要的角色。在波希米亚反叛、禁酒运动和劳工联合会等运动中，女性都异常活跃，并支持女性公民权运动，这使得纽约的女权运动拥有格外丰富而多元的民众基础，同时也令纽约成为全国运动的中心。

这场运动挑战了现存的社会结构，以及男性对政治领域的主导地位。应当肯定的是，一些男性也支持女性拥有选举权，如《大众》编辑迈克斯·伊斯门（Max Eastman）和杜波依斯。前者

---

① 弗朗西丝·珀金斯：1933—1945年任美国劳工部长，美国著名的劳工运动领袖。

组建了支持女性普选的男性联盟。而对于后者来说，女性普选是争取自由的一部分。但是，白人女性普选支持者依然歧视黑人女性。直到1917年纽约有色妇女普选俱乐部主席成为纽约州女性普选党副主席后，情况才有所改善。

哈丽雅特·斯坦顿·布拉奇（Harriet Stanton Blatch）是美国普选运动先驱伊莉莎白·卡迪·斯坦顿（Elizabeth Cady Stanton）的女儿，她为纽约的女性普选运动增添了活力。当凯丽·查普曼·卡特（Carrie Chapman Catt）组织国家和州范围内的运动时，布拉奇则专注于城市的运动。她认为现存的普选组织太过缩手缩脚，她在1907年组建了一个新组织。这个组织所采取的更为激进的方法此后被全美国众多类似组织所借鉴。仿照坦慕尼协会的做法，布拉奇在城市、大区和街道建立了各级委员会，每个委员会还配备地区领导。

普选运动推动者还从食品危机和劳工运动中学习到了很多经验，如印刷宣传单、用多种语言进行演讲、广泛接触不同宗教信仰的人群、挨家挨户地进行游说等。这些普选运动支持者头戴黄色帽，手举条幅和标语，沿着第五大道游行，举办室外集会，召开了数百场会议，以及一场连续26小时的马拉松式的演讲。除了这些公开、充满戏剧性的方法之外，他们还通过拨打电话以寻求支持。正如一个游行者解释的，

> 关于我们漫长的工作日；
> 关于我们付出的税金；
> 关于我们遵守的法制，

第五章　野心之城

我们有话要说。

普选运动支持者的激进做法触怒了很多人。1912年，一伙暴民冲散了游行活动，而警察乐得清闲地在一旁围观。但女性们的坚持最终取得了回报。在6次失败的努力后，纽约州最终于1917年通过了州宪法修正案，赋予女性全面选举权。这个城市中的工人是胜利的关键所在，他们令支持普选的下城投票超过反对的上城投票。最终，全美很多州都开始支持妇女选举，这迫使美国国会于1919年通过了联邦宪法修正案，赋予女性选举权。在这场美国民主的重大进展中，纽约扮演了一个非常关键的角色。

很多人，既包括男人也包括女人，担心女性赢得选举权后会削弱他们对家庭的精力投入。但普选运动支持者坚持认为，女性需要投票权来保护家庭免受政治冷漠的影响，女性们希望废除童工、改革教育、改善住房、打击犯罪和卖淫。"我们帮助孩子做好准备进入社会。我们也要求社会自身做好准备迎接孩子们的到来。"再一次地，女性们利用了她们的传统角色，并扩展了这个角色。

通过食品危机和普选运动，纽约的女性们一次次地挑战着世俗成规，试炼着进步主义运动。虽然并不是每次努力都能大获全胜，但她们的胜利成果超出了预期，因为她们的事业激起了决心、激发了同情。她们作为"半边天"表达出了不满和野心。正如一个普选运动记者描述的，她们激进的手段反映出她们明白公众"在倾听之前必须被触动"。

"血腥爱玛"

有一个女人没有被女性普选运动所触动，这个人就是爱玛·戈德曼，她认为这无非是"客厅闲谈"罢了。在她看来，取得投票权无法将她们彻底从社会和经济桎梏中解放出来，反而让女性被迫陷入压迫性的政治体制中。作为一个无政府主义者和激进的女权主义者，戈德曼蔑视进步主义运动温和的改革、对政府善意的依赖以及对资本主义能够自我修复的假定。她尤其慨叹罗斯福的专制主义和他"冷峻个人主义"显露出来的残酷无情。戈德曼拥护个人彻底的自由，支持自由言论、自由恋爱、避孕和同性恋。因此，她引发了众多争议，成为进步主义运动时代最具争议的女性。

与范妮·莱特一样，戈德曼是独立的（因此也是危险的）城市女性的典范。她的反叛精神超越了女性范畴，触及社会最根本的困境；与莱特一样，戈德曼对纽约怀有深厚的认同感，称其为她"深爱的城市"；与莱特一样，戈德曼被人们抨击为放荡的女性。但是，与莱特出身上层阶级、具有英国血统不同，戈德曼是来自东欧中下层的犹太后裔，这令她在某些人眼中显得格外可疑。她的名字成了邪恶的代名词，她在一个地方的出现就会引发骚乱。对大部分美国人来说，她是反叛者中的反叛者。

戈德曼极具挑衅性，但也富有同情心。与强权父亲的冲突，以及俄罗斯的暴力排犹运动塑造了她的性格。1885年，戈德曼在

第五章　野心之城

16 岁时移民到纽约州的罗切斯特，随后陷入一场灾难般的婚姻，从事着一份低贱的工作。但是，戈德曼于 1889 年逃到纽约，从此她的人生焕然一新。在这里，她结识了无政府主义者，对政府处决 1886 年芝加哥秣市广场爆炸案疑犯的愤怒将他们联结在一起。她的领袖魅力和雄辩口才很快令她成为一位广受欢迎的演讲者，她是首位以英语进行演讲和出书的犹太移民女性，同时也是首位拥有全国影响力的犹太移民女性。

作为一名煽动者，戈德曼的整个人生都饱受官司困扰。1892 年，戈德曼的恋人试图刺杀反劳工运动的匹兹堡钢铁厂经理。戈德曼受到牵连，被控是谋杀罪从犯。但由于身在纽约，她侥幸逃过了逮捕。但在 1893 年冬天的一次库珀联盟学院集会上，她就没这么幸运了。当年发生了经济衰退，她号召贫困人群坚持要求"给我们工作或者面包"。虽然没有爆发骚乱，但她以煽动罪被逮捕。坦慕尼协会系统的前市长 Λ. 奥基·霍尔为她辩护，但戈德曼依然被定罪，在布莱克韦尔斯岛服刑一年。

1901 年，戈德曼被指责煽动无政府主义者刺杀总统威廉·麦金利。虽然凶手一再否认，但戈德曼依然被监禁了 15 天，并在警察的殴打中失去了一颗门牙。自 1892 年开始，媒体就一直无情地将戈德曼嘲讽为怪物、恐怖分子和吸血鬼，她的绰号"血腥爱玛"由此而来。麦金利刺杀事件后，全国弥漫着歇斯底里的氛围，戈德曼始终饱受谩骂，以至于不得不在纽约使用假名寻找工作和住处。在她的余生中，戈德曼始终被视为国家的敌人，联邦移民局也从未停止取消她公民身份的努力。最终，戈德曼于 1919 年被驱逐出境。

1903年，美国《反无政府主义法》（由西奥多·罗斯福支持，以1902年纽约州出台的针对戈德曼的法案为基础）令进步主义者、波希米亚反叛者、劳工运动者和激进分子更清楚地明白保护言论自由的重要性，而戈德曼令言论自由成为全国议题。当戈德曼重新开始巡回演讲时，她发现自己无论走到哪里都会被当地警察骚扰。1909年，她被以"非法集会……鼓吹无政府信条"罪逮捕，但随后被无罪释放。她的几场演讲被禁，另外一些——包括在纽约的演讲——被警察打断。戈德曼的遭遇引发了2 000人在库珀联盟学院举行要求言论自由的集会，在会上成立了言论自由团，该组织即美国公民自由联合会的前身。

戈德曼并不支持暴力活动，但她强大的鼓动能力却常常招致政府恐惧。虽然戈德曼解释说，她之所以反对政府，仅仅因为她相信每个人都应当不受限制地允分发挥自身的发展潜力，但无政府主义的标签依然令很多人恐惧。她认为所有社会信条和社会制度都是压迫性的：婚姻奴役女性，学校压制学生的创造力，监狱滋生犯罪，私有财产巩固不平等，爱国主义引发战争，宗教哄骗人们被动接受一切。

1915年，俄勒冈州上诉法院法官宣判戈德曼散播避孕信息罪名不成立的时候，她感到相当吃惊。但1916年，当她在纽约被以同样罪名定罪后，她选择了在皇后区监狱服刑，而不是缴纳罚款。戈德曼利用法庭作为舞台，发表了一篇针对避孕的雄辩的独白。纽约的知识分子、专业人士和包括垃圾箱画派艺术家及《大众》杂志编辑在内的群体给她提供了宝贵支持。当她第三次因同样的罪名被捕后，在律师的努力下，她终于被宣布

第五章 野心之城

无罪释放。

戈德曼对玛格丽特·桑格（Margaret Sanger）的避孕运动深表同情，但她走得更远，也更激进。戈德曼相信，是否成为母亲的自主选择权将把女性从婚姻的枷锁中彻底解放。避孕不仅能够破除支配女性的"外在"束缚（政治、法律、经济制约），同时也可以破除"内在"束缚（社会、文化、心理制约）。因此，戈德曼支持自由恋爱，她认为自由恋爱不是露水情缘，而是双向选择、互相吸引、情到深处的自然结果。在20世纪初，这些观点是如此激进，以至于令她的听众——无论男女——都坐立不安。

爱玛·戈德曼所关注的女性议题，是她致力于推进社会公正和公民自由整体努力的一部分。终其一生，戈德曼都将艺术视为唤醒社会良知的关键手段。她主持出版的月刊《大地母亲》（Mother Earth）在全国范围内广泛传播激进诗体和文学领域新潮流。但如《大众》杂志一样，这本杂志也在第一次世界大战爆发后遭到压制。她关于萧伯纳（George Bernard Shaw）、尤金·奥尼尔（Eugene O'Neill）、奥古斯特·斯特林堡（August Strindberg）和易卜生（Henrik Ibsen）等剧作家的演讲将新戏剧介绍给了更多观众。有时一年，她的演讲超过300场，吸引了成千上万的听众，造成了广泛影响。

无论采取何种表达方式，个人自由永远是戈德曼最关注的话题。由于为那些出于道德或宗教信仰而拒绝在第一次世界大战期间服役的人辩护，戈德曼因反《征兵法》的罪名再次被捕。虽然拥有众多的声援者，约翰·里德和林肯·斯蒂芬斯也出面为她作证，但戈德曼依然被宣判有罪，入狱两年，随后在1919

年被驱逐出境。当时刚刚在司法部步入政坛的 J. 埃德加·胡佛①（J. Edgar Hoover）说道：戈德曼是"这个国家最危险的无政府主义者之一"。

漂泊异乡的戈德曼饱受思乡之苦，同时欧洲政治和战争事态的发展也令她心灰意冷。1934 年，戈德曼做了一轮美国巡回演讲，随后又极不情愿地被遣返欧洲。1940 年，年届七十的戈德曼死于多伦多。就在去世前，她还积极组织和发表演讲。死后，美国政府允许她的遗体重返美国，她被葬于秣市广场疑犯的墓穴旁。当年对这些疑犯的处决震惊了年轻的戈德曼。无论生死，戈德曼永远都是一名激进分子。

虽然蔑视进步主义运动，但戈德曼依然从中受益，并与之产生交集，也推动了进步主义运动。她的改革、激进和反叛精神令人们开始接受她的观点，扩大了她的影响。一些垃圾箱画派的艺术家和《大众》杂志的编辑人员，尤其是斯隆和亨利，一直支持她的努力，并为她的月刊供稿。戈德曼是言论自由运动的国家典范，也是新女性的典型（虽然是一个比较极端的典型）。种族关系不是她关注的重点议题，但戈德曼攻讦暴民统治，谴责对黑人实施私刑，并呼吁"反亚裔和非裔问题"需要得到更多关注。

戈德曼一生都为维护自由和个体权利、反对压迫和正统观念而斗争。她加固了纽约长久以来秉承的宽容传统。戈德曼狂热地相信，将演讲、写作与抗议、游行、艺术、法律结合在一起的时候，将会激发建设性的争论，打破怀疑，进而改变世界。作为一

---

① J. 埃德加·胡佛：美国联邦调查局第一任局长。

第五章　野心之城

个女人、一个犹太人、一个移民、一个城市公民、一个激进运动分子，戈德曼极具煽动性。她的影响力既令人震惊，也潜移默化。正如她的传记作者所说：她"迫使人们思考"。戈德曼越是理想化、越是摧毁偶像崇拜、越是激进和充满野心，就越能代表进步主义运动时代的纽约。

Source: "Little Farms in New York City," Staten Island Historical Society, Real Estate Collection, Advertising Brochure, catalogue#MS234.001.Item.0001

这张宣传斯塔滕岛的广告海报绘于1909年。在19世纪末，斯塔滕岛是社会名流的度假胜地，也为中产阶层和工人提供了可供休闲与娱乐的海滩和游乐场。这里没有种族间的剑拔弩张、劳工罢工、女权运动，它是人们逃离喧嚣、压抑的城市生活的避难所。

第六章

逐梦之城

1920—1945

大事年表

1920—1933 年	禁酒令
20 世纪 20 年代	哈莱姆复兴和贾维主义
20 世纪 20 年代	波多黎各移民来到纽约
1921 年和 1924 年	移民限制法案
1924—1928 年	修建太阳城花园
1926 年	东哈莱姆骚乱
1926—1932 年	吉米·沃克任市长
1929—1939 年	大萧条
1930 年和 1931 年	克莱斯勒大厦和帝国大厦建成
1930—1971 年	小亚当·克莱顿·鲍威尔促进公民权利
1934—1945 年	菲奥雷洛·拉瓜迪亚担任市长
1935 年和 1943 年	哈莱姆骚乱
1939 年	世博会开幕和第二次世界大战爆发
1940 年	洛克菲勒中心建成

第六章 逐梦之城

> 从景色单调的大西洋来到这片梦想与美丽之地,全世界没有什么能比第一次驶入纽约港更令人激动了。纽约不愧为逐梦之城,接近上帝的通天塔之城,希望与愿景之城。
>
> ——兰斯顿·休斯[①](Langston Hughes),1925年

"大苹果"这个名字最初是在20世纪二三十年代的爵士音乐家间流传开来的,他们将纽约视为最适合创作、成功,以及用诗人兰斯顿·休斯的话说——最适合开心的地方。纽约是充满激情与机遇的梦想之城。但是"大苹果"这个标签却拥有双重隐喻。

---

① 兰斯顿·休斯:美国著名黑人诗人、小说家、社会活动家。被誉为"黑人民族的桂冠诗人"。

虽然充满魅力、催人奋进，但纽约也经常被认为金玉其外、败絮其中。因此，这个名字在20世纪40年代后被弃用，直到70年代才重新回到大众视野。这个名字捕捉到了纽约历史上一个乐观但充满焦虑的独特时期。这时的纽约代表了关于未来的不同的，有时甚至对立的梦想。

从第一次世界大战结束到第二次世界大战结束的这段时期，"大苹果"被梦想和梦魇同时围绕着。穷困潦倒的30年代接替了喧嚣兴奋的20年代。哈莱姆骚乱展现出的绝望击碎了哈莱姆复兴带来的乐观精神。吉米·沃克①（Jimmy Walker）浅薄戏仿了阿尔·史密斯②（Al Smith）的社会良知。小亚当·克莱顿·鲍威尔领导的抗议活动削弱了菲奥雷洛·拉瓜迪亚的改革成果。如果说外国人被纽约"巨大的混乱"所震惊，美国人则对1935年和1943年的骚乱感到无比沮丧。纽约的光鲜外表被七年内两度爆发的巨大愤怒无可挽回地玷污了。事实上，冲突是城市生活中如此强大的暗流。在一位法国观察者看来，纽约不是一个漩涡，而是"一场永恒的暴风雨"。

禁酒令揭示出这座城市彼此冲突的信仰。当宪法修正案规定1920年1月以后售卖酒类违法后，纽约的居民感到被侵犯了。联邦政府对于禁酒令的支持反映出其长久以来的观点：酒精是城市贫穷、无序和罪恶的罪魁祸首。这种信念也部分来自对爱尔兰、德国、意大利和犹太移民的长期偏见，因为对这些人来说，饮酒

---

① 吉米·沃克：1926—1932年任纽约市长。
② 阿尔·史密斯：纽约州长，1928年民主党总统竞选人。

第六章　逐梦之城

是他们文化的一部分。本土出生的新教徒们认为，禁酒将解决困扰城市的所有问题。

但是，禁酒令却引发了更多矛盾，纽约人尤其讨厌被人指手画脚。他们对公然违反禁令感到兴奋。酒精饮料从加拿大和加勒比被偷运进来，人们还在自家屋顶、后院、地窖和浴室里勾兑。3.2 万个非法经营的酒吧一夜之间如雨后春笋般涌现，其中很多出现在格林威治村，在这里，反叛就是人们的信仰。纽约的一些重要政治家如州长阿尔·史密斯和国会众议员菲奥雷洛·拉瓜迪亚公开反对实施禁酒令。在华盛顿和东哈莱姆，拉瓜迪亚嘲讽这条法律愚蠢至极，因为在杂货店就可以轻松买到用于勾兑酒精饮料的所有配料。对此，媒体也很配合地发布了他的建议和配方。纽约人似乎与这个国家越发地格格不入。

对酒精的需求滋生了团伙犯罪，虽然这种犯罪手法早在禁酒令出台前就存在了，但禁酒令使这一犯罪形式达到高峰。这个时期最臭名昭著的罪犯包括纽约的"荷兰人舒尔茨"（Dutch Schultz）、弗兰克·科斯特洛（Frank Costello）、路易斯·莱普克（Louis Lepke）、"幸运的卢西亚诺"（Lucky Luciano），以及一个前五点区的黑帮成员"芝加哥的阿尔·卡彭"（Al Capone）。禁酒令执行者也不甘示弱，联邦探员伊齐·爱因斯坦（Izzy Einstein）和莫·史密斯（Moe Smith），他们俩因成功没收了 500 万瓶禁酒并逮捕 4 000 人而声名大噪。纽约人依然故我，我行我素地违反着禁令，直到禁令在 1933 年被废除。

虽然伊齐和莫干得不错，但是他们丢了工作，一方面的原因是他们受到太多的关注，还有一个主要原因是他们已沦为纽约人的笑柄。禁令不应该是引人发笑的。纽约的反叛名声,加上它多种族的人口结构,让它遭到广泛蔑视。《丹佛邮报》(Denver Post)蔑称,纽约充斥着"垃圾移民,简直不能再被视为美国的一部分"。同样,作家麦迪逊·格兰特(Madison Grant)警告说,真正的美国人"正在被一窝窝的波兰犹太人逐出纽约街头"。而同时期的另一名作家则称这些移民为"人类寄生虫"。

这些反纽约的情绪在1920年被加强,一个满载炸药的手推车在J. P. 摩根位于华尔街(正对着纽约证券交易所)的办公室前爆炸,造成38人死亡,数百人受伤。虽然凶犯一直没有被抓获,但公众谴责无政府主义者和外国人是祸首。结果,这起事件强化了反移民情绪,导致美国于1921年和1924年分别出台移民限制法案。这些法案倾向于接受来自北欧的移民,拒绝来自南欧和东欧的移民。美国国会宣称,纽约的多样性正是这个国家的灾难。

纽约的大部分焦虑都源自其自身形象,正如作家福特·马多克斯·福特(Ford Maddox Ford)所说的"好时光之城"。"大苹果"意味着新奇,这不仅指爵士乐,还包括戏剧、文学、建筑、摄影、诗歌、百老汇歌剧、齐格菲歌舞团①、摇摆舞②、滑稽戏、摇摆乐、现代舞、电影、广播和电视。作曲家乔治·格什温(George Gershwin)称纽约是极具创造力的"如万花筒一般的、融合了所有都市疯狂的大熔炉"。

虽然存在各种各样的批评,但纽约依然是美国的"奇迹之

---

① 20世纪二三十年代百老汇最大、最著名的歌舞团。
② 20世纪二三十年代纽约哈莱姆黑人区发展起来的一种摇摆舞。

第六章 逐梦之城

都",是这个国度"财富、文化和成就"的代表。在美国陷入历史上最严重的经济衰退时,纽约却诞生了两座地标性建筑——1930年的克莱斯勒大厦和1931年的帝国大厦。这些建筑象征着变革,是繁荣与权势的符号,定义了历史学家威廉·R. 泰勒所称的"剪影之城"。纽约新的天际线成为现代都市天际线的样板。

这个时期最著名的私人项目是于1932年开工、1940年完工的洛克菲勒中心。这座建筑占据了市区的六个街区,耸立的装饰艺术高塔里点缀着壁饰、雕塑和微缩花园。它推进了城市规划的综合愿景,将公司办公区域与娱乐和购物融合在一起(娱乐区域包括音乐厅、溜冰场和彩虹厅,购物区域包括美国首个购物中心)。主要电台、电影公司和新闻媒体的汇聚,确立了纽约作为全国传媒枢纽的地位。与30年后的世贸中心一样,洛克菲勒中心不仅仅象征着纽约的卓越地位,还象征着美国最富有家族的卓越地位。洛克菲勒中心与它所在的这座城市一样广阔、多面、创新、重要。

当时,纽约的人口已经超过700万,已经是其竞争对手芝加哥的两倍。富人们继续向北迁移,从第五大道转向林荫大道的优雅公寓。同时,不断扩展的城市公共交通系统方便了劳动阶层离开他们位于曼哈顿的贫民窟,向布朗克斯区、皇后区和布鲁克林区转移。这使得布鲁克林区成为纽约人口密度最高的区。对于100多万寻求机会的人来说,这才是美国梦成真的时刻。

霍恩和哈达特餐厅促进了这种民主前景的出现。这是一种新型的投币自助餐厅,没有了服务员、菜单和正式的座位。非正式是它的招牌特色。这种餐厅是工业化的产物,顾客投入相应的硬币，便可以打开小玻璃门，取出烤豆子、通心粉和奶酪或者樱桃派。找一个喜欢的地方坐下，想待多久就待多久。霍恩和哈达特餐厅著名的 5 美分咖啡是通过海豚形水龙头分配的，与克莱斯勒大厦、帝国大厦和洛克菲勒中心的室内装饰艺术相匹配。

霍恩和哈达特餐厅代表了城市自治、多样性、流动性和自由选择的精神。不需要着装规范，也不需要问问题。所有人都被欢迎，无论你是名流还是穷人，无论你是办公室职员还是失业者。在大萧条时期，这种精神体现在以下诗句中：

> 跟官僚、财阀、
> 独裁者和民主党说：
> 我们去自助餐厅吃饭吧！

在困难时期，霍恩和哈达特餐厅为人们提供便宜但好吃的食物，实际上是提供了救命稻草。此外，霍恩和哈达特餐厅还减少了员工的工作时间，以此为更多人提供就业机会，同时定期向慈善事业捐款。霍恩和哈达特餐厅在 20 世纪 20 年代至 40 年代蓬勃发展，但不断上涨的成本迫使它在 1950 年将咖啡价格提高到 10 美分，此后它便开始走向衰落。然而，在当时，霍恩和哈达特餐厅象征着创新、社会变革和纽约的民主精神。

1939 年的世博会是另外一场年代剧，展现了纽约的梦幻形象、现代气息和精彩刺激的一面。与 1853 年曼哈顿世博会不同，这次世博会在新发展起来的皇后区举行。世博会展示了美国对于由商业主义、消费和科技所定义的未来的信心。世博会通过"飞出个未来"般的愿景向 2 500 万参观者展现了"明日世界":这座现代的民主城市拥有数不尽的摩天大厦、14 车道的高速公路和耀眼的新郊区。在城市学家刘易斯·芒福德看来,每当夜晚降临,霓虹灯便在建筑物上闪耀,"一个梦想世界成为现实"。正如世博会的官方主题歌所唱到的,这个未来向人们承诺"一个新时代黎明的到来",充满机遇、和平与繁荣。

Source:Metropolitan Museum of Art,gift of AXA Equitable,2016.425.23

美国著名画家托马斯·哈特·本顿(Thomas Hart Benton)于 1931 年完成了一组名为《今日美国》的大型壁画,描绘了工业化时期美国各地的人间百态。本图是这组壁画中描绘纽约的一幅,题为《有舞厅的纽约市》。这幅画通过各种娱乐活动——跳舞、音乐、电影、马戏团——尽显 20 世纪 20 年代"大苹果"的诱惑。

但是，世博会期间也出现了示威活动——员工抗议雇主种族歧视，日益临近的战争也为世博会蒙上了一层阴影。不过，世博会的举办并未给纽约带来丰厚收入。市长拉瓜迪亚宣称这场恢宏的盛会展现了"纽约这座城市的本质"。拉瓜迪亚认为，纽约向世人展示了"在社会和政治民主领域最伟大、勇敢的实验"。1920—1945年，种族抗议和经济危机威胁着纽约。然而，纽约每一次都从危机中重新崛起。在一个正直政府的领导下，纽约克服了坦慕尼协会的腐败传统，并扩展了社会契约，在这个新社会契约之下，政府将致力于公众利益的实现。历史学家托马斯·克斯纳认为，拉瓜迪亚最重要的贡献就是"令个人意志服务于公共利益"，在这个过程中，他永远地改变了纽约。

新黑人运动

> 我们的年轻黑人艺术家们，正发奋创作，想要不带恐惧或愧色地表达我们黑皮肤的自我。我们为明日建造神殿，以我们所知最坚固的方式。站在山巅，我们内心终得自由。
> ——兰斯顿·休斯，1926年

"不带恐惧或愧色"的激进种族自豪感挑战了美国固有的将黑人视为低等群体、恐惧黑人竞争的传统。在20世纪20年代很重要的事件是，纽约滋养了两场非暴力的黑人自主运动，都产生了全国甚至国际影响。当然，纽约黑人运动有着悠久传统，但是哈莱姆复兴和贾维主义①则代表了霍华德大学哲学教授阿兰·洛克（Alain Locke）所称的新黑人运动。

哈莱姆复兴

休斯于 1921 年离开中西部，进入哥伦比亚大学。他想逃离专横跋扈的父亲并抱着体验哈莱姆的目的。虽然休斯游历甚广，但哈莱姆一直是他心心念念的心灵故乡。休斯的父亲是一位受过教育的有钱混血儿，他鄙视穷苦黑人，也看不上自己儿子拥有的诗人潜质。休斯 19 岁就已经在杜波依斯的《危机》上发表文章，这些文章为他赢得了终生受用的声名。休斯深受来自母亲家族的废奴思想，以及沃尔特·惠特曼的民主思想影响。他的传记作者阿诺德·兰佩萨德（Arnold Rampersad）说，事实上，休斯对于人类的苦况格外敏锐，他的一生"交织着艺术与社会良知"。终其一生，休斯都认为"如果梦想已死，生命就是一只折翼的小鸟"。

哥伦比亚大学令人窒息的学术环境，以及种族隔离制度，令休斯感到沮丧，一年后他离开了那里。与成千上万的非洲和加勒比黑人一样，休斯被吸引到哈莱姆。自 17 世纪开始，黑人就源源不断地北上迁移至曼哈顿岛，但他们最终都会被随后到来的欧洲移民赶出街区。但在哈莱姆，这种模式逆转了。黑人们逐渐将爱尔兰、犹太和意大利移民赶出了这里。由于地铁线路的开通，往

---

① 黑人分立自治主义，倡导黑人与白人分离并在非洲建立由黑人自己统治的国家的主张。

上城方向的转移成为可能,黑人地产商小菲利普·A. 佩顿开始跨越种族界限。到 1914 年,曼哈顿三分之二的黑人都居住在哈莱姆。黑人在纽约历史上第一次主导了整个街区,这里拥有良好的住房——虽然房租格外昂贵。

很快,哈莱姆成为黑人的圣地,正如休斯形容的,这里成为"黑人知识分子的吸铁石"。黑人专业人士、学者和艺术家蜂拥而至,包括诗人克劳德·麦凯(Claude McKay)、康蒂·卡伦(Countee Cullen)、阿纳·邦当(Arna Bontemps),历史学家亚瑟·朔姆堡(Arthur Schomburg)、詹姆斯·韦尔登·约翰逊(James Weldon Johnson),女演员弗洛伦丝·米尔斯(Florence Millers),男演员查尔斯·吉尔平(Charles Gilpin),画家阿伦·道格拉斯(Aaron Douglas),踢踏舞演员比尔·鲁宾逊(Bill Robinson),蓝调歌手贝茜·史密斯(Bessie Smith),爵士钢琴家詹姆斯·P. 约翰逊(James P. Johnson),作家佐拉·尼尔·赫斯顿(Zora Neale Hurson)和让·图默(Jean Toomer),乐队领袖杜克·埃林顿(Duke Ellington),演员、歌手、政治活动者保罗·罗伯逊(Paul Robeson)。百花齐放的文化发展震惊了美国和世界,令纽约成为黑人文化无可争议的中心。

20 年代的大部分新文学和诗作都发表于当时的黑人媒体上。除《危机》外,还涌现了一些更为激进的黑人杂志,它们的名字都格外具有深意,如《机遇》(*Opportunity*)、《挑战》(*Challenge*)、《改革者》(*The Crusader*)和《解放者》(*The Emancipator*)等。其中最著名的要数《先驱者》(*The Messenger*)——一本由黑人运动领袖菲利普·兰道夫(Phillip Randolph)主编的月刊。他从佛罗里达州搬至纽约,在城市学院学习。他梦想着实现一种不是基于竞争而是基于合作的经济民主制。他认为激进的种族紧张情绪是经济剥削的必然产物,因此他相信"当人们无法从种族矛盾中获益时,就没有人再对挑起种族偏见感兴趣了"。

这种想法令时任美国司法部副总检察长的J.埃德加·胡佛确信《先驱者》是"所有黑人出版物中最能干、最危险的杂志"。虽然胡佛不断地发起针对《先驱者》的审查,但兰道夫依然成功组建了"沉睡的汽车行李工兄弟会",这是美国首个在美国劳工联合会中取得与白人劳工组织同等地位的黑人劳工组织。兰道夫因此被称为"黑人劳工先生",他也是美国首个最重要的黑人劳工领袖、美国最重要的民权运动者之一。直到1979年以90岁高龄去世前,兰道夫一直追寻着他20年代的新黑人理念,在这种理念指引下,新黑人运动激进地挑战任何领域的不平等。

哈莱姆复兴的另一个不那么严肃的侧面则从萨沃依舞厅表现出来。这里是与洛克菲勒中心完全不同的娱乐场所。它位于莱诺克斯大道和第140街、第141街处,占据着整整一个街区,可以同时容纳4 000人。这是在纽约这个"世界夜总会之都"中规模最大、最著名的俱乐部。与"荷兰人舒尔茨"昂贵的棉花俱乐部里黑人仅作为表演者不同,在萨沃依,由于价格适中,无论黑人白人、无论贫富都可以在这里娱乐。这是美国第一家真正意义上的种族融合夜总会。查尔斯顿舞和摇摆舞快速、自由、充满魅惑的舞步令全美国为之倾倒。其中一支舞就被称为"大苹果"。"萨沃依跺脚"成了美国传奇,而这家俱乐部也被昵称为"快乐大脚之家"。

总之,萨沃依意味着激动人心的音乐。历史学家内森·哈金斯（Nathan Huggins）认为，爵士乐为黑人提供了一种针对文化定式和社会制约的"软性反叛"方式。奇克·韦布（Chick Webb）的"热爵士"乐队和弗莱彻·亨德森（Fletcher Henderson）的"冷爵士"乐队，为20年代的爵士时代和随之而来的摇摆时代设定了基调。得益于广播和唱片的出现，埃拉·菲茨杰拉德（Ella Fitzgerald）、埃特尔·沃特斯（Ethel Waters）和路易斯·阿姆斯特朗（Louis Armstrong）（他位于皇后区的家已经成为一所博物馆）成为美国和全世界家喻户晓的名字。历史学家戴维·利弗林·刘易斯（David Levering Lewis）总结说，作为文化变革的推动者，萨沃依"深刻地震动了美国，正如1913年的军械厂展览将整个世界的主流艺术从里到外翻了个一样"。

哈莱姆复兴标志着对于一个已经习惯于被拒绝和鄙视的民族的罕见接受和认同。在白人当中，这场运动迫使他们开始重新审视自身针对黑人的成见，并开始承认黑人艺术的地位。在黑人当中，哈莱姆复兴强化了民族自尊，激起了人们相信创造力可以战胜偏见的希望。休斯后来回忆道："哈莱姆艺术家们认为种族问题最终将通过艺术方式得到解决。"刘易斯说，从这个意义上说，哈莱姆复兴是"艺术与民权的双重运动"。

贾维主义

在同一时期，来自哈莱姆的另一个非暴力的抗议活动传递出针对不同听众的另一个信息。历史学家们同意贾维主义是美国影响最广、最具意义的黑人大众运动——第一个发动普通黑人（包

第六章 逐梦之城

括加勒比移民)来推动黑人国家主义的运动。更重要的是,这场运动着重强调民族自豪感。当哈莱姆复兴在一个种族融合的美国社会中寻求平等时,马库斯·贾维的种族复兴运动却认为,黑人在美国永远不可能被平等对待。因此,他建议黑人在美国寻求经济独立,在世界范围内反抗种族压迫。雄辩而充满领袖魅力的贾维通过敦促支持者"起来,伟大的种族",以及推行"非洲人的非洲",震惊了美国主流社会。

贾维生于牙买加,他于1916年来到美国,并于两年后建立了联合黑人改善协会的纽约分部。该组织迅速拓展到美国其他7个城市,并很快在全美拥有了700个分支机构,以及200个全球分部。贾维主办的杂志《黑人世界》(*Negro World*)歌颂非洲历史、黑人反叛和针对欧洲统治的黑人反抗运动。杂志鼓励种族自豪感,拒绝刊登任何暗示黑人种族低劣性的广告(如直发剂广告和漂肤粉广告)。《黑人世界》以多种语言刊发,在全球吸引了超过20万读者。

在哈莱姆,联合黑人改善协会如野火般迅速发展,第一次世界大战期间军队中的种族隔离、3K党崛起,以及私刑的死灰复燃刺激了该组织的发展。在全美国,1919年有76名黑人(其中包括军人)被处以私刑。14人被处以火刑,其中11人被烧死。令情况更糟的是,在1919年的"血腥之夏",从得克萨斯州到内布拉斯加州的26个城市爆发了种族冲突,在冲突中,白人暴民攻击黑人社区。在芝加哥,持续5天的骚乱导致38人死亡,数百人受伤,成千上万名黑人无家可归。

这种现实情况令贾维推行的种族尊严和种族自觉信念显得格外有力。这种信念同时触及了白人和黑人的敏感神经,虽然双方的观点很可能是相反的,因为它挑战了白人优越性。贾维还坚持黑人应当拥有自己的宗教信仰,并推动非洲东正教的传播。通过仪式、制服、音乐、荣誉勋章、宗教引述等,贾维无畏地推进他的事业。他自己经常身着军队制服,人们为此称他为"黑人摩西"。

贾维深切地理解黑人窘迫的经济困境,他自己也经常捉襟见肘,但他还是承诺为所有缴纳会费的成员提供医疗和丧葬费用。他还通过黑人生意来推动黑人的经济独立,这些生意包括餐饮、洗衣、制衣、出版和杂货零售。贾维最激进的商业项目是黑星船运公司,旨在将黑人送回非洲。虽然成千上万人参加了这个项目,但由于贾维管理不当,加上合伙人的欺骗,这个项目连同他的事业一起宣告破产。

但是,在事业巅峰期,贾维取得了巨大成功。这一点体现在,他不仅被纽约州甚至美国视为危险分子,还被一些外国政府视为危险人物,他们急切地阻止他的影响力传播到治下的黑人殖民地。在1920年举办的首届联合黑人改善协会国际大会上,贾维的声名显露无遗。在整个8月,来自非洲、中美洲、南美洲和加勒比24个国家的代表聚集在麦迪逊广场花园和位于第138街与莱诺克斯大道的贾维自由厅。在一场穿越哈莱姆的盛大游行上,身着制服的男人、女人和儿童受到了数千围观者的欢呼。一个标语写着"新黑人毫无畏惧"。人们被游行队伍展现出来的纪律、规模以及广泛的群众支持所震惊。

大会激进的议题同样让他人不安。贾维宣称,"我们是一个饱受苦难种族的后裔,但我们决意不再受苦"。他承诺"将全世界4亿黑人组织起来",共同将非洲从白人统治下解放出来。大会起草了《全世界黑人权力宣言》，并通过了大会的官方颜色：红色代表几个世纪以来黑人抛洒的热血，黑色代表黑人的民族自豪，绿色代表更美好的未来。大会同时要求黑人的英文单词（Negro）的首字母 N 要大写。1929 年，纽约市教育委员会和《纽约时报》接受了这个拼写修改，这是对"那些几个世纪以来一直忍受着小写首字母的种族的认同"。

贾维在黑人和白人中同样引发了争议。著名黑人领袖如杜波依斯和兰道夫批评贾维的浮夸主义和煽动行为，以及他的船运生意和自封的非洲临时总统称号。当贾维称他们是"半黑半白"的伪善者并赞扬 3K 党起码是诚实的种族分子时，他们被激怒了。作为回击，杜波依斯抨击贾维是"对黑人种族最致命的威胁"，兰道夫则将贾维视为"丑角"。批评者坚持贾维必须下台，并要求联邦政府"解散并将他的邪恶组织驱逐出境"。

事实上，他们根本无须惊慌。因为美国首席大法官 A. 米切尔·帕尔默（A. Mitchell Palmer）和他的助手 J. 埃德加·胡佛早已开始就黑星船运公司的邮件造假行为对贾维展开调查。虽然从未发现确凿的犯罪证据，但贾维依然于 1923 年被判刑。在上诉被驳回后，贾维在监狱服了两年刑，直到 1927 年被遣返牙买加。在这期间，托马斯·福琼（早期推行将黑人单词首字母大写的人）帮助维持《黑人世界》杂志继续运转。贾维于 1940 年死于伦敦，享年 52 岁。他至死都一直在"为我的种族的真正解放"而工作，但他再未重归辉煌。

批评者认为，击败贾维的正是他自己，但没人能够否认他对纽约、美国甚至全世界黑人产生的巨大影响。甚至他的政敌都不得不承认，贾维对于捍卫成千上万普通黑人的种族尊严、领导美国历史上最有影响力的抗议运动的积极贡献。正如一名纽约记者评述的："成千上万的只在睡梦中才看到过梦想的人，终于看到了实现梦想的可能。"

哈莱姆复兴和贾维主义共同展现了：卓有成效的非暴力抗议同样可以揭露不平等、强调种族自豪感。休斯说，这两场运动假定，如果"每个人都是自由的"，那么"无论你是哪个种族"都不再重要。但对大部分白人来说，这两场运动令人不安地提醒着他们：拒绝承认的问题依然存在。运动同时展现出一直以来被认为毫无反抗之力的种族的巨大潜力，而这更加令人不安。哈莱姆复兴和贾维主义拥有国家和国际层面的意义，因为它们大胆而有效地推动了文化分析者安·道格拉斯（Ann Douglas）所称的"对剥夺的终结"。

纽约人行道

> 东面或是西面，
> 还是全城，
> 孩子们唱着，围绕罗西跳舞，
> 伦敦桥正在塌陷。
> 男孩女孩一起来。
> 我和欧洛克，
> 迎着美妙阳光，

第六章 逐梦之城

徜徉在纽约人行道。[①]

——詹姆斯·W. 布莱克（James W. Blake）、
查尔斯·B. 劳勒（Charles B. Lawlor），1894 年

《纽约人行道》曾风靡一时。它描绘了爱尔兰移民儿童在街边玩耍、怀揣"美妙阳光"梦想的欢乐形象，传递出一种田园牧歌式的情愫。这首歌曲后来被篡改出很多其他讽刺版本，但原始版本依旧流传下来，并在 1939 年世博会上被广泛传唱。但是，现实常常与歌中描述的场景不符，随着人口结构的变化，当时的纽约街头处处充斥着紧张和敌意。

在格林威治村，旧爱尔兰居民与新意大利移民之间的竞争在 20 世纪 20 年代导致了持续不断的冲突。30 年代，在高涨的排犹情绪下，德国犹太人在华盛顿高地与爱尔兰天主教徒争夺地盘。女子高中的黑人学生要求参加 1920 年高中毕业舞会，这在布鲁克林区引发了愤怒。而 1929 年，当一位白人圣公会牧师要求他教区的黑人居民去黑人教堂时，同样触犯了众怒。在哈莱姆和布鲁克林，本土出生的黑人与从加勒比和美国南部搬来的黑人之间也存在着冲突。

来自波多黎各的新移民为这些原有冲突增添了新的不安定因素。美国在 1898 年占领了波多黎各，那里的居民于 1917 年被赋予美国公民身份，他们法律地位的提升和当时的非熟练劳力短缺

[①] 《纽约人行道》是 19 世纪 80 年代描写纽约生活的最流行的一首歌曲。由诗人詹姆斯·W. 布莱克和舞剧演员查尔斯·B. 劳勒共同创作。

一拍即合，因为当时很多美国男性奔赴欧洲参加第一次世界大战。在20年代，由于移民限制法案的出台，来自欧洲的廉价劳动力大幅减少，而波多黎各移民正好填补了这段时期的空白。波多黎各本土经济发展停滞，这迫使很多人背井离乡来到美国，纽约成为波多黎各移民的第二故乡。到1920年，超过六成在美波多黎各移民在纽约生活；而到了1930年，这一比例超过八成。

波多黎各移民在纽约聚居的社区名为埃尔巴里奥，很快这个社区就从第96街扩展到第112街。说西班牙语和紧密的社区纽带是这群波多黎各移民的显著特征，他们与当时居住在东哈莱姆的犹太人和意大利人非常不同。一些小商小贩为了招揽波多黎各顾客，还特地学起了西班牙语。另一些人则将这些新移民视为威胁，尤其当他们的生意扩张到了自己社区时。

不同族群毗邻而居导致的矛盾在1926年东哈莱姆骚乱中彻底爆发。骚乱起因是那年7月热浪侵袭纽约，人们不得不从闷热的公寓出来，到街边纳凉。但随后纳凉人群中开始出现争吵，争吵升级成斗殴，人们开始互扔酒瓶。在一周时间里，原有居民与新移民持续冲突。双方的小摊贩和商铺都被袭击，并开始互相抵制对方的商品。超过50人受重伤，3名波多黎各移民被捕。

对于波多黎各移民来说，这起事件有两方面的教训。首先，他们认识到有必要既与主流社会建立缓冲区，同时又与之建立沟通桥梁。因此，波多黎各兄弟会开始协调各个社区，以成立一个桥梁组织。其次，他们决心避免被主流社会同化，保持他们的西班牙语系传统，如西班牙语言、音乐、媒体、文化活动和社区项目。在这个过程中，波多黎各移民挑战了当时盛行的关于美国熔

第六章 逐梦之城

炉和美国梦的定式。东哈莱姆逐步发展出来一种与西哈莱姆黑人相似的民族自豪感。

不过，阿尔·史密斯坚信熔炉论以及传统美国梦，因为他自身就是最好的例子。他出身于贫穷的爱尔兰移民家庭，他的家位于下东区的奥利弗街，他童年时代最喜爱的作家是小霍雷肖·阿尔杰。还是一个孩子的时候，史密斯就在街头卖报，把亨利·乔治的《标准》（*The Standard*）带回家让父母读。1886 年，曾在 1863 年骚乱中救助过黑人的父亲去世，12 岁的史密斯被迫辍学，开始在富尔顿鱼市打工维生。他日后称这个鱼市就是他的大学。此后，史密斯加入了坦慕尼协会，并很快步步高升，于 1903 年当选纽约州国会议员。

虽然缺乏正规教育，但这并未成为史密斯的障碍。作为一个雄辩家和议员，1911 年的三角衬衫厂大火令史密斯成为工薪阶层的有力拥护者。1918 年，他当选为纽约州长，是美国历史上首位取得这一成就的爱尔兰裔天主教徒。史密斯后来又 5 次当选（1920 年中断过一次），成功推动了在教育、住房、工作环境、童工和公共健康方面的改革。1928 年，他又赢得了民主党总统候选人身份。用他自己的话说，他的卓越履历证明，前报童也可以进入"机遇大门，无论种族、信仰或民族。世界上最卑微的人也可以成就最高尚的事业"。

但事实也并非完全如此。史密斯的总统候选人身份对于爱尔兰人、移民、天主教徒、自由主义者和纽约来说，是一场胜利，但这场胜利却是短暂的。成为总统候选人后，史密斯立即选择了《纽约人行道》作为他的竞选歌曲，他将歌词做了改动以反映其激进的竞选纲领，并拥抱"德国人、法国人、爱尔兰人或瑞典人、意大利人、犹太人或苏格兰人，种族或信仰没有分别"。但他很快发觉，种族和信仰还是有区别的。纽约的多元化令美国感到害怕。这场冲突没有发生在纽约，却是针对纽约的。

史密斯是首个利用广播开展竞选活动的候选人。他在下东区的演讲，一部分美国人并不买账，他们嘲讽他的妻子，认为她不够格担任第一夫人；还戏嘲说荷兰隧道可以直通罗马①。在全国竞选活动中，史密斯震惊地发现，各地的人们公开反对天主教，并表达了对纽约的憎恶之情。他还不时地被与华尔街、坦慕尼协会、酗酒、外国佬、"黑鬼"和犹太人联系在一起。那么多人相信"新教文明建立起来的坚定有序的国家正受到史密斯的威胁"。最终，他输给了共和党候选人赫伯特·胡佛（Herbert Hoover）。沃尔特·李普曼②（Walter Lippman）写道："人们觉得喧闹的纽约不应被视为美国的典范，正是这种情绪导致了他的失败。"美国听到了《纽约人行道》，但拒绝与纽约一起欢唱。

如果阿尔·史密斯代表了纽约街头坚韧不拔、谦逊、人道主义和诚实的一面，那么吉米·沃克就代表了其充满魔力、腐败的另一面。作为1926—1932年在纽约呼风唤雨的"夜总会市长"，沃克是喧嚣的20年代的化身，他奢华的生活方式也常常招致其他城市的批评。他曾经是一个词曲作家，大部分时间都花在度假和讨女人欢心上。他松懈的管理方式招致了针对他的调查，调查程

---

① 荷兰隧道是连接曼哈顿岛和新泽西的一条隧道。一些人用这句话讽刺史密斯的天主教徒身份。

② 沃尔特·李普曼：美国著名新闻评论家和作家。

第六章 逐梦之城

度甚至超过当年对特威德的调查。调查负责人是亨利·乔治的拥趸。长达两年的调查显示，罪恶的沃克政府为犯罪提供保护网，并存在广泛的贪污行为。好时光一去不复返，州长富兰克林·罗斯福派沃克在坦慕尼协会内部的副手阿尔·史密斯前去要沃克下台。

沃克的命运与美国紧密相连。繁荣时期，他受万人景仰；衰退时期，他被踩在脚下。1929 年的股市大崩盘令纽约这个国际金融中心风光不再。失业人数到 1932 年攀升至 100 万，毫无经济来源的人们甚至无法缴纳房租、购买食品。人们睡在地铁站或在城中空地上搭建的棚屋里。中央公园出现了一大片违章棚屋，人们为了嘲讽胡佛总统失败的经济复苏政策，将这片棚屋称为"胡佛谷"。"大苹果"变成了绝望的符号，失业的人们在街边贩卖苹果，每个只卖 5 美分。施粥厂已远远供不应求，人们被迫忍饥挨饿。

纽约面临着灾难，沃克政府则债台高筑，纽约被迫在 1932 年将城市财政控制权转交给了银行。由私人基金赞助的慈善机构纷纷设立赈灾项目，洛克菲勒家族和赫斯特家族站了出来。但是，工资依然杯水车薪，就业机会少得可怜，事态沦落到了千钧一发的境地。直到 1931 年，纽约州都没有伸出援手帮助纽约市政府支付赈灾费用。而联邦政府的角色也一直被限制，直到富兰克林·罗斯福在 1933 年出任总统，情况才得以改变。萧条滋生了激进主义，也激化了冲突。

在 19 世纪末、20 世纪初，社会主义在纽约工人中兴起，尤其是在东欧犹太移民中。1920 年，州议会拒绝接受五名当选的纽约社会主义者议员，这项决定在全国引发了抗议，反对者包括纽约州律师协会和菲奥雷洛·拉瓜迪亚,当时拉瓜迪亚是纽约市议员委员会主席。到了1929年,诺曼·托马斯(Norman Thomas)成为纽约历史上得票最多的社会主义者市长候选人。苦难令人们开始质疑美国梦。

纽约有太多没钱的犹太人,他们原本就被边缘化,而大萧条令他们更加绝望。由于惧怕被房东驱逐,哥谭镇规模不大却很有力的共产党组织了房租抗议活动。参加抗议的多为下东区、布鲁克林和布朗克斯的东欧犹太人。大批人与警察发生了冲突,布鲁克林的布朗斯维尔一度被置于半军事管制之下。作为反击,房主们也组织了抗议活动,向市政厅施压,要求政府"将纽约街道从示威者手中夺回来"。

1930年,共产党在纽约组织了最大规模的示威活动,示威最后演变成骚乱。3.5万人聚集在联合广场,要求工作和住房。当共产党领导拒绝结束示威活动并开始率众向市政厅游行时,警察全面出动。骑警开始踩踏人群,警察用警棍殴打妇女、儿童和老年人。7名警察围攻一群年轻男孩。一个警察抓住一个女孩,另一个棒击她的脸。混乱只持续了15分钟,却导致数百人受伤,整个城市被震惊了。媒体、名流、法律教授和公众发起了声讨声浪。只有组织者感到高兴,对他们来说,骚乱取得了"巨大成功",因为这显示出资本主义政府的压迫本性。

在布朗克斯,1932年的房租骚乱之后,超过200幢出租屋再次爆发房租骚乱。与早期的食品骚乱一样,犹太女性在其中扮演了领导者角色,她们因与警察冲突而被捕。在哈莱姆,共产党于1934年组织了一场大规模的房租抗议。抗议者们最终成功迫使房

第六章 逐梦之城

东降低房租,并成立了联合租户团。抗议者们还采取了贾维的前律师提出的策略,即运用法律武器挑战当前倾向于保护房东利益的租房法。大萧条时期纽约的这种反驱逐运动是美国首次重要的租户反击。它提醒了纽约市、纽约州以及联邦政府的官僚们,城市境况是多么严酷,并最终促进政府对公共住房、租金管控和租户权利的保障支持。

菲奥雷洛·拉瓜迪亚给纽约提供了一个有别于暴力和绝望的选择。"对于如何应对共产主义,我的答案是:清除产生不满的根源,根除煽动者的理论基础,努力让这个国家的劳苦大众生活得更好。"贯穿他的整个职业生涯,拉瓜迪亚的使命永远都是"为第A大道和第116街发声,而不是百老汇大街和华尔街"。虽然成长在亚利桑那的军事基地,但拉瓜迪亚骨子里是彻头彻尾的纽约人——他是多样性的产物、人道主义的镜子、复杂性的尺度、勇敢的例证、活力的象征。

除了狂热信奉进步主义并反对坦慕尼协会外,身材矮小、圆滚黝黑的拉瓜迪亚无法被归入任何典型人群。他的母亲是犹太人,父亲是天主教徒,他本人却是按照新教徒理念被抚养长大的。精通6种语言帮助他成为埃利斯岛的翻译、律师和熔炉政治的信奉者。1921年,肺结核夺去了他第一任妻子和女儿的生命,拉瓜迪亚从此献身于公共服务事业,这令他成为全国乃至全世界的名人。他的行事风格极其鲜明,直来直去不留情面,但同时又令人愉悦并成效非凡。当耶鲁大学1937年授予他荣誉学位时,大家称他为"情绪控制高手。为了达成有利于公众的目的,他知道何时该爆发、何时该隐忍。他顺势而行,又能掌握方向"。

1922—1932年在众议院任职期间，拉瓜迪亚自豪地宣称自己代表东哈莱姆的工薪阶层，尤其是那里的意大利移民。在保守力量占上风的20年代，他是坚定的自由派。拉瓜迪亚成为一名极具争议又充满动感的斗士。他代表移民、工人、穷人和城市利益。他的批评者因而感到愤怒：一个像他这般出身的家伙居然可以影响美国政府。《丹佛邮报》叫嚣，让拉瓜迪亚"滚回他祖先生活的地方去。除了纽约，没有哪个地方能毫无廉耻地让这样一个人在国会代表自己"。

拉瓜迪亚是纽约历史上第一任意大利裔市长，也是第一位3次当选的改革派市长。拉瓜迪亚重新设定了纽约的视野。虽然正值大萧条，但拉瓜迪亚承诺组建"一个全新的政府，为了人民大众的利益；一个对弱者和不幸者充满同情心、对作恶者和贪污者毫不留情的政府"。他说，这种信条巩固了亨利·乔治最根本的信念，即"在一片丰饶的土地上不应该有匮乏"。拉瓜迪亚借用一句古希腊名言承诺道："将一个比我们接手时更伟大、更美丽的城市传承下去吧。"

拉瓜迪亚的很多改革措施都相当成功。但是，他试图重现费尔南多·伍德自由港口的努力却失败了。同时，他也从未成功地彻底清除政府腐败、治理不善以及他最痛恨的赌博。不过，他成功降低了牛奶、公共设施和地铁价格。他还禁止城市大学强收学费，并在布鲁克林区和皇后区新建了校区。拉瓜迪亚通过学校、博物馆和公共音乐会将艺术带给普罗大众。他还统一了烦琐、效率低下的公共交通系统。他对于儿童的爱心则带来了更多公园、学校和健康中心，更不用提他在报纸罢工期间亲自为孩子们在广

第六章 逐梦之城

播中朗读儿童读物。拉瓜迪亚还向犹太人、意大利人和黑人开放了政府工作岗位,借此有效削弱了坦慕尼协会和爱尔兰人的势力,并令城市的其他族群受益。他还提议联合纽约的棒球队。

在拉瓜迪亚的事业早期,他曾是一名劳工律师,并曾与罢工者一起参加过游行。在担任国会议员时,拉瓜迪亚坚持争取工人权益、反对童工制度。1932年,他与人合作,令国会通过了一项划时代的法案,限制管理层压制劳工联合会以及恐吓罢工者。1934年2月,拉瓜迪亚命令警察在驱散罢工的出租车司机时,即使后者使用暴力手段,警察仍要采取克制态度。这样一来,拉瓜迪亚同情劳工的倾向表露无遗。这场骚乱持续了两天,直到对峙状态逐步升级,包括罢工者袭击拒绝参加罢工的人、故意破坏他们的出租车,拉瓜迪亚最终才让警察制止暴力。他的这种做法招致了广泛批评,人们认为他对骚乱者太过宽容。在人陪审团面前,拉瓜迪亚奋力为自己辩驳。于是,坦慕尼协会的政敌攻击他,称这是一个令人惊愕的事件,证明拉瓜迪亚是"一群乌合之众的总煽动者"。

在其他情况下,拉瓜迪亚使用了一些更圆滑的策略帮助劳工。例如,当纽约市的服务员争取更高的工资时,拉瓜迪亚派卫生检查员在晚餐时间去酒店和大型餐馆。这样一来,当所有拒绝罢工的服务员接受检查时,餐馆一样只能歇业,于是雇主很快就解决了和罢工的服务员之间的问题。同样,拉瓜迪亚曾经停止给市里主要的洗衣店供水,以帮助洗衣女工,而她们很快就赢得了胜利。

拉瓜迪亚有时会在市政住宿处排队测试系统并提出改进措施。更引人注目的是,他经常冲进法庭,接管腐败法官的职务,这样判决就不会因贿赂行为而有失公正。市里的工作人员从来不知道市长什么时候出现，以暴露他们的效率低下、解雇他们的行政人员。有一次，拉瓜迪亚送了一盒雪茄给一个新警察，因为后者不仅有理由，更重要的是，他还有勇气逮捕了一位有名望但违法的医生。拉瓜迪亚不断挑战惯例，让一些人沮丧，让其他人安心，让每个人都感到惊讶。拉瓜迪亚的一位长期助手说，他是一位"独裁的"民主党人。

尽管手段怪诞，但拉瓜迪亚的自由主义带来了正面效果，他由此获得了联邦政府前所未有的资金，援建学校、公园、桥梁、医院、住房、污水系统和机场。这些工程创造了就业，让人们重新确立了希望。它们还拓展了进步主义关于积极政府干预的观念。历史学家托马斯·克斯纳说，这塑造了现代城市。通过所有这些方式，拉瓜迪亚推进实现他的雄心壮志——令纽约不仅成为财富与城市规模上的典范，还成为"公共住房、公共健康和公众幸福方面的楷模"。他坚信城市是美国梦的一部分。

1938年，拉瓜迪亚将这个梦想转变为纽约州的一条宪法修正案，使"为有需要者提供救济、关怀和支持"成为政府的公共责任。这一人道主义政策无论是在当时的美国，还是在今天的美国，都是独一无二的。与阿尔·史密斯一样，拉瓜迪亚由于自身张扬的移民自豪感和激进的城市改革议题，成为极具争议的人物。虽然拥有坦慕尼协会背景的史密斯和拉瓜迪亚格格不入，同时这两个人也代表了相互冲突的民族，但从根本意义上来说，他们其实是相同的人。他们都相信拉瓜迪亚所说的"拥有灵魂的政府"，并致力于为后世留下这样一笔精神财富。这就是源自纽约人行道上的梦想。

第六章 逐梦之城

Source：*Brother Can You Spare a Dime*？Albert Potter linoleum cut，1930. Museum of the City of New York，Gift of Mr. Irving Potter，87，62，4

  1930 年，一首关于一个追求美国梦的年轻人的歌曲在纽约流行。歌中的年轻人努力工作，修建铁路和摩天大楼，并参加了第一次世界大战，然而，当大萧条来临时，仍然穷困潦倒的他，不得不靠乞讨为生。这幅胶板画也创作于 1930 年，与那首歌曲一样在质疑在美国梦。

"被推迟的梦想"

1935 年的骚乱

兰斯顿·休斯明白,"被推迟的梦想"迟早会"爆发"。他并没有看到"东边或是西边,还是全城"的欢乐,相反,他看到的只是弥漫在"从一条河到另一条河,从上城到下城"的苦难。人们被剥夺机遇,他们的"梦想被粗暴地践踏"。现实的确如此,300 年来的歧视终于导致了 1935 年和 1943 年爆发的两起大规模种族骚乱,当时正是拉瓜迪亚任市长期间。这些充满戏剧性的事件成为美国历史的转折点,它们开启了一种全新的城市冲突范式,也记录了这个北方城市中绝望的各个维度。

与传统的白人针对黑人的种族冲突不同,这两起骚乱都发生在黑人社区内部,并着重表达了对白人社会的愤怒。必须承认的是,拉瓜迪亚在第一起骚乱后,推出了比他所有前任都多的促进种族平等的措施,但他依然没能成功阻止第二起骚乱的发生。对黑人的长期歧视传统,以及黑人的抗议传统,是滋生骚乱的主要原因。它们是"被推迟的梦想"的直接后果。

自殖民时代起,纽约的黑人就不断地针对不公正和不平等进行抗议。不过,如今他们的努力进入了一个更为激进的新时代。全国有色人种协进会、城市联盟、黑人媒体、哈莱姆复兴和贾维

第六章　逐梦之城

主义共同创造出一个更为团结的黑人社群，并扩大了激进主义运动的民众基础。此外，1929年的大萧条也进一步加剧了哈莱姆的困境，那里的失业率居高不下，薪水长期徘徊在最低水平。而随着纽约失业率达到30%，白人工人开始驱逐黑人工人。黑人的状况达到了前所未有的糟糕境地。

作为传统黑人社群基石的教堂，试图帮助缓解危机的负面效应。1930年，17个宗教团体合作为难民们提供紧急房租、衣物和咨询服务。他们每天接济的人数高达2 400，这部分资金主要来自教区教民的捐款，还有一部分来自经常帮助哈莱姆地区的洛克菲勒家族。从1933年开始，极具领袖魅力的神父迪万（Divine）在他设立的15处接济点每天为3 000人提供食物。在这些接济点，白人和黑人们和谐共处。他还设立黑人经营的店铺、饭馆和洗衣房，在很多方面他都可被视为贾维的接班人。但他巨人的影响力开始威胁到黑人名流，同时他的种族融合政策也令很多白人名流失望。1940年的几场地产官司终于将迪万赶出了哈莱姆，他移居费城。

位于第138街和莱诺克斯大道的著名的阿比西尼亚教会每天为哈莱姆居民提供餐饮、衣物和炭火。它还为失业人员寻找工作机会，为无家可归者提供住处。这些工作的组织者是小亚当·克莱顿·鲍威尔，是阿比西尼亚教会著名牧师的儿子，他继承了父亲的名字和事业。刚刚毕业于科尔盖特大学的鲍威尔被哈莱姆的状况震撼。1930年，22岁的鲍威尔人生中第一次组织了一场6 000人游行，要求哈莱姆医院雇用黑人医生和护士。鲍威尔说道："我们以实际行动加快了纽约的民主脉动。"

哈莱姆地区的职业歧视格外令人沮丧。白人经营的店铺只雇用白人，很少一部分黑人被雇用做扫地工或看门人，黑人大学毕业生可以幸运地得到开电梯的工作。全国有色人种协进会、城市联盟、本地牧师、黑人商人和黑人妇女团体都曾努力增加哈莱姆地区黑人的就业机会，但它们的努力都以失败告终。

1934年，一个由激进分子和温和派共同组成的联盟发起了"黑人工作运动"，鲍威尔在第125街的布鲁姆斯坦百货商店负责纠察工作。六周后，商店同意雇用更多黑人员工，但结果却是只有肤色较浅的女性被雇用。联盟中的激进分子要求深肤色女性也应被雇用，他们还指责联盟中的温和派与商店串通。后来，激进分子脱离了联盟，开始抵制第125街上的所有商店，这导致1934年法庭裁定非工会组织的纠察行为违法。联盟就此解散，但它助长了哈莱姆反抗精神。现在，激进运动而非艺术成为带来变革的关键。正如休斯所说："诗作被标语取代。"

在大萧条和抵制商店的背景下，1935年的骚乱显示出小事件隐藏的大冲突。3月19日下午，位于第125街的克雷斯商店保安抓住了一个偷了一把10美分小刀的波多黎各男孩。男孩被带到商店后巷遭训斥，店方最后还是放走了男孩。但是，关于这个男孩被打的流言开始扩散，而当一辆救护车赶到商店后，人们更加确信流言的真实性。这时，赶巧一个灵车司机停车在商店买东西，人们便开始猜测男孩已经被杀。而警察没有披露任何信息以平息谣言。

商店经理不得不找到男孩并让他出面澄清谣言，但为时已晚。数千人开始骚乱，这个男孩的生死已经无关紧要。消息迅速传开来：一个非白人男孩在一个白人商店被白人执法者痛殴！激进组织立即开始散发极具煽动性的宣传单来挑唆人群，并在克雷斯商

第六章 逐梦之城

店门前设置了纠察队。几十年来被白人压迫的怒火不消多少挑拨就能全面爆发。阿兰·洛克评论道：骚乱的导火索并非单个事件，而是"长久以来的心理状态"。

骚乱者首先针对克雷斯商店发动袭击，他们砸碎窗户、推倒柜台、洗劫商品。随着夜晚降临，在第五大道和第八大道中间的第125街聚集了数千人。警察被砖头和酒瓶攻击，商店窗户被砸碎，商品被抢夺一空。还有人开始放火，屋顶也传来枪声。混乱一直持续到第二天下午。最终，3名黑人死于骚乱，64人受伤，125人被捕，625扇窗户被砸。

不过，纽约媒体也承认，众多因素令哈莱姆居民成为"一个暴力群体"。鲍威尔澄清道："这不是一起骚乱，而是一场反对饥肠辘辘、拥挤租屋、恶臭污水、腐坏食物、剥削成性的房东和商人、救济歧视、剥夺公民权和冷漠政府的，公开的、无组织的抗议活动。"《阿姆斯特丹新闻》（*Amsterdam News*）为了强调这一点，刊登了一幅漫画，漫画中身着经济罪恶披风的死神手持骚乱的火种，脚踏民众。

骚乱过后，拉瓜迪亚试图针对民众的不满做出改变。他要求兰道夫和诗人康蒂·卡伦加入一个由霍华德大学社会学家富兰克林·弗雷泽（Franklin Frazier）领导的哈莱姆情况委员会。就像鲍威尔描述的一样，160名证人在25场听证会上作证，详细描述了播下骚乱种子的社会原因。他们还抨击警察暴行，并举报很多人曾被警察骚扰、殴打。哈莱姆居民痛斥警察的拒不认错，以及其一贯的偏袒行为。委员会认定，针对警察的憎恶长期积聚，以至于任何"火花"都能轻易被"引爆"。

委员会警告，在哈莱姆地区日益增加的警力不是解决问题的方法。相反，委员会建议解决哈莱姆"最根本问题"才是正道：包括保障黑人工作机会，并提高工资水平。委员会还呼吁市政府对房租进行控制，为黑人提供与白人同等条件的学校设施。委员会敦促哈莱姆医院员工应实现完全种族融合，并新建一所医院。委员会还警告警察部门不应再对警员暴行持包庇态度，并建立了一个公民委员会负责处理关于警察行为的投诉案件，一旦发现警察确实存在触犯法律的行为，将严惩不贷。

虽然拉瓜迪亚最后没有发布这份言辞激烈的报告，但他确实开始向哈莱姆地区投入大量资源，包括兴建公共住房、学校、健康中心，并在哈莱姆医院特设了一处女性专区。此外，他还在公立医院和公职部门推行种族融合雇佣政策，任命了几名黑人在市政府担任高级管理职务。他还任命了纽约首批黑人法官。拉瓜迪亚唯一没有改革的领域就是警察部门，因为这被视为极具政治危险性。事实上，在20世纪30年代所有针对种族歧视的改革都具有一定危险性，这也更加凸显出拉瓜迪亚的改革决心。在当时的语境下，他已经为改善民众状况做了力所能及的一切，而且做得比大部分人都多。

当然，这依然远远不够。大萧条令哈莱姆的情况日益艰难。一位作家说，大萧条令哈莱姆成了"穷人之地"。罗斯福和拉瓜迪亚的改革努力虽然很有意义，但它们并未从根本上改变哈莱姆的境况，也没能够彻底根除针对黑人的歧视。1938年，一个包括非裔黑人、西印度群岛黑人、宗教领袖、贾维主义者的团体成立了大纽约协调黑人就业委员会，鲍威尔担任领导。虽然该组织成员"拥有不同梦想"，但鲍威尔认为"我们全都拥有一个共同目的，即所有人的全面平等"。

1938年美国最高法院裁定针对雇佣歧视的纠察行为合法,这鼓舞了鲍威尔的组织。他们举着标语,上书"不要惠顾那些不雇用你们的商店",沿着第125街进行示威游行。很快,商人们开始废除员工种族隔离制度,并签订了黑人雇佣协议,这与当年女性消费者团体达成协议如出一辙。鲍威尔随后发起了针对爱迪生照明公司的抵制活动,他呼吁所有哈莱姆居民每周停用电力一晚。其后,他又呼吁追随者不停拨打电话,将纽约电话公司所有线路全部占满。两家公司很快投降,逐渐开始雇用黑人员工。

1939年,鲍威尔的组织冲进世博会工作组位于帝国大厦的办公室,要求世博会雇用黑人员工。同时,百老汇女孩合唱团、比尔·"博贾格尔"·鲁宾逊(Bill "Bojangles" Robinson)和其他知名人物加入了他们的行列,为黑人在世博会期间赢得了600个工作岗位。1941年,相似的努力为黑人在商店、报社、影院赢得了工作机会。1942年,鲍威尔成为纽约首位黑人议员,他督促议会通过法案,废除了市立大学在雇用教职工时的"明显歧视"政策。当时在纽约市立大学的2 000多位终身教授中,没有一个是黑人。

鲍威尔的平等雇佣机会运动暴露出纽约针对黑人的歧视,激励了黑人民众抗议的传统,也令市长拉瓜迪亚步步退让。鲍威尔巧妙地运用其"煽动性的演讲方式"激起了关于种族不公的大讨论。他还通过推行"双V运动"[①] 令人们开始关注全国范围内的

---

① "双V运动"诞生于第二次世界大战中,指既要取得在国外针对法西斯斗争的胜利,也要取得美国国内针对种族歧视斗争的胜利。

种族主义。用休斯的话说：对于黑人军人的虐待，包括南方谋杀黑人军人的事件，都证明了"反对希特勒与反对'吉姆·克罗法'①的战争同样漫长"。兰道夫威胁要在华盛顿举行大规模的示威游行活动，迫使富兰克林·罗斯福总统于1941年签署了划时代的总统令，要求在国防部门禁止种族歧视。拉瓜迪亚也给富兰克林·罗斯福总统施加了压力，但他同时也加剧了纽约的种族冲突。

拉瓜迪亚允许海军在亨特学院和沃尔顿高中训练一支全白人女性部队，这令他看起来似乎是一名种族主义者。鲍威尔为此起草了一份法案，反对利用公共设施进行如此具有种族歧视意味的活动，该法案最终在市议会全票通过。此外，拉瓜迪亚还拒绝对1943年法院关闭萨沃依舞厅一事进行调查。法院认定，该舞厅有卖淫活动。但大多数人认为，全城那么多比萨沃依还恶劣的舞厅都没有被关闭，可见这个裁定主要是针对哈莱姆的种族融合现象。一个月后，一名白人警察杀死了一名黑人，已经公开与拉瓜迪亚对立的鲍威尔则发起了一场声势浩大的反拉瓜迪亚抗议集会。

1943年的骚乱

1943年，市政公园专员罗伯特·摩西提出的一项城市规划进一步激怒了黑人群体。这项得到拉瓜迪亚默认的规划建议大都会人寿保险公司建立一处推行种族隔离的半公共住房，这个地产项目被称

---

① "吉姆·克罗法"是指在1876—1965年出台的歧视黑人和实施种族隔离政策的法律的统称。

第六章 逐梦之城

为施托伊弗桑特城，位于第一大道和C大道之间的第14街到第20街，也是当时纽约正在筹建的最大规模的城中城房产项目。一位历史学家说，这个房产项目确立了在城市发展中的"纽约模式"，即市政当局将被认为对公众有益的项目授予私人开发商。这是特威德时代"诚实贪污"的新变种。这个租金低廉的公寓是专为退役老兵提供的，但前提是他们必须是白人。拉瓜迪亚在这个项目上的立场，与他此前维护公益的做法有悖。鲍威尔因此呼吁弹劾市长，并质问道："市长先生，您怎么能为歧视背书？"

虽然许多黑人和白人的自由运动组织都动员起来反对这个项目，但由于得到了市长的支持，项目还是开工了。直到1950年，才有3户黑人家庭被允许入住。当大都会人寿保险公司称，将另外在哈莱姆建造（当然也是种族隔离的）一处公寓时，整个哈莱姆弥漫的苦涩滋味没有减弱反而增强了。因此，不出意外地，当被问到为何参加1943年的骚乱时，人们大多都将"种族不公"列为最重要的原因。

亚拉巴马州、新泽西州、加利福尼亚州和得克萨斯州也于1943年春爆发了种族骚乱，这令事态进一步恶化。6月在底特律爆发的持续3天的骚乱令整个城市四分之三的区域受到影响，导致34人死亡，其中25人是黑人。很多人甚至开始担心可能会爆发全国性种族战争。拉瓜迪亚立即呼吁大家保持克制，同时授权发布两份关于骚乱的报告：一份由警方起草，另一份由全国有色人种协进会领袖沃尔特·怀特[①]（Walter White）起草，他是拉瓜迪亚关

[①] 沃尔特·怀特：美国著名的社会活动家，曾领导全国有色人种协进会长达四分之一个世纪。

于种族事务的关键顾问。

纽约市民被要求在一份拒绝暴力的"团结承诺书"上签名。5 000人参加了一个名为"这里不是底特律"的游行集会。拉瓜迪亚还推动在警察队伍中雇用更多黑人、开设音乐学校并推出两处在哈莱姆的住房项目。他游说纽约州和联邦政府推行房租管控措施，但他并没有接受怀特建立一个种族关系委员会的建议。随着时间的推移，市长错误地以为危机已经过去。

1943年8月1日，一名黑人士兵被一名白人警察开枪射伤。事件的起因是这名黑人士兵试图帮助一位被捕的黑人妇女，这名妇女被控挑起骚动。流言迅速传播开来，称一名黑人士兵为了保护母亲而被一名白人警察射杀。人们愿意相信谣言，因为这契合了黑人对于种族歧视、警察暴行、黑人女性受辱，以及针对黑人士兵的袭击等长久以来的一贯看法。休斯写道，所有这些因素激发了哈莱姆"骚乱的怒火"。

来自各阶层的人们聚集在酒店和西德纳姆医院，还有3 000人在警察局举行示威活动。很快，人群情绪开始失控，窗户被砸碎，车辆被烧毁，商铺被洗劫。骚乱持续了将近11个小时，蔓延超过30个街区。混乱统治了一切，哈莱姆变成为一个战场。最终6名黑人被杀，185人（主要是黑人）受伤，超过500名黑人被捕。受损店铺多达1 450家。

拉瓜迪亚一听到骚乱消息，就立即赶往上城，并开始动员各种力量。警察、消防员、医生和护士被派往已经暂时隔离的哈莱姆。酒吧和酒铺被关闭，政府还实施了宵禁。市长承诺，哈莱姆居民的需求将被满足，"尤其是给孩子们的牛奶"。沃尔特·怀特

第六章 逐梦之城

安排黑人名流通过宣传车呼吁民众保持克制，1 500名居民主动提出巡逻社区，警察也被命令禁止肆意施暴。

拉瓜迪亚指责"流氓"是引发1943年骚乱的祸首，并否认骚乱是由种族歧视引起的。但大多数评论者认定，这是"种族冲突引发的市民骚乱"。值得注意的是，只有白人店铺在骚乱中被洗劫。至于广受抨击的"流氓"，《阿姆斯特丹新闻》称，他们是来自社会最底层的人群，"是承担整个社会重压的族群"。报纸指出，骚乱者并非出于"犯罪倾向"而参加骚乱，而是出于"黑人对压迫深刻的憎恶，以及他们灵魂中感受到的绝望"。

虽然嘴上不承认，但拉瓜迪亚对骚乱事件的根源心知肚明。他发布广播演讲，力图缓和紧张情绪，建议在公立学校中加入进步主义课程。他还公开反对施托伊弗桑特城推行的歧视性房租政策（纽约市政厅于1944年通过了美国首部反歧视住房政策法案）。拉瓜迪亚不仅参加在亨特学院举行的种族融合团结大会，支持"双V运动"，还重新开放了萨沃依舞厅。为应对贫民窟问题，他计划推出几个新的公共住房项目，并对房租和食品价格进行调控。他还建立了一个由怀特领导的旨在处理种族关系的跨种族委员会。但很快，拉瓜迪亚将注意力转向了战时任务，这也成为他市长任期最后一年的主要工作。

富克兰林·罗斯福总统也被第二次世界大战占据了大部分精力。当时已经成为联邦调查局局长的胡佛认为骚乱是"国家的耻辱"，罗斯福也同意这种观点。因此，他在1943年夏任命了一位种族关系特别助理。他拒绝公开发表反对种族歧视的言论，而让他的妻子埃莉诺出面号召种族间的相互理解。由于受困于外交事务且担心失去南方州的支持，罗斯福一直回避直面种族问题。一名黑人曾轻蔑地称他的这种态度是"鸵鸟政策"。种族关系议题是如此根本、如此具有争议，因此哪怕是总统也不得不选择回避。

两场种族骚乱揭示出：瑞典学者冈纳·米达尔（Gunnar Myrdal）所指出的"美国困境"的核心问题仍然挥之不去，即在对一些人奉行"自由、公平和……机遇"的同时，却剥夺了另一些人的相同权利。杜波依斯要求美国不仅应在"1980年前彻底根除黑人文盲"，还应"不分种族地全面抗击贫穷、疾病、无知和犯罪"。哈莱姆居民团体和报纸呼吁给黑人提供更多的工作机会、降低房租，并对食品价格实施调控。此外，他们还要求为不被允许使用白人设施的黑人孩子提供更多的游乐场和夏令营。《纽约时报》称，"哈莱姆要的不是特殊照顾，它要的只是公平竞争"。报纸呼吁，纽约应当成为"所有人的城市"。

这两场骚乱还标志着美国进入了一个新时期，为60年代的城市冲突埋下了伏笔。与早期黑人主要处于防御态势的冲突不同，哈莱姆居民采取了攻势，针对社区内的种族歧视现象发动攻击，尤其是白人警察和白人商铺。这两场冲突也被称为"商品骚乱"，因为骚乱者主要针对财物进行破坏，而非以前种族骚乱中以攻击人为目的。这种新趋势反映出一种充满戏剧性的新动向。骚乱改变了美国关于种族问题的看法，也显示出应对种族议题的紧迫性。

与爵士乐的"软性反叛"不同，哈莱姆骚乱是硬性反叛。然而，他们与爵士乐在起源、精神和结果上一脉相承。哈莱姆复兴的文化抗议、贾维主义的种族抗议、抵制活动的经济抗议，以及骚乱的群众抗议，都是新黑人运动的侧面。它们都源于同一个事实，正如休斯所说，哈莱姆是守护着"梦中之梦"的"岛中之岛"。在1935年和1943年，这种被推迟的梦想终于爆发了，但是愤怒与主张、绝望与希望之间的界限依然模糊。休斯欣喜地看到来自哈莱姆的知识分子和艺术家、政治家和传教士、萨沃伊舞厅和朔姆堡图书馆。他深知，哈莱姆糅合了"舞鞋、泪水、欢笑和蓝调"。他在哈莱姆人身上看到了"梦想成真的力量"。

现实主义、抵抗和韧性揭示出哈莱姆在这个城市中既具有代表性，同时又是异类。关于生存的挣扎在哈莱姆永远大过天，但在这里发生的一切不仅事关生存。虽然哈莱姆显示出黑人种族斗争的特殊性，但它也代表了其他种族相似的斗争。正如休斯所说："要想拯救一个人的梦想，必须拯救所有人的梦想。"一场场运动推动了黑人社群的民族自决，也强调了平等应当超越黑人社群，普适众生。从这个意义来说，哈莱姆映射出这座城市和这个国度所面临的冲突。无论是上城还是下城，不管东区抑或西区，人们通过斗争确认：美国梦是每个人都触手可及的东西。问题在于，整个社会是否做好了准备，将拉瓜迪亚"拥有灵魂的政府"构想变为现实。

太阳城花园

太阳城花园是一场社会实验，反映了20世纪20年代的梦想，但是受到大萧条的冲击，并随着时间的推移有所改变。太阳城花园修建于1924—1928年，是美国实施英国式"花园城市"的第一次尝试,作为过度拥挤的诸如下东区一样的贫民窟的替代品。它提出了纽约作为一个人们生活和工作的复杂地方的基本问题:分散的社区会增强还是破坏中心城市?"花园城市"这一说法是否矛盾,或者不过是经过粉饰的郊区?它是不是反而促进了城市内部的族群隔离?它如何帮助我们理解邻里在一个巨大的异质化城市中的巨大作用?

美国地区规划协会倡导"花园城市"的概念,视其为"有机的"、有凝聚力的、宁静的社区,有足够的"新鲜空气和阳光"。该协会是由建筑师克拉伦斯·斯泰恩(Clarence Stein)于1923年与城市学家刘易斯·芒福德共同组织的,芒福德是该协会的首席发言人和理论家。芒福德对"花园城市"的概念笃信不疑,以至于他于1925年到1936年就住在太阳城花园。正如他后来解释的那样,"我们在太阳城花园里度过的那些岁月可以证实,我们需要改造我们过度成长的大都市,这些都市没有人情味,充满了孤独感,让人难以承受……高层住宅项目空空荡荡,让罪犯有可乘之机。相比之下,太阳城花园增强了(城市的)人性"。

对芒福德来说,20世纪城市"无目的的活力"促成了"紧张、暴力、犯罪……安定药、镇静剂和空气污染的增加"。相反,他认为"花园城市"将恢复城市生活的"合理规模"。它将"小到方便管理和访问,但也足够大以包容多样性"。理想情况下,它也将"实现经济效益和社会效益的平衡"。但是,在移民受限的时代里,太阳城花园几乎不欢迎犹太人或意大利人,也不欢迎黑人。虽然遭受了大萧条,但它幸存下来,现在是一个历史街区。随着时间的推移,它变得越来越多样化。它的居民变得更富有,但它

第六章 逐梦之城

的社区意识也越来越差。消息有好有坏。

太阳城花园是美国第一个为工人规划的社区。与拉瓜迪亚宏伟的城市愿景相似，太阳城花园也有一个社会使命。它解决了工人（但不是穷人）缺乏廉价体面住房的问题。作为一个准私人开发项目，它与拉瓜迪亚和史密斯推动的公共住房形成对比，但二者对城市人性化的渴望是相似的。它也不同于附近两个私人投资的郊区，即1912年建成的森林小丘花园和1919—1925年修建的杰克逊高地。前者是一个专属的封闭式的住宅区，拥有弯曲的街道和优雅的独户房屋。后者包括公寓楼，但只有富裕的中产阶层才买得起。

相比之下，太阳城花园面向工人。然而，它不像威廉·施坦威在19世纪70年代建造在阿斯托利亚的工厂城，也不会是曼哈顿和布朗克斯的大型公寓。它也不会复制成百上千廉价建造的、扩散到整个布鲁克林区和皇后区的排屋。相反，它的目标是创造一个有利于家庭和社区的小规模的、舒适的、健康的环境，一个结合了城市和乡村优点的环境。与廉租公寓不同的是，新的住房将位于曼哈顿以外，摆脱与疾病和社会动荡有关的高人口密度。太阳城花园位于高架路的一个车站附近，交通便利，它将可以让工人的一只脚在城市里、另一只脚在城市外，正如华盛顿·欧文笔下的太阳城一样。

此外，太阳城花园不仅仅是住宅。相反，它是一个整体性的、理想主义的社会变革方面的尝试，虽然难免有些家长式。由施坦威和另一位建筑师设计，太阳城花园里有各种各样的户型，以优惠的按揭利率出售，也有租金合理的公寓。几套公寓很快就被改成了更实惠的出租房屋。将公寓楼与房屋间隔分布，促进了太阳城花园 12 个庭院的经济多元化的社区组织的发展。

在这里，车库与住房分开设置，以便业主可以有小型私人花园。芒福德高兴地报告说："过去从不费心在自己的公寓里养盆栽天竺葵的纽约人，如今在如手帕般大小的花园里摆弄花草，就好像这是他们毕生的激情所在。"此外，所有人都分享中央庭院的景观，他们在那里进行社交活动并举办社区活动。值得注意的是，72％的场地，包括一个 3 英亩的私人公园，都是开放空间。规划者们相信，没有栅栏才能有好邻居。

每位房主都被要求签署一项为期 40 年的协议，承诺不设"围栏、树篱、外屋、晾衣竿或晾衣绳、无线电杆或电线、标志或雨篷"。此外，不允许对建筑外部进行"任何形式的改动或添加"。为了保持美学和民主的统一性，这些要求反映了创始人的家长式作风。

最初的居民很高兴生活在这样一个特殊的地方，他们很乐意遵守这些规则，社区繁荣起来。然而，大萧条威胁到了整个项目。居民们拥有强大的社区意识，认为太阳城花园已经非常繁荣，他们在经济危机期间举行了长达一年的反对支付租金和抵押贷款的示威。尽管如此，60％的原初居民最终还是失去了家园。

新的居民没有遵守太阳城花园最初的设想，他们在 40 年的禁令过期之后开始违反规定。违规行为层出不穷，栅栏修起来了，露台出现了，前花园变成了停车场。1974 年，城市规划委员会试图阻止这些变化，但是收效甚微。当一些居民在 1981 年组织恢复太阳城花园的原有特色时，其他人则反其道而行之。

第六章 逐梦之城

太阳城花园在 1984 年被定为历史遗迹，2007 年被定为历史街区。时至今日，居民们仍各执一词，许多人声称有权随心所欲地处置他们的财产。个人偏好和社区价值观之间的冲突反映出国家普遍强调的私有化和社会契约的消亡。虽然太阳城花园现在拥有一条以刘易斯·芒福德命名的大道，他的老房子还装上了一块纪念牌匾，但芒福德无疑还是会对今天的太阳城花园感到失望的。

太阳城花园现在的居民比原来的居民在经济上更富裕。住在这里的人有医生、律师和计算机程序员，而不是早期的技工、推销员、教师、艺术家和城市工人。虽然最初的居民主要是爱尔兰后裔和德国后裔，但今天的人口反映了皇后区的新的多样性。自 1965 年国家移民制度改变起，这个建筑区迎来了来自世界各地的居民。事实上，西皇后区已成为世界上最多元化的社区。

尽管太阳城花园随着时间而改变，但它保留了其最初的"花园城市"的特征。在曼哈顿附近，一种小而友好的自然社区的模式似乎实现了芒福德的梦想，即城市可以促进"人性化"。从这个意义上说，太阳城花园是一场乐观的、创造性的实验，将 20 世纪早期纽约的梦想和现实融为一体。

第七章

世界之城

1945—1973

大事年表

1934—1968 年　罗伯特·摩西担任公职

1935—1951 年　维托·马尔坎托尼奥任国会议员

1943—1949 年　本杰明·戴维斯任市议员

1945 年　纽约被选为联合国总部

1949 年　皮克斯基尔骚乱

1964 年　哈莱姆骚乱

1966—1973 年　约翰·林赛任职市长

1966 年　纽约交通系统大罢工

1968 年　关于警察、公立学校、福利和哥伦比亚大学的冲突

1969 年　纽约城市学院学生抗议

1970—1972 年　调查警察系统腐败

1972 年　森林小丘住房计划

第七章　世界之城

联合国于 1945 年将纽约选为其永久总部所在地,这令纽约成为具有全球影响力的城市。虽然纽约此前已经被视为世界级大都会,但由于在第二次世界大战中绝大多数欧洲城市化为废墟,纽约因此成为全球唯一一个未受战火侵扰的西方权力、财富、文化和希望中心。1949 年,作家 E. B. 怀特(E. B. White)写道:虽然纽约既非州府所在,也非一国之都,但它正在迅速"成为世界之都"。

为了确保纽约从与波士顿、费城和旧金山的竞争中脱颖而出,成为联合国总部所在地,洛克菲勒中心总裁纳尔逊·洛克菲勒(Nelson Rockefeller)让父亲小约翰·D. 洛克菲勒给联合国捐了 850 万美元,并最终确保了联合国将总部设在纽约。纳尔逊·洛克菲勒相信,这个世界组织的总部应当设立在全球金融、文化和传媒中心。为了强化纽约的这些角色，洛克菲勒家族建造了林肯中心。中心于1969年完工后，令纽约成为"全球表演艺术中心"。同样是在20世纪60年代，时任纽约州长的纳尔逊和他作为美国大通曼哈顿银行总裁的兄弟戴维提出了建造世界贸易中心的设想。洛克菲勒家族利用其庞大的资产和影响力将一个世界之城的想法转变成了现实。

第二次世界大战结束后，纽约的经济地位达到了前所未有的新高度。它拥有多达750万人口、全世界最多的工厂，是最繁忙的港口，也是最大的批发、零售和金融市场。它是美国的广告、出版、时尚和娱乐中心。此外，它还被称为"总部之城"，因为全美500强企业中有136家将总部设在纽约。这些公司拥有高耸入云、充满线条感的玻璃幕墙摩天大厦，以它们的高度和造型令纽约成为建筑师勒科尔比西耶（Le Corbusier）口中的"垂直之城"。

这种"国际学派"的建筑手法与绘画中的抽象表现主义相似，也被称为"纽约学派"，实际上是一个综合性的学派，既拒绝定位，也拒绝代表。在所有这些方面，纽约已经变得更加伟大。勒科尔比西耶认为："今天它属于世界。出乎所有人的意料，它已经成为全球城市皇冠上的宝石……纽约是一颗巨大的钻石，坚硬、凛冽、光芒万丈、志得意满。"

但讽刺的是，当纽约享受其外在荣光时，这个城市内部正在经历着痛苦的分化，并日益发展出一种近乎分裂的城市人格。勒科尔比西耶察觉到了问题所在，他谴责"城市暴力"，悲叹城市"挤压生命"，痛骂城市中"艰难、无情、没有灵魂的街道"。40年代，纽约被卷入冷战对抗。50年代，针对城市发展规划，纽约

第七章　世界之城

各个族群间的紧张情绪日益升温，抗议活动此起彼伏。六七十年代，围绕政治、种族、教育、同性恋权利、住房和战争的冲突达到顶峰。旧有的苦痛被加剧，隐藏的恐惧被曝光，新的伤口还在流血。在纽约的自由传统在一些领域被削弱的同时，这种传统在另外一些领域又得到了加强。纽约似乎正在被日益分化的身份认同所撕裂。

本地议题又被国家和国际斗争复杂化。作为一个既是自由主义发源地又是资本主义中心的世界城市，纽约不可避免地卷入了冷战。纽约的四位已经拥有国际影响力的人物也卷入了这场斗争。本杰明·戴维斯（Benjamin J. Davis）、保罗·罗伯逊、维托·马尔坎托尼奥（Vito Marcantonio）和杜波依斯公开批评民主制的局限，谴责资本主义的冷血无情。

1943 年，哈莱姆选举本杰明·戴维斯成为市议会中代表该社区的议员。戴维斯出生于佐治亚州，毕业于阿默斯特学院和哈佛法学院，他推动市政厅在 1944 年通过了禁止歧视性住房项目的法案。他坚持反对警察暴行、种族歧视和排犹主义。虽然在当时的政治气候下，哪怕只被认为亲共都会招致政治灾难，但戴维斯还是担任了一段时间的共产党领袖。纽约市也是全国唯一一个议会中拥有共产党议员的城市。1945 年，戴维斯重新当选市议员，他的支持者中既包括黑人也包括白人，甚至还包括坦慕尼协会成员。胜利令他相信，纽约正在迅速成为"美国最自由的城市"。

但到了 1948 年，戴维斯却发现自己被指控反政府。历史学家马丁·杜伯曼（Martin Duberman）认为，这是冷战时期最重要的"标志性司法斗争"。议题焦点就是 1940 年《史密斯法案》代表的针对言论自由的威胁——该法案禁止批评政府。经历 9 个月的审讯后，戴维斯被判败诉。他在1949年的重新选举中失利，当时的竞选活动由杜波依斯领导，罗伯逊和马尔坎托尼奥协助。兰斯顿·休斯说，正如对《大众》杂志的打击一样，针对戴维斯的审判是对民主的关键试炼，因为它迫害了"所有那些质疑现状的人"。

当罗伯逊试图为戴维斯作证时，他在哥伦比亚法学院的前导师、现任法官给他下了封口令。罗伯逊当年由于在罗格斯大学表现优异而进入了哥伦比亚法学院。这位政治活动家当时已经受到胡佛领导的联邦调查局的严密监控。罗伯逊谴责私刑、贫穷、偏见、战争和殖民主义。他认同哈莱姆复兴精神，认为艺术是带来社会变革的媒介。他终身为之奉献的理念是："自由之歌终将获胜，仇恨之曲终将失败。"

罗伯逊的世界声望，加之他对美国政府的批评，以及他儿子与犹太女子通婚，为他招来了非议和政府的责难，他被娱乐界列入黑名单，他的护照也被吊销长达7年。但面对所有这些困境，他依然坚持"我就是一个激进分子。我将一直是一个激进分子，直到我的人民可以自由地行走在这片土地上"。

对犹太人、黑人的敌意1949年在纽约引发了两场针对罗伯逊的骚乱。暴民挥舞着木棒，呼喊着种族歧视和排犹口号，攻击参加音乐会的人群，向他们投掷石块。全国甚至全世界的媒体都报道了这场骚乱。它也成为美国众议院的议题。

众议员维托·马尔坎托尼奥反对在众议院使用带有歧视性的"黑鬼"一词。但是他的建议被议长泰克萨·萨姆·雷伯恩（Texan Sam Rayburn）驳回。作为一名意大利移民后裔，马尔坎托尼奥曾是拉瓜迪亚的支持者。他在 1920 年年仅 17 岁时就组织了东哈莱姆房租罢工活动，从此步入政坛。虽然他后来在下城的纽约大学法学院学习，但终其一生他都生活在上城位于第一大道附近的第 112 街和第 116 街之间。直到 1954 年去世，马尔坎托尼奥都是移民、穷人和少数族裔的坚定维护者。正如他的墓志铭所写（马尔坎托尼奥与拉瓜迪亚都葬在伍德朗公墓），他是真正的"民众的众议员"。

自从 1935 年进入众议院的那一刻起，马尔坎托尼奥就要求根除就业、投票、住房和教育方面的歧视。他经常就有争议的话题发起讨论，并常常在其他法案后面附上所谓的"哈莱姆附文"。意大利和波多黎各选民感激他为他们的利益真诚付出，并因此非常爱戴他。

即使失利，马尔坎托尼奥也能颠覆现状。作为反击，纽约州议会在 1944 年试图通过重新划分选区将马尔坎托尼奥踢出议会，重新划分的选区将有大批反对他的保守意大利和爱尔兰选民。此外，1947 年纽约州又出台了一部针对马尔坎托尼奥的法案，要求所有候选者只能由他们注册的党派提名后方能参加竞选。在这些限制之下，失败似乎难以避免，但支持者创纪录的高投票率帮助马尔坎托尼奥奇迹般地在 1948 年成功重新当选。但最终，他的政敌在 1950 年联合起来击败了他，为此还引发了一场在东哈莱姆地区的示威。

马尔坎托尼奥的成功一部分源于他强大的领袖魅力，但更主要的是他永不言败为工人争取权益的努力。他不仅忠于自己的意大利裔选民，同时对于选区中的黑人和波多黎各移民也照顾有加。他被视为穷人最亲密的朋友，他令穷人议题在华盛顿成为全国性议题。同时，他经常自己为纽约的穷人支付房租。1951 年，马尔坎托尼奥和罗伯逊（在戴维斯和杜波依斯的支持下）来到联合国，谴责美国针对黑人实施的政策。

同样在1951年，马尔坎托尼奥为杜波依斯担任辩护律师。当时82岁的杜波依斯被控犯有"外国间谍"罪，理由是他曾短暂地领导了一个国际和平组织，而联邦调查局认为这个组织亲共。来自拉丁美洲、欧洲、非洲和远东的杜波依斯支持者组成了一个国际辩护委员会。案件最终以杜波依斯的无罪释放了结。休斯认为，这是因为"假如杜波依斯被判入狱，将震惊全世界"。

杜波依斯在1948年遭全国有色人种协进会解职后变得愈加激进，解职原因是他批评该组织的秘书长沃尔特·怀特的保守主义立场。杜波依斯曾在1934年因相似原因辞去过全国有色人种协进会的职务，但又于1944年重新加入，负责该组织的国际和平事务。杜波依斯曾积极帮助筹建联合国。但他后来因一份种族主义文件是否应被提交联合国一事和怀特产生分歧。

1950年，杜波依斯以美国劳工党候选人身份参加了选举，成为纽约历史上首位寻求参议院席位的黑人。但自1951年审判后，他与罗伯逊同被美国政府视为危险分子，他的护照因此被吊销长达6年。但杜波依斯拒绝就此沉默。他写作、演讲，四处工作帮助戴维斯脱狱。与哈莱姆复兴时期一样，杜波依斯和罗伯逊坚持以艺术为手段，展示黑人平等，推动黑人解放。

杜波依斯批评美国牺牲民主以追求利益。和罗伯逊一样，他也日益以国际化视野思考问题。作为泛非洲主义之父，杜波依斯寻求非洲不同族群之间的相互理解。但他依然拒绝接受贾维的种族分裂主义，他更倾向于广泛的人道主义。这位93岁高龄的学者由于对美国种族未来感到失望，于 1961 年移居加纳。在那里，他广受尊敬，直到于 1963 年华盛顿大游行①前夜去世。

很多美国人将这四个人视为城市自由主义和纽约罪恶的反对者。他们的观点是如此令人不安，但他们的影响又是如此巨大。司法审判、立法针对、吊销护照、无情的媒体攻击，这些却都从另一个侧面证明了他们的强大。虽然面对种种磨难，他们依然为一个城市、整个国家甚至全世界的人权事业奋斗终生。

令人惊异的是，作为头号资本主义代表的洛克菲勒家族为批判资本主义提供了最佳平台。罗伯逊认为，联合国将总部设在纽约，令"全世界的目光"聚焦在这里，暴露了美国的不和谐。杜波依斯说，这样做的结果就是"使内部问题不可避免地成为国际问题"。虽然与洛克菲勒家族的立场南辕北辙，但这四个人却与他们分享着关于纽约这座世界之城的相同愿景。

罗伯特·摩西：权力、规划和抗议

如果没有罗伯特·摩西，联合国永远不会出现在纽约。虽然坐拥庞大家产，但洛克菲勒家族仍然需要人来运作实际问题，包括法律合同、立法程序、建筑图纸、施工费用、避税方法、交通问题和房产规划。只有一个人拥有搞定所有这些所需的知识、人

---

① 1963 年，美国民权领袖马丁·路德·金组织了争取黑人工作机会和自由的华盛顿大游行，在这次游行上他发表了著名演讲《我有一个梦想》(*I Have a Dream*)。

脉和权力,也只有一个人能在仅仅四天之内搞定所有这些问题。这个人就是罗伯特·摩西。

摩西出身于一个富有的德国犹太家庭,自小就极其聪明。他毕业于耶鲁,并在牛津大学拿到了博士学位。虽然从未担任过任何选举职务,但他在1934—1968年在5任不同市长麾下,主导着纽约的城市规划。他一度同时担任12个纽约州和纽约市的不同职务。他在纽约各个角落留下了自己的印记——16条纵横全城的高速公路、16条通往市中心的风光大道、7座桥梁、660个游乐场、超过1 000个公共住房项目。此外,还有数不尽的海滩、公园、公共游泳池、图书馆、哈德逊河隧道,更不用提林肯中心、拉瓜迪亚机场和联合国总部大厦。摩西的传记作家罗伯特·卡罗(Robert Caro)说,摩西将"想象力、铁的意志和傲慢"结合在一起,重新定义了纽约。

他主导的其他工程项目向外一直延伸到长岛,并向北延伸至尼亚加拉大瀑布。摩西在位于兰德尔岛特里伯勒桥下的外表朴素、内部奢华的办公室指挥着他的"帝国"。摩西就是去除了私人贪欲的特威德,他在城市规划领域是一个专横君王,直到他的"帝国"最终被自己的野心所颠覆。但在很长一段时期内,摩西都是不可战胜的,因为他拥有来自社区、政客和商人的广泛支持,这些政客和商人受益于与摩西的城市规划一同出现的工程合同、工作机会、法律费用、地产升值和保险佣金。

摩西从未受到腐败指控,去世的时候也只有微薄的财产。相反,他其实是一位对城市进步有着远大抱负的公务员,而这一切成为可能,是通过他的当权、对联邦资金的争取以及他强势的管

第七章 世界之城

理风格。摩西相信，私人汽车比公共交通更为重要，办公大楼应当取代工厂，清除贫民窟要比维护社群完整性更加重要。交通拥堵问题应当通过建造更多高速路来解决，而不应在乎有多少人需要动迁。他的信条简单明了："当你面对一个建造过度的城市时，你必须用斧子砍出一条血路。"

卡罗估计，摩西的高速路工程至少动迁了 25 万居民，而其他工程又动迁了另外 50 万居民。这为摩西赢得了"大搬运工"的绰号。大部分人只能搬往更边缘化的社区、住进更为拥挤的房屋。"城市翻新"通常意味着"黑人迁移"，但它实际上也摧毁了白人劳工社群。此外，摩西在规划公园和游乐场时，更为照顾富人的利益。卡罗说，这样做的结果就是加速了"城市的贫民窟化"，刺激了城市冲突的发生。

1953 年，摩西与尔特里蒙特的犹太社区发生了冲突，争议的焦点是摩西计划建造穿越布朗克斯的高速公路。这个项目将拆迁 6 万居民的房屋，其中很多居民都参加过布朗克斯租金罢工，以及下东区罢工。他们珍视自己的公寓、学校，以及紧邻克罗托纳公园的安全熟悉的社区环境。因此，当接到拆迁信后，他们拒绝搬迁。他们推举一位名叫莉莲·埃德尔斯坦（Lillian Edelstein）的犹太家庭主妇担当领导者。她迅速组建了一个租户委员会，开始挨家挨户游说。

东特里蒙特社区协会提议，新高速公路向南改道两个街区，绕过克罗托纳公园，这样可以令 1 530 户居民免受拆迁之苦。但摩西拒绝跟居民们就这个问题讨价还价。由于没有资金采取法律行动，埃德尔斯坦采取了草根阶层的策略。她组织集会，撰写新闻公报，租公共汽车去市政厅抗议。东特里蒙特社区协会成功令市政当局就高速公路项目举行了听证会，一切似乎都朝着居民胜利的方向行进。但在最终投票中，政客们突然转向支持摩西。直到今天，仍不清楚当时到底发生了什么，但教训显而易见。埃德尔斯坦意识到"摩西先生统治着这个城市"，普通民众根本无关紧要。

但是，中央公园却是相当紧要的。1956年春，摩西派出推土机准备推倒树木，在绿草地饭店旁新建一个停车场。消息迅速传播开来，40名带着孩子和手推车的妇女前来阻止推土机。这一次，抗议者的数量远远少于布朗克斯项目，但来自上西区的富人抗议者们却拥有更多人脉。很快，媒体开始将"中央公园之战"描绘成"母亲对摩西"的战争，极具视觉冲击力的照片占据报纸版面，照片中胖乎乎的可爱孩子在危险的巨大推土机前显得孤立无助。甚至摩西在《纽约时报》的忠实拥护者都反对将这个城市的"圣地"毁容。

但摩西一贯傲慢的态度就是"公众意见都是狗屁"。在一个4月的早晨，他还是成功铲平了树木。这一举动立即触犯众怒，市政厅收到了4 000封投诉信，摩西被严厉指责利用公共土地为私人公司谋取利益。有消息称，摩西允许他的老朋友——绿草地饭店老板只需支付一笔象征性的费用，就可以使用这个停车场。人们开始质疑摩西的品行。1959年，摩西头上不可战胜的光环也开始消退，市长小罗伯特·F. 瓦格纳（Robert F. Wagner Jr.）开始重组市府机构，以削弱摩西的权力。

1961年，一个看似不可能的人成了摩西的复仇女神。那一年，纽约计划在西村一处名为"残破之地"的地方兴建一个住房项目。这一计划受到了部分人的欢迎，但社会活动家简·雅各布

(Jane Jacobs)激烈反对。她一直是格林威治村的房东,曾参与抗议并成功令一条道路规划绕过了华盛顿广场公园。她还参加抗议,试图把她珍视的哈德逊街从"无良、千篇一律、仅仅为了方便交通工具通行而拓宽的道路项目"中拯救出来。1961年,雅各布正在写她划时代的作品《美国大城市生死录》(*The Death and Life of Great American Cities*)。她在这本书中将社区在城市生活的角色神圣化。雅各布宣称,她不会允许自己的社区被摧毁,她成了摩西最有力的敌人。

通过组建拯救西村委员会,雅各布与摩西斗争了7个月。抗议人群最初由白人中产阶级专业人士主导,但委员会成员后来又包括了格林威治村的波多黎各移民、爱尔兰移民和意大利移民。雅各布同时还赢得了西村独立民主党人的支持。

拯救西村委员会通过提交请愿书、司法诉讼、举行社区集会、私人集会、举行公共听证会,以及借助媒体力量发动抗议。艺术展和书市为活动筹集了资金。当委员会成员被禁止在一场市政厅会议上出席作证时,委员会成员们爆发了抗议,以至于警察不得不出动维持秩序,其中一个抗议者被警察拖着双脚拉出市政厅。一周之内,纽约放弃了西村项目。两年后,雅各布又组建了一个类似的组织,成功阻止了下曼哈顿高速公路取道下东区的格林威治村。再一次,民众要求享有定义城市未来的权利。用雅各布的话说,社群能够成为"文明自治的组织"。

摩西依然拒绝倾听来自民众的呼声,但在1964年的世博会项目中彻底失败。当年的世博会正值英国接管纽约殖民地300周年,因此世博会举办方希望选址在举办1939年世博会的弗拉兴草坪。

但摩西正计划在那里建造一处以他的名字命名的公园。在世博会筹备期间,摩西和世博会管理机构爆发了多次冲突。结果,大部分欧洲国家都发起了抵制运动。

1964年世博会在其他方面也饱受抗议困扰。种族平等大会的布鲁克林分部计划用汽车将所有通往世博会场地的道路全部堵死。这项计划激起了激烈的争论。很多知名的白人和黑人领袖反对这项计划。支持阻塞道路计划的当地激进分子宣称:"我们不需要世博会,我们需要公平的世界。"这项计划令很多人远离世博会,以至于交通过于稀疏,根本不值得阻塞,整个计划也因此泡汤。但在世博会开幕当天,750人的示威队伍打断了约翰逊总统的开幕致辞,在一些被指责实施歧视雇佣政策的公司(如福特汽车公司和加劲啤酒公司)展台前示威抗议。种族平等大会主席詹姆斯·法默(James Farmer)说,抗议的目的在于让人们关注"世博会所展示的理想中的美妙世界,与充斥着残忍、偏见和暴力的现实世界之间令人悲伤的反差"。

世博会在唤起人们对未来的美好设想上彻底失败,参观人数不多,收入也少得可怜,但摩西依然拒绝降低高昂的入场和展台租金费用。他对于世博会令财政赤字高企的报道矢口否认,还咒骂那些试图调查世博会财政状况的记者为"秃鹫",并宣称"有能力者建设,没能力的只会拆台"。这显示出一个日益尖刻、日益被边缘化的公众人物的真实心理状态。1968年,在纳尔逊·洛克菲勒和戴维·洛克菲勒兄弟的运作下,摩西被从最后一个公职位子上赶下台。洛克菲勒兄弟二人现在觉得摩西这位以前的同盟,如今已经成为阻碍他们实现未来设想的绊脚石。

第七章 世界之城

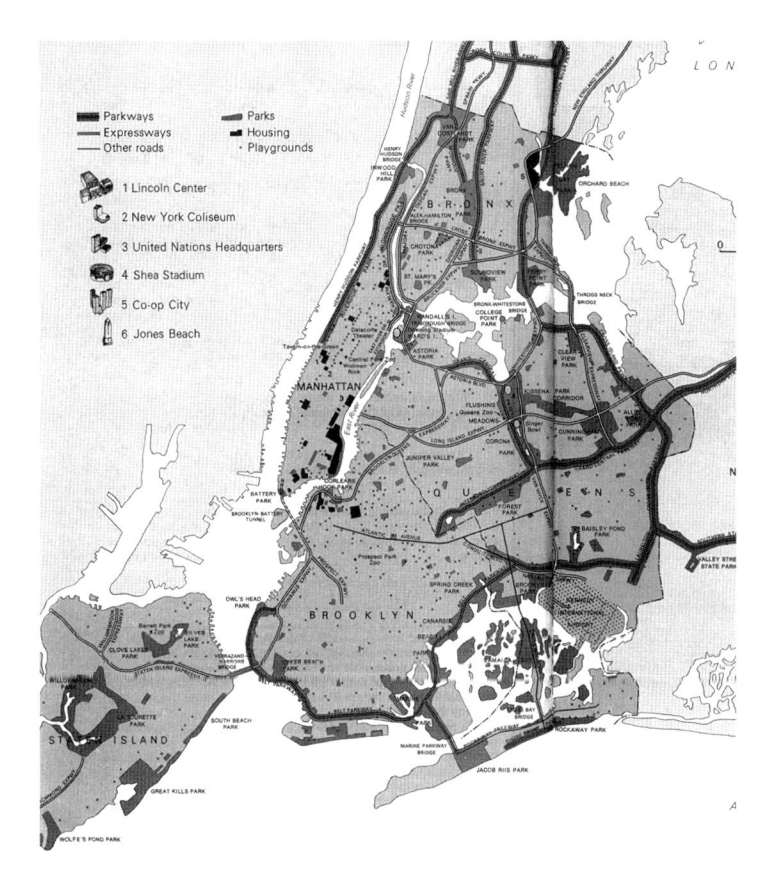

Source: Robert Caro, *The Power Broker: Robert Moses and the Fall of New York* (New York: Vintage Books, 1975), frontispiece

　　这幅地图展现了罗伯特·摩西在纽约留下的印记。对于他的评价总是毁誉参半：一方面，他对于城市的规划的确使不少低收入者流离失所；但另一方面，他主持建设的公园、海滩、动物园、棒球场和体育馆也的确为纽约的现代化做出了贡献。

当权 34 年的摩西给后世留下了一大笔财富。历史上没有任何一个人负责了那么多的城市发展规划。但是，卡罗写道，发展也令纽约被交通窒息，摧毁了独立社区，进一步"加剧了城市中的种族和贫富分化"。其结果就是引发了大规模的抗议。最终，摩西对纽约最大的贡献之一就是他引发的冲突，因为这些冲突令人们意识到一个城市所该追求的不仅仅是宽敞的道路。

1964 年的哈莱姆骚乱

危机

在摩西正假装世博会一切进行得很顺利的同时，一场具有全国意义的历史性冲突向世人证明了这一切的虚伪。1964 年的哈莱姆骚乱重现了独立战争时期和 19 世纪 30 年代类似的"失序的传染"。虽然骚乱在哈莱姆爆发，但它迅速扩散到布鲁克林的贝德福德-施托伊弗桑特。一周之内，冲突又在罗切斯特爆发，造成 4 人死亡。两周后，芝加哥、费城也都爆发冲突。贫民窟冲突一直持续到 1965 年，给佛罗里达州、俄亥俄州和伊利诺伊州的众多城市都带来了混乱。在洛杉矶沃茨发生的暴力活动导致 34 人死亡，令其成为 1943 年底特律骚乱后最严重的一起暴力活动。《公报》报道称：在"黑人中弥漫的一种可怕的不安"正在撼动美国社会的基石。

1966 年，美国全国一共爆发了 43 起冲突事件，规模最大的

第七章 世界之城

发生在芝加哥和克利夫兰。1967 年，亚特兰大、辛辛那提、大急流城、坦帕、托莱多和新布伦瑞克也出现了暴力事件。23 人死于纽瓦克的骚乱，43 人死于底特律的骚乱。此外，一共有 75 起严重骚乱在 1967 年造成 83 人死亡。马丁·路德·金在 1968 年遇刺事件在全美国 100 个城市引发了骚乱，造成 46 人死亡。1964 年的哈莱姆骚乱点燃了全国种族冲突的火种，标志着美国历史的又一个转折点。纽约参议员罗伯特·F. 肯尼迪（Robert F. Kennedy）认为它是"自从美国内战后最严重的国内危机"。

1964 年骚乱之所以能产生全国影响，是因为它发生在最出名也是最臭名昭彰的黑人贫民窟——哈莱姆。从得梅因到底特律，从长岛到小石城，人们都担心会发生类似骚乱。全国城市联盟的执行主席小惠特尼·扬（Whitney M. Young Jr.）称其为"仇恨和拒绝导致的火药桶"。当时的美国人被越战和密西西比州的三位民权人士被谋杀的事件所震惊。在 1964 年的"自由之夏"，美国一直被暴力的阴影所困扰。虽然危机感令很多人意识到改革的必要性，但它同时也加剧了另一些人对改革的抗拒情绪，并引发了反对民权运动的行为。敌对情绪日益升级。

骚乱也令关注纽约的国际人士感到震惊。各种关于骚乱的报道传到伦敦、马德里、巴黎、斯德哥尔摩、孟买和莫斯科。一名英国记者评论说，他曾经拥有的关于"哈莱姆的美好形象"已经彻底被"闷热、肮脏、怨气和怒火"景象所取代。在世博会工作的黑人对种族冲突感到"惊诧、震惊、恐惧"。每个人都体会到了这场骚乱的痛苦意义。

混乱

1964年7月16日，一名15岁的美国黑人男孩被一个下了班的白人警察射杀。关于事件的细节至今依然不详，比如这个男孩是否随身携带了刀子。但在黑人看来，这一事件再清楚不过地展示出一个孩子的悲剧与他们共同悲剧的联系。正如兰斯顿·休斯所说，黑人们从中看到了子弹、"奴隶链"和"私刑绳"之间的联系。

7月17日，一场反对警察暴行的示威活动引发了断断续续的暴力冲突。7月18日，种族平等大会组织的集会引发了更多暴力冲突，骚乱迅速扩散到中哈莱姆。石块、垃圾箱、砖头、酒瓶在空中乱飞。激进分子在街角筑起围栏。黑帮和抢劫者趁乱洗劫了商店。

警局派出400名警察平息骚乱，他们不断冲向人群，用拳头和警棍殴打示威群众，还朝房屋门窗和屋顶开枪，引发了更多恐慌并导致一人死亡。社区运动分子呼吁黑人们武装起来保卫自己。警察的暴行激怒了整个社区，兰斯顿·休斯说道，警察的行为令黑人们"错乱地疯狂，悲伤地疯狂，狂暴地疯狂"。

哈莱姆的混乱持续了三天三夜。随后扩散到布鲁克林的贝德福德-施托伊弗桑特区，那里与哈莱姆一样，曾经都是白人占主导，后来黑人逐渐控制了主导权。再一次，种族平等大会组织集会，试图平息民众的愤怒，但这种努力反而加剧了暴力，警察和示威者之间爆发了冲突。人们敲碎窗户，洗劫商铺，纵火，投掷石块。混乱又持续了两天，5人在与警察的冲突中受伤。

种族平等大会于7月22日在位于马尔伯里街的警局总部组织

第七章 世界之城

了第三场集会,反对警察暴行。但迎接他们的是意大利裔族群向他们投掷的鸡蛋、酒瓶和爆竹。几名围观者愤怒地表示黑人正在"得到比我们还多的自由"。在经历两小时的对峙后,警察冒着砖头、垃圾箱盖和酒瓶的攻击,将示威者护送到地铁。一名围观者称:"这比我在密西西比见到的还要糟。"

在整个冲突中,温和派黑人领袖走街串巷呼吁人们保持克制。全国城市联盟执行主席小惠特尼·扬要求白人支持种族融合,呼吁黑人接受更多教育。但是,人们的耐心已经被消磨殆尽。经验丰富的温和派民权运动者贝亚德·拉斯廷(Bayard Rustin)和詹姆斯·法默遭到嘲笑。拉斯廷承认:"这教育了我。我们从来都没有积极处理人们碰到的问题。人们现在说'我们要拉斯廷和法默站出来,拿出结果'。"

纽约城市学院的首位黑人终身教授、心理学家肯尼斯·B. 克拉克(Kenneth B. Clark)心怀疑虑,"人们(面对骚乱)表现出的震惊、诧异和恐惧",其实这正是长期以来对现实心知肚明却刻意无视现实所造成的。他说道:"最终不过又是安抚,然后当作什么都没发生过。"克拉克在很大程度上是对的。一场又一场的冲突不过换来了一份又一份的报告,以及相同的分析、相同的建议、相同的不作为。

起因

1964 年的骚乱源于旧有的矛盾,但同时也反映出种族问题的新发展。在国家层面上,民权运动激励了美国黑人,并令马丁·

路德·金推崇的非暴力抗议活动合法化。当时，保罗·罗伯逊已经因病退居二线，他对"黑人的群体不满或群体运动已经不再过于激进"感到高兴。由于当时大部分民权运动重点关注南方，因此在北方取得的成果非常有限。结果就是，北方黑人的失望与挫败感日益加剧。克拉克写道，从这个意义上说，这场骚乱是"来自贫民窟的求救信号"。

从本地层面来看，哈莱姆的经济状况正日趋恶化。当时正值一波新的迁徙潮席卷美国，来自南方和波多黎各的黑人来到北方，制造业开始向外转移，以寻求更便宜的租金和廉价劳动力。联邦住房政策、高速路建设和汽车文化也将中产阶级吸引至郊区，他们的离开带走了大量税基，而这些税收正是应对城市问题的资金来源。对于哈莱姆来说，所有这一切都意味着更严重的贫穷、疾病、拥挤、犯罪、婴儿死亡率、劣质教育和鼠患。克拉克评论道，面对这些现实问题，"令人惊异的是为何仅仅爆发了这么少的骚乱"。

马尔科姆·艾克斯（Malcolm X.）登上了历史舞台。他于1954年来到纽约，为黑人穆斯林争取权利。其影响力从哈莱姆扩展到布鲁克林区和皇后区。他的雄辩和领袖魅力立即吸引了大批追随者和媒体关注。

马尔科姆能言善辩、机敏多变、活力充沛。马尔科姆并不鼓吹仇恨，但他于1959年拍摄了一部名为《仇恨引发仇恨》（*The Hate That Hate Produced*）的纪录片，其中所传达出的讯息，加剧了白人的焦虑，也在整个纽约引发了争议。这令马尔科姆成为美国最具争议的黑人领袖，也将他在报纸、电视和校园中的声望推向顶点。

第七章 世界之城

作为一个贾维主义信徒,马尔科姆强调种族自豪感,批评种族融合派,以及马丁·路德·金所推崇的非暴力战略。马尔科姆拥护黑人民族主义,这意味着黑人自决。他说,耐心等待的阶段已经结束,"1964年,要么是选票,要么是反抗"。当权者深知马尔科姆的影响力,将他视为"唯一一个既能平息种族骚乱,又能引发种族骚乱的人"。

与杜波依斯和罗伯逊一样,马尔科姆也敦促黑人将他们的关注转向争取人权的更广阔斗争中,并号召黑人将他们的情况提交联合国。1964年,马尔科姆开始致力于加强美国黑人与非洲同胞间的合作。但他于1965年在哈莱姆的奥杜邦舞厅被刺身亡。戈德曼评价他是"精神的变革者,这才是所有变革者中最具颠覆性的"。

发生在1964年哈莱姆骚乱前的一些事件也加剧了哈莱姆的动荡。在哈莱姆和东哈莱姆爆发的反对警察暴行的示威活动日益频繁。杰西·格雷(Jesse Gray)再次组织了租金罢工,罢工席卷众多社区,以至于市长瓦格纳不得不睁一只眼闭一只眼,并进而在奥尔巴尼设法降低租金。还有一些不那么成功的努力,比如1963年的反对下城医疗中心的抗议。这家医疗中心建在黑人社区,但雇用的全是来自其他社区的白人。1 200人在建筑工地举行了示威,超过200人被捕,被捕人数为1943年骚乱以来最多。但是,随着时间流逝,斗争渐渐失去了动力,示威者也没有取得任何实质性成果。

1964年2月,要求纽约学校废除种族隔离制度的运动引发了一整天的抵制活动,由贝亚德·拉斯廷和全国有色人种协进会布鲁克林分部主席米尔顿·加拉米逊（Milton Galamison）组织。超过46万学生（占全体学生总数的44%）——包括很多白人学生——加入了抵制活动。加拉米逊称其为"有史以来规模最大的民权运动"。抗议者在教育委员会总部和300所学校前抗议，但运动并没有持续下去。市政府给出的口头承诺没有带来任何实际改变。

后果

作为20世纪60年代首次主要的贫民区运动，1964年的哈莱姆骚乱震惊了纽约乃至美国。市府官员指责罪犯、狂暴的年轻人和来自南部的新移民是骚乱的罪魁祸首。但其实，在骚乱中被捕的人大部分都是在哈莱姆生活过的、拥有工作的北方年轻人。与1935年和1943年的骚乱一样，他们的暴力活动针对的是种族压迫。克拉克写道，这种"歇斯底里中的深思熟虑"反映出"弥漫在骚乱人群中的想要被平等对待的绝望呼声"。

但纽约没有满足他们的要求。正如克拉克预测的那样，虽然出现了一波哈莱姆状况研究热潮，但除了在哈莱姆警区任命了首位黑人警长，以及为黑人青年提供夏季工作外，真正落到实处的措施少之又少。市长瓦格纳强调要恢复秩序，加强安全，他和摩西担心骚乱会损害旅游业，减少世博会收入。虽然黑人领袖认为建立市民监督委员会来监督警察暴行有助于缓和哈莱姆的紧张情绪，但瓦格纳拒绝执行。约翰逊总统做出了表态，承诺联邦政府会拨款资助"改善滋生绝望和无序的社会境况"。具有重要意义的是，1964年1月，约翰逊宣布对贫穷宣战；7月，他签署了《民权法案》[①]；8月，他签署了《经济机会法案》。

这场骚乱对全国的影响在于，推动马丁·路德·金从南方北上参加美国黑人领袖峰会。他强调骚乱发生在纽约，他称这里是"黑人争取平等斗争的中心、黑人生活的首都、美国最自由的城市"。他敦促纽约乃至美国认真对待哈莱姆人民的不满，呼吁控制警察暴行，建立一个公民监督委员会，同时改善黑人住房、就业和教育条件。他说："这里发生的一切都会影响整个国家。"

饱受质疑的自由主义

约翰·林赛的第一任期

1964年骚乱带来的后遗症就是"白人反击"。这是白人族群针对民权运动，以及运动带来的对峙和变革发起的反抗。很多白人并不接受全国都应为少数族裔的困境负责的观点，他们更倾向于认为少数族裔是自作自受，同时他们还担心帮助别人就意味着损害自己的利益。温和派黑人和自由派白人担心，1964年骚乱会强化白人的对抗情绪，并抵消民权运动成果。1964年之后，"白人反击"这个词已经永久地改变了美国的政治语境。

---

① 1964年7月2日，美国总统约翰逊签署了美国历史上有名的《民权法案》。他在电视演说中说，该法案要求所有公民帮助消除美国存在的侵犯他人人权的不公现象。这也是美国黑人经过长期斗争获得的结果。

"白人反击"贯穿市长约翰·林赛的整个任期。这位风度翩翩、充满理想主义、毕业于耶鲁的自由派共和党众议员在1966—1973年任职纽约市长。他摆明了城市的问题,为全国的城市发声,因此成为"美国的市长"。林赛竭尽全力推行哥谭镇的进步主义政策。然而,围绕种族、劳工组织、警察、教育、住房、民权、福利和越战的斗争令整个城市两极分化。其中的一些斗争削弱了纽约的自由主义传统,其他的一些斗争则强化了这一传统。最终,这些斗争撕裂了这座城市,分化了少数族裔、中产自由派、工人。林赛最初重新燃起了纽约的乐观精神,但也未能平息敌对情绪。事实上,林赛的两届任期极其两极分化。他被"白人反击"给毁了。

就在宣布就职5个小时后,林赛就面临了当选以来的首个挑战——3 500名公交车和地铁工人大罢工。1966年的这场罢工的组织者是迈克尔·奎尔(Michael Quill)。他是来自公共交通工人联合会的活跃领导者,出身于爱尔兰移民家庭,与林赛的英国后裔新教家庭截然不同。与前任市长瓦格纳不同,林赛采取了强硬态度。由于从法律上讲,公共雇员发起罢工是非法的,因此市政当局立即获得了法院禁令,奎尔被收监,在那里他心脏病突发,并死于狱中。

由于这场罢工,数以百万计的纽约人只能步行上班,很多人根本无法正常工作。人们举行了一场大规模的集会,焚烧了林赛的肖像。整个城市交通瘫痪了12天,此后林赛不得不屈服,同意了奎尔提出的要求。这一次的失败令人尴尬,此后各行业的抗议如雨后春笋般层出不穷,发生了护士和医生罢工、消防员消极怠工和警察聚集在市政厅外的抗议活动。1967年,教师罢工。1968

第七章 世界之城

年,环卫工人罢工。由于担心出现卫生方面的紧急情况,林赛请求州长洛克菲勒调用国民警卫队。洛克菲勒拒绝了他的请求,亲自出马,摆平了罢工,但是他用权势压人的手段却夯实了罢工的敌对情绪。一位环卫工人领导说:"林赛是一个英裔新教徒。他蔑视劳工,只关心那些特别富裕和特别贫穷的人。中间阶级令他感到无趣。"在纽约这个全美国工会化程度最高的城市里疏远劳工,这无异于政治自杀。

另一场大规模的冲突则围绕警察暴行展开。林赛同意组建市民投诉审查委员会,关于警察失职的投诉可以由一个不受警方控制的独立机构处理。在 1964 年射杀了一名男孩的警察被警方从轻处理后,要求建立市民监管机构的呼声日益高涨。由于费城拥有类似的市民监督机构,林赛雇用了来自费城的蒂莫西·利里(Timothy Leary)作为警察专员。利里随后任命了一名犹太人和一名黑人来监督纽约由爱尔兰天主教徒主导的警队。新领导层后来又增加了 4 名市民,这大大削弱了警队权力。

对此,警察发起了纽约历史上最针锋相对的示威活动以维护自己的权力。巡逻员慈善协会从自己的基金中拨出 50 万美元,并另从支持者中筹集了 100 万美元,以发动抗议行动。日益增强的敌对情绪和攀升的犯罪率与罢工交错,加剧了人们的焦虑。1964 年,一名白人女性在皇后区被一名黑人男性所杀,为抗议吹响了完美的集结号。在一则由巡逻员慈善协会赞助的电视广告中,一个白人女孩的身后——黑影如影随形。在该组织的一幅海报上,一个警察双手被缚在身后,图片说明写着"请不要掣肘我们的警察"。

虽然大批民权组织支持市民投诉审查委员会,但这些组织大都资金不足、组织不力。相反，巡逻员慈善协会组织有方，轻易取得了远远超过举行全民公决所需的最低 4.5 万个签名，成功将废止市民投诉审查委员会的议题于 1966 年秋天交付公决。结果，超过 60% 的纽约市民赞同废止市民投诉审查委员会。对市民投诉审查委员会的态度显示出纽约民意的分歧。

1966 年夏天，在布鲁克林区爆发了持续 5 天的冲突。冲突不仅发生在黑人和波多黎各移民之间，还发生在黑人和意大利裔人群之间。林赛通过到现场安抚民众避免了骚乱的全面扩大。与拉瓜迪亚在 1935 年和 1943 年骚乱中做的一样，林赛想借此向世人展示一个"关怀民众的政府"形象。

林赛将黑人和白人代表一起约至市政厅进行和平谈判，在社区设立了倾听民意办公室，并组建了一个夏季特别行动组负责缓和紧张情绪。他撤换了警察部门的领导层，将警察的反骚乱方针从对抗与压制改为牵制和自制。他还为青年提供夏季工作，开通往返海滩的公交线路，增加了垃圾运送车，修复了游乐场设施。这些举措都显示出政府对公众呼声的回应。小亚当·克莱顿·鲍威尔也帮助了林赛，他呼吁"与其高喊'烧吧，亲爱的，尽情地烧吧'，我们应当高呼'学吧，亲爱的，我们学吧'和'赚吧，亲爱的，让我们赚钱吧'"。

但是，1967 年还是爆发了骚乱。这一次是在东哈莱姆地区，发生在一名警察射杀了一名参与斗殴的波多黎各移民之后。持续 3 天的骚乱导致了纵火、抢劫和死亡。随着骚乱愈演愈烈，约翰逊总统设立了一个联邦特别委员会，负责对公民失序的原因和解决方案进行调查。林赛是委员会的副主席，他主持发布了委员会

第七章 世界之城

的最终报告。报告总结认为："我们的国家正在分裂为两个社会——一个黑人社会和一个白人社会——彼此分隔，互不平等。"报告还称："白人种族主义应为自第二次世界大战结束后在我们的城市中日益积累的对立负主要责任。"虽然这份报告体现了林赛真挚的信念，但其反而激化了"白人反击"。

虽然批评不断，但林赛一直试图维护纽约一切尽在掌控的形象。虽然爆发了多场冲突，纽约却不在委员会调查的众多城市名单中。此外，林赛还尽力将1968年马丁·路德·金遇刺后纽约爆发的长达4天的骚乱活动轻描淡写。但无可否认的是，60年代的骚乱无疑戏剧化地展现了美国社会分裂的深度，以及足以摧毁城市的绝望情绪。纽约似乎正饱受"大城市疾病"的困扰。

市长不顾悲观情绪，奋勇向前。他计划将三区大桥隧道管理局与交通管理局合并，建立一个新的大都会交通管理局。他的计划在1966年没有得到批准，但是在1968年获得通过。尽管有些困难，他还是让州政府同意增加一项城市所得税，该税收至今仍然有效；还有一项持续到1999年的通勤税。他与商界合作促进纽约的经济发展，包括电影业和戏剧业的发展。少数族裔被任命为上层管理者。林赛将53个机构改组为10个，彻底革新了城市的行政机构。他甚至为了环保，不惜重新规划罗伯特·摩西提议的里士满高速公路，以拯救斯塔滕岛的林荫道路。此外，他还创建了国家第一个环境保护局。

林赛雄心勃勃的改革议程也涵盖教育方面。在布鲁克林的欧申山-布朗斯维尔社区。黑人家长认为白人教师和官员忽视了他们的孩子，他们认为社区控制将改善教育；教师联合会则认为，如果由社区主导教育方针，那么教师们来之不易的工作合同、终身教职、工作规则和职业操守将受到威胁。两方互不相让。

教育委员会、教师联合会和教育监督联合会支持教师，而林赛、黑人家长组织、公共教育协会、民权组织、自由知识分子支持社区。双方通过罢工和相互攻击扩大着分歧。林赛几次试图弥合分歧，但都以失败告终。最终，纽约州介入，冲突才告一段落。但纽约州对纽约市的权力再次得到强调。

学者内森·格莱泽（Nathan Glazer）和丹尼尔·莫伊尼汉（Daniel P. Moynihan）认为，这起发生在教育领域的分歧比 1964 年的哈莱姆骚乱更加重要。在历史学家杰拉德·波戴尔（Jerald Podair）眼中，这一分歧"无论对纽约还是对美国来说，都代表了机会之门的关闭"。与民权运动中的合作精神相比，白人和黑人不再同说一种语言，更可怕的是，他们已不再倾听彼此的声音。结果，纽约长久以来的多元传统注定将消亡。林赛的进步主义计划产生了退化效果。

由于高等教育面临的现状带来的挑战，城市的紧张情绪进一步加剧。1968 年和 1969 年哥伦比亚大学和纽约城市学院抗议是席卷全国的系列学生抗议运动的一部分。这场运动始于 1964 年加州大学伯克利分校的言论自由运动。在纽约的两所校区中，反对越战的运动主要由白人组成的民主社会学生团发起。而为数不多的少数族裔学生则要求学校有更宽容的录取政策、雇用更多少数族裔教职人员、课程安排不那么欧化。纽约城市学院和哥伦比亚大学也因为对它们的哈莱姆邻居的蔑视受到抨击，首要的证据就是哥伦比亚大学计划在公园里建造名为"体育馆乌鸦"的体育设施（最初得到了罗伯特·摩西的批准），但为哈莱姆居民另辟了一个进入这个体育场所的通道。

两所学校分别于1968年和1969年出现了示威活动。哥伦比亚大学的校长支持警方介入，而纽约城市学院的校长在抗议声中辞职。在哥伦比亚大学，警察与学生爆发了冲突。作为美国历史上最严重的校园冲突之一，这场冲突激发了全美同情学生的抗议活动。结果，大学开始解决多样性的问题，并使课程更加现代化。但同时，激进的学生抗议活动与自由主义联系在了一起。一场保守的反对此种思潮的运动在学术界开始发芽，而学术界外的更多人则将自由主义等同于激进主义。

虽然是一座公立学校，但是纽约城市学院却很排外。这所大学建于1847年，当初的宗旨是为无力在私立大学求学的年轻人提供教育机会，因此最初被称为自由学院。到了20世纪60年代，它逐渐发展为拥有众多学院的纽约城市大学（CUNY）。它的大门向移民、女性和少数族裔打开。然而，纽约城市大学仅仅接纳了13%的纽约高中毕业生，以及5%的纽约少数族裔高中毕业生。学校本来计划于1975年前逐渐扩大学生的招收范围，不过1969年初的学生抗议活动加速了这一计划。

最终，校方决定从1970年开始实施开放入学政策，承诺让每一位纽约市的高中毕业生都能够在纽约城市大学中拥有一席之地。它为那些有能力但是入学准备不充分的少数族裔学生准备了辅助课程，以帮助他们取得学士学位（而不是二年制的大专学位）。这样一来，纽约城市大学成为全国乃至全世界民主高等教育的典范。这一措施的目的在于令大学拥有开放的校门，而非进来又出去的旋转门。林赛和自由派认为开放入学政策是一个胜利，但是很多教职人员和校友却不愿看到这一点。虽然白人劳动阶层的学生是新政策的最大受益者，但开放入学（与平权运动一样）成了教学标准下降、倾向少数族裔学生的代名词。

福利权利运动使局势进一步混乱，尤其是在纽约组建了全国最强大、最激进的福利权利组织后。1968年充斥着静坐示威、福利办公室被洗劫、警民冲突等消息。作为回应，林赛政府放松了一些福利发放的限制性规定。结果造成了接受福利人数的激增，给纽约市财政带来了沉重负担。1969年1月，《纽约时报》透露，福利财政中存在广泛的挪用公款和监守自盗现象。纽约和全美国，包括理查德·尼克松（Richard Nixon）总统都为之震惊。纳税人对福利项目的敌意越发强烈，他们指责林赛是造成"福利危机"的罪魁祸首。

林赛的运气在1969年2月纽约普降厚达15英寸的大雪后进一步变坏。整个城市猝不及防。除雪车年久失修，负责官员外出度假，环卫工会不愿施以援手。学校、机场、车站和地铁整整瘫痪了3天。死于暴雪的42人中有一半生活在皇后区，而这个区是最后被铲雪的一个区。皇后区的居民愤怒地说，皇后区被像一个"二等区"一样对待。从各方面来看，林赛虽然希望解决城市危机，但是似乎他只是使危机进一步恶化。他的政治前景黯淡无比。

林赛的第二个任期：决心、阻力和摒弃

弥漫在纽约各处的混乱令1969年市长选举成为"白人反击"

第七章　世界之城

的有利机会。白人劳工和中产阶层认为，他们的生活质量由于国家花费巨额资源帮助黑人而受到严重影响，这令他们对黑人的憎恶与日俱增。犯罪、骚乱和无数抗议更加剧了人们的不安全感，焦虑转化为愤怒。林赛对于黑人的同情被认为意味着他对白人缺乏同情。一名钢铁工人质问："林赛关心过我们什么？没有一个政客在乎我们。他们关心的就是'黑鬼'。"

1969年的市长选举反映了所有的复杂情况。纽约似乎要失控了，而林赛无论走到哪里都会被骚扰。前市长瓦格纳抨击林赛制造出了"一个冷酷的城市、一个无情的城市、一个无法生存的城市"。作家诺曼·梅勒（Norman Mailer）和记者吉米·布雷斯林（Jimmy Breslin）发起了将纽约从"一场可怕的死亡"中拯救出来的运动，他们提议纽约市从纽约州中独立出来，这与一个世纪前费尔南多·伍德的提议并无二致。

民主党选择了马里奥·普罗卡奇诺（Mario Procaccino）—一个终身在纽约市政府系统工作的低调的民事法官为候选人。虽然纽约州州长洛克菲勒坚持支持林赛，但共和党提名了约翰·马尔基（John Marchi）——一名来自斯塔滕岛的州参议员为候选人。马尔基同时也得到了保守党的提名。被共和党拒绝后，林赛成立自己的政党，同时得到了自由党的支持。因为自由党认为，林赛的失败将削弱美国的自由主义进程。在他们看来，"白人反击"必须被扭转。

马尔基和普罗卡奇诺借用最近的教育系统混乱为"白人反击"运动发声。马尔基声称代表"被遗忘的纽约人"，代表那些经常被林赛冒犯的小人物。普罗卡奇诺称林赛为"一个坐着豪华轿车的自由派",指责林赛太富有,太倾向于曼哈顿,与那些生活在城市郊区的民众太脱节。布雷斯林说,整个竞选就是关于"一个词——黑人"。有学者总结道,1969年的市长选举使"种族冲突在纽约历史上首次成为决定城市政治版图的关键因素"。

林赛在竞选中将悔恨和承诺结合在一起。在为他的失误道歉的同时,他重申了自己对自由信念的坚持。他向民众解释越战如何令联邦政府把纽约的资源消耗殆尽。幸运的是,10月纽约大都会队首次赢得了世界职业棒球大赛冠军,这也从一个方面提振了林赛的竞选前景。最终,林赛仅仅赢得了42%的选票。马尔基和普罗卡奇诺分享了"白人反击"运动支持者带来的选票,而林赛赢得了80%的黑人选票和60%的波多黎各移民选票。犹太人选票以阶层界限划分,中产阶层支持林赛,但大部分犹太人给他投了反对票。"白人反击"运动重新塑造了纽约政治。

在第一任市长任期中,林赛很艰难地学会一点,正如他自己所说,纽约是"单独的、各不相同利益团体的结合体",市长就像"边走钢丝边玩杂耍的马戏团小丑"。林赛的表演并非永远技艺娴熟,但他运用了自己的明星魅力,令美国认识到:"如果一个国家不行动起来确保人们生活和工作的中心城市的伟大,那这个国家还有什么伟大可言。"

事实上,林赛的国家和国际形象远好于他的本地声望,因为他为所有的大城市代言。像德维特·克林顿、费尔南多·伍德和菲奥雷洛·拉瓜迪亚一样,林赛以开阔的视野看待纽约。他甚至建议,美国所有大城市都应被重新定义为国家城市,即与其说是各州的附庸,还不如被视为联邦政府的资源。虽然经历过各种坎

第七章 世界之城

坷起伏,但林赛依然决心满满:"让我们伟大的城市再次成为公民的城市,成为世界之城。"

林赛在 1969 年的竞选中承认,担任纽约市长是"美国第二艰难的工作"。与现实的交锋使他学会了"不要根据承诺和梦想做计划"。尽管如此,他仍然有动力为"能够与人的美好心灵对话的那种城市"而努力。林赛的理想主义已经黯淡,但是并没有消亡。事实上,他长久以来对自由主义的执着也正是他的弱点所在。林赛的第二个任期之内发生的事件挑战了他的决心。

例如,1970 年,在他与 3 个行政区的 5 所监狱反抗糟糕监狱条件的囚犯谈判期间,他被指责使骚乱合法化。骚乱由名为黑豹党和波多黎各青年党的两个激进团体组织发起。林赛因力挽狂澜而受到一些人的赞扬,但是也受到许多人的批评,不仅因为林赛似乎同情少数族裔的激进分子,而且因为他当初听任监狱条件恶化。

同样在 1970 年,全国妇女组织发起了全国范围内的妇女罢工,争取平等待遇。该组织成立于 1966 年,在纽约举行了一些非常有效的抗议活动,包括反对在《纽约时报》上刊登基于性别的工作广告,通过静坐反对《妇女家庭杂志》(*Ladies Home Journal*)中的性别成见。在 1970 年的游行中,尽管警方试图阻止,但还是有 10 000~50 000 名女性(以及一些男性)进入第五大道。那年夏天,围绕针对历史悠久的全男性酒吧麦克索利的诉讼,林赛签署了一项立法,规定在公共场所歧视妇女是违法的。尽管这似乎并不符合林赛的本意,因为他自己就属于全男性的耶鲁俱乐部,但他回应了时代的声音,也对有影响力的女性政治家的施压做出了回应。

同样，林赛在1972年签署了全国第一条禁止歧视城市就业中的同性恋的命令。这是1969年竞选运动中那些著名的骚乱事件的产物。格林威治村的同性恋酒吧通常贿赂警察，得到警察突击检查的预警。这种方法一直很奏效，直到联邦酒类监察员突袭了石墙酒吧，这里是男同性恋和异装癖人士的聚集点。这次突袭让酒吧的客人大吃一惊，而他们的反应也出乎警察的意料。破天荒的，他们奋起反抗。他们拒绝被像牲口一样驱赶、被撵上警车。他们挥拳打向警察，人群聚集起来进行反抗。随着消息传遍社区，聚集的人越来越多。第二天晚上，成千上万的人发动第二次骚乱，打斗异常激烈，双方受伤惨重。又经过两个晚上的冲突以后，骚乱逐渐平息。但是，骚乱带来的影响则刚刚开始。

石墙骚乱起到了改变游戏规则的作用。由于位于美国的通讯中心，骚乱获得了全国性的新闻报道。对于同性恋者来说，"石墙只是黑人起义的反面"，他们自我主张的精神鼓舞了全国的同性恋积极分子，特别是在城市和大学校园。随着时间的推移，同性恋不再被定性为一种精神障碍，同性恋者也受到反歧视法的保护，他们在政治上组织起来。渐渐地，公众态度发生了变化，同性恋者的合法权利得到了扩大，其中包括2012年纽约州和2015年美国最高法院承认的结婚权。

林赛对越战使资金从城市流向联邦的批评似乎并不坚定。1970年，俄亥俄州肯特州立大学的国民警卫队枪杀4名反战抗议者，引发了有1 000名大学生和高中生参加的华尔街反战集会。在一次反战示威中，200名建筑工人用拳头、管子、工具和安全帽袭击了学生，这一天后来被称为"血腥星期五"。林赛捍卫了学生抗议的权利，并批评警察未能保护他们。他的立场导致了为期两周多的午餐时间示威，还有 60 000~150 000 人在曼哈顿的一次游行。林赛的人像被烧毁。历史学家约书亚·弗里曼（Joshua Freeman）说，在传统性别角色受到挑战的时代，这场示威使建筑工人成为传统男子气概的象征。此外，他们代表的是白人工人，感到自己被自由主义者所忽视。

林赛与中产阶层的对立也日益严重。市长提议在皇后区的森林小丘建造"分散式房屋"，目的是促进一体化，并为 840 个贫困家庭提供经济适用房。犹太中产阶层站出来反对新的公共住房计划。1972 年的森林小丘住房危机充斥着满怀敌意的游行和愤怒的集会，其中夹杂着种族言论和肢体冲突。国会议员艾德·科克（Ed Koch）也令他的自由党朋友感到惊讶，因为他对这次抗议表示支持。

反对派称市长为"阿道夫·林赛"，并在该市住房管理局黑人主席的家门口举起火把，提醒他不要忘记三 K 党。有谣言称，犯罪分子、吸毒者和青少年帮派也准备趁机滋事。这场危机变成了"拯救美国中产阶层"的斗争，尽管如此，林赛仍然坚定地认为他的政策在道义上是正确的。

无穷无尽的怨恨迫使市长向马里奥·科莫（Mario Cuomo）寻求帮助，这位律师（以及未来的州长）在 1966 年解决了皇后区的类似问题。经过广泛的谈判，科莫提议建造一些小型的建筑，主要是为老年人而建造，这些建筑被巧妙地安插进附近的社区。尽管如此，这场灾难还是具有破坏性，市长承认这场灾难造成的伤害比它的好处更大。对于林赛的批评者来说，这只是另外一个"约翰·林赛好心办坏事"的例子。

1970—1972年，一个委员会关于警察腐败的听证会进一步损害了市长及纽约的形象。由于多年以来试图让政府解决问题无果，两名警察把他们掌握的关于警局腐败的证据交给了《纽约时报》，他们的证据被印在了报纸头版。接连4天的谴责文章迫使林赛停止为他的警察局长辩护，并允许进行调查。林赛的不情愿与他平日坚持道义的形象形成了鲜明对比，削弱了他的可信度。

委员会很快发现纽约市警察局的腐败是系统性的，还包括一些犯罪行为，如吃霸王餐、销售海洛因、与黑手党合作或接受贿赂以保护非法企业。最终，警察局长被撤职，300名警察被起诉，另有60人辞职。但警察也不甘示弱，上演了怠工的戏码，不承担危险的任务。当犯罪率上升时，林赛再度受到指责。

当布鲁克林的贫民窟在1970年和1971年接连发生火灾时，人们对纽约已经失控的怀疑似乎得到了证实。人们纵火烧毁街道上堆得很高的垃圾，当地商店发生火灾，这些行为象征着绝望变成了愤怒。在国家缩减社会服务之后发生了一系列事件，据记录发生了100起火灾，50座建筑被烧毁，许多人受伤，其中包括30多名警察和消防队员。林赛批评了这些纵火事件，并将事件归咎于州政府。这起事件成为他无力化解城市矛盾的最新证据。

林赛对纽约的现实感到沮丧，所以他转向了国家政治。但在1972年没能获得总统候选人提名后，他退出了竞选。在全国，人们对他的城市运动漠不关心。在纽约，他面临着对自由主义的抵制。他越坚持自己的原则，就越不成功。1973年3月，他决定不

第七章 世界之城

再竞选市长。

在政治学家约瑟夫·维特里蒂（Joseph Viteritti）眼中，"约翰·林赛总是带有争议。在美国历史上最具争议的一个阶段，他在担任纽约市长，从不回避冲突"。林赛走访困难的社区，推行行政改革，努力解决被忽视的问题，对无能为力者流露出真正的关切，他的所有这些著名的做法提出了重要的问题，重新燃起人们对政府的希望。林赛的理想主义很重要。尽管如此，他的做法经常适得其反，他的魅力并不能弥补他的争议。1965年，罗伯特·摩西预言："如果你选了一位偶像做市长，你将得到的是一个喜剧式的政府。"林赛是一位悲剧人物，尽管如此，他的长期贡献仍然意义重大，因为《纽约时报》写道，林赛"体现了城市的战斗精神、公共服务的荣誉，最终体现了城市自我更新的能力"。

第八章

威胁之城

1973—2000

大事年表

1973 年　　　　　　世贸中心竣工
1974—1977 年　　　亚伯拉罕·比姆担任市长
1975 年　　　　　　财政危机
1977 年　　　　　　大停电
1978—1989 年　　　爱德华·科克担任市长
1990—1993 年　　　戴维·丁金斯担任市长
1994—2001 年　　　鲁道夫·朱利安尼担任市长

第八章 威胁之城

> 担任纽约市长即使不致命,也是一份极其吃力的工作。美国任何伟大城市的任何市长,尤其是纽约市长,永远都没有停下来反思的闲暇。他永远处于聚光灯下,面对方方面面的压力,处理出乎意料、无法预测的事件;他需要当机立断,也面临误导与犯错的风险。要让一任市长进入名人堂,好比让一头骆驼穿过针眼一样困难。
>
> ——罗伯特·摩西,1957 年

正如摩西指出的,当纽约的市长几乎成了"一份致命的工作"。然而,依然有四个人急切地追求聚光灯的关注,欣然接受城市混乱的挑战。亚伯拉罕·比姆(Abraham D. Beam)、爱德华·科克(Edward I. Koch)、戴维·丁金斯(David N. Dinks)和鲁道夫·朱利安尼的领导方式截然不同。他们中，有的让余烬燃烧，有的煽风点火，有的建立防火墙，有的在灭火过程中用力过度以至于四溅的火花点燃了新的大火。科克说，他们宁愿冒着"误导和犯错"的风险，也不愿"让这个城市地位下降或影响力式微"。现在到了关键时刻，他们面对着巨大的挑战。虽然各不相同，但他们都同意科克的观点——"我们绝不会，也不能失败"。

在20世纪60年代和70年代初的冲突中，一份关于城市设计的报告给纽约贴上"威胁之城"的标签。到处盛行的是对纽约的糟糕看法。根据《底特律自由媒体》（Detroit Free Press）的报道，纽约是一个"不再热爱自己的城市，不再是西方世界令人兴奋的胜地，不再是曾经的魅力和优雅之城"，而是"被暴风雪、罢工、停电、潜在的暴力和冷漠所麻痹的城市"。纽约文化和本质岌岌可危。

作为对这种普遍焦虑的回应，纽约观光局主席决定通过重振"大苹果"的标签来抵消这座城市的负面形象。粉饰工作带来了魔法般的奇迹效果，就好比1977年后纽约的经济复苏一样。在1975年的财政危机中，平面艺术家米尔顿·格拉泽设计了他著名的"我爱纽约"海报。甫一面世，立即大获成功。同时，一位历史学家说，这幅海报的诞生伴随了纽约的转变：从一个面向公共部门的具有自由主义传统的城市，转变成为面向私营部门的新自由主义城市。重塑品牌是有效的，但也付出了社会代价。

世贸中心是纽约在这个时期几经浮沉的具体见证。为了重振市中心商业区，美国大通曼哈顿银行总裁戴维·洛克菲勒和他的兄弟、纽约州州长纳尔逊·洛克菲勒利用家族影响力令纽约和新

第八章 威胁之城

泽西港务局发行债券并征用土地,以便在市中心建造一座大型办公大厦。同时,一个名为"巴特里公园城"的高端住宅区将令这里变成一个"黄金社区"。

可是,对于穷人来说,这些建筑意味着哈德逊河码头将被摧毁,而很多依靠码头维生的小工厂和小作坊也将失去依靠。纽约失去了至少3万个工作岗位,以及众多令纽约充满韧性和活力的经济多元化组成部分。如今,金融和地产利益主导了这里的经济。与19世纪20年代一样,对土地的控制预示着经济主导力量的重要转变。

世贸中心始建于1966年,1973年竣工,两座110层高的双塔(通常被亲切地称为"纳尔逊"和"戴维")成为体现纽约经济与政治实力的符号。但是,此后数年间,受经济衰退和曼哈顿办公楼盘过多的影响,这座大厦几乎没有租户。虽然纽约州和港务局是其免税租户,但直到90年代经济繁荣以前,这里始终都有空位待租。尽管如此,由于人力的公关宣传活动,世贸中心的观景台成了重要的旅游目的地,也成为纽约作为全球纽带的象征。

类似的乐观情绪在《纽约的优势》(*New York Ascendant*)中彰显无遗,这是1987年市长委员会的一份报告。报告分析了到2000年为止纽约将如何发展。报告没有预料到灾难的到来。2001年9月11日,恐怖分子用两架大型喷气式飞机撞击了世贸中心。在美国国土上的这次最为肆无忌惮的袭击导致许多平民伤亡。值得注意的是,米尔顿·格拉泽修改了他的海报,在心脏的一个部分做了阴影处理,以此反映出这样一个事实:由于它的伤痕,许多人现在"比以往任何时候"都更爱纽约。

纽约一直都被自己无法控制的力量所掌控。一场从1969年持续到 1977 年的经济衰退，其中还夹杂着 1975 年财政危机，给纽约的人口、就业、生产、船运和商业都造成了巨大损害。随着时间的推移，纽约经济在企业、旅游业和消费服务业的拉动下复苏。1976 年，地产商卢·鲁丁（Lew Rudin）把纽约包装为一个一流的商业中心和一个更明亮的"大苹果"。全球四分之一的跨国企业将总部设在这里。虽然 1987 年的股市崩盘再次导致了长达 3 年的衰退，但 20 世纪 90 年代经济又重新开启繁荣周期。哥谭镇再次闪耀出光芒，但是这种经济周期的更替也是有代价的。

纽约的政治图景由于多元化的选区和各种势力变得极其复杂。旧时那种由一个党派领袖领导的、由亲信圈子支撑的集权式治理模式已经终结。相反地，出现了由大批公职人员组成的庞大官僚体系，这种体系已经获得了独立于选举的生命。不同群体为维护种族利益、社区利益和大区利益而进行的权力斗争限制了市长的权力。此外，纽约州依然是一个重要的（通常是对纽约市充满敌意的）政策制定者。只有一个具备高超政治手腕的领导才能走得过这片政治雷区。当丁金斯 1990 年宣誓就职时，林赛、比姆和科克警告说，他将面对"压倒性"的不利因素。《纽约时报》说，他们都被抛入了市长的"火坑"，这份工作真是充满与生俱来的煎熬。

在分裂的 60 年代后，市长身上的担子越发沉重。人们不禁和摩西一道好奇：是否真有一个人可以达成这么多的期望，满足这么多的要求，承受这么多的压力，扮演好这个全美国最耀眼城市的最耀眼的角色？更糟糕的是，1973—1996 年，纽约经历了各方面的压力，涉及财政、贫困、种族、劳工、艾滋病、纵火、涂鸦、教育、治安、福利、艺术和自由集会。

第八章 威胁之城

纽约财政危机成了城市不负责任的代名词。南布朗克斯是城市绝望的符号。而森林小丘、本森赫斯特、霍华德海滩、克朗高地是城市冲突的焦点。黑人、犹太人、意大利移民、韩国移民、海地移民和多米尼加移民加剧了冲突。所有的冲突都那么激烈。在1978年的就职演讲中,科克承认:"现在我们正处于艰难时代。我们要经受住火一般的考验。"但他同时坚持认定,纽约最终将获胜,因为即便"身处困境",纽约仍"超越了整个世界所有其他城市"。

Source: Permission granted by Marc Fasannella

自从20世纪初社会名流在纽约的林荫大道(自第45街到第96街)修建豪宅起,这里就成了财富和声望的代名词。本画的作者使用剪影手法,表达了他对于林荫大道奢华建筑内部样子的想象。

财政危机

> 羞辱和压制美国最大的城市,并不能改善美国经济或提高我们的道德水准。在我看来,任何其他国家都不会抛弃自己国家最重要的城市,或通过惩罚这座城市来以儆效尤。
>
> ——亚拉伯罕·比姆,1975年

1975年的财政危机,无论对于纽约来说,还是对其他城市或整个美国来说,都是毁灭性的。由于其世界金融中心的地位,纽约的金融困境也对全世界产生了巨大影响。财政上的困境也影响到了其他层面,城市中再次充满矛盾。这种矛盾宣告了纽约自由主义传统的终结,这种自由主义传统自殖民时代以来一直令纽约与众不同。对于普通市民和公共福利来说,财政危机是一场真正的灾难。纽约再也回不到从前了。

在这样一个危机时代,民主党的亚拉伯罕·比姆似乎并非一个合适的领袖。来自布鲁克林工人家庭的他总是心怀好意,但毫无鼓舞人心的力量,也缺乏威信与魄力。毕业于纽约城市大学会计专业的比姆长期担任公职人员。1948年被任命为副财政主管,1952年被提拔为正职,1961年和1969年当选为纽约审计长,在1965年的市长选举中输给了林赛,但于1973年胜出。他是纽约首任犹太裔市长。比姆应当感谢纽约让他在仕途上一帆风顺,成就了他普通人的美国梦。正如他自己在1973年说的那样:"我平生想要的无非就是成为这个世界上最伟大城市的市长。"

比姆上任后，面对的是由他自己造成的财政危机。他曾长期在纽约财政系统任职，被称为"深谙财务"的男人，因此没有人比他更了解纽约财政的窘境。在长达数年时间里，比姆一直坐视纽约财政入不敷出的情况恶化。更令人气愤的是，他利用会计手法粉饰市政财务报表，收入被乐观地放大，而一个财年的损失却被设法掩盖。

但是，造成这种状况并非比姆一个人的错。中产阶层纳税人从市区迁至郊区对财政收入影响巨大。同时，美国 1969—1977 年的经济衰退也加剧了纽约的财政赤字。此外，市政人员福利支出也极其庞大。为消除贫困、提供社会福利和保证机会平等也需要花费大量金钱。市政医疗系统和纽约城市大学也被认为是极其沉重的负担。

虽然州政府和联邦政府帮助市政府共同承担了部分社会福利和医疗开支，但相对于纽约自身庞大的城市规模来说，这种帮助不啻杯水车薪。联邦政府给每笔联邦贷款设定了严苛的还款条件。并且，当 20 世纪 70 年代联邦资源开始从美国东北部地区转向南部地区时，纽约获得的帮助就更少了。结果就是，纽约为联邦政府做出的财政贡献远远多于它从联邦得到的好处。令情况更糟糕的是，纽约州对社会福利的资助少于其他州政府。政策与财政状况共同挤压着纽约。

比姆上任后，纽约的市政债务极其庞大以至于银行开始对纽约的还债能力失去信心。1975 年 4 月，所有银行都拒绝再购买市政府发行的债券，市政府濒临破产。虽然市政府向总统杰拉德·

R. 福特（Gerald R. Ford）求助，但这毫无结果。总统反而严厉批评了纽约的自由主义政策，并宣称纽约不应该期待联邦政府来治愈并非其造成的"疾病"。总统的话是如此尖锐，以至于《每日新闻》刊登了一篇题为"福特总统对纽约说：去死吧！"的文章。

已经成为副总统的纳尔逊·洛克菲勒试图说服总统，但是在国会山，对纽约"财政放纵"的观点是主流。比姆说，令人无法相信的是，联邦政府似乎相信："放弃纽约或将摆脱困扰所有美国城市的'魔鬼'。"最终，在来自美国其他15个城市和几座外国城市（这些城市担心纽约破产将严重影响它们自身的金融稳定）的联合压力下，联邦政府同意为纽约提供高息贷款。直到现在，纽约还在归还这些贷款。值得一提的是，率先站出来拯救这座城市的是市政工人，他们同意动用养老基金购买市政府债券。

纽约州借助这次危机取得了对纽约市财政的控制权，如果费尔南多·伍德活着，这一定会成为他最可怕的梦魇。纽约州建立了两个独立机构——市政助理公司和紧急财政控制委员会。两个机构都由银行家和商人控制，而政府官员只能象征性地列席。市长比姆变得无关紧要。纽约的未来掌握在了投资银行家费利克斯·G. 罗哈廷①（Felix G. Rohatyn）的手中。罗哈廷是市政助理公司主席和紧急财政控制委员会关键成员。他似乎是当年J.P. 摩根的现代版本。与20世纪30年代一样，银行再一次掌控了纽约。罗哈廷决心削减赤字，用他自己的话说，这将产生"冲击性的影响"。

---

① 费利克斯·G. 罗哈廷：生于日内瓦，美国银行家，在纽约1975年的财政危机中发挥关键作用，后任美国驻法国大使。

第八章 威胁之城

教师和医护工作者的示威游行并没能成功阻止市政府削减预算。警察工会发放了宣传单，警告游客不要来到一座"恐怖之城"，环卫工人发动了几乎令纽约成为"腐臭之城"的罢工，但同样没能阻止削减预算。最后，6万名市政雇员被解聘，他们中的大部分是少数族裔。教育委员会失去了四分之一的老师，单个班级规模被迫大大扩大，而体育辅导、艺术辅导、成人教育和夏令营被大幅削减。纽约城市大学的2 000名全职教职人员被解雇，130年来的免费教育政策被终结。福利水平也有所下降，公共交通费用被提高，这无疑加重了普通民众的负担。

这场财政危机正式宣告纽约公共政策的重大转变，城市私利开始凌驾于公众利益之上。在纽约甚至是整个美国，减少对社会福利事业的支出成为治疗危机的"万能药"。罗杰·斯塔尔（Roger Starr）是最准确捕住这种趋势的人。作为纽约住房发展管理局负责人，斯塔尔称要通过减少为穷人提供社会福利来"转变城市角色"，因为这样穷人们就可以离开城市到别的地方去。斯塔尔的这种想法与纽约数百年来的传统背道而驰，他的"有计划地收缩"理念基于这样一个前提：纽约"不能再充当一个机遇之城"了。这种言论引发的争议最终令斯塔尔丢掉了工作，但斯塔尔及其理念依然具有广泛影响力。

普通民众是受财政危机影响最严重的人群，受益者则是那些有权有势者——银行家、地产商和生意人。后者将自己对公共政策的控制转化为实实在在的利益，对股票转让、地产交易减税，同时却对其他人加税。这场痛苦的危机预示了80年代保守主义的崛起。纽约财政危机的长期影响远远超过它短期内造成的痛苦。

屋漏偏逢连夜雨，1977年，一场大范围的停电加速了城市冲突的爆发，显示出财政危机进一步加剧了贫民区危机。与60年代的城市冲突不同，70年代的城市冲突并非围绕种族议题展开，而是由那些"已经一无所有"的普通人所发动的。当时的失业率高达30%，这一数字在少数族裔男性青年中更是高达60%。1965年冬天曾发生过一次大停电，但那时并未发生骚乱，因为停电正值下午5：30。但1977年的大停电发生在一个火热7月的晚上9：30。于是，几乎就在停电的同时，骚乱发生了。在纽约历史上第一次，五大区所有贫民窟同时发生冲突。

30个社区受损严重，1 600家店铺财产受损，其中既包括白人店铺，也包括黑人店铺。人们明目张胆地抢劫衣物、食品、家用电器、家具，甚至汽车。整个冲突混杂着狂欢、犯罪和混乱的气息。虽然警察受命不许开枪，但依然逮捕了3 700人，人数之多迫使市政府不得不重新开放了"条件极其恶劣"的汤姆斯监狱作为临时拘留所。布朗克斯拘留所被犯人控制，南布朗克斯则火光冲天。全城共有3 900起火情报警，但有限的消防员只能重点扑救1 000起最严重的火灾。受损最严重的是布鲁克林的布什威克，那里变成了"大火场"。对比姆来说，这是"恐怖的一夜"。

趁乱打劫和纵火通常结伴而来。商店先被洗劫，然后被付之一炬。到20世纪70年代，纵火是纽约最贫困地区建筑失火的最主要原因。丹尼斯·史密斯（Dennis Smith）在他1972年发布的报告中解释道，纵火造成的火灾令消防工作格外危险。很多纵火行为并不是蓄意破坏财产，而是遗弃建筑的屋主为了骗取保险金而故意雇人放火。银行拒绝给贫穷社区提供修缮贷款，因此付之

第八章　威胁之城

一炬要远比修缮更为有利可图。城市危机滋生了纵火行为，而大火反过来又加剧了城市危机。后来，不少电影都反映了这一现象。

人们对骚乱的反应各异。纽约城市大学的历史学家赫伯特·古特曼（Herbert Gutman）认为，1977 年的大停电骚乱与 1902 年的食品危机有相似之处。但《纽约时报》的读者却不同意，他们认为 1902 年的危机是饥饿引起的，是正义的；而 1977 年的骚乱只是"野兽们"的暴行，完全不具备任何合理性。《纽约时报》的编辑则更为冷静客观，他们呼吁是时候面对种族和贫困等长期问题了。60 年代的呼声已经被忽视，美国被"再次警告"。纽约也为忽视现实付出了代价。

纽约市长和纽约州长要求将纽约宣布为灾难区，但是总统吉米·卡特（Jimmy Carter）否决了他们的提议。很多人认为，这是纽约再一次"被抛弃"。《纽约时报》因此抨击道：当美国最重要的城市陷入危机时，总统却仍只关注他的外交政策。全国城市联盟执行主席弗农·E. 乔丹（Vernon E. Jordan）敦促他的朋友卡特不要将骚乱仅仅视为"纽约的悲剧"。他指出，真正的挑战在于，不应将这一事件仅仅视为电力系统的"技术性"问题，而应看到其背后隐藏的社会问题。

卡特被触动，在当年秋天赴联合国演讲前，他访问了一处遭受骚乱严重破坏的社区。卡特有一张著名的照片摄于南布朗克斯夏洛特街的一处废墟。这张照片令大停电骚乱和城市危机成为美国关注的焦点。南布朗克斯立刻成为全美国城市灾难的代名词、一个现代的五点区。无论是象征意义还是实际意义，它似乎都为作家詹姆斯·鲍德温（James Baldwin）笔下的《下一次烈火》

(*The Fire Next Door*)提供了原型。鲍德温早在1963年就曾警告过美国：城市问题最终将爆发。美国著名电视记者比尔·莫耶斯（Bill Moyers）呼吁社会关注燃烧的布朗克斯。对于卡特和美国来说，那里的情况应当"令人警醒"。

虽然自己无力控制事态发展，但比姆明白它们隐含的意义。如林赛一样，他呼吁重新定位城市角色，应将纽约打造为全国性的市场、文化中心和移民入口。比姆曾悲伤地发问："如果我们任由自己的城市腐坏消亡，那么当审判日到来的那一天，谁还会拯救美国？"比姆虽然是一位黯淡无光的市长，但他依然深爱着纽约。

Source：Reprinted with permission of Daniel Hauben

这是一幅描绘布朗克斯街景的画作，然而其中却出现了《绿野仙踪》（*The Wizard of Oz*）中的人物：桃乐茜、铁皮人和稻草人正沿着黄砖路向前走。画作的其余部分则忠实地还原了纽约郊区商业街的本来面貌。作者希望用现实主义和超现实主义相结合的手法表现他对于布朗克斯的独特感受。

第八章　威胁之城

南布朗克斯

南布朗克斯有着纽约所有街区中最具戏剧性的历史。直到 20 世纪 60 年代，布朗克斯区才作为一个概念存在，当时这个称呼完全是负面的。在此之前，南布朗克斯由许多不同的小社区组成，每一个都有自己的过去和骄傲——像莫特港、梅尔罗斯和莫里萨尼亚之类的地方。直到 20 世纪 50 年代，这些地方在交通、工业化和移民的带动下出现了经济增长。但到了 20 世纪 60 年代，南布朗克斯却迅速衰落，以至于成了"贫穷和社会崩溃的代名词"。

然而，反抗从灾难中产生，表现为社区激进主义。当地的年轻人被主流社会拒绝，面临 60% 的失业率，他们创造了自己的嘻哈文化。他们结合了黑人、加勒比人和拉丁人的传统，打破了音乐、舞蹈、歌曲和艺术的传统规则。当一位街头涂鸦者宣称"我们是贫民窟的儿子，我们会活下来"的时候，他们在代表整个南布朗克斯区发言。

事实上，一位学者指出，街头涂鸦是一种"对抗性"的声明，是"以被剥夺权利的人的名义使用空间"，而这些空间"尚未被商业或政府占据"。涂鸦是在夜晚的掩护下进行的，它挑战了权力结构。1982 年的说唱歌曲《信息》（*The Message*）中捕捉到了这种精神。它的歌词表达了想要逃离老鼠、蟑螂、毒品、犯罪和贫穷的"丛林"的绝望，却被一片只看重金钱的"牛奶和蜂蜜之地"阻挠而不能离开。《信息》被认为是"有史以来最重要的嘻哈歌曲，也是嘻哈作为社会评论工具的开端"。与爵士乐一样，嘻哈文化也是灵魂的反叛。

布朗克斯不仅幸存了下来，而且恢复了活力。20世纪70年代，30万人逃离布朗克斯，但2000年以来，几乎同样数量的人涌入布朗克斯。如今，该行政区有145.5万人口，恢复了20世纪70年代以前的人口高峰，而且增长速度比纽约其他任何地方都快。这一增长很大程度上是由于移民，包括2015年这一年新增的1.3万名移民。此外，承受不了曼哈顿的高房价的人也向北迁徙。这一人口增长创造了5万个就业机会，这里是纽约市住房建设最多的地区。

这一变化显著，但有点令人不安，因为增长也反映了社区的中产化。一位地产商人甚至尝试将南布朗克斯区重新命名为钢琴区。他声称，他是为了纪念很久以前在该地区的钢琴厂，同时努力抹去该地区一段并不光彩的历史，使其更容易被接受。社区的愤怒使更名计划搁浅。

布朗克斯最初的名字来源于富有的瑞典移民乔纳斯·布朗克（Jonas Bronck）。他于1639年来到这里，并从印第安人手中获得了近700英亩的土地。在他死后，他的财产被分割，一部分卖给了英国人刘易斯·莫里斯（Lewis Morris），他购买了该地区的第一批奴隶来耕种土地，这里后来被称为莫里萨尼亚。莫特港以1828年建立布朗克斯第一家铸铁厂的乔丹·L. 莫特（Jordan L. Mott）命名。1841年，一条新的铁路催生了几个小村庄，包括因三座山而得名的特里芒特。爱尔兰人修建了铁路，老巴豆渡槽建成。德国移民随之而来，他们建立了酿酒厂，在工厂工作，经

第八章　威胁之城

营小商店。尽管也有一些优雅的庄园，但大多数居民都住在简陋的木屋中。

1874年，布朗克斯并入纽约后，发展速度加快。马让位给马车，接着是电车和1888年的高架铁路。在接下来的几十年里，意大利移民和东欧犹太移民从下东区搬到布朗克斯区，以此来改善他们的命运。到20世纪30年代，南布朗克斯超过一半的居民是犹太人。增加的人口密度促使富人卖掉了他们的土地，这刺激了建设，使布朗克斯成了"公寓区"。布朗克斯动物园、布朗克斯植物园和纽约大学住宅区（现在的布朗克斯社区学院）提升了布朗克斯的地位，促进了它与纽约的融合。最后一步就是1898年的五区合并。

1904年，地铁使到达布朗克斯更容易。1909年，大广场使布朗克斯更适合居住，而搬到邻近广场的拥有现代装饰艺术建筑的宽广的林荫大道是一种成功的标志。以1923年扬基体育场的建造为标志的发展一直持续到20年代。然而，在大萧条期间，布朗克斯也未能幸免。罗斯福新政提供了修建大桥、一个中央邮局和一个大型公园的工作，情况有所缓解。据布朗克斯区的一位历史学家说，"在那混乱的10年间，全国没有一个地方经历过比布朗克斯更多的私人住宅建设，这也反映了它的活力"。

但仅仅几十年后，南布朗克斯就成了美国最糟糕的贫民窟。它的衰落很复杂。第二次世界大战为发展带来福音，也是社会经济的转折点。男性参战后，女性开始进入工厂工作。战后为白人退伍军人提供的抵押贷款刺激了大批老兵搬到郊区。与此同时，罗伯特·摩西的道路和公共住房大量出现。

当新居民从美国南部和波多黎各来布朗克斯满足战时的劳动

力短缺时，布朗克斯的人口构成就发生了变化。当10万黑人和波多黎各移民搬进来时，同样多数量的犹太人、爱尔兰人和意大利人则搬了出去。教堂变成了双语制，西班牙式杂货店取代了熟食店。曾经那个以白人为主的行政区变成了以黑人和拉丁裔人群为主的行政区。

20世纪60年代，变革加速。1962年，罗伯特·摩西横穿布朗克斯的高速公路，将南布朗克斯区一分为二，摧毁了沿途的每一个街区，尤其是特里芒特。20世纪60年代，全城的种族对立也出现在了这里。1971年，Co-op City建成，这是一个由国家资助、补贴的社区，位于布朗克斯东北部，提供超过1.5万套现代化公寓，有自己的学校、商店和公园。至此，大多数剩下的白人也迁出了南布朗克斯。

放弃南布朗克斯的还有工业巨头和土地所有者，纽约市政府和联邦政府的政策也不友好。联邦资金从东北部的社会计划和城市重建转向南部的国防工业。1975年的财政危机之后，市政府和州政府的资金削减使南布朗克斯失去了许多关键性的服务机构，其中包括两所市立医院。重新划分行政区使布朗克斯变得四分五裂，削弱了它的影响力。工厂和企业逃离了日渐衰落的社区，从而导致进一步的衰退。毒品滋生犯罪，以至于当地的警察分局被称为"阿帕奇要塞"。南布朗克斯成了国家和国际的弃子。

最具灾难性的打击来自银行，它们拒绝为这个受歧视的地区提供抵押贷款或贷款。房东们减少维修（却不降低租金），还将房产税转嫁给租户，情况变得愈加糟糕。纵火成了致命的传染病。房东为了获得火灾保险而烧毁建筑物；小偷先偷走所有值钱的东

第八章 威胁之城

西，再把建筑付之一炬；帮派和破坏分子仅仅为了取乐而放火。1977年7月的大停电骚乱造成了更多的火灾。在世界棒球锦标赛中，一名比赛解说在扬基体育场惊恐地大声说："女士们，先生们，布朗克斯区正在燃烧。"人们都无法相信，这个世界上最富有的城市在和平时期居然会遭受如此大的破坏。

在探访了夏洛特街的废墟后，卡特总统承诺给予联邦援助，之后，联邦、州和城市资金为住房重建、老年公寓和青年计划提供了扶持。在总统探访过的地方新建了89座房屋，被命名为夏洛特花园。科克市长的住房计划为布朗克斯带来了5 000多套新住房。教会也伸出了援手。南布朗克斯的居民也组织起来拯救社区。所以，一位居民解释道：

> 有一天，我决定绕着街区走走，却发现我们根本没有街区。然后，我决定在附近街区走走，发现我们也没有附近街区。我认为，如果一个被摧毁的街区能够重建，它可能帮助居民们重新建立自信。所以，我们要重建布朗克斯，即使不能恢复到最初的样子，至少也要恢复成一个体面的居住之地，恢复成让所有人都能找到自我的地方。

一些民间团体开始着手清理和修复那些尚可使用的建筑。他们秉承"绝不搬走，志在改建"的口号，用自己的汗水重建社区，他们的行动扭转了被歧视的状态。尽管经历了挫折，但这些自发的修复活动取得了成功，社区自豪感恢复如初。

许多街区仍然需要帮助，其他问题仍然严重。尽管有中产化的迹象，但是南布朗克斯仍然是全国最贫穷的地区之一，在这里，失业、吸毒、辍学和犯罪的概率高得惊人。但是，就像1973年诞生于布朗克斯的嘻哈音乐一样，它正在复兴。各组织推广绿色企业，培训当地居民从事太阳能领域的工作。新时代的居民为环境正义而战，2015年的"桑迪"飓风更坚定了他们保护环境的心。

其他团体建设花园，组织夏令营，辅导儿童。有人力培育促进经济发展的项目和商业协会。工业正在缓慢回归，中产化逐渐获得动力。布朗克斯动物园、布朗克斯植物园、布朗克斯艺术博物馆、雷曼学院和霍斯特奥斯社区学院成为南布朗克斯的助推器。海狸在布朗克斯河里忙忙碌碌，再加上一个重要的牡蛎修复项目，使得这条河重新焕发生机。令人惊讶的是，1997年，南布朗克斯被全国公民联盟命名为"全美城市"。布朗克斯区区长费尔南多·弗尔（Fernando Ferrer）表示："十多年前，布朗克斯区是所有人心目中的城市失败之地。""现在，这是一个全国性的例子，说明你可以怎样做才能复兴城市。"

理智的自由派

> 毫无疑问，这座城市犯过错误，但错误主要是出于感情用事。在我任内，我将把情感与理智结合在一起。
> ——*爱德华·科克，1978年1月2日*

大停电骚乱对1977年的民主党市长初选产生了直接影响。自由派和少数派候选人被迫采取守势，但是，有一位候选人利用了当时的情况，呼吁采取更加强有力的政策。对他来说，当时的情况需要更多理智而非情感，而他宣称自己是"理智的自由派"。爱德华·科克毕业于纽约城市大学和纽约大学法学院，一直拥有强硬的立场。作为一名犹太人，他支持自由主张和政治改革。他代表格林威治村和上东区，出任过市议员和国会众议员。在1972年的森林小丘争议中，他转而支持保守派。为了扩大民众对自己的支持，他并不固执己见。因此，在1977年的竞选活动中，他成功获得保守派的支持。

同时，在与黑人政治领袖的会面中，科克承诺将继续开放哈莱姆的锡德纳姆医院，任命少数族裔人士出任管理层职位。同时，他还巧妙地与民主党领袖建立了同盟，而这些人平日里被他蔑称为"俱乐部政客"。为了平息关于他是同性恋的传言，他特地选择了前美国小姐作为他的竞选搭档。这种独特的自由派—保守派、改革派—稳固派同盟，令科克赢得了民主党提名并最终赢得了市长选举。1978—1989年，科克共担任了三任市长职务。他重新激发了市长这一职务的活力，成为继拉瓜迪亚后主导纽约政坛的第一人。

当选后，科克不仅巩固了同盟，还通过推行有利于曼哈顿金融、保险和地产的税收和其他措施，进一步扩展了同盟。随着经济在1977年后开始复苏，科克也逐步实现了市政府的收支平衡。虽然比姆任内已经推出了最大幅度的政府支出削减计划，但科克在他的第一个任期内继续收缩公共福利支出，不过在后两个任期内他又开始增加这部分支出。早期赢得的财政保守派声名帮助他在任内维持了自己的政治同盟。科克政治手腕极其高超，1981

年，他赢得了民主党、共和党的共同支持和四分之三的选票。但是，由于他的纽约标签过于显眼，在1982年州长竞选中他败给了对手。

科克是纽约最具魅力、最乐天也是最机敏的市长之一，但同时也是纽约最具争议的市长之一。他经常穿梭在城市的大街小巷，询问路人："我做得怎么样？"与拉瓜迪亚一样，科克擅长政治作秀，例如，他自豪地用着拉瓜迪亚曾经用过的办公桌。他对地铁涂鸦宣战，则表明了他恢复秩序和重振人们对城市信心的决心。但与拉瓜迪亚不同的是，科克将推行保守社会政策作为自己的优先政策选择。科克对自己的权力根基充满信心，因此他毫无顾忌地解散女性地位委员会、削减纽约城市大学经费、反对平权运动雇佣条例，以及收缩扶贫项目。

1979年夏，科克违背了自己的竞选承诺，宣布关闭哈莱姆的锡德纳姆医院，这是纽约首家雇用黑人医生的全科医院。虽然建筑老旧、规模不大，但这家医院被认为是这个婴儿死亡率高、医疗设施不足的社区不可缺少的一部分。于1971年接替小亚当·克莱顿·鲍威尔代表哈莱姆的国会众议员查尔斯·兰热尔（Charles Rangel）指责科克实施"有计划的种族谋杀"。社区成立了拯救锡德纳姆医院同盟，并得到全国有色人种协进会、纽约城市联盟、劳工领袖和地方政客的支持。科克无论走到哪里，迎接他的都是番茄和臭鸡蛋。1980年，虽然人们每天示威，并占领了医院长达10天的时间，但是科克保持强硬。关闭锡德纳姆医院令科克和纽约少数族裔之间产生了无法弥合的分歧。

科克还疏远了劳工组织。从一开始，他的竞选纲领就是勒紧

第八章 威胁之城

裤腰带紧缩财政，他承诺将控制市政公务员人数，并改变纽约的劳工谈判气候。科克声称"在比姆和林赛任内，工会拥有了整个城市"，他决意改变这种状况。1980年4月1日，公共交通工人联合会举行了罢工。对此，科克声称决不妥协。他不仅没有坐下来与劳工谈判，还赶到布鲁克林大桥，为步行去工作的纽约人鼓掌。他还大骂他的批评者们是"疯子"。

罢工者内部也存在分歧。白人劳工领袖与日益增加的少数族裔成员间出现了裂痕——少数族裔成员向来对劳工领袖与政府官员的内幕交易深感怀疑。在后财政危机时代，工人们明白金融界对公共政策握有巨大掌控权。为了抗击种种不利因素，公共交通工人联合会中的异议者反对工会与市政府签署的最初协议，并退出谈判继续罢工。结果，连续11天，纽约公共交通处于持续瘫痪状态。

但纽约州领导的大都会交通局无视科克的强硬立场和他获得的广泛支持，与罢工者达成了慷慨的和解协议。科克愤怒地称这项协议是背叛。但是，从更广阔的意义上说，科克成功地令公众加深了对工会组织的敌意。事实上，这场公共交通系统的罢工是财政危机引发的紧缩政策的结果。此后，反工会、亲商业的经济政策开始主导一切。

科克对艾滋病的流行反应迟缓。纽约拥有全美国五分之一的艾滋病感染者，成了"世界艾滋病首都"。政客、医疗界也一直忽视这个威胁。

1989年12月，一个组织发起了一场规模盛大的活动，正是这场活动将艾滋病危机推到了公共议题的最前沿。在科克任期结束前，他拨付了大批资金给艾滋病诊所、病房和咨询项目。

科克在应对艾滋病时的迟缓或许部分是因为他当时正饱受政府丑闻之苦，这些丑闻几乎将他的政府击垮。1986—1987年，大量证据表明，科克声称已经经过改革的政府实际上依然存在着大量腐败。6名政府最高级别官员和250名低级官员面临牢狱之灾。虽然科克自己未被卷入，但其政府内部的腐败丑闻依然对他的公众形象产生了毁灭性打击。1987年的股市崩盘①令情况进一步恶化。汤姆·沃尔夫（Tom Wolfe）关于纽约的小说《虚妄的篝火》（*The Bonfire of the Vanities*）在同一年出版也许并非巧合。在这部小说中，沃尔夫揭露了傲慢、财富和权势的局限性。

　　1986—1989年的几场冲突占据了科克第三个任期的大部分精力，也令纽约进一步分化，这些冲突也在政治上进一步击垮了他。第一起冲突于1986年12月发生在皇后区的霍华德海滩。3名美国黑人的汽车在意大利裔社区抛锚，他们用一家比萨店的电话求援，但当他们准备离开比萨店时，十几名带着棒球棍、砖头和撬胎棒的白人冲上来袭击他们。在逃跑途中，一名黑人误闯入一条高速路，在那里被一辆经过的汽车撞死。

　　科克谴责这种"种族偏执"，将这起事件比作南方针对黑人的私刑。黑人社区沸腾了，一场草根抗议活动出现。抗议活动的领导者阿尔·沙普顿组织了一个拥有100辆汽车的车队，驶入霍华德海滩，还自掏腰包请所有抗议者吃比萨。大胆的抗议者喊道："霍华德海滩，你听到了吗？这里不是约翰内斯堡！"

---

　　① 1987年10月19日，美国爆发了历史上最大规模的一次崩盘事件，道琼斯指数一天之内重挫了508.32点，跌幅达22.6%。许多人一夜之间沦为贫民，数以千计的人精神崩溃，跳楼自杀。这一天被金融界称为"黑色星期一"。

第八章 威胁之城

1987年1月的寒冷一天（临近马丁·路德·金诞辰纪念日），沙普顿和5 000人沿着第五大道游行。全国的黑人也举行了声援游行。但是，科克称这些抗议活动"荒谬""是种族主义的表现"。1987年12月，示威者还通过跳下地铁轨道令交通瘫痪，以示抗议。

公众压力迫使纽约州长任命了一个特别检察官处理霍华德海滩事件。审判认定三人犯有过失杀人罪，但案子一直拖延了两年才正式执行裁决。黑人们对此愤愤不平。这起事件表明，自20世纪60年代以来，白人和黑人群体正在渐行渐远。很多人指责科克是造成这种分化的重要推手，因为科克"并非不敏锐，他非常清楚地知道自己在做什么。他刻意营造了这种氛围"。

第二起冲突发生在1988年8月7日。这一次，汤普金斯广场成了冲突焦点。与1874年一样，东村公园仍是无家可归者的聚居地，但它同时也渐渐成为嘈杂音乐与毒品的避风港。居民对噪声忧心，地产商则担心房产贬值。在地产商和居民的压力下，科克政府开始严格执行每天凌晨1：00开始的宵禁。成百上千人举行了抗议活动，导致了一场5小时的全面冲突。

但令人震惊的是，事实结果表明，引发冲突的不是抗议者，而是赶来控制局面的450名警察。有报道称，警察呼喊着种族歧视口号、棒打抗议者、袭击围观群众、攻击摄影师。对此，一名黑人警官承认自己手下的警员有错，他立即整改了整个部门，并对事件展开调查。科克政府与地产商的关系日趋紧密，同时也出于科克自身塑造的强硬形象，在这一事件中，他拒绝对事件做出任何评论。

1989年，两起本来毫无关联的冲突再次反映了这座城市困境的不同侧面。4月，一名年轻白人女投资银行家在中央公园遭殴打并被强暴。一群黑人和波多黎各青年被指责应对事件负责。纽约陷入恐惧，曼哈顿区的黑人区长戴维·丁金斯称这些人是"城市恐怖分子"。但沙普顿担心，这些年轻人不过是公众针对少数族裔敌意的替罪羊而已。直到2002年，一名惯犯向警方自首称当年是自己犯下了这起罪行。

1989年8月，一个名叫尤瑟夫·霍金斯（Yusef Hawkins）的16岁黑人男孩在布鲁克林的意大利裔社区被一群青年射杀。当时霍金斯被误认为是另一个与白人女性约会的黑人，但其实他只不过是陪朋友去那里看二手车。接受了霍华德海滩的教训，警察迅速出动逮捕了嫌犯，市长称这起犯罪"令所有纽约人感到胆寒"。

但当示威者来到事发社区时，科克又说，责怪整个社区是不公平的，加剧事态也是不负责任的。科克为此被谴责为"这个城市中的头号种族主义者"。随后又出现了多场示威，7 500名抗议者试图穿越布鲁克林大桥，引发了与警察的大规模对峙。一位牧师评论道："纽约成了一个火药桶。黑人们已经受够了。必须有所改变。"这个事件恰巧发生在市长竞选活动期间，影响了科克的连任。

科克的双重性也体现在他的住房和开发政策上。一方面，他因资助一个项目而广受赞誉，该项目创造了20万套住房，这是迄今为止纽约历史上最大的此类项目。另一方面，他也受到了批评，因为这些住房中有三分之二最终成了商品房，而不是像最初设想的那样以低价提供给穷人。此外，他的住房开发政策有利于让开发商获得分区变更和税收优惠带来的好处。损失的税收收入本来

第八章 威胁之城

可以为教育、经济适用房和基础设施提供资金。

在科克领导下,建筑业的繁荣促进了纽约的经济复苏,但他也通过取缔小企业和轻制造业促进了中产化,而这些行业本来为纽约提供了经济多样性。此外,相当多的工薪阶层居民因新的建筑项目而被迫拆迁。科克的发展政策加剧了贫富分化,而其最初的目的是缓解分化。可以肯定的是,科克的政策变化是对政治现实的务实回应。作家欧文·豪尔认为,科克"在里根时代发挥了拉瓜迪亚之于罗斯福新政的作用,是美国主导社会力量的'市政经纪人'"。另一些人则声称,科克为开发商提供了新的"诚实的贪污"的机会,从而牺牲了纽约作为普通人的机会之城的历史地位。

科克寻求市长位子的本意是为了"将纽约从自身手中拯救出来"。表面上看,他似乎是成功了,因为纽约走出了财政危机,迎来了经济复苏,民众信心也重振,市长形象被修复。科克因此成为纽约修复形象的主要推动者。他热爱聚光灯,并洋洋得意地声称:"'大苹果'已再次闪耀在世界市场上。"但是,科克同时也是一根导火索,他的政策和言辞灼伤了纽约的神经。他自己也承认,有时他"太过尖锐"。

兰热尔指出,经过科克 12 年"理智胜过感情"的统治,纽约需要"一个拥有感情的领导者来平息愤怒的声音"。他呼吁一种"新的领导方式",一种拒绝分化、"强硬中带有同情心"的领导方式。兰热尔说,最重要的是,"重新推行"自由主义传统极其必要,因为正是这种传统令纽约从所有城市中脱颖而出,并"促成了纽约的伟大"。

充满魅力的马赛克

我将纽约视为混合着各种不同价值观的、充满魅力的马赛克。我想要成为所有纽约人的市长。分化、离间或偏袒绝不是我的领导方式。

——戴维·丁金斯，1990年1月2日

曼哈顿区区长戴维·丁金斯衣冠楚楚、温文尔雅，是一名参加过海军陆战队、毕业于霍华德大学和布鲁克林法学院、来自哈莱姆地区的民主党温和派政客，担任过多个政府职务。1989年，他挑战科克成功，获得了民主党市长选举提名，并以微弱优势击败共和党候选人，成为纽约历史上首位黑人市长。他的成功当选得益于寻求黑人、拉丁裔、自由派白人，以及相当一部分犹太人的支持。他建立了超越种族的同盟，短暂地重振了纽约的自由主义传统。与科克不同，丁金斯承诺"恢复对社会公理的追求"，且"永不刻薄"。他对纽约是"充满魅力的马赛克"的比喻让纽约人看到了和谐的希望。

但不幸的是，这些帮助丁金斯成功当选的优点并不适用于实际工作。如果说科克太易激动、反应迅速，那么丁金斯就太过被动、反应迟缓。如果说科克与商界关系过密，那么丁金斯则看起来与工会走得太近。对纽约出现的一系列驾车枪击案应对不力，显示出他打击犯罪的手腕不够强硬。加税、削减公益支出和财政

第八章 威胁之城

危机威胁令他似乎无法胜任市长的工作。而丁金斯也不习惯向公众解释自己的想法,反而关注一些诸如推广网球运动、主持社会活动等无关紧要的事情。当火烧眉毛时,他却总是一副无所事事的样子。

在丁金斯任内,纽约经历了经济衰退、罢工和骚乱。冲突对象包括黑人、韩国移民、多米尼加移民和犹太人,事态难以控制。围绕警察的争议也点燃了丁金斯无法熄灭的政治战火。他的说话风格过于中规中矩,做事方法过于低调,媒体又不遗余力地恶意报道,这大大折损了他与公众沟通的能力。他一直坚决反对偏执和暴力,拒绝"分而治之",即使冒着被误解的危险也在所不惜。

与1966年林赛刚上任时一样,丁金斯完全没有享受过任何政治蜜月期。就在他上任后的第17天,布鲁克林的红苹果杂货铺韩裔店主被控殴打一名疑似小偷的海地妇女。三周后,联邦政府为控制艾滋病传染又禁止海地人献血。结果,海地人在布鲁克林大桥发动了一场大规模抗议活动,集体愤怒进一步加剧。

黑人权利维护者曾在1988年组织过类似的抵制韩国商铺活动。这一次,黑人与海地人和其他加勒比地区移民弥合了分歧,强调他们共同的种族属性。他们将韩裔移民视为外来者,和白人一样正在剥削着黑人。桑尼·卡森(Sonny Carson)是领导这起活动的关键人物,他是一名极具争议的黑人国家主义者。1990年,他动员了上千人抵制韩裔的商铺。前市长科克称之为"一场由桑尼·卡森发动的有组织的强夺和敲诈行为"。

丁金斯陷入这种极其复杂的局面。激进黑人运动者将他视为

"种族的叛徒",因为他不支持抵制活动;而韩裔移民也指责他为了迎合黑人选民而不阻止抵制。主流政治家和媒体同情韩裔移民——他们被视为"模范少数民族",因为他们大多工作勤恳又从不惹是生非。温和派黑人不希望由卡森来定义"黑人该如何做",因此他们发动了一场名为"6点半购物"的反抵制运动,他们在每天下班回家途中去红苹果杂货铺购物。他们支持韩裔移民,呼吁抗议者在店铺50英尺以外的法定距离抗议。

抵制活动持续得越久,人群就越分化。丁金斯试图维持自己的中立立场,呼吁进行调查。但针对他的批评已经出现。丁金斯被迫表明立场。5月,他公开批评"任何基于种族界限的抵制活动"。9月,他又亲自来到红苹果杂货铺购物。但为时已晚,做什么都没有用了。这个想要成为"疗伤者"的市长在上任伊始已成为众矢之的。"充满魅力的马赛克"成为泡影。

10月,一场罢工进一步预示了丁金斯暗淡的未来。1990年,《每日新闻》员工发动了一场持续147天的罢工,这是一场强大的商业力量和日益衰微的工会之间的斗争。记者胡安·冈萨雷斯(Juan Gonzalez)领导了这场罢工。罢工者呼吁消费者抵制这份报纸。罢工令位于第42街、列克星敦大道附近的报社总部交通阻塞。市长丁金斯和州长科莫对罢工表示支持。艺术家拉尔夫·法萨内拉(Ralph Fasanella)加入游行队伍,并庄严地把游行众人定格在他的画作中。最终,报社与罢工者达成了协议,工会已变得愈发弱势。

1991年8月,布鲁克林又发生了一起种族冲突,冲突双方包括黑人和犹太人。犯罪、住房和犹太人在公共场所的宗教活动,

第八章 威胁之城

以及针对社区委员会的控制是冲突焦点。起因是一名犹太司机误将车子开到人行道并撞死了一名7岁的圭亚那男孩。

人群冲上街头。一名犹太男子被刺身亡。市长和警察局长赶到现场,试图安抚居民,但他们的努力以失败告终。冲突又持续了两天两夜。示威者"没有公正,就没有和平"的口号回荡在布鲁克林。《纽约时报》称,纽约不仅没有成为"熔炉",反而成了一口"仇恨沸腾的大坩埚"。

1992年7月,又发生了类似事件。一名24岁的多米尼加移民在躲避追捕时被警察射杀。这名警察声称开枪是为了自卫,他还出示了在被杀青年身上找到的一把枪,这名被杀者据称是一名毒贩。但目击者称,这名警察在开枪前殴打了这名青年,而警察开枪时,青年已经躺在地上,举起了双手。证人还称这名警察腐败且一直有暴力倾向。纽约和多米尼加共和国都呼吁进行"公正"审判。

失业、过度拥挤的社区和低劣的教育质量使这些移民与警察经常发生冲突。年轻人在六天时间里焚烧车辆、抢劫商铺,导致一人死亡、多人被捕。丁金斯多次到访事发地附近,安抚民众。警察也对市长不满,丁金斯对遇难者家属表示同情,而与此同时警察却每天冒着生命危险去打击犯罪。

这两起事件为1993年的市长竞选奠定了基调,也凸显了两位竞选者的不同立场。丁金斯提出"有时一场安静的会议、一句善意的言辞会比一队身着防暴服的警察取得更好的效果"。另一位竞选人鲁道夫·朱利安尼则带领警察发动了一场反丁金斯游行。1992年9月16日,1万名休假中的警察在市政厅举行集会,阻断布鲁克林大桥交通长达一个小时。除了朱利安尼，警察工会领导也在集会上发言。警察们高呼"没有公正，就没有警察"。对他们来说，这场集会是对限制他们手脚的市长和将警察妖魔化的公众的合理反应。《纽约时报》担心"可怕的火焰已经被点燃"，它敦促市长竞选者"不要继续煽风点火，也不要再纠缠到底谁划燃了那支火柴，现在考虑的应是尽力灭火"。

这场集会加剧了本已激烈的关于建立市民警察监督委员会的争论。一方面，不少人相信，警察大多是种族主义者，他们无法自制；另一方面，对警察的广泛支持和针对少数族裔的抗议也浮出水面。针对警察的态度成为一个关键的竞选议题。

为了证明自己拥有打击犯罪的强硬手腕，丁金斯发动了名为"安全街道，安全城市"的竞选活动。他将警察队伍扩大到6 000人，但他从未超越朱利安尼与警察部门的密切关系，也没能消除两起事件带来的负面效应。而丁金斯否决警察提出的使用半自动手枪的要求，以及推动展开针对警察腐败的调查又进一步疏远了他与警察的关系。州长科莫批评丁金斯对两起事件处理不力。丁金斯四面受敌，他的自由主义信仰对他的政治生涯来说似乎是拖累多过帮助。一位记者说，他"给同情心带来了坏名声"。

《纽约时报》认为，两位市长候选人拥有着极其对立的个性——一个"太过温和"，一个又"太过刻薄"。朱利安尼通过和妻子一起拍摄竞选广告来软化自己的形象；同时，他又通过批评福利项目支出过高来表达自己的强硬立场。而民主党关键人物科克对他的支持增加了他的胜算。一起警察被杀事件，使朱利安尼有权指责丁金斯将纽约交给了"城市恐怖分子"。

第八章 威胁之城

选举中，两名竞选者旗鼓相当，但丁金斯最终以 4 400 票之差输给了朱利安尼。五大区中，斯塔滕岛选民投票率相当高，不仅因为竞选议题事关重大，也因为当时斯塔滕岛正举行公决来决定是否脱离纽约。天主教徒投票率也非常高，他们占朱利安尼得票总数的 60%。此外，白人新教徒、犹太人和拉丁裔对朱利安尼的支持也增加了他的优势。黑人以压倒性的比例支持丁金斯，但是黑人的投票率低于 1989 年。朱利安尼的得票总数中 87% 来自白人，而丁金斯的有 83% 来自黑人，这令这场选举的种族色彩再明显不过。"充满魅力的马赛克"已经只剩下冲突的黑白两色了。

在一个民主党重镇输掉市长选举，对民主党来说不啻为一场巨大失败。丁金斯在 1989 年赢得选举后，他的胜利曾被欢呼为纽约自由主义传统获胜的证明，但 1993 年的情况令民主党痛苦不堪。挫败感超过了对改革的信念，冲突令合作精神窒息。纽约面临着信心危机，林赛的道德主义、比姆的财务造假、科克的敌意和丁金斯的无力，加上财政危机和不断的冲突，都促成了《纽约时报》所称的"大苹果的腐烂"。

朱利安尼利用了 25 年来公众的焦虑情绪，赢得了市长选举。在就职演说上，他宣称："恐惧和怀疑的时代"已经终结。他坚持，纽约的问题可以通过强大的领导力来解决，他承诺"拉瓜迪亚不服输的精神将重新统治这座城市。科克符合常识的方式将再次回响"。与他的前任一样，朱利安尼对自己影响历史的能力极具信心。他决心成为进入名人堂的市长，成为将肆虐的烈火变为璀璨烟花的人。信心满满的朱利安尼大胆地宣称："纽约将迎来戏剧性的变革"。他准备动真格了。

Source: "Building a Change," Groundswell in cooperation with the Center for Court Innovation. Lead artist: Yana Dimitrova, 2012

这幅完成于 2012 年的壁画反映了布鲁克林一个普通社区对未来的信心。20 世纪八九十年代,这里充斥着毒品和犯罪,但 21 世纪初开始,一切都在改变,法制和就业拯救了社区,虽然"桑迪"飓风和社区中产化同样冲击着这里。这幅壁画现在悬挂在社区的司法中心,旨在引导当地青少年远离犯罪。

超人市长

自由关乎权威。自由关乎这样一种意愿:每个单独社会个体都向法律权威让渡了一大部分关于行为和行为方式的裁量权。

——鲁道夫·朱利安尼,1998 年 3 月 16 日

第八章 威胁之城

在纽约这个历史悠久的民主党城市，新市长鲁道夫·朱利安尼却是共和党人，他的施政更倾向保守。在任内，他制造的冲突比任何前任市长都多。朱利安尼在警务、公民自由、福利、教育和艺术等方面的做法使该市在1994—2001年陷入了混乱。尽管如此，许多人还是认为他是一位伟大的市长，因为在他的治下，犯罪率降低了，还有一个原因是他对世贸中心悲剧的反应。总之，朱利安尼时代是纽约市的转折点。

朱利安尼大胆无畏。无论在公共政治领域还是私人领域，他都不断挑战人们的期望，因为他总是坚持做一些被认为不可能完成的任务。虽然他的行动常常与纽约的历史核心价值观不符，但他激进的作风的确是彻彻底底的纽约范儿。朱利安尼担任市长的每一分钟都充满戏剧性。他试图出售纽约市政供水系统，宣称死人没有隐私权，在媒体见面会上穿不得体的衣服，坚持教育系统应当被"炸毁"，攻击艺术自由，在通知妻子前公开宣布要离婚，还和情人在城中各种场所出双入对。但是，正当纽约厌倦了他的口无遮拦和婚姻丑闻时，朱利安尼却成为超级英雄。2001年的"9·11"事件激发了他最具建设性的领导才能，将他捧上神坛，使之成为力量的象征。在危难时刻，朱利安尼取代了林赛，成为"美国的市长"。

朱利安尼对自己的"挑衅政治"推崇备至。在他两届任期内，朱利安尼挑起了不计其数的民事争端，成了少数族裔和工会的敌人。他在城市街道和市政厅周围设置路障，和出租车司机和街头小贩对着干，摧毁社区花园，试图将公立医院私有化，废除纽约城市大学的免费入学制度，与三位公立学校校长对立，逼迫一位广受欢迎的警察专员辞职,为了压制对手两次试图重新修订城市宪章。虽然同样充满战斗精神的前市长科克曾是他的支持者,但最后也忍不住大骂朱利安尼是个"烂人"。

同时,朱利安尼又被视为纽约的救星,是一位没有废话、办事高效的领袖。他仅仅凭借意志力就驯服了纽约。历史学家托马斯·克斯纳说:"他恢复了'这个城市可以被管理'的信条。"朱利安尼是纽约的工薪阶层移民传统骄傲的产物,自从童年时代起,就怀有一种特殊的使命感。在随后的人生中,无论是在天主教高中还是大学,无论是在纽约大学法学院还是美国司法部,朱利安尼的平步青云强化了他的自信,也提升了他的抱负和野心。在1993年市长选举中击败丁金斯后,朱利安尼的兴奋之情溢于言表:拯救"大苹果"的机会终于到来了,令纽约再次成为"世界首都"的机会终于到来了。结果,朱利安尼撼动了纽约的根基。

1999年4月,《纽约杂志》(*New York Magazine*)发表了一篇题为"超级市长陨落"的文章,还配有一幅将朱利安尼画成超人的漫画。虽然身着红色披风,腰缠"我爱纽约"腰带,但这位市长正被一群愤怒的市民围攻。为了反映朱利安尼近乎冷酷的治理方式,画中的他紧握一只拳头,背景不是市政厅,也不是纽约天际线,而是法庭。画中的比喻非常形象。朱利安尼的首个任期由于打击犯罪有力取得了成功,这令他看起来似乎坚不可摧。与超人一样,他是代表"真理、正义和美国方式"的国家战士。

然而,朱利安尼的第二个任期令很多人将他视为头号恶棍。正如氪是超人的克星一样,狂妄自大是他的克星。但,幸运的是,在他任期即将结束时发生的"9·11"事件恢复了他的超人地位。

第八章 威胁之城

朱利安尼的崛起、衰落和重生是一出无可比拟的政治戏剧。这出戏改变了纽约。毕竟,纽约是超人生活的都市(也是蜘蛛侠的基地和蝙蝠侠的"哥谭镇"的原型)。无论在现实中还是在漫画作品中,纽约都是现代都市的原型,在这里,善与恶、可能与不可能、现实与虚幻的界限模糊不清。而界定这条界限正是这个城市的吸引力所在,它自殖民时代起便塑造了这座城市冲突的历史。正是这些组成了"哥谭镇"的神话,而超人和超人市长就是这部神话的代表。

法律和秩序

与超人一样,朱利安尼的首要目标就是推动法治建设。他也像超级英雄一样无畏地孤胆抗敌。但和超人被动出手制止犯罪不同,朱利安尼热心于此。因此,他令纽约直接面对民主制度的最大难题——利用而非滥用权力,在自由与控制之间掌握平衡。这一难题,恰是超人象征的核心命题,他同时代表着高尚的理想主义和"这个国家灵魂中最令人不安的矛盾"。

对于朱利安尼也是如此。虽然他明白秩序在一个复杂动荡的城市中的重要性,但他却时常搞不清楚"哥谭镇"人对他们的自由有多么珍视,以及他们抗议的权利和实用主义宽容的传统。朱利安尼的"自由关乎权威"论调令纽约公民自由联合会主席诺曼·西格尔(Norman Siegel)不寒而栗。他担心,这是一个"集权的"纽约,因此也是一个"与传统和我们丰富的自由历史相冲突"的纽约。

朱利安尼着手消灭任何形式的违法，而不仅仅是暴力犯罪。朱利安尼奉行政治学家詹姆斯·Q. 威尔逊（James Q. Wilson）提出的"破窗理论"①。他相信小偷小摸终将会演变成严重犯罪，因为任何细微的违法行为都会滋生一种对法律的不尊重。因此，他发动了一场针对犯罪的"零容忍"运动，严惩那些影响"生活质量"的违法行为。人们对这场运动交口称赞，因为它清理了时报广场，关闭了脱衣舞厅，令流浪汉从公众视野中消失，减少了乞丐、混混和街头擦车人的数量。但是，也有人质疑，这场运动持续攻击无家可归者和城市中的贫穷、无权无势和被边缘化群体，并且把他们当作不法之徒。

"零容忍"运动的整治项目则包括乱扔杂物、违规穿越马路、骑车灯不亮的自行车、不戴狗链遛狗、不交停车罚单等。数千名市民由于违反了这些规定甚至被拘留，而以往最多交点罚款就可以了事。很多人还没等见到法官的面，针对他们的指控就已经被撤诉了，但这样的结果就是他们得先在警局蹲上 24 小时。愤怒开始扩散。当朱利安尼出台了针对出租车司机、街头商贩和街头艺术家的新规后，这些人发动了抗议，并得到公众的声援。朱利安尼的"零容忍"运动对于纽约的各自为生、相安无事的传统精神无异于扇了一耳光。

朱利安尼的标志性成就是大大降低了犯罪率，这令纽约成为

---

① "破窗理论"认为，一所房子如果窗户破了，没有人去修补，隔不久其他窗户也会莫名其妙地被人打破；一面墙如果出现涂鸦画没有被及时清洗掉，很快就会被涂鸦满；在一个很干净的地方，人们不好意思丢垃圾，但只要地上有垃圾出现，人们就会毫不犹疑地扔垃圾而丝毫不觉羞愧。

第八章 威胁之城

一个适合居住和观光的城市。在他任职期间，犯罪率急剧下降，降幅远超其他城市。朱利安尼将这种转变部分归功于计算机数据比较系统的使用，这是警察专员威廉·布拉顿（William Bratton）推行的一种系统。后来，布拉顿因此人气高涨，眼红的朱利安尼却在1996年强迫他辞职。这种系统通过追踪和统计抓捕行动增强了各个警区的责任感，但也令警察倍感压力。一名警察抱怨，整个警队都被"出警抓捕"的思维方式搞得疲于奔命。但朱利安尼认为，这一系统提高了警察队伍的专业程度和工作效率。用市长的话讲，无论警局内外，这种系统都是"真正的文化冲击"。

朱利安尼打击犯罪的主力是反街头犯罪小队，由一群经过严格培训的便衣警察组成。他们的任务就是清除纽约街头的枪支。朱利安尼任命前消防专员霍华德·萨法（Howard Safir）取代布拉顿后，萨法将这支小队的成员数量增加了3倍，却没有予以充分的培训和监督。时任警察局长抗议并辞职。小队增加了街头拦截搜身的频率，却被视为有种族歧视色彩，因为在街头被拦截搜身的多是少数族裔的青年。统计显示，少数族裔占该小队拦截搜身对象的80%。这支小队日渐成为整个警察部门的"突击队"，他们的口号就是"夜里我们说了算"。

朱利安尼两届任期中最令人不安的事件都与种族和法治议题相关。在他首次就职演说中，朱利安尼曾语出惊人："手枪将是我们打击犯罪的重要工具。"这句话不幸一语成谶。1994年，一名13岁黑人男孩在家门口玩耍时被警察射杀。1995年，两名波多黎各男子在被制伏后被警察射杀；同年，一名亚裔高中生被警察一枪爆头。1996年，一名手无寸铁的黑人退伍军人在地铁站被警察从背后开枪射击。1994年,一名哮喘病患者踢球时不慎用足球击中了一辆警车,结果被警察活活掐死,而这名警察身上有14条暴力投诉。纽约警队的类似问题泛滥成灾,以至于国际特赦法庭在1996年发布了一份名为《纽约警察部门的暴力和过激行为》的报告。

朱利安尼和萨法宣称,虽然存在一些个例,但不能代表整个警队中存在大量暴行。但很多人对此提出异议,尤其是海地移民。20世纪80年代,朱利安尼在司法部工作时曾因针对海地难民的强硬政策招致过不满。

8月爆发了几场针对警察暴行的抗议活动。8月29日,超过7 000人穿过布鲁克林大桥进行抗议。民权运动领导阿尔·沙普顿在布鲁克林发表了演说。人们举着标语,将朱利安尼称为"脚手架安尼""残忍安尼"和"暴行安尼"。针对4名涉嫌粗暴对待犯人的布鲁克林警察的审判一直拖到1999年3月才开庭,令该起事件在一年半的时间里一直是关注焦点。

1999年2月4日,一名手无寸铁的西非移民在他位于布朗克斯的公寓门前被警察所杀。当时,4名反街头犯罪小队成员误将他当成了一名强奸犯,并把他的钱包误看成枪。警察朝迪亚洛连开41枪,其中的19枪正中目标。但朱利安尼和萨法选择维护警察,这招致了一场持续几个月的抗议活动。这一令人震惊的事件给纽约内外都带来了深远的影响。

虽然有超过1 000人参加了抗议活动,但涉案警察拒绝出庭作证,警队也出面维护他们;在市长也表示支持他们后,紧张情绪开始升级。这撼动了市长的执政基础。

数百名纽约市民每天出现在警察总部前举行抗议活动,并很

第八章　威胁之城

快演变成一场反朱利安尼的运动。朱利安尼称之为"了不起的公关手段",但纽约乃至美国看到的却是"巨大的公民愤怒"。

整个 3 月,持续的抗议消耗着纽约,也震动着美国,近 1 200 人在这期间被捕。被捕者包括不同种族、不同年龄、不同社区、不同职业的人,甚至包括前市长科克。沙普顿终于唤醒了纽约沉睡的自由同盟。

眼见支持率不断下滑,朱利安尼不得不尝试挽回局面。他不情不愿地会见了少数族裔领袖,这也是他上任以来的第一次。反街头犯罪小队的规模被缩小,吸收了一些少数族裔警察加入。但是,1999 年 8 月,一名警察在他位于布鲁克林的家门口射杀了一名精神失常的犹太男子,这令朱利安尼的努力付之东流。民众对于警察已经失控的担忧开始加剧,倍感社会不公的情绪开始蔓延。

由于极具争议性,涉案警察被移送到了奥尔巴尼,那里的法官和陪审团被认为不会对警察怀有太多故意。2000 年 2 月 25 日,被控警察被判谋杀罪不成立,朱利安尼称正义得到了伸张。但与此相对,民调显示 60% 的纽约市民认为审判不公正。几天后,又有一名手无寸铁的黑人被便衣警察杀死,他被杀的地点距一年前那起事件的案发地仅仅隔几个街区。

结果就是,人们发起了更多示威游行。几百名高中生沿着布鲁克林大桥游行,超过 3 000 人从第五大道的第 59 街向第 42 街游行,呼喊着"没有公正,就没有和平"的口号。不同种族和信仰的民权领袖们要求对警察行为展开彻查。正如丁金斯所说:"我们不能刚刚走下公交车,就把我们的孩子送上救护车。"发生在纽约的事,成为国家议题,令美国的国际形象尴尬。全球媒体都对这起案件进行了报道，它成为移民梦破灭和一座世界级城市陷入混乱的例证。一名来自瑞士的示威者高举写有这样一句意味深长标语的牌子："整个世界都在关注。"

2000年3月15日，由于拒不回答警察关于他是不是贩毒的问题，一名男子在与便衣警察的打斗中被杀。朱利安尼立刻出面声援警察，称这个人是一个有暴力倾向的惯犯，并公布了此人未成年时的案底记录。这种做法的冷酷无情令朱利安尼最亲密的朋友都感到震惊。3月25日，参加葬礼的人群与身着防暴服的警察发生了冲突。情况十分糟糕，就连一向亲朱利安尼的《纽约每日新闻》都呼吁市长尽快恢复整个城市的"信心"。

"零容忍"运动和三起案件迫使纽约乃至美国重新审视警察在民主社会中的角色，以及它与美国种族问题的联系。这些事件令民众回想起警察自1849年以来针对骚乱的反应。2000年，美国民权委员会发布了一份报告，批评纽约警察的行为。有数据表明，其他城市不依靠增加警力，一样成功控制了犯罪。其中一个方法就是推行社区警察，让警察与当地居民合作打击犯罪。丁金斯曾推行过这个项目，但朱利安尼上台后立刻取消了社区警察。

纵观历史，纽约对警察的态度一直暧昧不清。纽约的警队常常人力不足、资金不足、训练不足。朱利安尼是首位将警察作为治理城市问题的首要依靠力量的市长。通过强调安全和保卫，朱利安尼提升了纽约的形象，这是他最重大的贡献。但是，当法治从手段变成目的的时候，朱利安尼的力量之源就变成了他的弱点，正是这个弱点让他失去了"超人市长"的光环。

第八章 威胁之城

社会契约

城市是社会契约的试验场。人们选择一个共同生活和工作的地方，个人利益与公众利益在此交织，两者之间的关系极其微妙、变化不止，因而诞生了公共政策。拉瓜迪亚、林赛和丁金斯推动政府扮演一种广泛的公共服务角色，尤其在帮助穷人方面。但与之相对的是，朱利安尼更关注中产阶层。他的理念反映了当代的保守主义潮流，更关注个人创业精神和私人企业。他推行公共部门私有化进程，比如试图在纽约市政供水、医疗、教育和垃圾回收领域实施私有化改革。虽然很多计划都无疾而终，但依然有一些成功推行，他完成了财政危机时期便开始的一个进程，重新定义了纽约的社会契约。

朱利安尼将公益项目称为"同情行业"，他相信这些公共福利会滋生懒惰之人，而这是以勤苦工作之人的努力付出为代价的。他甚至暗示说，如果穷人都搬走，纽约可能会变得更好。他也是第一位要求纽约州减少对纽约的福利和医疗补助计划拨款的市长。70年代罗杰·斯塔尔由于建议纽约减少福利支出而遭人唾弃，但90年代朱利安尼同样的主张却得到了广泛赞誉。

1995年，严格的新福利申请规则出台，这令朱利安尼政府成功拒绝了大批申请者。他称这是"迄今为止我们为纽约做的最好的事"。他认为，美国福利体系中存在太多欺诈行为。纽约州和联邦政府在重新审查后认为，纽约不恰当地拒绝了有资格的申请者，90%的被拒者符合申请条件。他们得不到食物券，不能参加医疗补助计划，也无法接受艾滋病援助服务。流浪人口激增，食品援助处人满为患，这些表明，削减福利开支并不能摆脱贫穷。

大幅削减社会福利后，朱利安尼将福利中心变为就职中心。他新推出的工作福利项目要求所有体格健全的成年被援助者靠工作换取援助。他雇用了一家私营公司负责为这些人找工作。如果依然找不到工作，则需要每周在一个名为"工作经验"的项目下工作 20 个小时。很多人认为这种方法早就应该被推广了。

也有一些人认为这项政策冷血无情，尤其是那些同情无家可归者的人。他们通过起诉成功阻止了朱利安尼将工作作为得到住处的前提条件。此外，法庭还裁定，在"工作经验"项目中工作的人应得到足够的饮水，不得要求患病者从事体力工作。此外，为了完成项目中规定的每周 20 小时的工作时间，1.6 万名纽约城市大学的学生不得不半工半读。市议会议长称，这个工作福利项目或许是"一个不错的计划"，但纽约需要的是一个"更人性化的计划"。

朱利安尼推出的减税计划，为富有的私营机构（如林肯中心和现代艺术博物馆）赢得大笔资金，为大公司实施税收优惠。但他的政策却伤害了少数族裔和穷人。他的预算倾斜消防和警察部门，而资源局和纽约健康医疗公司的预算却被调低。一名记者总结说，朱利安尼的财政政策"太具有倾向性"。这些政策或许是为了树立他的强硬形象，并扩大他在全国的政治影响力。

深植于美国梦、超人神话和超级城市形象之中的，是改变命运的可能性。除了工作，教育是帮助个体改变命运的关键。正如《衣衫褴褛的迪克》的主人公一样，来自任何地方的任何人都可以达成任何目标。威廉·利文斯顿、范妮·莱特和罗迪·麦科伊,虽然他们的观点大相径庭,但他们都为推动公共教育而奋斗,他们令公共教育成为更加民主的制度。而朱利安尼想要做的是管制和控制。

朱利安尼将学校的安全保卫工作转交给了警察部门。他还压缩了市政府教育领域的公务员队伍,并试图解散教育委员会。他对自己推行的全市范围的考试系统格外骄傲,这一做法试图在教育领域设定标准、推行统一性。面对书本和计算机购置成本的上升,朱利安尼却削减了学校的运营和基建预算,并且削减幅度超过了1975年财政危机以来的所有前任市长。他也是第一个支持纽约州减少对学校进行补助的市长。此外,他还将用于学校基建的财政资金从反对他的布鲁克林区和布朗克斯区转移到了支持他的皇后区和斯塔滕岛。他最著名的言论就是,整个公共教育体系应当被"炸毁"。对此,兰热尔反驳道:"当拥有质量不高的学校时,你要做的不是炸掉它们,而是改善它们。"

朱利安尼打破传统,任命布朗克斯区前区长、国会众议员赫尔曼·巴迪略(Herman Badillo)担任特别教育监理。按照保守的曼哈顿政策研究院设立的改革议程,朱利安尼和巴迪略提倡推进"回归基本"的考核体系,将教师薪资与学生成绩挂钩,要求学生全部身穿校服,雇用私人公司管理公共学校。这些都是在20世纪90年代席卷美国的"标准化运动"的一部分。但这种旨在将教育程序化和私人化的运动令进步主义的教育者感到沮丧。

巴迪略当上了纽约城市大学董事会主席,并在1999年废除了纽约城市大学的免费入学制度——他从70年代起就一直反对免费入学制度。朱利安尼和巴迪略都认为，免费入学制度会削弱学生取得优异成绩的动力。媒体大多支持朱利安尼的这一立场。在纽约城市大学和公立教育体系中，支持"标准化"教育的人声称，这种教育方法通过将责任最大化而强化了社会契约。反对者相信，"标准化"即意味着限制机遇，尤其是那些少数族裔和穷人学生的机遇，而这将彻底撕毁社会契约。

纽约社会契约的核心组成部分就是它对宪法第一修正案中规定的言论自由和集会自由一以贯之的支持，这铸就了纽约对差异和异议的宽容传统。久而久之，这种罕见的城市精神孕育了范妮·莱特、亨利·乔治、爱玛·戈德曼和马库斯·贾维等拒绝墨守成规的人。纽约的身份认同不仅来自帝国大厦、洛克菲勒中心、华尔街和世贸中心，同样来自格林威治村、萨沃依舞厅和时报广场。城市性格的两个方面在一个充满动感的都市长期共存。

1999年，布鲁克林博物馆举办了一场名为"知觉"的展览，准备展出一幅英国尼日利亚裔画家用大象粪便制作的颜料绘画的圣母玛利亚的肖像。朱利安尼称这场展览"病态、令人作呕"，他宣布将终止对该博物馆的财政支持和房屋租约，因为政府不应支持"冒犯艺术"。朱利安尼本人从未看过这场画展，但他认为这幅肖像缺乏对宗教信仰的尊重。但市议会议长认为围绕画展的核心议题其实是民主。他批评朱利安尼滥用职权，提议大家进行抵制，他说："否则，政府就没有存在的意义了，不如就将权力交给一个人，让我们大家都回到封建时代得了。"

这场争论在艺术领域引发了抗议。300名抗议者和9 000名观众在展览开幕当天来到博物馆，这令馆长相当震撼，他说："现在我终于知道自己身在纽约了，人们的出现就是在表明自己的选择。"一群著名的跨信仰抗议者挑战市长的权威，宣称："个人的审美趣味或公职人员的宗教观点"不应被允许用来限制"文化领域的创造性和独立性"，尤其不应发生在"艺术、文学和文化的世界之都——纽约"。本着这种精神，布鲁克林博物馆雇用了美国最著名的律师将纽约市政府起诉到联邦法院，并最终获胜。

法院还驳回了朱利安尼政府的很多规定，支持在街头售卖艺术品和演奏音乐的权利，拉丁裔警察拥有在非执勤时间就警务发表看法的权利，以及商业机构在广告中拥有开市长玩笑的权利，等等。但在布鲁克林博物馆事件中，艺术圈也并非铁板一块。问题就在于很多人惧怕市长会事后进行报复。在前几年，朱利安尼曾惩罚批评者，威胁吊销抗议高额罚金的出租车司机的执照，威胁停拨批评城市政策的社会公益团体的资金，威胁除非纽约城市大学推行新的入学考试，否则取消财政拨款。朱利安尼的强硬手腕通常奏效，但最终也令他惹祸上身。前市长科克说，这是因为"基于恐惧的领导力"只会滋生怨恨而非尊重。

然后，还有市政厅的开放问题。正如同朱利安尼为了规范行人过马路而设置路障，他也将自己与媒体和民众隔绝开来。别说是记者和研究机构，就连纽约州和纽约市的官员也不得不通过起诉的方式获得关于市政机构的必要信息。朱利安尼还借安全保卫为名，将市政厅公园关闭了10个月，并花费了1 380万美元进行修缮。纽约人深爱那里的喷泉，但是憎恶耸立的围栏、金属探测仪和交通路障。市政厅公园大门部分时间处于关闭状态，使它成了只能看不能用的摆设。朱利安尼还出台规定，明确哪些人可以在市政广场示威、哪些人可以在市政厅台阶上举行新闻发布会。而市政厅广场和台阶一直以来都是对民众开放的公共领域。朱利安尼欢迎人群在这里为他深爱的扬基队庆祝胜利，却禁止一小群示威者在此就艾滋病问题进行集会。市议会提出了反对意见，联邦地区法院也裁定他的规定违宪。

朱利安尼给纽约带来了广泛的影响。他引发了冲突，也遭遇了强大的阻力，他改变了纽约的社会契约。他所有那些令人愤慨的针对第一修正案的提议都被法院否决，但他却成功改变了延续数十年的教育和福利政策，这些政策反映了几个世纪以来纽约奉行的城市自由主义传统。很多人担心，门户之城正在成为一个关卡之城。这个过程始于财政危机，在科克任内又进一步加速，最终由朱利安尼来完成。朱利安尼曾骄傲地宣称自己抓住了"历史机遇，完成那些仅在几年前还被认为是不可能完成的政治任务"。

围绕朱利安尼的大部分争议都被"9·11"事件淡化。他花费1 300万美元在距离市政厅几个街区的世贸中心修建了一个最先进的指挥中心，这招致了广泛批评。虽然日后他援引恐怖袭击来证明这项决定的正确性，但当世贸中心坍塌时，这个指挥中心也跟着灰飞烟灭了。在2002年出版的《领导力》（*Leadership*）一书中，朱利安尼描述了那撕心裂肺的一天。他和市政官员跑遍全城以安抚这座惊慌失措的城市。人们从燃烧的大楼跳下，建筑碎片从空中如大雨般倾泻，人群惶恐地四散逃窜，烟尘吞没了整个城市的时候，他形容那是一个"令人震惊"的时刻。

第八章　威胁之城

危急时刻，超人市长挺身而出。当乔治·W. 布什（George W. Bush）总统被工作人员簇拥保护时，朱利安尼成为美国国内和国际上的代表，成为失常世界的理智声音。他呼吁人们保持镇静，向受难者表达慰问，参加葬礼，支持救援工作。他的支持率立即飙升至85%。这个在纽约被视为如同严肃女教师一般的男人摇身一变，成为一个浑身散发力量与关爱的慈父。在灭顶的灾难之中，朱利安尼成了传奇人物。

朱利安尼的成就常常被与拉瓜迪亚相提并论，朱利安尼本人对这种说法格外欣喜，因为拉瓜迪亚被认为是纽约历史上最伟大的市长。他们二人拥有很多相似之处：出身平凡，拥有好战的个性和专横的领导方式，拥有道德使命感，脾气火暴，推出了很多激进的改革政策，都在政治上出人意表，都是打击犯罪的斗士，也都无法容忍批评，对媒体充满敌意。朱利安尼形容拉瓜迪亚"无所不在且极具争议"，这一点也完全适用于他自己。历史学家弗雷德·西格尔（Fred Siegel）将他们都视为杰出的领导，因为他们"从根本上改变了纽约"。同时，他们也都深爱这座城市。

但在其他方面，拉瓜迪亚和朱利安尼截然不同。拉瓜迪亚由于出身移民，因此他倾听不同族群的心声，并利用自己的法律知识为最穷苦和最弱势的群体争取权益。他限制警察的过激行为，并一直寻求（虽然没有成功）对警察体系进行改革。他运用他的政治权力建立住房项目、推广教育、增加社会福利。他对种族议题反应迅速，虽然他的政策有时不免有所局限。

反观朱利安尼，他分化了整个城市，不关心弱势群体，是警察部门最坚定的拥护者，利用手中的权力攻击教育系统、审查艺术、限制个人自由、削减社会福利。一位历史学家说，朱利安尼对于种族问题的漠视是"与伟大不符的行为"。

但是，对朱利安尼的评价最终可能会超越拉瓜迪亚，因为"9·11"事件将他捧上超级爱国者的神坛。虽然现在评估朱利安尼在"9·11"事件中究竟给历史留下了什么还为时尚早，但他已经沐浴在荣光中。他成为首位在联合国发言的市长，还获得了诺贝尔和平奖提名，《时代》（*Time*）杂志将他选为年度人物，英国女王授予他骑士勋章，就连好莱坞都拍了一部电影赞美他。在曼哈顿学院，弗雷德·西格尔称朱利安尼是"纽约自彼得·施托伊弗桑特以来最伟大的市长"。超级城市、超人市长和超级英雄的特质从未像这般融为一体。

第九章
躁动之城

2001—2015

大事年表

1990—2015 年	新移民高峰
2000—2015 年	社区中产化进程加速
2001 年	"9·11"事件发生
2001 年	弗莱士垃圾填埋场被重新规划为生态公园
2002—2013 年	迈克尔·布隆伯格担任市长
2007—2009 年	金融危机
2010 年	郭瓦纳斯运河和新镇溪成为联邦基金使用地
2012 年	"桑迪"飓风袭击纽约
2013 年	拦截搜身被裁定违宪
2014 年至今	比尔·德布拉西奥担任市长

第九章 躁动之城

迈入21世纪，纽约在很多方面都被重新定义，旧秩序正在改变。新移民、对法律和秩序的重新强调、新的不安全感、新的发展潮流和一场新的金融危机改变了这座城市的面孔和本质。但挑战在带来压力的同时也令人振奋，纽约不断重生。就像作家E.B.怀特在1948年说的那样，纽约"既一成不变，又始终在变迁"。

2000—2015年的历史成为怀特所称的纽约"潮起潮落般的躁动"的写照。得益于1965年的移民制度改革，纽约人口迅速增长。虽然纽约一直以来都是一个典型的移民城市，但如今的纽约变得比以往更加国际化。截至1990年，有色人种已成为纽约人中的多数。在21世纪的头3年，纽约接纳了34万新移民，这令在国外出生的市民占总人口的比例达到37%。

2015年，纽约的人口达到了历史最高的850万，而20世纪

70年代这里的人口曾从790万下降到710万。南布朗克斯已经摆脱破败与不堪，重获新生；布鲁克林区成为一个相当理想的居住地，在五大行政区中人口增长最快；皇后区日益成为纽约移民的首选，海外出生的人口占了几乎一半，其中有25%的新移民来自亚洲；甚至斯塔滕岛也经历了经济增长和移民涌入。从某种意义上说，纽约完成了一个轮回，但它也变成了完全不同的城市。2009年的市长选举中，少数族裔首次成为纽约选民中的大多数。冲突有时发生在新移民之间，有时发生在新老移民之间，这些人不断挑战并丰富着这座美国最多元的移民城市的文化。

或许最大的挑战降临于2001年9月11日。"9·11"事件是纽约历史上最痛苦的悲剧，但它不仅事关纽约。正如一位观察者说的，"当世贸中心倒下时，整个世界都震动了"。纽约作为全球资本首都的角色从未如此被挑战过。虽然纽约人已经习惯了别人批评他们对财富的激进追求，但对于如此规模和性质的袭击，他们却猝不及防。"9·11"事件在地面、在空中和在人们的心中开了一个大洞，纽约人被迫重新审视城市的意义——它的生活方式和它的生命力所在。"9·11"事件造成的物质和心理影响令世纪初的纽约成了"伤痛之城"。

复苏艰难又曲折。面对一场紧随"9·11"事件而来的经济衰退，新市长又是一名没有任何从政经验的富有商人，纽约似乎不知何去何从。但接替朱利安尼的迈克尔·布隆伯格成功经受住了这些挑战，重振了纽约的信心，经济也步入缓慢复苏的轨道。此外，他还推出了大胆的重塑城市的计划，囊括教育、发展、健康和可持续性等各方面的改革。2005年，纽约重新以一座"坚韧之

第九章 躁动之城

城"的形象崛起。

然而，2007—2009 年的金融危机再一次冲击了纽约。与"9·11"事件不同，金融危机带来的不是同情而是嘲讽，因为这次纽约是施害者，而不是受害者。漫画家、评论员、政治家和抗议者将老百姓与华尔街的金融巨鳄进行对比，这是善与恶的对比。贪婪是幕后的罪魁祸首，而投资银行家、股票经纪人和对冲基金经理则是它的提线木偶，他们被贪婪驱使，在纽约市中心奢华的办公室里操纵着国家经济。美国长期以来对这座城市和其财富过于集中的情况的敌视似乎从未像现在这样合理过。

当然，情况并非如此简单，全球化让国际经济交织在一起，国内外都难辞其咎。尽管如此，纽约仍然认同不明智的贷款操作，并在美国乃至世界各地出售和转售抵押贷款。纽约就象征着股票市场，提供具有欺骗性的获利前景，就像 20 世纪 20 年代一样，这诱惑并摧毁了无数美国人。而当作为金融中心的纽约陷入危机时，个人储蓄、银行贷款、商业信贷，甚至整个城镇或国家（冰岛）都将被摧毁。始于华尔街的动荡在世界各地蔓延。

随着紧急财政援助的增加，人们的愤怒与日俱增。普通人失去工作和住房，而华尔街公司却得到大量的联邦救济。诚然，危机在救助下得到缓解，但纳税人知道，他们将在很长一段时间内为灾难埋单。此外，由于乔治·W. 布什总统进行的税收改革，与富人相比，普通人纳的税更多。

对纽约来说，经济发展像坐过山车。2003—2008 年，这座城市经历了爆炸式增长。2007 年，一位对冲基金经理获得了 37 亿美元的收入，这一数字甚至在华尔街也被认为过高了，巨富之人变得更加富有。"这并不违法，"一位债券基金经理说，"但这很丑陋。"贫富差距比纽约历史上的任何时候都大，是全国平均水平的两倍，甚至可以与 20 世纪 20 年代大萧条前的情况相提并论。

尽管繁荣刺激了城市的建筑业、奢侈品销售、餐饮、剧院和酒店业的发展，却伤害了中产和工薪阶层，他们努力工作，却得不到合理的薪酬。这种模式复制了国家模式，2005 年最富有的 1% 的人收入增加了 14%，而最贫穷的 90% 的人的收入则在减少。此外，"2005 年，美国最富有的 10% 的人的收入占了总收入的 48.5%"。当然，富人并不都是纽约人，但纽约炫耀财富的行为使其成为全美国人怨恨的对象，尤其是在灾难发生的时候。

经济危机突显出纽约对金融业过度依赖而产生的风险。企业降薪的情况开始出现，最开始是在银行、投资公司和广告公司，但随着降薪影响到消费，各行各业都受到了冲击。许多高薪者逃过一劫，但是中低收入群体受到冲击，甚至被解雇。截至 2009 年 9 月，纽约市的失业率为 10.3%，达到 1993 年以来的最高水平。降薪对少数族裔的打击尤为严重。黑人的失业率为 14.7%，他们被解雇的概率是白人的 4 倍。随着零售业、服务业、工业、食品业和政府部门工作机会的减少，拉美裔和亚裔也被波及。随着房产止赎居高不下，税收减少，2010 年的纽约市政府面临 41 亿美元的赤字。

雪上加霜的是，经济霸权的光环似乎开始已经由纽约向华盛顿转移。美国的政治资本拯救了大型银行、保险业和汽车业，而政治资本正迅速转化成经济资本，至少在政策制定方面的情况是这样的。国会越是郑重考虑对金融服务进行监管，华尔街及其游

第九章 躁动之城

说者就越是上心。因此，许多金融公司开始在华盛顿开设或扩大办事处。2009年，历史悠久的纽约公司摩根大通将其董事会移至华盛顿。经济权力的更替使纽约商人陷入困境，毕竟他们早就习惯了纽约资本之都的优势地位。

"占领华尔街"运动也令人不安。这项运动反映出全美国对2008年后持续的经济衰退的普遍关注，尽管国家拯救银行脱离困境，却没有惩罚不合规的金融从业者，普通民众对此表示愤怒。对于财富集中在收入金字塔顶端的状况，人们的失望之感与日俱增。因此，这是99%的普通人针对1%的富人的抗议。当然，华尔街是完美的目标。但是，由于不能在华尔街集会，示威者选择了附近的祖科蒂公园，将其称为自由公园，以显示免受经济压迫的自由主张。

布隆伯格是世界上最富有的人之一，2008年他的身家有160亿美元，他的私人飞机和5座豪华住宅映衬了华尔街金融霸权的形象。他为自己的3次竞选活动花费了2.5亿美元，超过美国历史上任何一位候选人。诚然，他也是一位慷慨的慈善家，但他的慈善热忱并未平息公众和媒体的批评。此外，他让市议会撤销任期限制，以便他可以第三次参选，这极具争议。

"占领华尔街"运动始于2011年9月中旬。抗议持续了两个月的时间，直到布隆伯格下令警方出动，才结束了这场抗议。令所有人惊讶的是，抗议活动迅速蔓延到全国各地，扩散到东西海岸和中西部的城市，支持者主要是年轻人，当然也有其他人士。"占领华尔街"运动触动了大众敏感的神经，以至于被媒体广泛报道，并影响了全国关于经济不平等的讨论。现在，大众已经不可避免地关注这个话题，它决定了布隆伯格继任者选举的基调。

布隆伯格的政策似乎总是对富裕阶层有利。而比尔·德布拉西奥的市长竞选活动对布隆伯格以曼哈顿为中心的政策提出了批评。德布拉西奥反复使用"双城记"这个词，呼吁结束经济不平等，"因为它们正威胁着这座我们所热爱的城市"。他说，"这是一场看似风平浪静的危机"。因此，德布拉西奥认为，"为了应对这一艰巨的挑战，我们需要一种激动人心的新方法"，这次"不会有任何一个纽约人会被抛在身后"。

说起来容易，做起来难。他提出雄心勃勃的议程，但自己也意识到其中的阻碍巨大。作为毫无遮掩的一位自由主义者，德布拉西奥想重振自己的偶像拉瓜迪亚的爱心之城。但是，时代已经改变。没有像大萧条那样的紧急情况可以证明重大重建的合理性，也没有为资助类似紧急情况可花费的巨额联邦资金。尽管德布拉西奥与市议会合作，提高工资，延长带薪病假，但他倡导全国性进步运动的努力却以失败告终。相反，他的对手强劲，不止有激进而且资金充足的保守派，还有强有力、寸步不让的州长以及由敌意满满的共和党主导的州议会。尽管他善于沟通，但是他与纽约的媒体关系紧张，而纽约媒体以咄咄逼人著称。

竞选活动中，批评人士称德布拉西奥没有胜任这项工作的能力。他们鄙视他年轻时的激进主义行为以及他与市长戴维·丁金斯的依附关系。1997年，德布拉西奥成为比尔·克林顿（Bill Clinton）总统的住房和城市发展局在纽约地区的区域主管。在2000年参与了希拉里·克林顿的纽约州参议员竞选之后，德布拉西奥于2001—2009年担任市议员，于2010—2013年担任公众辩

第九章 躁动之城

护人。尽管如此，人们还是把他和布隆伯格进行比较，后者拥有不俗的企业管理经验，是彭博新闻的创建者和负责人。此外，由于无力自费竞选，德布拉西奥使用老式的筹资方法，并因此受到质疑，甚至招致调查。他的市长生涯注定步履维艰。

许多因素使人们有理由怀疑纽约在21世纪是否还有足够的能力提供机遇。纽约似乎越来越成为一个两极分化的城市：贫富之间的分化，市中心与郊区之间的分化，不同族裔之间的分化。社区的中产化、警民关系、教育改革、城市与联邦的关系都有待解决。2012年，纽约经历了历史上最严重的自然灾害——"桑迪"飓风，这进一步暴露出来自环境的挑战，而此前的"9·11"事件和金融危机已经暴露了纽约的脆弱。当德布拉西奥成为市长之时，他发现纽约仍然是一个非常复杂、充满争议的城市。纽约的性格再次受到考验。E.B. 怀特曾提出疑问：纽约是否还能继续扮演美国"抱负与信念的象征"？

坚韧之城：世贸中心悲剧

在纽约，关于"9·11"事件的记忆和标志随处可见——无法忘怀的照片、枯萎的花束、令人心碎的祷告。"爸爸，回来吧。""姐姐，给我电话。""儿子，我们爱你。"这些令人感动的话语触动了人们的内心。从这种悲伤的共同语境中，诞生了一种新的由共同的脆弱无助感所定义的语言体系。虽然很多人相信，经此一劫，纽约将永远不会是以前那个纽约了，但历史学家麦克·华莱士不同意这种观点。他说："这是一次邪恶的袭击，但并没有划时代的意义，也不是开启一段全新历史的第一天。袭击事件自身无法改变一个拥有 400 年历史、800 万人口的城市的历史进程。"

但在当时，袭击事件令人震惊，而"归零地"已经自动成为世贸中心遗址的代名词。恐怖袭击让人们想起当年原子弹爆炸的恐怖景象，它摧毁的不仅仅是一幢大厦，更波及周围一片地区。这次袭击不仅给纽约金融界，还给整座城市、整个美国甚至整个世界都带来了深远影响。纽约的重要性令人痛苦地变得如此清晰。

早在 1948 年，联合国选择纽约作为总部所在地，那时候距离广岛和长崎的原子弹爆炸刚刚过去 3 年的时间。E. B. 怀特这样写道：

> 这是一场竞赛，是意在摧毁一切的轰炸机和苦苦挣扎的人类议会之间的竞赛。这场竞赛深深地根植于我们每个人的头脑中，这座城市完美地诠释了普世困境与解决之道。这座由钢铁与巨石铸造的城市一方面是（暴力）的完美目标，另一方面也是非暴力和种族团结的完美标签。这个高耸入云的目标，正挡住意在摧毁的轰炸机的行进之路，这是所有人和所有国家的家园，是一切的首都，这里承载着让毁灭停止的使命。

在 2001 年 9 月 11 日，怀特的乐观主义似乎已经过时。当劫机者劫持飞机撞向世贸中心时，他们也摧毁了美国承诺与美国力量的象征。讽刺的是，被摧毁的世贸中心在外国人心中的地位甚至要远高于其在纽约人心中的地位。纽约人讨厌这座建筑的平板、

第九章 躁动之城

线性的设计和里面空空荡荡的购物中心。为了建造它，还摧毁了很多具有历史意义的街道，车辆也不得不绕道而行。但是，每个人都明白它是"纽约建造出来的最大、最显著的符号"，因此具有浓重的象征意义。它的形象在发往世界各地的明信片中被永恒地凝固，它代表了全球最富有的国度里最富有的城市。

如果说世贸中心代表了美国梦中的财富与权势一面，那么它的毁灭则传递出另一个信息：不安全感蔓延并削弱了美国的优越感。与世界其他地方一样，美国与它最重要的城市暴露在恐怖袭击的威胁之下。在这个时代，距离不再是障碍，恐怖主义已经跨越国界。袭击造成的惊人伤亡数字带来了巨大的心理冲击。伤亡者中主要有市中心的居民，也有郊区的居民，更有外国人和非法移民，近3 000名死者代表了纽约的活力。343名为了公众利益而牺牲的消防员进一步凸显了袭击的残酷无情。米尔顿·格拉泽承认，纽约现在变成了一座"伤城"，他修改了他著名的"我爱纽约"海报，那颗心变成了受伤的心。正如他解释的："这就好比你爱的人突发心脏病离你而去，这令你意识到你比以往更爱他们。"

慰问与支援从四面八方汇聚纽约。纽约人也彼此安慰疗伤，为当地消防站送去大量的花束和礼物。唐人街捐献了140万美元的善款。来自邻近社区和其他州的无偿施救者为受难者提供食物、服务，帮助清理废墟。热心帮忙的人蜂拥而至，以至于出于安全考虑，纽约不得不采取措施限制人们前去事发地。全美国甚至全世界都开始为纽约筹集资金，这笔钱被用来设立了一个旨在帮助遇难者家属的基金。荷兰送给了纽约数千朵郁金香，这对于一个古老的荷兰移民城市来说，是一个再合适不过的重生符号。植物学家迈克尔·宝兰（Michael Pollan）认为"在钢筋水泥丛林中，鲜花传递出一种别样暖心的感觉"。鲜花的娇嫩衬托了这座城市的坚韧。

袭击事件在全美国激发了爱国主义，商店、公寓、办公室、街边树木、路灯、公交车、地铁站和出租车都悬挂着美国国旗。虽然大部分纽约人拒绝模式化，但这种国家主义也滋生了针对移民的敌意，尤其是针对那些来自南亚和中东的移民。新出台的联邦反恐措施导致逮捕和遣返接踵而至。出于恐惧，很多穆斯林（大约1.5万名巴基斯坦人）逃离了美国，布鲁克林的很多社区干脆沦为"鬼城"。

由于遭到语言和肢体骚扰，穆斯林儿童不愿上学，穆斯林女性也害怕出门。虽然有非穆斯林邻居们陪伴保护，但空气中仍处处弥漫着针对他们的歧视。这种歧视对纽约出租车司机的影响格外严重，他们中85%都是穆斯林。突然之间，他们发现自己遭遇侮辱、唾弃，拿不到应得的打车费，甚至被人大喊"滚回老家去"。一些人的轮胎被扎破，车窗被砸碎。他们还常常无故被警察拦下来盘问、搜车。对于很多穆斯林来说，"9·11"事件令他们的美国梦破灭。正如作家穆斯塔法·贝尤米（Moustafa Bayoumi）所说："对我们来说，一块充满自由和机遇的沃土一夜之间变成了一片令人恐惧的仇恨之地。"

袭击事件造成的经济损失极其巨大。市中心成为一块"冻土"，所有商业活动停止了长达数周。甚至连纽约证券交易所都史无前例地休市6天。航空运输停滞，旅游业大幅下滑，小企业挣扎在破产边缘，饭馆关门，无家可归者人数上升。紧邻商业区的

第九章 躁动之城

唐人街受禁运影响严重，100家服装厂倒闭，8 000个工作机会流失。市中心1 340万平方英尺的办公区域被毁，迫使大批企业迁往新泽西州和康涅狄格州。袭击令纽约损失了10万个工作岗位，导致劳动生产率下降，事件发生后第一年的损失就高达1 760万美元，而接下来的经济衰退又造成了超过5 000万美元的损失。数据令人震惊，但是在数据的背后，隐藏着另一个故事。

纽约经济在4年之内开始复苏。游客开始重新造访这座城市，酒店满员，饭馆人头攒动，时报广场再次熙熙攘攘，股市反弹。虽然纽约10%的办公区域被毁（相当于底特律全部的办公面积），但80%的受影响的企业选择留在了曼哈顿，他们或者搬往新办公楼，或者更有效率地利用剩余办公空间。公共交通系统的恢复，以及对小企业减税、降低租金等措施帮助了市中心的复苏。此外，当受损的办公楼修复结束，很多受影响的企业便搬回了市中心。虽然"9·11"事件后发生了经济衰退，但日益上涨的地产价格说明曼哈顿依然没有失去吸引力，纽约的经济也经受住了袭击的考验。纽约再一次地向世界证明了自己的韧性。

问题依然存在。整个20世纪90年代，纽约的金融和企业迅速发展且日益全球化。当去工业化与产业外包减少了美国中等和工薪阶层的家庭收入时，处于财富顶端的那部分人群的收入反而飙升。当纽约在金融领域的国家和国际地位被加强时，贫富差距也在变大。此外，由于每一个金融岗位支撑着至少两个法律、信息服务、会计、娱乐、餐饮、百货、安全等其他领域的工作岗位，纽约的命运已经危险地维系在华尔街身上了。

"9·11"事件令纽约人重新考虑"全面金融化"是否明智，

也迫使他们重新意识到一种多元化经济的重要性。迈克·华莱士说：一方面，纽约需要另一个罗伯特·摩西来拯救并扩张其公共交通以及港口等基础设施建设；另一方面，还应敦促纽约重拾简·雅各布那种对人文元素的关注，将市中心重新变成一个居住、文化和商业共存的社区，同时还应关注"绿色建设"。华莱士说，恐怖袭击带来的损毁给了纽约重新振作的机会。

同样，一群具有代表性的城市设计者呼吁鼓励发展轻工业，支持新创业者（尤其是移民）发展，同时推动生物科技、时尚和新媒体领域发展。城市发展向来依靠与相关行业近在咫尺，因此政府应制定帮助小企业留在市中心的税收和区域政策，而不应一味关注那些经常威胁要离开的大公司。虽然保险费率一直上涨，但经济学家指出，由于"纽约的人均产出要高于美国平均水平三分之二"，因此纽约是一个更加高效的商业地区。此外，除了曼哈顿，纽约的其他四个大区还拥有很多未被开发的地产和未被发掘的人力资源。旅游业、高等教育、技术和媒体将提升经济的多样性。这座城市的潜力还有待开发。

但是，有关重建世贸中心的争议表明这种潜力很可能被抑制。每年9月11日，两束蓝色激光光束穿过夜晚的天空，纪念2001年的那场劫难。这种纪念方式虽然心思细腻也颇具代表性，但如果与切实的重建相比，实在不值一提。同时，灯光凸显了重建的困难，也反映出多年来公共利益与私人利益之间的紧张关系。这种僵局提醒着我们：纽约仍是那个充满争议的城市。

恐怖袭击发生后不久，人们就围绕重建展开了讨论。情绪激动的幸存者家属、产权人、商界人士、民权人士、建筑师、城市

第九章 躁动之城

设计者、市中心居民、纽约市和纽约州政客之间产生了分歧。虽然达成了一些协议,如人们都同意重新开放通向市中心的交通、重建历史街道网络和修建纪念碑,但除此以外,其他一切都很难达成一致,如建筑物、纪念碑和新的交通站点的设计,新建办公楼的数量和占地,博物馆等文化设施的角色,以及纪念碑与周围社区的关系等。原来的世贸中心附近区域是自成一体的微型城市(它拥有自己的邮政编码),现在的挑战就是如何令重建区域成为纽约的一部分。

心理受创的纽约人希望能够参与到重建工作中,这毕竟是他们的城市。他们召开各种会议,在网站上热火朝天地讨论纽约的未来。他们还成立了民间组织招募各种人才,这些组织的名字大多充满理想主义色彩,如"梦想纽约""重建我们的市中心""新纽约,新景象"等。这一次,纽约人决心超越分歧,为了共同的利益而努力,至少他们是这样希望的。

最初,公众参与产生了一些作用。在 2002 年 7 月举行的一场名为"倾听城市"的活动中,4 500 人对重建世贸中心的 6 个设计提案进行评审,但它们一个都没有通过,人们认为这些提案不是太普通,就是太庞大,或者与周边太割裂。这些提案仅仅复制了原来的世贸中心,而并非赋予这片伤心之地以重生。为此,26 位来自世界各地的最著名的建筑师联合设计了一个创新提案,据称这个新创意将令纽约"重拾其作为一个远见卓识的城市的角色"。港务局出于愧疚,也提出了一套方案。但所有这些方案最终都胎死腹中,因为拉里·希尔维斯坦(Larry Silverstien)就在灾难发生几周前获得了这块土地长达 99 年的租约,他希望能够通过建造更多办公区域来使利润最大化。

如今,事态演变成了一场租约持有者、港务局和民众之间的拉锯战。原本纽约州长控制港务局,而港务局拥有这片区域,所以州长可以通过他的领导力来解决问题,但州长为了避免树敌而没有这样做。他组建的负责监控重建工作的下曼哈顿发展公司权力有限,同时受制于商业利益,也无法做出决断。此外,虽然这块区域位于纽约,但纽约市长在整个过程中的影响力也有限。

令事态进一步复杂的是人们对生活质量的担忧,这是延续自朱利安尼时代的议题。虽然纽约人一直向往繁荣,但他们也珍视人性化的城市环境:不同民族的人们和平共存,不同领域的人才在一个相对自由的环境中发挥各自的才能。虽然这些梦想并非总能实现,但这一直是一种公民理想。因此,环境人类学家塞萨·洛(Setha Low)担心,自"9·11"事件后权力部门在公共场所对自由的侵犯愈演愈烈。她指出,公共场合在"9·11"事件以前就开始被"围起、监控及私有化","9·11"事件之后,限制与监控的情况更加明显。

"9·11"事件发生15年后,自由塔、纪念馆及其博物馆竣工。古老的18世纪风格的格林威治街重新开放,交通枢纽正在收尾,表演艺术中心获得了新的资金。但是,庆祝和纪念活动总是苦乐参半。除了普遍的悲伤情绪以外,恐怖袭击悲剧的意义依然令人心痛。正如奥巴马(Barack Obama)总统在2016年所说,"9·11"事件的教训是:

第九章 躁动之城

Source: The New-York Historical Society, gift of the artist, 2004

这幅名为《旭日东升》的画作完成于1977年，是获奖艺术家理查德·斯洛特（Richard Sloat）的作品。在画中，旧纽约与新纽约同时出现，形成对比。画家从下东区眺望世贸中心，并没有把这座摩天大厦描绘为矗立在广场上的"巨兽"，而是把它描绘成纽约的一部分、所有市民都可以与之近距离接触的一部分。从这里，可以重新解读世贸中心的建筑和文化地标功能。

我们不仅要保卫我们的祖国，还要保卫我们的理想。这就是我们今天之所以重申我们作为一个国家的品格——我们的人民来自世界的每一个角落，拥有每一种肤色、每一种宗教、每一种背景——正是美国建国时确立的信条，它把我们维系在一起，合众为一。因为我们深知美国的多样性，也就是我们多元的传统，它并不是一个弱点，它仍然而且将永远是我们最大的优势。这就是那个于9月的一个上午被袭击的美国，这就是我们必须忠于的美国。

奥巴马的话呼应了纽约市的历史传统。

应许之城：新移民

一位在纽约住了30年的西印度群岛女士决定周末去体验一下"身为其他种族的人"是什么样子。她尽可能地参加各种种族活动——在第五大道的波多黎各移民游行和圣帕特里克日大游行、华盛顿高地的多米尼加日游行、哈莱姆的黑人节日、弗拉兴的亚洲人庆典、布莱顿海滩的俄罗斯人活动和布鲁克林东帕克韦的西印度群岛美国狂欢日游行。她自豪地说道："除了纽约，你还能在哪里经历这所有的一切呢？"

的确，在纽约生活就意味着与来自不同国家和地区的人打交道。丰富多彩的食物、音乐、服饰、语言和宗教令年轻人可以吸收多元文化从而超越种族界限。例如，一个来自加勒比地区的第

第九章 躁动之城

二代移民可以将印度电影歌曲与嘻哈音乐、萨尔萨舞曲、雷盖音乐和卡利普索民歌融合。虽然青少年通常都居住在相对封闭的社区，在学校吃午餐时也很可能只跟同种族的人聚在一起，但他们之间也可以建立跨种族的友谊。很多年轻人挑战了传统、狭隘的人种和民族定义，发展出多面、多文化的"大都市身份认同"。

当一个多元动感的城市变得越发多元动感的时候，就造就了这种极具创造力的文化互渗。始自 20 世纪 20 年代的移民限制在 1965 年被国会废除，从此以后，纽约人口的发展经历了翻天覆地的变化。随着大量原来的居民离开城市在郊区定居，新移民补上了纽约市中心的空位。截至 2010 年，新移民构成了纽约人口的 37%，如果算上他们在美国出生的孩子，那么这一数字将会达到 55%。他们不但提供了新的、年轻的人才资源储备，而且成立了将近半数的小型企业。

在这个新移民时代，洛杉矶吸引的移民数量最多（大部分来自拉丁美洲），但纽约移民的组成更为多元。整个城市不再由某一个或某几个种族所主导。最重要的是，虽然非西班牙裔的白人在 1970 年占纽约人口的 63%，但到了 2010 年，他们仅占 33%。来自多米尼加、中国、墨西哥和牙买加的人目前是纽约人口数量最多的移民族群。尽管如此，多米尼加移民只占全部移民数的 13%；全部的拉丁美洲移民合在一起，也仅占移民总数的 33%。此外，1990 年以后，来自加纳和尼日利亚的移民使多元化水平进一步提高。时至今日，纽约流通 110 种不同的语言；不同的族群必须通力合作，才能达成共同的目标。

新移民的高劳动参与率，遍及经济的各个方面，包括金融、技术、房地产、保健和小商业，当然还有建筑和服务行当，纽约则从中获利。他们令一蹶不振的社区焕发出了生机。一个例子就是来自俄罗斯的犹太移民将布鲁克林布莱顿海滩从一个破败社区改造成了一个充满活力的繁荣社区。1979年第一波移民潮后，1989年又一批俄罗斯移民来到纽约。他们来到了东欧犹太人占主导的布莱顿，俄罗斯移民发现人们欢迎他们来到这里，尽管他们依然面对很多困难。

虽然这批俄罗斯移民面对重重挑战，但社区已准备好、愿意并有能力帮助他们。他们本来就是城市居民，大多拥有一技之长和良好的教育背景，在掌握英语后，在纽约寻找工作比较容易。此外，他们还用积蓄建立了互助基金，用于做生意。他们成功融入了纽约生活。随着时间推移，他们的民族身份更多仅仅是一种符号而非在城市生活的决定性因素。老一代移民需要适应美国的宗教自由，而新一代移民需要适应美国的多元化。但融入这样一个社会有时也令人困惑，正如一个俄罗斯裔少年说的："我们甚至不知道自己要变成什么人。这里每个人都来自不同的地方。"

拉美裔移民

无可否认的是，对所有移民来说，在一个新国家安居都是不易的。新词"新波多黎各移民"捕捉到了在一个多民族城市的波多黎各移民面临的暧昧不清的状态和身份认同上的问题。在南布朗克斯和曼哈顿的波多黎各社区里，他们亲自动手，精心建造了名为"卡西塔"的木屋。这些五颜六色的木屋与鲜花、旗帜和菜园一起，为纽约的波多黎各社区带来了家乡的色彩。人们在这里享受音乐、舞蹈和饮食，促进了社区的发展。这些木屋舒适惬意、令人安心，成为这个冷酷无情的城市中小小的绿洲。

在母国与定居国的夹缝中，波多黎各移民在现实和精神上不停穿梭往返于两地之间。从某种意义上说，他们在两地都得不到归属感，在美国，他们被认为太波多黎各化；而在波多黎各，他们又被认为太美国化。虽然波多黎各移民自1917年就取得了美国公民身份——在这一点上他们与其他移民略有不同——但他们面对的困境与所有移民一样：需要在一个新的国度面对不同文化，寻求经济改善，获取政治力量。

波多黎各移民一直以来都是主导纽约少数族裔的民族。他们通过音乐、语言和紧密的家庭纽带丰富了城市文化。在经济上，他们为纽约在第二次世界大战后的工业发展提供了大量劳动力。他们还在20世纪60年代形成了一支政治力量。赫尔曼·巴迪略（Herman Badillo）是纽约首位波多黎各裔区长和国会众议员。从此以后，很多波多黎各移民走上市级、州级和联邦级的岗位。每年6月举行的有超过百万人参加的波多黎各日游行就是这种民族自豪感的最佳例证。

遗憾的是，波多黎各移民的境遇受到负面印象的影响，这些负面印象被文学、学术书籍、媒体和音乐剧（如《西区故事》）广泛传播。他们经历了职业歧视，雪上加霜的还有去工业化、自动化和全球化带来的冲击。一些波多黎各移民成功进入中产阶层，甚至成为知名艺人，但是大部分依然处于社会底层，受教育程度低，贫困率高。

一些团体致力于解决这些问题，如励志社。成立于1961年的励志社通过辅导、大学咨询和倡导双语教育为年轻人提供了希望。1968年，霍斯托斯社区学院作为纽约城市大学的双语分校成立。1974年，励志社和波多黎各法律辩护基金通过诉讼成功，要求纽约的公立学校提供双语教学，这一政策后来使许多其他民族的移民儿童受益匪浅。

　　波多黎各移民数量在20世纪50年代达到顶峰，在随后的20年中逐步下降。当时新一波来自拉美地区的移民开始到达纽约，他们挑战了波多黎各移民对拉美移民的主导权。波多黎各移民和多米尼加移民之间的紧张感格外明显。多米尼加移民是纽约新移民中人数最多的单一族群。到2000年，多米尼加移民超过波多黎各移民，在北曼哈顿的华盛顿-因伍德地区占总人口的比例超过70%。每年8月，他们都会在第五大道举行多米尼加日游行，在华盛顿高地也有一场游行和两天的庆祝活动。

　　与波多黎各移民一样，多米尼加移民也是跨国界民族。与无法返回故土的俄罗斯犹太人不同，拥有双重国籍的他们可以自由往返，很多人仍然会在多米尼加的选举中投票。很多纽约政客也常常飞往多米尼加进行竞选活动，包括市长迈克尔·布隆伯格，他甚至还为此专门学习了西班牙语。虽然多米尼加移民的双重身份可能会限制他们在纽约的政治发展，但他们依然寻求地方政治权力。在几个强大社区支持下，多米尼加移民在1991年选举出首个市议员，后来还出现了几位市议员和州议员，2016年还获得首个国会席位。

　　在经济上，多米尼加移民在纽约的经历喜忧参半。大多数男

第九章 躁动之城

性都从事低薪工作，如司机、工人或餐馆服务员，但也有一些人开起酒馆和超市。女性在美容院工作，或在制衣行业取代犹太人和意大利裔移民。然而，她们的工资也较低。大多数多米尼加移民不会说英语，这让他们尤其不堪一击。尽管如此，与以前贫穷的生活方式相比，即使是低工资也带来了改变，妇女在家庭中的作用增强了。但多米尼加移民在经济上因为去工业化和低教育水平而吃了很多苦。

大批来到纽约的多米尼加移民在皇后区发展出一个社区。在这里，多米尼加移民是最大的单一族群，但他们发现自己需要与其他拉丁裔、黑人、亚裔以及德国、意大利和爱尔兰后裔白人一起生存。女性是文化的桥梁，她们在教堂、街区协会、公寓楼、社区委员会、商店或学校中进行社交。在这个过程中，女性打破了传统的家庭角色，锻炼了自身的领导才能。为了应对各种紧迫问题，她们组建联合会，形成了一种多元模式。

同时，多米尼加移民、哥伦比亚移民、厄瓜多尔移民、洪都拉斯移民、古巴移民、墨西哥移民和波多黎各移民之中确立了一种新型的、无所不包的拉丁裔移民身份认同。共同的宗教信仰、语言、文化价值和社区议题最终超越了国家界限，重塑了纽约政治图景。值得注意的是，当活动家、诗人杰克·奥古罗斯（Jack Agueros）在20世纪80年代接管巴里奥博物馆时，他让博物馆包容了所有的拉丁文化，而不仅仅是波多黎各文化。此外，当南布朗克斯的第二代波多黎各移民索尼娅·司托玛尤（Sonia Sotomayor）于2009年成为第一位拉丁裔最高法院法官时，她获得了整个城市的泛拉丁裔人群给予的支持。到2010年，拉美裔已经占纽约总人口的三分之一，考虑到这一点，他们未来的集体影响可能不容小觑。

亚裔移民

对于中国移民来说，历史上他们就一直面临着被主流社会隔离（而非融合）的窘况。长久以来，他们一直被隔离在下曼哈顿的唐人街内。在那里，直到现在，每年中国农历新年还会举行庆祝游行活动。中国移民是1882—1943年实施的移民排挤政策的首批受害者。他们被禁止从事大部分工作，为了求生，他们不得不靠餐饮业、洗衣业、旅游业和地下经济维生。由于无法取得公民身份，他们无法参与美国政治。

美国1965年移民政策的转变改变了唐人街。原有的每年105名移民配额迅速增长到2万，这令唐人街的人口激增。受益于"家庭团圆"政策，很多来自中国南方的新移民与他们在美国的亲人重聚。其他的亚裔移民来自柬埔寨、韩国和越南。其中有一些职业人员，但是大部分都没有什么技术。

他们来到美国的时候，美国的服装业正在与国外制造商激烈竞争，急需廉价劳动力。工作通常需要家庭关系网介绍才能获得，工厂则压榨那些没什么技术、英文不好的移民。对很多新移民来说，唐人街具有两面性。

然而，当他们在20世纪70年代组织起来后，他们的财富也开始积累。1982年，2万名华裔女工为争取权利举行了罢工。在社区和国际妇女服装工人工会的支持下，承包商认输。一批新的

第九章 躁动之城

华裔女性活动家脱颖而出。尽管发生了这样一个重要转折，华裔服装工人在未来几十年里仍然面临着来自美国内外廉价劳动力的竞争。

1965年以后，更多香港、上海和台湾的中国移民来到美国。这批人大多来自城市，受过良好教育，比较富有。他们选择不在唐人街定居，因此被称为"上城中国移民"。但是，他们购买地产、提高房租、投资饭馆，给其他中国移民带来了影响。而与此同时，普通话迅速取代广东话，成为在美华裔的主要语言。

这批新移民带来的资金在唐人街周边催生出大批公寓楼，但社区的日益高档化也推升了房价和租金。很多工薪阶层移民不得不搬离曼哈顿，转而在布鲁克林寻找更便宜的住处。而在皇后区的弗拉兴则出现了第三处大型华裔社区。

虽然中国移民最终于1943年被允许成为美国公民，但直到华裔人口在1965年多起来后，民间的政治团体才开始出现。2001年，弗拉兴社区选举在台湾出生的刘醇逸担任纽约市议员。他在2009年当选纽约审计长，成为第一位华裔纽约市政官员。同时，纽约还出现了两位来自香港的市议员——一个来自弗拉兴社区，一个来自曼哈顿唐人街，后者是该社区首位华裔代表。纽约的华裔移民在人数上不断增长、经济上不断强大、政治上也不断成熟。

很多人认为，亚裔移民勤劳、有抱负、聪明，他们推崇教育，期望子女可以进入名牌大学，从而挤身上层社会。这种理想对于韩国移民格外具有吸引力。在美国，67％的韩国移民自身就拥有大学学历，40％的人拥有专业和职业背景。但受制于英文水平较低，这些本来拥有良好教育的人不得不在美国放下身段，他们将自己的梦想全都寄托在子女身上，但很多孩子觉得这种压力太过沉重。此外，一些中国和韩国移民为语言和贫困所限，并不容易找到理想工作。

中产的韩国移民将资金聚拢起来开设杂货铺、海鲜店、干洗店或美甲沙龙等小本生意。这批新出现的韩国生意人代替了日益老去的犹太和意大利裔移民，帮助重振了衰败社区。但是，当地人对他们的仇视导致了20世纪80年代和90年代针对韩国商铺的抵制运动。还有一些韩国移民从事进出口贸易，在中曼哈顿建立了一个韩国城，这里是商业区而非住宅区，里面遍布着商铺和饭馆。随着第二代韩国移民融入主流社会，他们中不少人实现了美国梦。虽然一些富有的韩国移民拒绝居住在韩国社区，但是很多人在皇后区的法拉盛定居下来。在这些地方，韩文的商业招牌很显眼，这激怒了拒绝变化的欧洲移民。其他韩国移民在第32街和百老汇周边建起了又一座韩国城，城里商铺和餐馆林立，异常繁荣。第二代韩国移民进入了主流经济圈，从而证实了模范少数族裔的传奇。

虽然主流社会将整个亚裔移民视为一体，但不同的语言和文化令孟加拉国移民、中国移民、韩国移民、越南移民、日本移民、印度尼西亚移民和菲律宾移民之间的关系比想象中复杂。进一步增加了这种复杂性的还有居住在斯塔滕岛上的斯里兰卡移民和居住在皇后区的印度移民。杰克逊高地的小印度提供印度食物、服装、珠宝和其他服务。值得注意的是，纽约的第一座印度教寺庙建在鲍恩街，这是纽约第一次为争取宗教自由而抗议的地方。

2010年的人口普查显示，自2000年以来，纽约的亚裔人口增长了32%，超过了其他任何一个群体。人口高达逾一百万，超过了旧金山和洛杉矶的亚裔人口的总和。虽然生活在不同的社区削弱了他们的影响力，但一些政治组织正在形成。无论适应新环境有多么困难，亚裔移民都是"能够容忍逆境和困苦"的最好典范。而这种容忍也是纽约的特性。正如一位中国移民富于哲理的评论："纽约为新移民提供了财富和公平的机会，但不是每个人都能在这里取得成功。对于一些人来说，它就像一个快乐的熔炉；但对于另一些人来说，它就像一个高压锅；对于不幸的人来说，它更像是一个垃圾桶。"

西印度群岛裔移民

在来自西印度群岛的移民中，相似的情况也正在发生。每年劳动日周末，西印度群岛移民都会在布鲁克林举行狂欢节。狂欢节起源于中世纪欧洲的一种庆典活动，普通民众通过戴上面具、身着奇装异服挑战正常的社会秩序。因此，狂欢节会让人们短暂地忘却现实，欢庆无序。布鲁克林狂欢节特别的一点是，它以鼓乐队和身着精美服饰与面具的游行人群为主。整个活动洋溢着欢乐的气氛和反叛意味。

纽约大部分节日游行都是为了强调民族身份，但西印度群岛狂欢节却推行泛种族理念。这种泛种族理念将来自同一个地区的不同民族团结起来，特立尼达移民在20世纪20年代将狂欢节这种形式带到纽约并一直在活动中占据主导地位，但当今的狂欢节也吸收了其他以英语为母语的加勒比移民，尤其是牙买加移民。牙买加移民还会在狂欢节开始前举办音乐比赛。活动也吸引了法语文化圈的海地移民。正如一首卡利普索歌曲所唱，"纽约令每个人都平等"，母国身份在这里已不再重要。

狂欢节不仅超越了传统桎梏，也精确反映出西印度群岛为争取平等而在纽约上演的斗争。在美国，西印度群岛人被视为黑人，但在他们的母国，肤色从来都不是一个问题。正如一个西印度群岛人自己形容的那样，他们永远都在"学习"人种问题，永远都在重新审视种族问题。这是一个极其复杂的过程。

20 世纪 20 年代的哈莱姆复兴运动时期，纽约见证了第一波大规模西印度移民潮。马库斯·贾维、克劳德·麦凯等人强调了种族自豪感，并将这种自豪感作为反对传统美国种族主义的外在和心理的武器。不过，很多西印度群岛人还强调他们的英国渊源和英国口音，目的在于将自身与其他黑人区别开来。西印度群岛人在商业和专业领域的成功在美国黑人当中引起了妒忌。小亚当·克莱顿·鲍威尔曾说，西印度群岛人常常被"艳羡地蔑视"。

西印度群岛移民与其他黑人之间的矛盾在南北战争期间逐渐减弱。20 世纪 60 年代出现了黑人主导的选区，一些拥有西印度群岛背景的竞选者在黑人社区赢得了选举席位。1968—1982 年，父亲来自英属圭亚那、母亲来自巴巴多斯的雪莉·切斯霍姆（Shirley Chisholm）成为布鲁克林黑人和西印度群岛移民在国会的代表。她也是首位黑人女国会众议员。1972 年，她也成为首位寻求总统竞选提名的黑人女性。

如今，和其他美国城市相比，纽约的西印度群岛移民人数更多、组成也更多元。在布鲁克林弗拉特布什大道林立的西印度群岛商铺和饭馆令纽约"比加勒比还加勒比"。到 2000 年，西印度

第九章　躁动之城

群岛移民成为纽约黑人中占主导地位的族群。他们能够更好地融入纽约，因为数十年的移民经历令他们在本地拥有更多的人脉和关系网。此外，由于英语是西印度群岛移民的母语，同时他们也大多拥有良好的教育背景，这也令他们比较容易进入企业和专业领域，或者填补纽约儿童保育、家庭护理、卫生保健等行业的用工空缺。但即便如此，种族和民族的困境依然存在。

西印度群岛移民越来越认识到，他们的命运与美国黑人族群紧密结合在一起。1986年皇后区霍华德海滩黑人青年被杀、1989年布鲁克林本森赫斯特的另一起谋杀案、戴维·丁金斯当选纽约市长，以及1991年的皇冠高地骚乱，都加强了这两个族群间的纽带。在市长朱利安尼任内，三起警察暴力案件又进一步加强了他们之间的联系。每6名黑人受害者中，就有两名海地人、两名英属西印度群岛人。从文化角度上看，在这里种族超越了民族。

但同时，西印度群岛移民也发展出了一种独立的政治身份。1977年，他们组建了首个跨加勒比俱乐部，支持爱德华·科克成为市长。从那时起，随着西印度群岛移民人数增多，他们的泛种族联盟也日益强盛。西印度群岛移民不愿再被吸收进黑人政治，开始强调他们独立的政治存在，这有时令他们与其他黑人之间会爆发矛盾。西印度群岛移民开始在城市、州和国家层面赢得选举职务。

西非移民也面临着类似的困境。尽管数量不及西印度群岛移民，但到2014年，他们已至少有12.8万人，占纽约外来人口的4%，占布朗克斯外来人口的10%。斯塔滕岛上的一小群人创建了小利比里亚，哈莱姆中心的一个更大的团体创建了小塞内加尔。

这些微型社区在餐馆、商店和露天市场出售非洲食品和物品，将古老文化与新文化连接了起来。在西非移民中，30%的人受过大学教育，超过了其他黑人的22%和西印度群岛移民的19%。他们在身份认同上的分歧催生出许多名词：真正的非裔美国人、半非裔美国人、美国的非洲人。

西印度群岛移民的民族议题永远都与黑人的人种议题缠绕在一起。但无论以政治、食物、社区组织还是狂欢节形式出现，泛种族主义的发展都是一种新现象，它或许预示着美国种族关系的新篇章。如果有色人种能够与白人一样，利用种族议题打通迈向权力的道路，或许城市种族关系议题的整体框架就不会变得如此两极分化。这种模式对于一个建立在多元化和宽容传统上的城市来说再合适不过了。E. B. 怀特在1948年就领悟到了这种精神："数百万出生于国外的人们代表着那么多种族、那么多信仰，他们之间的冲突与融合令纽约成为世界大同的实验场"。

也许这就是纽约能成为不同移民共同的避难所的原因所在。在1989年首次得到科克的认可，随后包括朱利安尼在内的每一位市长都保留了一项政策，根据该政策，大约50万无身份证明的人在纽约生活和工作，其中大多数人的有效签证都已经过期。与其他的36座美国城市一样，如果无身份证明的人涉嫌犯罪，纽约无权干涉联邦政府逮捕嫌疑人。但是，纽约不使用自己的警队拘留无身份证明的人，也不向移民和海关执法局通报使用学校和医院等公共服务的无身份证明的人。

在比尔·德布拉西奥市长在任期间，所有在纽约居住的人都有资格获得市政身份证，这有助于他们获得银行账号、申请信用

第九章 躁动之城

卡，以及进入图书馆和文化机构。纽约坚定地扮演着"移民避难所"的角色，虽然代价可能是失去大量联邦资金的支持。

纽约的少数族裔已经不再是少数，它的政治图景因此也不断被重新定义。2010 年，市议会的 51 位议员中有 27 人是黑人、拉丁裔或亚裔。第一位墨西哥裔市议员于 2013 年当选，第一位拉丁裔的发言人于 2014 年当选。2014 年，意大利裔的德布拉西奥成为市长，他的妻子是加勒比黑人。根据社会学家卡菲利普·卡辛尼兹（Philip Kasinitz）的说法，"种族与民族的融合"延续了纽约的传统，这种传统为"新移民展现了进入公共领域的前景，在这一领域多元性被欢迎甚至将得到回报"。从根本上来说，这或许是纽约传统的"基于差异的公民文化"的最新版本。卡辛尼兹宣称，这正是"纽约作为一个国际大都会存续下来的良好愿望"。

蒸蒸日上的城市

开发与中产化

市长布隆伯格确信，解决纽约"9·11"事件后经济萎靡不振问题的方法就是发展。与前任市长一样，他为开发商批准大量补助和减税政策，并且重建了扬基体育馆。但他最有雄心的规划是希望重振荒废的曼哈顿西区。他计划在那里修建公寓楼、商业楼、新的会议中心和新的体育场，所有这些设施都可以通过地铁与曼哈顿中心相连。这和当年罗伯特·摩西的想法不谋而合。

布隆伯格是一位极其富有的商人，拥有出色的商业头脑。他深知纽约房地产市场的巨大潜力以及发展地产带来的税收增益。因此，他决心用低成本的财政政策将更多的纽约土地向开发商开放。与约翰·雅各布·阿斯特不同，布隆伯格不追求个人经济回报，年薪只有1美元。

此举引发了自1962年宾夕法尼亚车站拆除以来最大规模的重新分区运动。当年失去这一建筑瑰宝换来的是地标保护委员会的成立，这一机构负责向市政规划委员会提供城市规划建议，初衷是希望过去的经验教训可以让当局意识到维护历史遗迹与满足未来发展需要之间应保持平衡，个人利益与公众利益之间同样如此。事实上，这一机构一直与市政规划委员会矛盾不断，而批准拆除宾夕法尼亚车站的正是后者。

在纽约市议会议长克里斯丁·奎恩（Christine Quinn）的领导下，市政规划委员会同意了市政府提出的所有分区提案。这些提案涉及纽约20%的土地。虽然一些提案考虑到保留现有的社区特色，但大部分都旨在重新规划已经废弃的工业区。开发商在修建商品房的同时需要修建廉价住房，这样可以得到补贴，但是政府并不强令他们这样做。这个要求得到了市民的赞誉，但批评家指出"廉价"可能意味着拥有10万美元的年收入才能买得起。事实上，很少有这类住房真正被建造起来，但布隆伯格依然是科克以来首位积极推动廉价住房建设的市长。

分区规划的结果就是引发了新一轮地产开发热潮，这轮热潮一直持续到2008年金融危机。建筑业从中受益极大，但也引发了社区中产化问题。地产开发通常意味着更昂贵的合租公寓、共有

第九章　躁动之城

公寓、高档餐厅和精品店。一位反对地产开发的市民警告说，曼哈顿将变成"富人的孤岛"。自从 2000 年以来，纽约的 15 个低收入社区都经历了中产化。社区中产化往往导致少数族裔被迫搬往房价更便宜的地方。在一些观察家看来，中产化无非是再次上演起到"黑人清除"作用的城市更新运动。

中产化的步伐加快了，但这种现象本身并不是一个新鲜的概念。在 20 世纪 60 年代和 70 年代，两个不同的纽约市社区为中产化确立了最初的模式。一个是位于曼哈顿休斯敦街以南的地区，该地区传统上是雇用黑人和波多黎各工人的轻工业中心。然而，许多小型工厂由于去工业化而关闭，这带来了大量空置的建筑。艺术家们抓住了机会，把空置的建筑改造成工作室，但这样的做法通常是非法的。当被要求迁出的时候，他们和切尔西和格林威治村的其他身陷困境的艺术家携手，成功地获得了州政府和市政府对改造合法化的许可。

这些活动都吸引了记者，他们发表了有关改造后的工作室和艺术家作品的文章。公众曝光和支持在短期内是有益的，但从长期看却是灾难。突然之间，这个地区变得时髦起来。1971 年，改造合法化为富有的非艺术人士寻求空间打开了大门，也导致了房租的飙升。

第二个例子是布鲁克林高地，它在 1965 年成为纽约市的第一个历史街区。这是纽约历史最悠久的一个历史街区，自从 19 世纪早期的蒸汽渡船服务使人们容易到达布鲁克林以来，这里一直是富人的世外桃源。整个 19 世纪，布鲁克林高地以其优雅的褐沙石建筑外观、宁静而绿树成荫的街道、小商店和良好的学校而闻名。

它拥有稳定、安全、享有声望的社区的所有优点。然而，在 20 世纪初，桥梁和其他公共交通工具使布鲁克林向中产和工薪阶层敞开了大门。到 20 世纪 20 年代，许多精英已经放弃了布鲁克林高地，他们曾经的褐沙石街道被改造成公寓或住房。在大萧条时期，毒品、犯罪和卖淫遍布该地区。

20 世纪 50 年代和 60 年代，寻找廉价住房的艺术家和知识分子开始翻修布鲁克林高地的老房子。他们与当地的爱尔兰裔、意大利裔和波多黎各裔居民交流，成立街区协会，举办街区聚会。他们拯救了日渐衰落的社区，使它变得如此受人尊敬，以至于"住褐沙石房子的人"和"修褐沙石房子"这两个词流行了起来。作为回应，20 世纪 70 年代的城市政策给予个人和开发商税收优惠与低息贷款，用于修复旧的建筑。

同样的过程也改变了附近的一些社区。在 80 年代科克的推动下，在布隆伯格时代的重新分区的推动下，地产开发带来的中产化开始影响工薪阶层的社区。中产化甚至波及那些曾经被认为不安全的穷人社区，如布鲁克林的布朗斯维尔、贝德福德的斯图伊文森特和东纽约。然后，中产化蔓延到皇后区、曼哈顿，并继续向南布朗克斯延伸。不同的社区开始反对中产化，人们贴出相似的海报和传单，声称他们的社区"不出售"，并宣称"这是我们的土地"。

中央哈莱姆区的中产化对那些重视社区历史意义的人来说尤其痛苦，因为这里曾经是美国的黑人艺术、文化和政治中心。布隆伯格的重新分区计划包括 24 个哈莱姆街区，大型建筑和连锁店取代了第 125 街原本的那些活跃的、多样化的、小规模的建筑。

弗雷德里克·道格拉斯大道被重新命名为"餐馆街"，在那里

第九章 躁动之城

高档的餐厅盖过了历史悠久的出售美国南方黑人的传统食物的餐厅。到 2010 年，哈莱姆区的白人人数是 2000 年的五倍。当白人搬进来，租金上涨时，许多黑人被高价撵走了。与他们一起消失的，还可能是哈莱姆作为黑人文化天堂的特殊性格，消失的不仅仅是有形的场所。正如一位居民所说，"他们对哈莱姆的规划是让这里不再是哈莱姆了"。

中产化的长期影响仍有待观察。在重建旧社区的同时，它导致了经济的两极分化，减少了廉价住房的供应。在把工薪阶层社区改造成中产阶层社区的过程中，它让囊中羞涩的艺术家和少数族裔无立锥之地，而这些人曾赋予了这些社区原有的特色，一直是城市多样性和活力的关键。此外，人口结构的变化还让纽约的种族问题加剧。

无家可归

中产化加剧了廉价住房和无家可归者的困境，这是德布拉西奥接任市长时面对的两个相互交织的问题。由于担心"纽约有出现封闭社区"的危险，德布拉西奥提出了一项新的"强制性包容性住房政策"，将私人、城市、州和联邦基金结合起来，在 2024 年之前兴建 8 万套新的廉价房，并保留 12 万套旧住房。尽管如此，对廉价的定义仍然存在争议。德布拉西奥尝试兑现拉瓜迪亚对公共住房的承诺。为了解决数十年来的被忽视的问题，他希望拨付更多的资金用于维修，收取未付的租金，提高停车费，并将一些闲置土地出售给私人开发商。虽然一些人批评他的住房计划不切实际，另一些人则批评他的住房计划不充分，但他的住房计划比科克和布隆伯格都更有野心。

住房危机加剧了无家可归的现象。更多的人意味着对住房的需求更大，这将普遍推高租金，并促使房东驱逐现有租户以收取更多租金。纽约的穷人将70%以上的收入用于支付房租，这样的人从1980年的12.9万人激增到2013年的23.6万人。此外，在一系列房地产改建项目的影响下，在庇护所容身的无家可归者正在增加。

布隆伯格政府结束了收容所居住者优先得到公共住房的做法，并关闭了几个供无家可归者洗漱和吃饭的慈善活动中心。然而，最大的打击是，2011年，州长安德鲁·库莫（Andrew Cuomo）撤回了一项至关重要的针对纽约的租金补贴计划。因此，在接下来的三年里，无家可归的人从3.7万增加到5.3万，2014年达到5.9万，2016年达到8万。儿童占收容所人口的40%以上；即使他们的父母和许多人一样在工作，他们的工资也还是太低，无法支付房租。这一情况表明，纽约的工资差距比美国任何一个城市都大。

无家可归问题触及德布拉西奥所担心的两个城市问题的核心，也是他的"头号挫折"。德布拉西奥任命了一名法律援助律师，领导人力资源管理，并让租房委员会冻结租金浮动，这是40年来首次这样做。4年间拨款10亿美元，解决无家可归者心理健康咨询和收容等问题。新的庇护所开放了，宗教组织也同意提供更多的庇护所床位，保留下来的慈善活动中心的开放时间也延长了。成千上万的收容所居民被转移到固定住房，但一些社区提出抗议，阻止了更多收容所的建立，也阻挠了将无家可归者安置在当地的汽车旅馆。尽管这届政府为穷人和工薪阶层的住房保障做出了很大努力，但无论德布拉西奥怎么做，都无法满足所有人的要求。2017年，他冒着连任失败的风险，提议再建造90多个庇护所。

纽约市与州之间的紧张关系进一步加剧了问题。在等待州政府批准时，一项新的租赁援助计划被推迟。此外，当库莫不愿提供更多援助时，市与州的关系更加紧张了。作为回应，德布拉西奥宣布，纽约不再"等待奥尔巴尼的消息"，并将自己筹集建造1.5万个廉价住房的资金，为无家可归者、家庭暴力受害者、残疾人、精神病患者或有其他问题的人提供社会服务。尽管如此，无家可归的问题仍然过于复杂，无法迅速解决。

此外，无家可归问题的背后可能是更大的结构上和政治上的问题，这些问题已经改变了城市的面貌。几十年来，联邦、州和市政府对服务业和住房的投资有所下降。与此同时，从制造业到服务业和技术业的转变给中产者和富裕者带来益处，而工薪阶层却未能受益。由此产生的贫富差异加剧了种族问题。

社区变得越来越同质，从而破坏了纽约的多元性。反过来，邻里政治变成了民族、种族政治。在社会经济两极分化的过程中，一些重要的东西已经失去了，那就是"集体良知"意识，而这种意识非常重要，正是它把纽约打造成一个移民、改革者和梦想家的城市。

争斗之城：治安与教育

治安维护和教育是城市的基础，它们也极其具有争议性，特别是在纽约。这个国家最大、最复杂的城市拥有最多4万名警察和最大的公立学校系统，有11.8万名教师和1.7万名半专业人员为110万学生服务。这毫不奇怪。尽管这两个系统存在差异，但它们是互补的。理想的情况是：警察促进安全，这对于在一个人口密集的多样化城市的居住体验至关重要；而学校把安全视为培养学生的先决条件。两者共同使城市更具功能性，更宜居。正如亚里士多德所说，"人们来到城市是为了谋生；他们留在城市是为了过上更美好的生活"。在大多数情况下，警察和教师有效地履行着他们的职责，但是当警察对学校形成压迫，而学校又无力抵抗时，问题就出现了。

当朱利安尼当政时，纽约警局开始负责学校安全，这两个领域之间的微妙关系出现了问题。当然，更好的学校安全受人欢迎，但过分管制往往会适得其反。纽约警局采用朱利安尼的"零容忍"的方法，处理此前由校长处理的被认为轻微的不当行为。结果，越来越多的学生回嘴、与警察产生冲突，他们被传唤、停学和逮捕。双方的关系每况愈下。

根据2013年的一份报告，黑人和西班牙裔学生在同样的行为上受到纪律处分的可能性分别是白人学生的14倍和5倍。2015年，这一数字大幅下降，因为轻微违纪已不再被处分，惩罚性较低的行为矫正策略正在慢慢被采用。这一情况说明，我们应慎重考虑是否应由警察来监督城市学校的治安。

治安

布隆伯格了解朱利安尼严厉的法律和秩序政策带来的负面影

第九章 躁动之城

响。因此,他在少数族裔中招募警察,重新开放市政厅公园,允许公众在市政厅的台阶上抗议,并处理了前任市长遗留的悬而未决的法律案件。犯罪率在警察专员雷蒙德·凯利(Raymond Kelly)的领导下持续下降,他以前曾在丁金斯市长手下任职。凯利激发了人们的信心,他与市长一道,申明警方的不当行为将得到处理,而不会被掩盖。2006年11月,一名手无寸铁的黑人于婚礼前夜在皇后区被警察杀死。布隆伯格没有采用严厉的言辞,也没有为警察辩护,而是表达了失望,并会见了同样呼吁克制的包括阿尔·沙普顿在内的社区领袖。

人们呼吁停止针对少数族裔男子进行拦截搜身。这项始于朱利安尼时代的治安措施在布隆伯格时代得到延续。警察部门认为这是防止严重犯罪的必要措施。可以肯定的是,在执行该措施期间,犯罪率的确有所下降。但在其他不使用该措施的城市,犯罪率也有所下降。

尽管警队加快在少数族裔中的征募工作,布隆伯格和凯利仍继续维护拦截搜身的做法。2002—2011年,拦截搜身实际上增加了600倍。值得注意的是,被拦截的人中有84%是黑人或西班牙裔,只有不到2%的被检查者真正拥有武器或违禁品。

此外,警察从不详细说明逮捕的原因,相反,他们会填写一张含混不清的表格,证明他们是在"合理的怀疑"的基础上采取拦截搜身措施的。这意味着,只要人们有"可疑行为"——比如他们来回走动、紧张地环顾四周、有一个鼓鼓的口袋、坐在门廊上或者仅仅是身在犯罪率高的地区——警察就有理由搜身。

拦截搜身的做法在2013年被宣布为违宪。根据法官的说法,这种做法将无辜者与罪犯归为一类，而且没有具体的拦截依据，从而违反了第四修正案；拦截搜身不合比例地影响到少数族裔的男子，揭示了"歧视性意图"，因此违反了第十四修正案。

布隆伯格市长要求纽约市对法院的决定提出上诉，但是继任的德布拉西奥市长是拦截搜身的反对者，他撤销了上诉。然而，德布拉西奥重新起用了朱利安尼时代的警察局长比尔·布拉顿（Bill Bratton），而最开始采取拦截搜身措施的正是布拉顿。现在，布拉顿必须按照法院的指示进行改革。他很喜欢这项挑战。他不仅成功完成了这一任务，还充当了市长和纽约警察工会负责人帕特里克·林奇（Patrick Lynch）之间的缓冲带，后者在一名精神病患者杀死了两名警察的时候对德布拉西奥横加指责。在这两名警察的葬礼上，林奇和他的手下选择背对市长以示不满。布拉顿仍然坚定地拥护"破窗理论"的警察制度，尽管制度有所修改。到了2017年，当布拉顿退休的时候，他宣布纽约是全国"最安全的大城市"。

在佛罗里达州、密苏里州和其他地方，警察杀害了手无寸铁的黑人，这引发了一场蔓延全国的抗议活动。2014年，埃里克·加纳（Eric Garner）被一名斯塔滕岛警察勒死，而警察并未被起诉，纽约人对此感到愤怒。从视频中可以看到，加纳恳求说"我不能呼吸"，这句话成为抗议集会的口号。游行、示威显示人们对警察的普遍不信任。随着时间的推移，抗议规模增大，这引起了新闻界和政界的关注。但也出现了不同声音，宣称"警察的命也是命"以支持警察。正如"占领华尔街"改变了美国对于贫富差距话题的语境，这场抗议也改变了美国对于警察与有色人群对立

第九章 躁动之城

问题的语境。

教育

教育引发了一些不一样的分歧——发生在政治家和教育工作者之间、公共利益和个人利益之间、城市与州之间的分歧。这些分歧不仅事关教育。事实上，教育政策反映出历史上一直存在的争论——围绕种族、阶级、民族、性别和宗教等社会契约。这些争论因城市自治规则问题而变得更加复杂。美国最大的教育系统正面临危机。

纽约的教育政策陷入了自治规则的陷阱。尽管从理论上讲，纽约州宪法赋予纽约市对其"财产和地方事务"的控制权，但是在实践中，"不可抗拒的州利益原则"使州政府能够干预城市事务。因为教育政策影响到整个纽约州，奥尔巴尼的立法者"有理由"控制纽约市的教育政策。几十年来，纽约市的市长们一直试图获得对教育体系的控制权，并借此进行教育改革。最终，州议会决定授予布隆伯格6年的控制权。

布隆伯格是寻求教育改革的第4任市长，他上任后立即解散了教育委员会和32个社区学校委员会。原来的教育委员会总部大楼被挂牌拍卖，新成立的城市教育部则搬往特威德法院大楼。布隆伯格大权在握，任命乔尔·克莱恩（Joel Klein）担任教育部门主管，而克莱恩并非教育从业者出身。对克莱恩的任命反映出布隆伯格更愿意像商人——而非政治家——那样去彻底改革纽约庞大的教育体系。

短时间内，纽约的公立教育系统经历了一系列改革：市长控制的教育小组取代了教育委员会，地区委员会取代了社区学校委员会，学校的决策权从监管者手中回到了校长手中，大型学校则被拆分成小型学校。

不受教师工会控制的特许学校大量出现，大规模的特许学校基建项目徐徐开展。政府对社区学校的拨款开始增加，同时还建立了多所精英中学，目的是吸引中产家庭留在纽约。负责评估学校业绩的办公室重点考察学生的出勤率、分数、升学率和毕业率。有政治学家指出，这种改变"引进了令人印象深刻的计分卡模式，无论以哪种标准来看，这都堪称创举"。

但这些措施同样具有争议。因此，克莱恩花费大量时间与深感不安的教师和家长周旋。一方面，教育学家和教师工会主席都批评市政府关注制度本身多于关注学生，以及将决策过程集权化，而不是民主化。虽然学生们的成绩提高了，但很多教育从业者质疑这种建立在"死板模式"之上的"提高"到底对学习有益还是有害。另一方面，大多数纽约人希望改善规模庞大、笨重、明显失当的公立教育体系。

德布拉西奥拥护公立教育体系，并以此为荣。他的孩子在公立学校上学。20世纪90年代，他在社区学校董事会任职。他坚信"成就差距"实际上是源于"教育差距"的"机会差距"，而"教育差距"既应该被消除，也可以被消除。他的计划雄心勃勃，需要数年时间来实施。他呼吁普及学前班教育，为二年级学生配备阅读专家，开展中学课后项目，并呼吁所有的高中都提供预科课程。

尽管德布拉西奥将一批处境艰难的私立学校改组为社区学校，

第九章 躁动之城

为学生及其家长提供全面的公共服务，但直到 2017 年，其中一些学校的境况仍然没有改善。政府谨慎地应对敏感问题，要求学校自愿地采取策略，尽量满足有资格享用免费午餐或英语学习的学生需要，希望借此更好地实现学生群体融合。截至 2016 年，有 19 所学校加入了该计划。

最具争议的是，德布拉西奥不再奉行布隆伯格对考试的强调和对特许学校的支持。严格来说，特许学校也是公立学校；但是，在课程和教师招聘方面，特许学校有更多余地。德布拉西奥认为，在公立学校的建筑中给予特许学校空间，使特许学校分享了公立学校的资源。他希望限制特许学校的发展，并要求那些由私人资金出资的特许学校支付租金，原因是这些学校占用了公立学校的教学空间。

尽管就读特许学校的学生只占所有学生的 6％，但这类学校引起的争议却很大，以至于德布拉西奥在教育领域的其他改革都黯然失色。曼哈顿区前议员伊娃·莫斯科维茨（Eva Moskowitz）站出来反对德布拉西奥，她得到了来自对冲基金经理们的支持，他们对公立学校私有化感兴趣。她曾经成功管理 32 所学校，这些学校以纪律严格和学生成绩优秀著称，赢得了诸多赞誉。然而，她面对的批评并不比德布拉西奥少，不仅涉及频繁的教师更替、逐步清退弱势或问题学生的策略，还涉及莫斯科维茨本人得到的、私人赞助的、高达 48.5 万美元的薪水。

在纽约州层面，州长库莫公开地支持特许学校，而他的连任计划则倚仗冲基金经理们。为了显示自己的领导力，也为了显示对德布拉西奥的反对，库莫竭力主张莫斯科维茨把她与德布拉西奥的战火燃烧到奥尔巴尼。有了库莫撑腰，莫斯科维茨顺势呼吁学校放假，租用车辆，召集学生和家长进行了大规模的示威活动，反对限制特许学校的数量，反对向特许学校收取租金。最终，民主党的州长和共和党主导的州参议院达成一致，确立了新的法律。法律增加了特许学校的数量，要求纽约市在现有的学校建筑中为特许学校提供空间，或者为特许学校使用的其他空间支付租金。州政府还将德布拉西奥对纽约市教育系统的控制期限缩短到一年。奥尔巴尼对市长严加控制，让人不禁想起了纽约市与纽约州长期以来的自治之争。

哪怕在学前班的问题上，州政府也想控制纽约市。起初，德布拉西奥提议对纽约市的富人征收一笔少量税金，从而获得稳定的资金来源，以发展学前班教育。但库莫和州议院此前曾经承诺不加税，所以他们对德布拉西奥的提议断然拒绝。然而，全州上下对发展学前班教育的呼声不断，库莫和州议院不得不做出回应，以免背上不重视儿童福利的骂名。回应的结果就是，州政府将为全纽约州的学前班拨款。纽约市分得3亿美元，这个数字比德布拉西奥最初要求的金额少了很多，但仍不失为一个里程碑式的成就。

纽约州与纽约市的长期不睦更加明朗化，这次围绕着公立学校的公共教育基金展开。问题在于，与纽约州其他城市的公立学校相比，纽约州的资助模式对纽约市并不公平。纽约市公立学校服务的学生群体规模大，超过了全国其他的37个州，但教师的工资却低于纽约州的标准工资。尽管纽约州学龄儿童中的38%生活在纽约市，但他们只享受着35.5%的州教育基金支持，每年有高达3.18亿美元的缺口。此外，与其他城市相比，纽约学生得到的

第九章 躁动之城

州政府补助平均要少2 000美元。

让这个问题变得更加复杂的是，纽约市需要额外服务的学生数量众多。在纽约市接受教育的身体有残疾的学生占纽约州的40%，学习英语的学生占83%。资助模式的不公平导致很多问题，包括设施、书籍、设备和基础课程的不足，大学预修课程更是如此。由于纽约市的大多数学生是少数族裔，因此美国司法部也认为，资助模式的不公平有种族歧视之嫌。

为此，一些民间组织在1993年发起索赔诉讼，声称纽约市的儿童被剥夺了州宪法赋予的"良好基础教育"的权利。一位法官驳回所谓的"八、九年级教育即达标"的说法，做出裁定，规定所有学生都应该"接受有意义的高中教育，使他们成为有能力的公民，发挥更大的作用"。2001年，州政府的资助方案被宣布违宪。但是，在接下来的5年时间里，这份法庭裁定受到州长的质疑，两度被推翻，又两次被重申。

从法律意义上来说，这次诉讼成功了，但是从实践来看，它仍以失败告终。如果教育经费的划拨视需求而定，那么纽约州的每个学区都可以提出申请，要求配备校车、教师或设备。因此，即使增加了教育经费，州政府也会将其广泛地分配到各个学区，而非纽约市专享。2008年的金融危机导致整个纽约州的教育预算被削减。截至2016年1月，按照2006年达成的协议，州政府仍欠纽约市44亿美元的教育经费。

治安维护和教育是城市政府的两项最重要的职能，也是城市价值观的重要体现。城市对所有公民的普遍福利负有基本的责任，而治安维护和教育都对此有所促进。当然，两者有所区别：治安维护以现状为目标，着眼于约束市民的行为；而教育以未来为目标，着眼于释放市民的潜能。但是，只有在治安维护确立了社会安全的先决条件下，教育才能正常开展。合理的治安维护和有效的公共教育构成了公共利益的关键组成部分。两者体现了刘易斯·芒福德所说的城市的"矛盾性格"，既寻求保护也追求自由，既寻求一致性也寻求多样性。因此，治安维护和教育话题总是引发激烈的讨论。

绿色城市

绿色城市的说法听起来自相矛盾。毕竟，绿色是乡村的颜色，灰色才是城市的颜色。城市总是让人联想到拥堵、污染和垃圾。然而，城市也能够为生态做出贡献，尤其是在避免城市向乡村过度扩张方面。从理论上来说，拥有成熟公共交通系统的城市，可以减少私家车的使用，从而减少污染。大型建筑也能起到类似的效果，因为它们将人们集中在紧凑的环境中。设想一下，如果更多地使用太阳能和绿色屋顶，再加上发达的轨道交通，人们未来将拥有绿色城市。值得注意的是，2005年，纽约通过立法鼓励新建筑降低能源成本和减少用水，这样就可以获得城市的定向资金。

同时，纽约需要解决长期被忽视的污染问题。治理的前景看来如此渺茫，以至于宗教人士每年都会为严重污染的郭瓦纳斯运河进行祈祷。郭瓦纳斯运河是纽约的一条主要航道，建于19世纪中叶，通过拓宽一条天然的小河而建成，曾遭受长达一个世纪的

第九章 躁动之城

工业和生活污水的蹂躏。到了 20 世纪初，郭瓦纳斯运河的船只交通量仍高于美国的其他运河。然而，它也是全美国污染最严重的运河。到了 20 世纪中叶，政府不再斥巨资对运河进行年度疏浚。经过几十年的争取（也许还要加上一些祈祷的力量），2010 年，郭瓦纳斯运河终于成为联邦基金的辅助对象。但布隆伯格仍有顾虑，担心长期的清理过程会阻碍发展。全面的疏浚工作于 2016 年开始进行。

新镇溪也需要帮助。自 19 世纪以来，位于布鲁克林和皇后区之间的这条水路被用于航运和工业，约翰·D. 洛克菲勒名下的标准石油公司在这里拥有数十个炼油厂。1978 年，石油泄漏问题被发现，这种难以发现的小规模泄漏可能已经持续了一个世纪的时间，至少有 1 700 万加仑（或者高达 3 000 万加仑）的石油泄漏到水中。1950 年发生的油罐爆炸事件被认为加重了泄漏。石油厂、制革厂、金属厂和化肥厂排放出有毒的化学物质，杀死了水中的生物。

这些污染物渗入土壤，影响了附近两个社区 70 英亩的范围，这里居民的癌症发病率居高不下。蒸发的污染物对空气同样有害，从而衍生出一个新名词——"蒸汽入侵"。20 世纪 80 年代，这里的居民开始呼吁治理，但直到 2010 年，这里才被指定为联邦基金的使用地，而清理工作更是到 2015 年才开始进行。

1972 年，当北河污水处理厂散发出的恶臭弥漫整个社区时，西哈勒姆区的居民已忍无可忍。曼哈顿的 7 个公交总站中，有 6 个设在哈勒姆。这里的儿童哮喘发病率尤其高，是全国平均水平的 5 倍。这里的居民起诉市政府，要求得到赔偿，最终，在 1993

年赢得5 500万美元的和解赔偿。之后，恶臭消散，在工厂原址上建起了河岸公园。尽管前后花了几十年时间，但生态环境的确为之改善。

斯塔滕岛同样经历着环境改善。岛上建有全美和全世界规模最大的垃圾填埋场，居民们对堆积如山的垃圾散发出恶臭气味感到愤怒。1989年，他们甚至想要为此脱离纽约。同一年，斯塔滕岛的评估委员会被解散，使之失去了与其他四个行政区平等的地位，这更加剧了居民的愤怒，他们不甘心沦落为"被遗忘的行政区"和城市垃圾场。1993年，尽管居民一边倒地支持斯塔滕岛脱离纽约，但政客们还是把事情压了下来。

最终，1996年，朱利安尼宣布于2001年关闭垃圾填埋场，以感谢斯塔滕岛选民在选举中对他的支持，脱离纽约的想法才烟消云散。然而，垃圾无处掩埋的新问题摆在了市长面前。最终，州政府同意接收纽约的垃圾，但后者不得不为此支付一笔巨款。斯塔滕的垃圾填埋场被改造成一个巨大的公园，在"9·11"事件发生以后，这里成为遇难者遗体的安息地和建筑残骸最终的安放地。

同时，各个社区也打起了"垃圾战争"，纷纷阻止在本社区建立垃圾转运站。中产者居住的社区与曼哈顿富有的上东区社区对立了起来，因为后者并没有设置垃圾转运站。

由于三分之二的垃圾转运站位于南布朗克斯，联邦政府展开调查，已确定不存在种族歧视问题。2001年，这里的居民组建了名为"可持续的南布朗克斯"的组织，成为城市绿色计划和环境正义的代表。经过近十年的争论，一个位于上东区的垃圾转运站

第九章 躁动之城

正在建设，但可能要等到 2020 年才会开始使用。

当社区关注由来已久的问题时，布隆伯格已将目光投向未来。2007 年，他公布了"PlaNYC2030"计划。他的计划包括：种植 100 万棵树，增加公园数量，治理 7 600 英亩受污染的土地，改善公共交通，升级能源基础设施，提倡混合动力出租车，减少和回收垃圾，提高能源效率。布隆伯格再次挑战了他的批评者，证明他不仅是一个逐利的商人，而且敢为人先，要努力让纽约成为全世界第一个可持续发展的城市。

2012 年 10 月，当"桑迪"飓风肆虐造成大规模洪水时，人们开始从内心接受布隆伯格的计划，认为势在必行。据估计，飓风造成 320 亿美元的损失，包括被摧毁的数以千计的企业、房屋和车辆。由于地铁、公共汽车、渡船、火车等交通工具以及桥梁、隧道和机场的损坏，纽约瘫痪了好几天。超过 200 万人无法正常使用电力，几家医院中的人员被疏散，学校和证券交易所被关闭。大多数市政服务在两周内得到部分恢复，但是其他服务需要几个月的时间才能恢复，有一些甚至需要几年时间。这是纽约历史上最严重的自然灾害。

在纽约市房屋局管辖的 2 600 栋建筑中，227 栋建筑受毁严重。由于水电、暖气中断，电梯停用，老年人和残疾人被困于自己的公寓，只能依赖邻居或"占领桑迪"志愿者的帮助。"占领桑迪"运动的名字来自"占领华尔街"运动。由于持久以来的管理不善，在"桑迪"飓风到来之前，纽约市房屋管理局辖下建筑的基础设施早已陈旧，飓风过后，受损严重。联邦基金帮助维修，但是直到几年之后，一些建筑物中仍然使用着临时发电机。

在布隆伯格的管理下，只有37%的联邦基金被用于"重建计划"项目。资金的使用要求很严格，目的是防止欺诈，"重建计划"深受其累，进度缓慢，以至于在布隆伯格离任前，连一所房子都没有重建成功。大部分的资金反而源源不断地被支付给私人咨询公司，这些公司向市政府收取的费用高得离谱。这些公司负责提供保护或加强海岸线生态的建议（包括重新培育草地和恢复牡蛎种群），但是收效甚微。

德布拉西奥只能对前任留下的这些问题照单全收，承诺重组纽约市房屋管理局，并调整"重建计划"项目。4年后，即使75%的私人住宅已经完成修复或者正在修复中，纽约市房屋管理局的日子仍然不好过。然而，新的洪泛区规划花费的时间和金钱超出预期。无休止的瞎折腾让斯塔滕岛的中产居民感到沮丧，许多人退出了"重建计划"。观察家建议，在湿地和公园建设方面，市政府应服从州政府的领导。"从这个意义上说，"《纽约时报》写道，"'重建计划'没有抓住重点，除非'重建'一词的意思是后退，一直后退到离海岸很远的地方。"

可持续发展是德布拉西奥和布隆伯格共同做出的一项承诺，但德布拉西奥将其更名为"一个纽约"计划，并将其重新定位为"建设一个强大而公正的城市的计划"，从而扩展了可持续发展的定义。在南布朗克斯区发表演讲时，德布拉西奥指出，贫困社区面对严峻的环境问题，而环境问题对健康、死亡率、住房和就业选择都产生负面影响。因此，德布拉西奥强调，要让贫困社区更具可持续性。这意味着加快落实计划，减少浪费，降低能源消耗，提高最低工资，为环保工作提供培训，并建造更经济的住房。为

第九章 躁动之城

了避免把纽约变成"金玉其外的城市",德布拉西奥坚持"环境可持续性和经济可持续性必须齐头并进"。

可持续性挑战了纽约(乃至美国)的认知,迫使人们思考长期存在的问题,而不仅仅是短期的需求和愿望。换句话说,可持续性强调子孙后代,而不仅仅是当下的繁荣。1811 年,在设计城市网格街道时,美观和可持续性都不是优先考虑的问题。实际上,网格街道是为地产商的利益量身定做的,并未顾及自然环境。中央公园的存在缓解了这一问题,19 世纪,第 23 街和第 42 街之间还建起了一些小公园。但现在看来,这些公园小得可怜,仅能在网格街道的夹缝中生存。正如城市学家刘易斯·芒福德所说,网格街道就像"一件笔直的夹克",公园则是夹克上的小口袋。

虽然网格街道看起来很有效率,但是其实际上加重了交通拥堵。布隆伯格和德布拉西奥都试图解决这个问题,使用了各种方法,包括根据拥堵情况收费、设置自行车道、提倡共享自行车,以及将一些街道改造成步行广场。德布拉西奥还设想扩大轮渡服务,并沿着从布鲁克林区到皇后区的东河建造一条电车线路。两位市长都试图重振社会契约,维护和改善共同的环境。对他们而言,绿色城市并不是矛盾的代名词。

未来之城

1934 年,拉瓜迪亚市长将整个市政府迁到布鲁克林区一周的时间。随后,他在皇后区和布朗克斯区(但是斯塔滕岛不在此列)

也进行了类似活动。拉瓜迪亚明白"这是一座大城市",他希望削弱"地头蛇"的影响力,同时改变以曼哈顿为中心的趋势。此外,城市更团结的局面会更好地支撑他与州政府的斗争。2017年,德布拉西奥也如此效仿,他选择斯塔滕岛作为第一站——他曾在2014年的选举中失去了斯塔滕区的支持。像他的榜样拉瓜迪亚一样,德布拉西奥也希望促进城市统一,深信即使做出小小的示好之举,也能为他带来巨大的回报。斯塔滕岛居民对他的努力颇为赞赏,但也未能改变对他的怀疑态度。

今天,纽约面临着前所未有的挑战。各自为政的行政区和社区利益仍然导致城市内部的紧张,纽约州和联邦则从外部施压。解决方案有很多。一个办法是吸收郊区,扩大市区,以增加税收收入,从而形成纽约市在州里更强大的发言权。然而,郊区居民不太可能赞成这一举措,毕竟当初他们主动逃离了城市生活。另一种可行之策是让纽约市脱离纽约州。这项建议反复被提出,不过也反复被州政府驳回。长久以来,纽约州一方面依赖着纽约市的财富和声望,一方面又对这些财富和声望深恶痛绝。

从内在而言,协调这样一个多面的城市非常困难。维特里蒂强调,在一个像纽约这样的大城市里,有超过800万居民,分属5个行政区,散落在59个社区里,权力下放是必经之路。"人们不能忽视纽约的社区政治,"维特里蒂写道,"它流淌在这座城市的血液中。"

地方赋权有一定的优点,但是也有从内部削弱城市的可能。纽约如此复杂,是否仍有可能做出总体规划,在推动整体愿景的同时,照顾各方利益?这值得商榷。相反,可能会出现很多互不

第九章　躁动之城

协调的小规划，它们或由各个社区提出，或由地产商推动，追求各自利益的最大化。可以肯定的是，纽约一直是一个社区城市，它使城市不那么索然无味，多了些许人情味。但重要的是，这些小规划是否可以达到一加一大于二的效果。

纽约的历史和所有的人类历史一样，是正面与负面、进步与反动、成功与失败、希望与失望的迷人结合体。它既是移民城市、恐怖主义的袭击目标，也是华尔街巨头的"家"。纽约的多重身份注定其要在美国乃至全世界的舞台上扮演极其复杂的角色，原因就在于纽约代表了一种生活方式。事实上，"唯有纽约，既是一个地理范畴，也是一片情感归处"。纽约面对的挑战总能产生如此广泛的影响，或许这句话可以提供解释。

纽约不断扩张的经济、永恒的创新精神、灵活的社会结构以及宽容的文化传统一直吸引着那些充满抱负、创意和反叛精神的人。而当他们的地位受到威胁，或者他们的机会受到限制时，这些人往往以冲突解决问题。虽然冲突可能会演化为更激烈的骚乱，令社会契约处于紧张之中，但冲突同时也强化了一种独特的社区概念，这种社区概念建立在多样性、自由和机遇的基础之上。冲突反映的不仅是对现状的不满，更是对未来的信念。

前市长菲利普·霍恩曾经抱怨，纽约"一年变一个样"，但他也知道纽约充满动感与韧性，而正是这些特质定义了纽约，并使纽约永远处于变革之中。从殖民地时期至今，政治、经济、社会和文化冲突反映出变革所带来的挑战。纵览数个世纪，纽约的复杂性令它时刻保持活力与人性，同时也引发紧张局势。冲突是一股清新的旋风，也不啻于一股危险的漩涡。

近四百年来，纽约不断发问，探讨如何将个人利益与公众利益契合在一起、如何平衡自由与法治。纽约从未完美地解答过这些问题，因为它从未完全摆脱自身的冲突。事实上，纽约的精神就是永远发问的精神。E. B. 怀特说："纽约从未赶超自己，也从未处于平衡之中。"纽约不会变得被动、墨守成规、枯燥或自满，而是始终保持激进、创新、令人兴奋、充满争议。纽约的躁动不安将是纽约最宝贵的财富。

致谢

书籍应该呼吸自如。它们需要吸入新的话题、信息和学术内容。在此过程中,它们一边回应批评,一边必须呼出错误和冗余之处。在理想的情况下,书籍应该随着时间的推移而成熟。因此,我迫不及待地进行此次修订,希望为读者和所有热爱纽约的人创造更丰富的资源。

尽管全书结构与前版基本相同,但是书中的一部分内容得到了更新和合并,另一些内容则被扩充。书中现在包含了关于美洲原住民、特定社区和四个外围行政区的更多资料。书中添加了一些第一手资料,改变了大部分的配图。当然,材料具有一定的可删减性,可能仍然存在错误,我愿意为此承担责任。

本书的编辑助理 Theodore Meyer 是这个项目的生命线。除了和我沟通以外,他还和两位编辑合作,他们是纽约的编辑 Eve Mayer 和英国的编辑 Laura Pilsworth。Theodore 非常和蔼可亲、足智多谋。英国的制作编辑 Emma Sudderick 非常专业、体贴、反应敏捷、工作勤奋。文案编辑 Philip Tye 非常熟练、细心、彬彬有礼。最后的校对工作由 Neil Dowden 得心应手地完成。佛罗伦萨的一家制作公司完成了排版工作。Jayne Varney 再次操刀，设计出了引人注目的（英文版）封面。我很荣幸地从他们的专业知识中受益。

多年来，许多人都支持过我的工作。对于这次修订，我的工作再次得到纽约城市大学拉瓜迪亚社区学院的经费资助，并且拉瓜迪亚和瓦格纳档案馆的馆长 Richard Lieberman 也提供了帮助。纽约公共图书馆负责美国历史部门的图书管理员一如既往地协助了我的工作。除了匿名评论者以外，这个版本还得到了一些建设性的建议，分别来自 Coogan、Stephen Petrus 和 Christina Roukis-Stern。Lewis L. Gould 依然是一些重要信息和灵感的来源。Larry Rushing 曾为本书所有的三个版本献计献策。我的儿子和他们的家人大度依旧，容忍我不寻常的工作狂性格。我无法完全表达我的感激之情。

The Restless City: A Short History of New York from Colonial Times to the Present, Third Edition with Sources by Joanne Reitano
ISBN: 9781138681705
Copyright © 2018 Taylor & Francis
Authorized translation from English language edition published by Routledge Press, part of Taylor & Francis Group LLC; All rights reserved. 本书原版由 Taylor & Francis 出版集团旗下 Routledge 公司出版，并经其授权翻译出版，版权所有，侵权必究。

China Renmin University Press is authorized to publish and distribute exclusively the Chinese (Simplified Characters) language edition. This edition is authorized for sale throughout Mainland of China. No part of the publication may be reproduced or distributed by any means, or stored in a database or retrieval system, without the prior written permission of the publisher. 本书中文简体翻译版权授权由中国人民大学出版社独家出版并仅限在中国大陆地区销售，未经出版者书面许可，不得以任何方式复制或发行本书的任何部分．

Copies of this book sold without a Taylor & Francis sticker on the cover are unauthorized and illegal. 本书封面贴有 Taylor & Francis 公司防伪标签，无标签者不得销售。

北京市版权局著作权合同登记号：01-2019-0336

图书在版编目（CIP）数据

九面之城：纽约的冲突与野心/乔安妮·雷塔诺（Joanne Reitano）著；金旼旼，许多，刘蕾译. -- 北京：中国人民大学出版社，2020.5

书名原文：The Restless City：A Short History of New York from Colonial Times to the Present

ISBN 978-7-300-27935-0

Ⅰ. ①九… Ⅱ. ①乔… ②金… ③许… ④刘… Ⅲ. ①城市史-纽约 Ⅳ. ①K971.2

中国版本图书馆 CIP 数据核字（2020）第 029578 号

九面之城：纽约的冲突与野心

乔安妮·雷塔诺（Joanne Reitano） 著
金旼旼　许多　刘蕾　译
Jiumian zhi Cheng：Niuyue de Chongtu yu Yexin

出版发行	中国人民大学出版社			
社　　址	北京中关村大街 31 号	邮政编码	100080	
电　　话	010-62511242（总编室）	010-62511770（质管部）		
	010-82501766（邮购部）	010-62514148（门市部）		
	010-62515195（发行公司）	010-62515275（盗版举报）		
网　　址	http://www.crup.com.cn			
经　　销	新华书店			
印　　刷	涿州市星河印刷有限公司			
规　　格	145 mm×210 mm　32 开本	版　次	2020 年 5 月第 1 版	
印　　张	14 插页 2	印　次	2020 年 5 月第 1 次印刷	
字　　数	305 000	定　价	78.00 元	

版权所有　　侵权必究　　印装差错　　负责调换